TOURISM RESOURCES UNDERSTANDING AND COMMENTARY

관광자원 이해와 해설

· 주제여행포럼 ·

고종원 · 조문식 · 김경한 · 서병로
서현웅 · 박종하 · 여정경 공저

신화

PROLOGUE

코로나19 팬데믹 이후 한국관광의 현주소는 어느 때 보다 어려운 상황이다. 코로나19 기간에 국내 관광산업이 가장 큰 타격을 입었으며, 현재 회복은 더디게 회복이 진행되고 있다.

한국은행 발표에 의하면, 2023년 여행수지적자는 112억 9천만 달러로 코로나19 이전의 수준으로 돌아갔다. 여행수지적자를 개선하기 위해서는 한국을 방문하는 외국인 관광객의 숫자가 늘어나야 한다. 이에 정부는 올해를 한국관광의 해로 설정하고 외래관광객 2000만 명을 유치를 목표로 내세우고 있다. 실질적인 성과달성을 위해서는 외국인 관광객이 한국에서만 즐길 수 있는 다양하고 경쟁적인 관광자원을 적극적으로 개발해야 한다. 특히 세계인에게 주목을 받고 있는 K-관광콘텐츠를 편리하게 활용함으로써 고가치 · 고품격의 차별적인 관광경험을 체험할 수 있도록 해야 한다.

외국인 관광 유치와 아울러 중요한 방안은 국내 관광을 활성화하는 것이다. 국민들의 해외여행에 대한 수요를 국내 관광으로의 전환이 시급한 상황이다. 코로나19 이후 급증하는 여행수요와 새로운 관광 트렌드를 반영한 지역특화형 전략적인 관광자원 개발이 필요하다. 이에 정부는 국내 지역관광을 활성화하기 위해 숙박할인쿠폰 제도, 매년 '여행가는 달'을 연 2회로 확대 시행, 근로자 휴가지원 사업 혜택 등 다양한 정책을 펼치고 있다. 또한, 국내외 관광객이 일부 지역에만 편중되는 문제를 개선하고 관광으로 지역경제를 활성화하는 방안을 실행하고 있다. 지역 방문 시 숙박 · 식음 · 체험 활동에 할인 혜택 등을 제공하는 디지털 관광주민증 사업, 새로운 관광 흐름으로 떠오른 원하는 곳에서 업무와 휴가를 동시에 할 수 있는 새로운 근무방식인 워케이션(Worcation)사업의 확대, 콘텐츠와 경관 명소, 관광여건을 갖춘 '야간관광 특화도시'를 조성해 지역에 하루 더 숙박 · 체류하도록 유도하는 지역 체류형 여행을 더욱 확산하고 있다.

이에 따라 지자체들은 국내외 관광객 유치 및 체류형 관광 활성화 사업을 발 빠르게 전개하고 있다. 또한, 차별화된 지역특화 관광자원을 발굴하기에 노력을 기울이고 있다. 이를 통해 국내외 관광객이 즐겨 찾는 관광도시를 조성하고, 매력적인 체류형 관광자원으로 지역경제를 일으키고 지속적인 성장을 만들어 가야 한다.

이번에 출간한 관광자원 이해와 해설은 이러한 한국관광의 활성화 차원에서 지역별 관광자원의 개발과 이해의 중요성을 강조하고자 관광자원의 체계적인 이론 정립과 새로운 관광자원 발굴에 중점을 두고 집필하였다. 따라서 본 저서는 서울권, 경기권, 강원권, 충청권, 경상권, 전라권, 제주권, 북한권 등 지역별로 관광자원을 구성하였다. 각 지역별로 자연 관광자원, 문화관광자원, 사회관광자원, 산업관광자원, 위락관광자원, 여행사 및 관련 기관상품, 미래 관광상품의 변화 및 개발, 문화관광 해설사 지역 콘텐츠에 관해 설명하였다.

본 저서를 담당한 저자로 경기권은 고종원 교수와 조문식 교수, 관광자원의 개념과 해설 · 관광개발정책 · 충청남도 · 북한 등은 김경한 교수, 강원권과 충청북도는 서병로 교수, 경상권은 서현웅 박사, 전라권과 제주권은 박종하 과장, 서울권 여정경 박사가 담당하였다.

이번 관광자원 이해와 해설은 현대여행상품, 국제관광, 주제여행상품에 이어 4번째 성과물로 연구모임인 주제여행포럼을 통해 출간했다는 점에서 더욱 의미가 있다.

항상 주제여행포럼을 위해 애쓰시는 고종원 회장님과 조문식 고문님, 그리고 책의 발간을 위해 노고를 아끼지 않으신 모든 공동 저자분들에게 진심을 감사드린다. 앞으로도 주제여행포럼이 지속해서 발전하고 많은 성과를 창출하기를 기대한다.

그리고 이 책이 출간되도록 수고해 주신 도서출판 신화전산기획 관계자 여러분께 감사드린다.

2024. 2

관광자원 이해와 해설 저자들을 대신하여

저자대표 씀

CONTENTS

Chapter 01

관광자원의 개요

01. 관광자원의 개념

관광자원이란 관광 욕구와 대상으로 관광 행동의 목표가 될 수 있는 모든 것으로 관광객으로 하여금 관광 동기나 의욕을 충족시키고, 나아가서는 관광 행동을 일으키게 하는 자연물로서 유형, 무형의 관광대상을 의미한다. 즉 관광자원이란 관광사업에서는 경제적 가치를 가지며, 관광객에게 있어서는 위락적, 문화적 가치를 갖는 관광대상물을 말하는 것이다. 따라서 관광 주체인 관광객을 유인할 수 있는 관광대상으로서 관광객체인 관광자원은 관광목적과 형태 등에 따라 다종다양하다. 이와 같은 개념 정의의 구성요소는 다음과 같다.

첫째, 관광자원은 인간의 관광 동기를 충족시켜 주어야 한다.

관광은 대부분 여행이라는 객관적 현상으로 나타남으로 관광 동기는 여행 동기를 생각할 수 있다. 관광객의 여행 동기는 여러 가지가 있다.

그중 중요한 것을 들면, 권력 및 신비를 경험하려는 동기, 자아 인식의 향상과 쾌락주의적 동기, 휴식 휴양 및 자극의 동기, 운동을 즐기는 생활을 하고 싶은 동기, 물건을 사고 싶은 동기, 여행 시 쾌락을 갖고 싶은 동기, 여행 전후에 쾌감을 갖고 싶은 동기, 도박하기 위한 여행 동기, 여행을 통해서 도전하고 싶은 동기, 여행의 사회적 지위로서의 동기, 여행을 통해서 인정받고 싶은 동기, 도시화 현상과 휴가여행 동기, 문화적 현상으로서의 여행 동기 등이다. 이러한 여행 동기는 관광 동기로 이해할 수 있기 때문에 관광 동기를 충족시켜 주는 것이 무엇보다도 관광자원의 제1차적 요건이라고 할 수 있다.

둘째, 관광자원은 생태계 내의 유형·무형의 여러 자원이어야 한다.

인간을 비롯한 모든 생물은 생태계를 형성하고 있는 모든 요인이 상호 간의 눈에 보이지 않는 질서와 균형에 의해서 그의 생존을 유지하고 있는 것이다. 따라서 생태계 내에서 가장 우월한 생존권자로서의 인간은 생태계의 제반 질서를 존중하고 이것을 합리적으로 이용하는 지혜와 예지를 가지고 지금껏 살아왔기 때문에 인간의 관광 동기를 충족시켜 주는 자원 또한 생태계 내에서 찾아야 한다는 것은 극히 당연한 논리적 귀결이다. 그리고 생태계 내에 존재하는 자원 중에서도 관광자원은 인간의 관광 동기를 충족시켜 주는 유형·무형의 여러 자원인 것이다.

셋째, 관광자원은 보호·보존하지 않으면 가치를 상실하거나 감소할 성질을 내포하고 있는 자원이라야 한다.

여기서 가장 중요한 문제 역시 자원의 보존과 개발의 문제가 등장한다. 아무리 무한한 천연자원도 복지이용과 조화된 자원관계란 두 가지 입장에서 볼 때, 전자의 복지이용이 사회의 복지를 위한 것이며, 후자의 경우에 조화된 자원관계는 가까운 천연자원을 실용할 수 있는 정도까지 횡포 적인 전용에 대하여 보호하면서 소유하든가 공동으로 운영하는 것은 효과적인 보존에 대하여 좋은 기회를 보장하는 것이 되므로 결국 천연자원 역시 보호 보존의 문제가 심각하게 대두하고 있다고 하겠다.

02. 관광자원의 특징과 성격

1) 관광자원의 특징

최근 들어 관광자원을 포괄적으로 인식하려는 경향이 강해지고 있는데, 관광자원의 특징을 정리하면 다음과 같다.

(1) 관광자원은 관광객의 욕구나 동기를 일으키는 매력을 지니고 있다.
(2) 관광자원은 관광객의 행동을 끌어들이는 유인성을 지니고 있다.
(3) 관광자원은 개발을 통해서 관광대상이 된다.
(4) 관광자원은 자연과 인간의 상호작용 결과이다.
(5) 관광자원의 범위는 자연자원과 인문자원, 유형자원과 무형자원 등 아주 다양하고 넓다.
(6) 관광자원은 사회구조나 시대에 따라 가치를 달리한다.
(7) 관광자원은 보호 · 보존 · 보전을 필요로 한다.

2) 관광자원의 성격

관광자원은 일반적인 자원과는 달리 여러 가지 다른 성격과 특징을 가지고 있는데, 구체적으로 살펴보면 다음과 같다.

(1) 매력성과 유인성

관광자원은 관광객의 욕구를 불러일으킬 수 있는 매력성과 유인성을 지녀야 한다. 관광객이 찾지 않은 관광자원은 의미가 없다고 할 것이다.

(2) 범위의 다양성

관광자원은 그 범위가 아주 다양하고 넓다. 이는 사람들의 선호도와 연계된다고 할 수 있다.

(3) 가치의 변화

관광자원은 사회구조나 시대에 따라 그 가치가 변한다. 어느 사회 혹은 시대에는 인기가 많던 관광자원이 다른 사회 혹은 다른 시대에서는 그 가치가 떨어질 수 있다. 또 반대로 가치가 없던 관광자원이 부상할 수도 있다.

(4) 개발 요구성

관광자원은 개발이 요구된다. 관광객들이 경험하는 관광대상 혹은 관광상품이 되기 위해서는 일반적으로 관광자원은 개발되어야 한다.

(5) 보존·보호·보전의 필요성

관광자원은 관광 욕구충족 및 관광경험의 질을 유지 향상시키기 위해서 보존 · 보호 · 보전되어야 한다. 따라서 관광자원은 천연자원과는 달리 관광객의 계속적인 이용에 따라 보존 · 보호 · 보전하지 않을 때는 관광자원으로서의 가치가 상실되거나 감소할 위험이 있다.

03. 관광자원의 분류기준

관광자원의 분류는 관광지를 구성하고 있는 사물 즉 각종의 환경요인 및 요소를 대상으로 하여 관광자원으로써의 역할과 가치평가를 토대로 미래의 관광수요에 대처할 수 있는 각종 잠재적 관광자원의 잠재력을 평가할 객관적인 단위와 기준을 설정함으로써 관광객에 대한 유인력과 수용력을 효율적으로 측정하려는데 있다.

또한, 관광자원의 분류에는 일정한 기준이 적용되어야 한다. 즉 관광자원을 분류하기 위해서는 먼저 각 구성요소의 자원적 가치를 서로 비교하고 평가할 수 있는 객관적인 기준과 균등한 단위를 설정해야 한다. 이러한 체계적인 분류방식은 비교 대상이 되는 각 요소의 특성과 가치를 평가하는 기준에 대한 객관성과 신뢰도를 간접적으로 나타내는 것이므로 대단히 중요하다. 따라서 관광자원은 그 범위가 넓고, 분류에 있어도 학자들 간에 견해가 다양하다.

1) 한국관광공사의 분류

(1) 유형관광자원

가. 자연적 관광자원 : 천연자원, 천문자원, 동식물 등
나. 문화적 관광자원 : 고고학적 유적, 사적, 사찰공원 등
다. 사회적 관광자원 : 풍속, 행사, 생활, 예술, 교육, 스포츠 등
라. 산업적 관광자원 : 공업단지, 유통단지, 광업소, 목장, 농장, 백화점 등

(2) 무형관광자원

가. 인적 관광자원 : 국민성, 풍속, 관습, 예절 등
나. 비인적 관광자원 : 고유종교, 사상, 철학, 역사, 음악, 가곡 등

2) 매킨토시(Mcintosh)의 분류

매킨토시는 관광공급요소를 아래와 같이 분류하고, 그 중 자연 관광과 환대, 문화환경을 관광자원으로 간주하고 있다.

가. 자연자원 : 공기, 기후, 토지, 지질, 동식물, 수질, 해안 경관지

나. 환대 및 문화자원 : 예술, 문화. 역사, 무용, 쇼핑 등

다. 하부구조(기반시설)

라. 교통수단 및 시설

자연자원은 기후대와 입지 및 자원의 질이 포함되는데, 관광공급요소 가운데 가장 기초적인 요소로 공기, 기후, 토지, 지형, 지질, 동식물, 수질, 해안 경관지를 들 수 있다.

환대 문화자원은 관광객을 유인하는 해당 지역의 문화유산이다. 이것은 관광객에 대한 지역주민의 호의적인 태도, 친근성, 그리고 예술, 문화, 역사, 음악, 극예술, 무용 및 쇼핑 등을 말한다.

3) 관광 행동특성에 따른 분류

건(Gunn)은 관광자원을 관광 행동의 유형, 즉 주유형(touring type)과 체재형(destination type)에 기초하여 관광자원을 구분하고 있다. 주유형 관광자원에는 숙박하지 않는 장소를 이동하며 보고 즐기는 자원으로서 노변 경관, 친구 · 친척의 집, 축제, 토속음식, 쇼핑센터, 도시 등을 들 수 있다. 체재형 관광자원은 숙박지역 내에서나 주변에서 보고 즐길 수 있는 관광자원으로 휴양지, 캠핑장, 관광목장 등을 들 수 있다.

관광 행동특성에 따른 분류

유형	구성요소		
주유형 관광자원	경관지 캠핑지 축제 장소와 농가 문화적 장소 역사적 건물과 유적지	쇼핑지역 테마공원 도시 훌륭한 자연 지역 친구와 친척의 집	톡특한 관습 토속음식과 위락지 민족 특유의 장소 특수공예 전승지 2차 관광대상
체재형 관광자원	휴양지 집단 캠핑장 도박중심지 낚시·사냥·해양·수상 스포츠 지역	회의 중심지 캠핑장(자연) 휴가가정	친구와 친지의 집 관광목장 운동경기장

4) 관광시장특성에 따른 분류

클라우슨(M. Clawson)은 관광자원의 분류를 관광시장과 관광지와 위치적 특성, 인조건축물의 규모, 이용 정도에 따라 이용자 중심형부터 자원 중심형까지의 연속체로 살피고 있다.

(1) 이용자 중심형(user-oriented areas)

일과 후에 쉽게 접근할 수 있으며, 소규모의 공간 또는 인조물로서 도시공원 실내수영장 놀이터 등이 해당한다.

(2) 중간형(intermediate areas)

이용자 중심형과 자원 중심형의 중간적 위치와 중간적 규모이고, 접근성이 비교적 중요하여 주변 레크레이션 지역이나 소규모 도립 국립공원 등이 여기에 해당된다.

(3) 자원 중심형(resource-based areas)

자원의 질에 초점을 두는데 반해, 거기에서 수행되는 활동에 대해서는 덜 강조하며, 또한 규모가 비교적 광대하여 원격지에 위치하고 있어 이용 규모가 적은 편이다. 국립공원 산림 원시 야생지 등이 여기에 해당한다.

관광시장특성에 따른 분류

특징분류	이용자중심형	중간형	자원중심형
일반적 입지	이용자에 접근	중간거리에 위치	특별한 자원지역
이용시기	일과후	일일, 주말	휴가
활동유형	게임(골프, 테니스, 수영, 피크닉, 도보, 승마, 동물원, 놀이터)	캠핑, 피크닉, 하이킹, 수영, 사냥, 낚시	주요 과학적 역사적 흥미 대상의 구경, 하이킹, 등산, 캠핑, 낚시, 사냥
지역규모	일배-수백에이커	수백-수천에이커	수천에이커
관리유형	도시, 지방정부, 민간	국가, 지방정부, 민간	국가

5) 관광지역특성에 따른 분류

미국 옥외 레크리에이션 자원평가위원회(Outdoor Recreation Resource Review Commission : ORRRC)는 레크리에이션 자원을 물리적 자원지역특성, 개발과 관리의 실태, 이용 정도, 예상 행동 패턴 등에 근거하여 고밀도 위락지역, 일반 옥외 위락지역, 자연 관광지역, 독특한 자연 지역, 원시지역, 역사 문화지역으로 나누고 있다.

(1) 고밀도 위락지역(high-density recewation areas)

집중적인 개발지역으로 대규모 이용을 위해 운영되며, 주로 대도시권에 근접되어 있다.

(2) 일반 옥외 위락지역(general outdoor recreation areas)

특정한 레크리에이션 이용을 위해 다양하게 개발된 지역으로 복합적인 레크리에이션을 할 수 있다.

(3) 자연환경 지역(natural environment areas)

자연환경 내에서 레크리에이션을 위해 알맞게 개발한 지역으로 복합적인 레크리에이션을 할 수 있다.

(4) 독특한 자연 지역(unique natural areas)

뛰어난 경관미와 자연적 불가사의를 지니고 있어 야생경험을 제공할 수 있을 만큼 대규모적이고 원거리에 위치하고 있다.

(5) 원시지역(primitive areas)

도로가 없으며, 자연 그대로의 상태를 지닌 지역으로 야생경험을 제공할 수 있을 만큼 대규모적이고 원거리에 위치하고 있다.

(6) 역사문화 지역(historical and cultural sites)

중요한 역사적 문화적 중요성을 지닌 장소로써 사건의 발생지나 고고학적 유적지 등이 여기에 해당한다.

04. 관광지·관광단지·관광특구·관광·휴양개발진흥지구

1) 관광지

자연적 또는 문화적 관광자원을 갖추고 관광객을 위한 기본적인 편의시설을 설치하는 지역으로 관광진흥법에 따라 지정, 고시된 곳을 말한다. 관광지는 개발 필요성, 타당성, 관광지의 구분기준, 관광개발 기본계획 및 권역별 관광개발계획에 적합한지 등을 종합적으로 검토하여 특별시장, 광역시장, 도지사가 지정한다.

관광지는 기본적인 화장실, 주차장, 상하수도시설 또는 관광안내소 등의 공공편익시설을 갖추어야 한다. 다만 숙박시설, 운동 · 오락시설, 휴양 · 문화시설, 접객시설, 지원시설은 임의로 갖출 수 있다.

관광지

시도	지정개소	관 광 지 명
부산	5	기장도예촌, 용호씨사이드, 금련산 청소년수련원, 태종대, 해운대
인천	2	마니산, 서포리
대구	2	비슬산, 화원
경기	14	대성, 산장, 수동, 장흥, 용문산, 신륵사, 한탄강, 공릉, 임진각, 내리, 백운계곡, 산정호수, 소요산, 궁평
강원	41	호반, 구곡폭포, 청평사, 간현, 옥계, 주문진, 연곡, 등명, 대관령 어흘리, 무릉계곡, 망상, 추암, 구문소, 속초해수욕장, 척산온천, 장호, 맹방, 삼척해수욕장, 초당, 팔봉산, 홍천온천, 어답산, 유현문화, 고씨동굴, 영월온천, 마차탄광문화촌, 미탄마하생태, 화암, 아우라지, 고석정, 직탕, 광덕계곡, 후곡약수터, 내설악 용대, 방동약수터, 오토테마파크, 송지호, 삼포 문암, 화진포, 오색, 지경

충북	22	세계무술공원, 충온온천, 능암온천, 충주호체험, 교리, 능강, 금월봉, 계산, 제천온천, 만남의 광장, KBS촬영장, 속리산레저, 구병산, 장계, 송호, 다리안, 수옥정, 괴강, 무극, 천동, 레인보우힐링, 온달
충남	23	천안종합휴양, 태조산, 곰나루, 마곡사, 마곡온천, 공주문화, 대천해수욕장, 무창포해수욕장, 죽도, 아산온천, 간월도, 삽교호, 왜목마을, 난지도, 구드레, 서동요역사, 금강하구둑, 춘장대해수욕장, 칠갑산도립온천, 예당, 덕산온천, 만리포해수욕장, 안면도
전북	21	석정온천, 금강호, 은파, 김제온천, 벽골제, 남원, 모항, 변산해수욕장, 위도, 모악산, 금마, 미륵사지, 왕궁보석테마, 웅포, 사선대, 오수의견, 방화동, 내장산리조트, 백제가요정읍사, 마이산회봉온천, 운일암반일암
전남	27	대구면도요지, 곡성 도림사, 지리산온천, 나주호, 담양호, 회산연꽃방죽, 율포해수욕장, 한국차소리문화공원, 불갑사, 성기동, 마한문화, 영산호 쌀문화 테마공원, 신지명사십리, 장성호, 홍길동테마파크, 정남진우산도, 녹진, 아리랑마을, 해신장보고, 회동, 사포, 땅끝, 우수영, 도곡온천, 운주사, 화순온천, 대광해수욕
경북	32	경산온천, 고령부례, 문경온천, 문경상리, 오전약수, 다덕약수, 경천대, 문장대온천, 회상나루, 안동하회, 예안현, 고래불, 장사해수욕장, 선바위, 문수, 부석사, 영주순흥, 풍기온천, 치산, 포리, 예천삼강, 개척사, 울릉도, 백암온천, 성류굴, 의성탑산온천, 신화랑, 청도온천, 청도용암온천, 주왕산, 가산산성, 호미곶
경남	21	거가대교, 장목, 가조, 수승대, 당항포, 송정, 표충사, 실안, 금서, 전통한방휴양, 중산, 벽계, 오목내, 부곡온천, 마금산온천, 도남, 묵계, 농월정, 미숭산, 합천보조댐, 합천호
제주	14	제주남원, 돈내코, 수망, 미천굴, 토산, 표선, 곽지, 제주상상나라탐라공화국 김녕해수욕장, 돌문화공원, 봉개휴양림, 용머리, 함덕 해안, 협재 해안
합계	224	전체 관광지 면적 합계 : 120,272,373㎡

출처 : 문화체육관광부, 2023년 6월 기준

2) 관광단지

관광객의 다양한 관광 및 휴양을 위하여 각종 관광시설을 종합적으로 개발하는 관광 거점 지역으로서 관광진흥법에 따라 지정, 고시된 곳을 말한다. 관광단지는 개발 필요성, 타당성, 관광지의 구분기준, 관광개발 기본계획 및 권역별 관광개발계획에 적합한지 등을 종합적으로 검토하여 특별시장, 광역시장, 도지사가 지정한다.

관광단지는 화장실, 주차장, 상하수도시설 또는 관광안내소 등의 공공편익시설을 갖추고 숙박시설 중 1종 이상의 필요한 시설과 운동, 오락시설 또는 휴양, 문화시설 중 1종 이상의 필요한 시설을 갖춘 지역으로서 총면적이 50만 제곱미터 이상이어야 한다. 다만, 접객시설, 지원시설은 임의로 갖출 수 있다.

관광단지

자치단체		명 칭	위 치	지정면적(㎡)	사업시행자	단지 지정	조성 계획
부산	기장군	오시리아	부산광역시 기장군 기장읍 당사리 542	3,662,486	부산도시공사	'05.03.	'22.12.
인천	강화군	강화종합리조트	인천광역시 강화군 길상면 선두리 산281-1번지 일원	652,369	㈜해강개발	'12.07.	'20.01.
광주	광산구	어등산	광주광역시 광산구 운수동 500	2,736,219	광주광역시도시공사	'06.01.	'19.12.
울산	북구	강동	울산광역시 북구 정자동 산35-2	1,367,240	울산 북구	'09.11.	'20.04.
경기 (2)	안성시	안성 죽산	안성시 죽산면 당목리 129	1,352,312	㈜송백개발 ㈜서해종합건설	'16.10.	'22.10.
	평택시	평택호	평택시 현덕면 권관리 301-1	663,115	평택도시공사	'77.03.	'20.02.
강원 (15)	고성군 (2)	델피노골프앤리조트	고성군 토성면 원암리 474-2	900,018	㈜대명레저산업	'12.05.	'20.10.
		고성 켄싱턴 설악밸리	고성군 토성면 신평리 471-60번지 일원	849,114	㈜이랜드파크	'23.02.	'23.02.
	속초시	설악한화리조트	속초시 장사동 24-1	1,332,578	한화호텔앤드리조트㈜	'10.08.	'21.06.
	양양군	양양국제공항	양양군 손양면 동호리 496-4	2,730,219	㈜새서울레저	'15.12.	'20.12.
	원주시 (3)	원주 오크밸리	원주시 지정면 월송리 1061	11,349,396	한솔개발㈜	'95.03.	'20.10.
		원주 더 네이처	원주시 문막읍 궁촌리 산 121	1,444,086	경안개발㈜	'15.01.	'22.10.
		원주 루첸	원주시 문막읍 비두리 산239-1	2,644,254	㈜지프러스	'17.04.	'22.04.
	춘천시 (2)	라비에벨	춘천시 동산면 조양리 산163, 홍천군 북방면 전치곡리 산1	4,843,796	㈜코오롱글로벌	'09.09.	'17.10.
		신영	춘천시 동산면 군자리 산 224	1,695,923	㈜신영종합개발	'10.02.	'20.12.
	평창군 (3)	휘닉스파크	평창군 봉평면 면온리 1095-1	4,233,039	㈜ 휘닉스중앙	'98.10.	'18.12.
		평창 용평	평창군 대관령면 용산리 130	16,219,204	㈜용평리조트	'01.02.	'19.04.
		대관령알펜시아	평창군 대관령면 용산리 425	4,837,015	강원도개발공사	'05.09.	'06.04.
	홍천군	비발디파크	홍천군 서면 팔봉리 1290-14	7,052,479	㈜소노호텔앤드리조트	'08.11.	'20.11.
	횡성군 (2)	웰리힐리파크	횡성군 둔내면 두원리 204	4,830,709	㈜신안종합리조트	'05.06.	'20.11.
		드림마운틴	횡성군 서원면 석화리 산261-1	1,796,574	케이앤드씨	'16.03.	'20.12.
경북 (6)	경주시 (4)	보문	경주시 보문로 446	8,515,243	경북관광공사	'75.04.	'20.11.
		감포해양	경주시 감포읍 동해안로 1748	1,804,215	경북관광공사	'93.12.	'19.02.
		마우나오션	경주시 양남면 동남로 982	6,419,256	㈜엠오디	'94.03.	'20.12.
		북경주 웰니스	경주시 안강읍 검단장골길 181-17	809,797	㈜월성종합개발	'21.07.	미수립

	김천시	김천 온천	김천시 부항면 부항로 1679-15	1,424,423	㈜우촌개발	‘96.03.	‘05.01.
	안동시	안동문화	안동시 관광단지로 346-69	1,655,181	경북관광공사	‘03.12.	‘20.05.
경남 (3)	거제시	거제 남부	경남 거제시 남부면 탑포리 산 24-11	3,693,875	㈜경동건설	‘19.5.	미수립
	창원시	창원 구산해양	창원시 마산합포구 구산면 구복길 52-78	2,842,634	창원시장	‘11.04.	‘15.03.
		웅동복합레저	경남 창원시 진해구 제덕동 898-1	2,101,234	창원시장, 경남개발공사	‘12.02.	‘18.09.
전북	남원시	드래곤	전북 남원시 대산면 옥율리 산131	795,133	신한레저주식회사	‘18.09.	‘20.06.
전남 (6)	고흥군	고흥 우주해양	고흥군 영남면 해맞이로 840	1,157,970	고흥군수, 동호㈜	‘09.02.	‘09.05.
	여수시 (3)	여수 화양	여수시 화양면 화양로 470-14	9,873,525	에이치제이매그놀리아, 용평디오션호텔앤리조트	‘03.10.	‘20.12.
		여수경도 해양	여수시 대경도길 111	2,152,973	와이케이디벨롭먼트	‘09.12.	‘20.10.
		여수챌린지파크	전남 여수시 화양면 나진리 산 333-2	510,424	여수챌린지파크관광(수)	‘19.05.	‘19.05.
	진도군	진도대명리조트	진도군 의신면 송군길 31-28	559,089	소노호텔앤리조트	‘16.12.	‘19.11.
	해남군	해남 오시아노	해남군 화원면 한주광로 201	5,073,425	한국관광공사	‘92.09.	‘21.11.
충북	증평군	증평 에듀팜 특구	충북 증평군 도안면 연촌리 산 59-21	2,622,825	블렉스톤에듀팜리조트	‘17.12.	‘20.08.
충남 (3)	부여군	백제문화	부여군 규암면 백제문로 374	3,024,905	㈜호텔롯데	‘15.01.	‘18.02.
	천안시	골드힐카운티리조트	천안시 입장면 기로3길 162	1,692,980	㈜골드힐	‘11.12.	‘17.07.
	보령시	원산도 대명리조트	보령시 원산도리 산 219-2	966,748	㈜소노인터내셔널	‘22.11.	‘22.11.
제주 (8)	서귀포시 (5)	중문	서귀포시 색달동 2864-36	3,200,925	한국관광공사	‘71.01.	‘20.12.
		성산포해양	서귀포시 성산읍 고성리 127-2	746,939	휘닉스중앙제주	‘06.01.	’20.10.
		신화역사공원	서귀포시 안덕면 서광리 산35-7	3,985,601	제주국제자유도시개발센터	‘06.12.	‘21.01.
		제주헬스케어타운	서귀포시 동홍동 2032	1,539,339	제주국제자유도시개발센터	‘09.12.	‘19.10.
		록인제주	서귀포시 표선면 가시리 600	523,766	㈜록인제주	‘13.12.	‘22.12.
	제주시 (3)	애월국제문화복합단지	제주시 애월읍 어음리 산70-11	587,726	이랜드테마파크제주	‘18.05.	‘19.07.
		프로젝트 ECO	제주시 봉성리 산35	696,932	㈜제주대동	‘18.05.	‘22.12.
		묘산봉	제주시 구좌읍 김녕리 5160-1	4,221,984	㈜제이제이 한라	‘20.01.	‘20.01.
		49개		150,391,212			

출처 : 문화체육관광부, 2023년 6월 기준

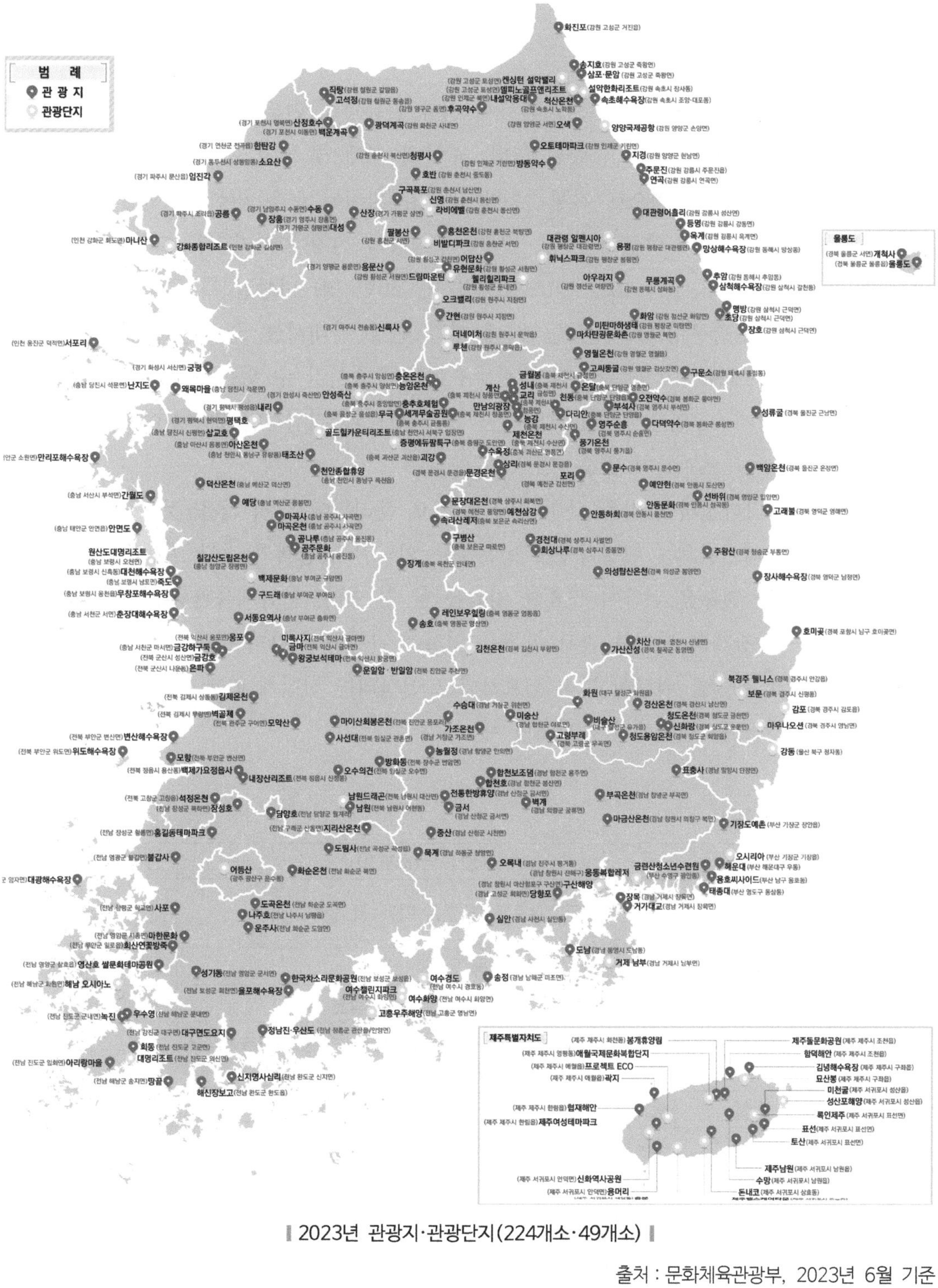

▌2023년 관광지·관광단지(224개소·49개소)▐

출처 : 문화체육관광부, 2023년 6월 기준

3) 관광특구

외국인 관광객의 유치 촉진 등을 위하여 관광 활동과 관련된 관계 법령의 적용이 배제되거나 완화되고, 관광 활동과 관련된 서비스 · 안내 체계 및 홍보 등 관광여건을 집중적으로 조성할 필요가 있는 지역으로 관광진흥법에 따라 지정된 곳을 말한다. 관광특구는 다음의 요건을 모두 갖춘 지역 중에서 시장 · 군수 · 구청장의 신청에 따라 시 · 도지사가 지정한다.

가. 외국인 관광객 수가 10만 명(서울특별시는 50만 명) 이상일 것,

나. 문화체육관광부령으로 정하는 바에 따라 관광 안내시설, 공공편익시설 및 숙박시설 등이 갖추어져 외국인 관광객의 관광수요를 충족시킬 수 있는 지역일 것,

다. 임야 · 농지 · 공업용지 또는 택지 등 관광 활동과 직접적인 관련성이 없는 토지의 비율이 10%를 초과하지 않을 것,

라. 가부터 다까지의 요건을 갖춘 지역이 서로 분리되어 있지 않을 것.

국가나 지방자치단체는 관광특구를 방문하는 외국인 관광객의 관광 활동을 위한 편의 증진 등 관광특구 진흥을 위하여 필요한 지원을 할 수 있다. 문화체육관광부 장관은 관광특구를 방문하는 관광객의 편리한 관광 활동을 위하여 관광특구 안의 문화 · 체육 · 숙박 · 상가시설로서 관광객 유치를 위하여 특히 필요하다고 인정되는 시설에 관광진흥개발기금법에 따라 관광진흥개발기금을 대여하거나 보조할 수 있다.

관광특구 지정현황

지역	특구명	지정 지역(소재지)	면적(㎢)	최초지정일
서울(7)	명동·남대문·북창동·다동·무교동	명동, 회현동, 소공동, 무교동·다동 각 일부지역	0.87	2000.03.30
	이태원	용산구 이태원동·한남동 일원	0.38	1997.09.29
	동대문 패션타운	중구 광희동·을지로5~7가·신당1동 일원	0.58	2002.05.23
	종로·청계	종로구 종로1가~6가·서린동·관철동·관수동·예지동 일원, 창신동 일부 지역(광화문 빌딩~숭인동 4거리)	0.54	2006.03.30
	잠실	송파구 잠실동·신천동·석촌동·송파동·방이동	2.31	2012.03.15
	강남마이스	강남구 삼성동 무역센터 일대	0.19	2014.12.18
	홍대 문화예술	마포구 홍대 일대(서교동, 동고동, 합정동, 상수동 일원)	1.13	2021.12.02.
부산(2)	해운대	해운대구 우동·중동·송정동·재송동 일원	6.23	1994.08.31
	용두산·자갈치	중구 부평동·광복동·남포동 전지역, 중앙동·동광동·대청동·보수동 일부	1.08	2008.05.14

인천(1)	월미	중구 신포동·연안동·신흥동·북성동·동인천동 일원	3.00	2001.06.26
대전(1)	유성	유성구 봉명동·구암동·장대동·궁동·어은동·도룡동	5.86	1994.08.31
경기(5)	동두천	동두천시 중앙동·보산동·소요동 일원	0.40	1997.01.18
	평택시 송탄	평택시 서정동·신장1·2동·지산동·송북동 일원	0.49	1997.05.30
	고양	고양시 일산 서구, 동구 일부 지역	3.94	2015.08.06
	수원 화성	경기도 수원시 팔달구, 장안구 일대	1.83	2016.01.15
	통일동산	경기도 파주시 탄현면 성동리, 법흥리 일원	3.01	2019.4.30
강원(2)	설악	속초시·고성군 및 양양군 일부 지역	138.10	1994.08.31
	대관령	강릉시·동해시·평창군·횡성군 일원	428.27	1997.01.18
충북(3)	수안보온천	충주시 수안보면 온천리·안보리 일원	9.22	1997.01.18
	속리산	보은군 내속리면 사내리·상판리·중판리·갈목리 일원	43.53	1997.01.18
	단양	단양군 단양읍·매포읍 일원(2개읍 5개리)	4.45	2005.12.30
충남(2)	아산시온천	아산시 음봉면 신수리 일원	3.71	1997.01.18
	보령해수욕장	보령시 신흑동, 웅천읍 독산·관당리, 남포면 월전리 일원	2.52	1997.01.18
전북(2)	무주 구천동	무주군 설천면·무풍면	7.61	1997.01.18
	정읍 내장산	정읍시 내장지구·용산지구	3.45	1997.01.18
전남(2)	구례	구례군 토지면·마산면·광의면·산동면 일부	78.02	1997.01.18
	목포	북항·유달산·원도심·삼학도·갓바위·평화광장 일원	6.89	2007.09.28
경북(4)	경주시	경주 시내지구·보문지구·불국지구	32.65	1994.08.31
	백암온천	울진군 온정면 소태리 일원	1.74	1997.01.18
	문경	문경시 문경읍·가은읍·마성면·농암면 일원	1.85	2010.01.18
	포항 영일만	영일대해수욕장, 해안도로, 환호공원, 송도해수욕장, 송도 송림, 운하관, 포항운하, 죽도시장, 시내 실개천 일대	2.41	2019.8.12
경남(2)	부곡온천	창녕군 부곡면 거문리·사창리 일원	4.82	1997.01.18
	미륵도	통영시 미수1·2동·봉평동·도남동·산양읍 일원	32.90	1997.01.18
제주(1)	제주도	제주도 전역 (부속도서 제외)	1,809.56	1994.08.31
13개 시·도 34개소				

출처 : 문화체육관광부, 23년 4월기준

4) 관광·휴양개발진흥지구

용도지구 중 개발진흥지구의 하나로, 관광 · 휴양기능을 중심으로 개발 · 정비하기 위하여 지정하는 지구를 말한다. 건폐율은 40%, 용적률은 100% 이하이며 이 지구 내에서는 지구단위계획 또는 관계 법률에 의거 개발계획에 위반하여 건축물을 건축할 수 없으며, 지구 단위 계획 또는 개발계획이 수립되기 전에는 관광 · 휴양개발진흥지구의 계획적 개발에 위배 되지 않는 범위 내에서 도시계획조례가 정하는 건축물을 건축할 수 있다. 근거법은 국토의 계획 및 이용에 관한 법률이다.

참고 문헌

- 고정원외 6인(2013), 관광학의 이해, 기문사
- 안대희외 4인(2020), 관광자원론, 대왕사
- 이정은외 3인(2021), 관광자원론, 한올
- 장희순·김성진(2020), 부동산용어사전, 부연사

Chapter 02

서울권의 관광자원

01. 주요 관광자원

1) 자연 관광자원

모든 자원의 기본이 되며, 가장 큰 비중을 차지하는 부분이다. 특히 자연 관광자원은 주로 자연 그대로의 아름다움과 신비로움, 특이성, 매력성을 중심으로 형성된다. 인위적인 노력이나 간섭이 거의 없는 것을 뜻한다. 즉 자연적으로 생성된 자원, 인류가 발전하면서 인간이 만들어 가꾸어진 형태가 아닌 천연자원을 뜻하며 관광자원에서 가장 원천적인 부분이다.

(1) 국립공원

우리나라를 대표할 만한 자연생태계와 자연·문화 경관의 보전을 전제로 지속 가능한 이용을 도모하고자 환경부 장관이 지정, 국가가 직접 관리하는 보호지역이다.

1872년 옐로우스톤(Yellowstone)이 세계 최초 국립공원으로 지정되면서 국립공원 제도가 전 세계로 확산되었으며, 현대에 와서는 파괴되어가는 자연생태계와 환경, 문화·역사 유산의 보전을 목적으로 공원관리가 이루어지고 있습니다. 우리나라에서는 지리산이 제1호 국립공원으로 지정되면서 제도 도입이 이루어져 현재 22개의 국립공원이 지정·관리되고 있습니다.

가. 1967년 법률 제1909호로 우리나라에 국립공원 제도 도입

나. 1967년 국립공원위원회의 공원지정 결의와 국토종합계획심의회 통과 후 지리산을 제1호 국립공원으로 지정하였다.

(2) 국립공원의 기능

국립공원은 산업발전에 따라 자칫 소홀해질 수 있는 자연과 환경에 대한 보전을 전제로 국민의 보건·복지에 기여할 수 있는 밑거름이자 미래세대로 물려줄 소중한 유산으로 관리가 매우 중요하다.

특히 국립공원은 경관자원 및 자연생태계의 보호 기능이 가장 중요하므로 현재의 환경을 지속적으로 유지해줄 수 있는 시스템으로 관리되어야 한다. 또한 국립공원 자연경관의 보전은 결국 국토자원적 가치 및 문화재의 역사성을 대표할 수 있는 상징성을 바탕으로 국내외의 여행자를 위한 여가자원적 가치로서도 매우 의미가 있다

국립공원의 의의와 기능

구분	내용
국립공원의 의의와 기능	• 풍부한 여러종의 다양성을 지닌 자연 생태지역으로서 미래를 위한 유전자원의 보고 • 청정한 자연환경과 수려한 경관지를 공공에 개방하고 제공하는 국민의 휴식처 • 자연과 생명의 신비에 대한 조사·연구를 통해 공공의 이익에 기여 • 보전의 결과로 다양한 자연적·문화적 정서함양을 위한 교육의 장 제공

출처 : 정찬종 외 (2022). 관광자원해설(개정판), 백산출판사

(3) 국립공원의 지정현황

국립공원은 전국 22개로 유형에 따라 산악형(18개), 해상 · 해안형(3개), 사적형(1개) 공원으로 관리하며 운영되고 있다.

전 국토대비(100,399㎢) 국립공원 면적은 4.0%(해상면적 제외)에 해당하는 6,726㎢이며, 국립공원 면적 중 59.1%인 3,972㎢가 육상이며, 나머지 2,754㎢(40.9%)가 해상 공원구역입니다. 자연생태계의 보고인 국립공원은 국내 기록 생물종(45,295종)의 45%에 해당하는 20,568종이 서식 · 분포하며, 국내 멸종위기종(246종)에 한정하여 보았을 때는 65%에 달하는 160종이 국립공원 내 서식하는 것으로 확인되었다. 또한, 대표적인 문화 경관인 명승지와 사찰 등 국보 41건을 비롯한 지정 문화재 733건이 소재하고 있다. 국가 최대의 휴식공간으로 자리매김한 국립공원을 찾는 탐방객 수는 2016년 기준으로 연간 4천4백만 명에 달한다.

국립공원의 지정현황

연번	공원명	위 치	공원구역		비 고
			지정년월일	면적	
계	22개소			6,726.298	육지 : 3,972.589 해면 : 2,753.709 ※ 국토면적의 3.96%(육상면적 기준)
1	지리산	전남·북, 경남	'67.12.29	483.022	
2	경주	경북	'68.12.31	136.550	
3	계룡산	충남, 대전	'68.12.31	65.335	
4	한려해상	전남, 경남	'68.12.31	535.676	해상 408.488
5	설악산	강원	'70. 3.24	398.237	
6	속리산	충북, 경북	'70. 3.24	274.766	
7	한라산	제주	'70. 3.24	153.332	
8	내장산	전남·북	'71.11.17	80.708	

9	가야산	경남·북	'72.10.13	76.256	
10	덕유산	전북, 경남	'75. 2. 1	229.430	
11	오대산	강원	'75. 2. 1	326.348	
12	주왕산	경북	'76. 3.30	105.595	
13	태안해안	충남	'78.10.20	377.019	해상 352.796
14	다도해상	전남	'81.12.23	2,266.221	해상 1,975.198
15	북한산	서울, 경기	'83. 4. 2	76.922	
16	치악산	강원	'84.12.31	175.668	
17	월악산	충북, 경북	'84.12.31	287.571	
18	소백산	충북, 경북	'87.12.14	322.011	
19	변산반도	전북	'88. 6.11	153.934	해상 17.227
20	월출산	전남	'88. 6.11	56.220	
21	무등산	광주, 전남	'13. 3. 4	75.425	
22	태백산	강원	'16. 8.22	70.052	

출처 : 정찬종 외 (2022). 관광자원해설(개정판), 백산출판사

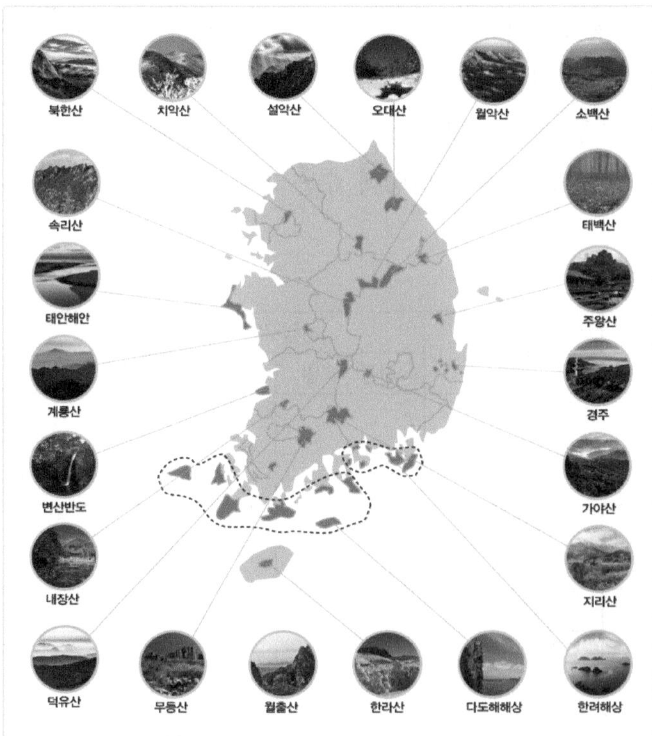

▌대한민국 국립공원▐

출처 : 북한산 국립공원홈페이지 https://www.knps.or.kr/portal/main/contents.do?menuNo=7020002

(4) 북한산 국립공원

세계적으로 드문 도심 속의 자연공원인 북한산 국립공원은 1983년 우리나라 15번째 국립공원으로 지정되었다.

면적은 76.922km로 우이령을 경계로 하여 북쪽으로는 도봉산 지역, 남쪽으로는 북한산으로 나뉜다. 북한산 국립공원은 화강암 지반이 침식되고 오랜 세월 풍화되면서 곳곳에 깎여 잘린 바위봉우리와 그 사이로 흘러내리는 아름다운 계곡들로 이루고 있다. 또한, 2000년의 역사가 다긴 북한산성을 비롯한 수많은 역사와 문화유적 100여 개의 사찰, 암자가 위치하여 다양한 볼거리를 제공함과 동시에 역사문화 학습체험의 장이 되고 있다.

(5) 북한산의 사계절

❙ 북한산 4계절 - 봄 ❙

❙ 북한산 4계절 - 여름 ❙

❙ 북한산 4계절 - 가을 ❙

❙ 북한산 4계절 - 겨울 ❙

출처 : 북한산 국립공원홈페이지 https://www.knps.or.kr/portal/main/contents.do?menuNo=7020002

(6) 북한산의 둘레길

북한산의 둘레길은 기존의 샛길을 연결하고 다듬어서 북한산 자락을 완만하게 걸을 수 있도록 조성한 저지대 수평 산책로이다. 둘레길은 전체 71.5km 중 서울시 구간과 우이령길을 포함 2010년 9월 7일 45.7km를 개통하고 2011년 6월 30일 나머지 25.8km 구간을 개통하였다.

| 북한산 둘레길 |

출처 : 북한산 국립공원홈페이지 https://www.knps.or.kr/portal/main/contents.do?menuNo=7020002

사람과 자연이 하나 되어 걷는 둘레길은 물길, 흙길, 숲길과 마을길 산책로의 형태에 각각의 21가지 테마를 구성한 길로 누구나 편하게 이용 가능한 둘레길로써 서울의 소중한 자연 관광자원으로 자연을 그대로 보존한 길, 그리고 우리 고유의 역사와 문화, 생태를 체험할 수 있는 소중한 자연 관광자원이다.

북한산의 둘레길은 소나무숲길, 순례길, 흰구름길, 솔샘길, 명상길, 평창마을길, 옛성길, 구름정원길, 마실길, 내시묘역길, 효자길, 충의길, 송추마을길, 산너머길, 안골길, 보루길, 다락원길, 도봉옛길, 방학동길, 왕실묘역길, 우이령길 21개의 둘레길로 조성되어 있다.

❙ 북한산 둘레길 ❙

출처 : 북한산 국립공원홈페이지 https://contents.knps.or.kr/portal/events/bukhan/index.do

(7) 북한산의 아름다운 경관 10

탐방객이 선정한 북한산의 아름다운 경관을 소개한다.

❙ 백운대 일출 ❙

북한산의 최고봉인 백운대, 태조 이성계가 백운대에 올라 조선 건국의 포부를 밝혔다는 전설이 전해온다. 높이 836.5m로 서울 강북구와 경기도 고양시 경계에 위치하고 있으며, 북한산의 주요능선과 기암의 조망이 가능하며 힘찬 일출 경관이 일품이다.

거대한 화강암 봉우리들이 줄지어 서서 큰 바위 하나씩을 이고 있는 모습은 재미있으면서도 위엄을 느끼게 한다. 5개의 봉우리가 있어 오봉이라고 하며, 특이하게도 봉우리 위에는 작은 바위들이 있으며 높이는 660m이다. 원님의 딸과 결혼하기 위해 다섯 남자가 상장 능선의 바위를 던져서 만들어졌다는 전설이 있다.

인수봉은 북한산의 대표 경관으로 사계가 아름답지만, 운해가 낀 인수봉은 최고의 절경을 보여준다. 저지대인 영봉에서 바라보는 인수봉의 모습은 또 다른 매력을 보여주며, 백제 건국 시 비류와 온조가 도읍할 땅을 내려다보기 위해 올랐다는 전설이 있다.

❙ 멋진 다섯봉우리 "오봉" ❙

❙ 영봉에서 본 인수봉 ❙

백운대와 인수봉 뒤에 숨어있다고 해서 붙여진 이름, 숨은 벽 능선은 세 구간으로 분리되는데, 1구간은 사기막골~전망대바위, 두 번째는 전망대바위~대슬랩 직전까지의 아름구간, 3구간은 전문적으로 암릉을 경험한 산악인들이 다니는 구간으로 숨은 벽 능선은 아름다운 위용을 자랑하며 가을 단풍이 특히 아름답다.

❙ 숨은벽 단풍 ❙

한양을 보호하는 배후 기지였던 북한산에 축성된 북한산성은 기원은 삼국시대의 토성이며 조선 숙종이 1711년 석성으로 축성하였다. 사적 162호로 지정되어 있으며 축성 당시 둘레 7,620보, 약 12.7km, 내부 면적 약 6.2㎢로 당시 한양에 살던 대부분의 사람들이 대피할 수 있는 넓이였다고 한

❙ 북한산성 성곽 ❙

다. 현재는 능선을 따라 성문을 종주하는 코스로 많이 사랑받고 있다.

선인봉은 해발 708m의 암봉(巖峰)으로 도봉산의 최고봉인 자운봉(739.5m), 만장봉(718m)과 더불어 '삼형제 봉우리'라 부르기도 한다. 명칭은 신선이 도를 닦는 바위라 하여 붙여졌으며, 화강암으로 이루어진 암벽의 높이는 약 200m, 너비는 약 500m이다.

백두대간의 정기가 이어지고 한반도의 중심에 위치하여 풍수지리적, 군사 전략적으로 요충지였던 북한산. 최고봉인 백운대(836.5m)와 인수봉(810.5m), 만경대(799.5m)의 높은 세 봉우리가 우뚝 서서 깎아 세운 듯한 삼각과 같다 하여 삼각산이라 붙여졌다. 삼국시대부터 국가에서 제사를 지내고 성을 쌓고 각축을 벌였던 민족사와 문화가 깃든 역사적인 산의 중심부이다.

▌선인봉▐

▌백운대, 인수봉, 만경대▐

대남문에서 북서 방향으로 뻗은 능선으로, 문수봉, 715봉, 나한봉, 나월봉, 증취봉, 용혈봉, 용출봉, 의상봉으로 이루어지며, 8개의 봉우리가 있다고 하여 의상 8봉 능선으로 불리고 있다. 산행 거리는 긴 편이지만 아기자기한 암릉 산행의 묘미를 맛볼 수 있으며 주변 조망도 좋고 능선 풍광이 뛰어나다.

▌의상 8봉▐

비봉능선은 북한산 서쪽 향로봉에서 문수봉까지 약 2.5㎞이다. 서울 시내가 훤히 들여다보이고 북한산 전체를 입체적으로 조망할 수 있다. 역사적으로는 진흥왕이 한강 유역 영토를 확보하고 비봉(碑峰)에 순수비를 세웠으며, 현재는 모조비가 세워져 있다.

만경대 암릉은 높이가 799.5m로 바위가 만 가지의 기묘한 형상으로 보인다고 해서 붙여진 이름이다. 암봉들이 남북으로 뾰족하게 늘어져 있는 연봉으로 화강암이 오랜 세월 풍화, 침식되어 절벽을 이루고 있다.

▎비봉능선▎

▎만경대 암릉▎

출처 : 북한산 국립공원홈페이지. https://contents.knps.or.kr/portal/events/bukhan/index.do

2) 문화관광자원

(1) 유형문화재

가. 경복궁

▎광화문▎

▎근정전▎

출처 : 한국민족문화대백과 http://encykorea.aks.ac.kr/

서울특별시 종로구 세종로에 있는 조선전기에 창건되어 정궁으로 이용된 궁궐이다.

정궁으로 1963년 사적으로 지정되었다. 도성의 북쪽에 있다고 하여 북궐(北闕)이라고도 불리었다. 조선왕조의 건립에 따라 창건되어 초기에 정궁으로 사용되었으나 임진왜란 때 전소된 후 오랫동안 폐허로 남아 있다가 조선 말기 고종 때 중건되어 잠시 궁궐로 이용되었다.

나. 덕수궁

서울특별시 중구에 있는 조선 시대 고종의 거처로 이용된 궁궐이며, 덕수궁은 처음 월산대군의 집터였던 것을 임진왜란 이후 선조의 임시거처로 사용되어 정릉동 행궁으로 불리다가 광해군 때에 경운궁으로 개칭되었다. 이후 1907년 순종에게 양위한 고종이 이곳에 머무르게 되면서 고종의 장수를 빈다는 의미에서 덕수궁(德壽宮)이라 다시 바꾸었다.

1897년(광무 1) 고종이 러시아공사관에서 이곳으로 거처를 옮긴 이후부터 중화전을 비롯하여 정관헌, 돈덕전, 즉조당, 석어당, 경효전, 준명전, 흠문각, 함녕전, 석조전 등 많은 건물들을 지속적으로 세워졌다. 이곳은 고종의 재위 말년의 약 10년간 정치적 혼란의 주 무대가 되었던 장소로, 궁내에 서양식 건물이 여럿 지어진 것이 주목된다. 1963년 1월 18일에 사적으로 지정되었다.

▌대한문 ▌

▌중화문 ▌

▌석조전 ▌

출처 : 한국민족문화대백과 http://encykorea.aks.ac.kr/

다. 창덕궁

서울특별시 종로구 율곡로 99에 있는 조선전기 제3대 태종 당시 건립된 궁궐로 1963년 사적으로 지정되었다. 창덕궁은 1405년 태종 때 건립된 조선왕조의 왕궁이다. 처음에는 법궁(法宮)인 경복궁에 이어 이궁(離宮)으로 창건되었지만, 이후 임금님이 창덕궁에 머무는 것을 선호해왔고 특히 임진왜란 이후 법궁인 경복궁이 복구되지 못하면서 창덕궁은 고종 때까지 법궁의 기능을 하였다. 이처럼 오랜 기간 동안 지속적으로 사용되면서 다양하고 복잡한 왕실 생활을 반영하고 있기 때문에 유네스코 세계유산으로 지정되었다.

▮ 인정전 외부 ▮

▮ 인정전 내부 ▮

라. 창경궁

서울특별시 종로구 와룡동에 있는 조선의 궁궐이다. 창덕궁의 동쪽에 위치한 궁궐로, 원래는 왕실의 작은 별궁이었던 수강궁(壽康宮)이 있었던 곳이었으나 1483년(성종14) 성종이 정희왕후(貞熹王后)윤씨, 안순왕후(安順王后)한씨, 소혜왕후(昭惠王后) 한씨를 모시기 위해 수강궁

▮ 흥화문, 명정전 ▮

출처 : 한국민족문화대백과 http://encykorea.aks.ac.kr/

을 확장하여 건립하였다. 일제 강점기에는 이곳에 동물원과 식물원이 들어서게 되면서 창경원(昌慶苑)으로 격하되었고, 1980년대부터 창경궁 복원을 시작하여 오늘에 이르고 있다. 궁궐의 명칭인 '창경(昌 : 창성할 창, 慶 : 경사 경)'은 '창성하고 경사스럽다.'는 뜻이며, 1963년 1월 18일 사적으로 지정되었다.

▌명정전▐

▌창경궁 정원▐

마. 종묘

서울 종로구 훈정동에 위치한 종묘(宗廟)는 조선 시대의 왕과 왕비, 그리고 실제로 왕위(王位)에 오르지는 않았으나 죽고 나서 왕의 칭호를 올려받은 왕과 그 비의 신주를 모시고 제사를 행하던 왕실의 사당이다.

▌영녕전▐

▌정전내부▐

▌공신당▐

출처 : 한국민족문화대백과 http://encykorea.aks.ac.kr/

(2) 무형문화재

서울특별시 무형문화재 현황은 2023.7월 31일 기준으로 5개 종목, 명예보유자 8명, 보유자 44명, 보유단체 14개로 지정되어 있다.

서울시 무형문화재 현황

지정명칭(55개)	구분	지정범주	명예보유자(8명)	보유자(44명)	보유단체(14개)
칠장	기능	전통기술		손대현(옻칠)	
				김환경(칠화)	
			홍동화(황칠)		
			정병호(남태칠)		
서울송절주	기능	전통생활관습	이성자		
송파다리밟기	예능(단체)	전통놀이·무예		류근우	송파다리밟기보존회
필장	기능	전통기술		전상규(백모필)	
				정해창(황모필)	
조선장	기능	전통기술			
장안편사놀이	예능(단체)	전통놀이·무예			(사)장안편사놀이보존회
삼해주	기능	전통생활관습	이동복(소주)	권희자(약주)	
향온주	기능	전통생활관습		박현숙	
바위절마을호상놀이	예능(단체)	전통놀이·무예			바위절호상놀이보존회
침선장	기능	전통기술			
자수장	기능	전통기술		김현희	
				최정인	
매듭장	기능	전통기술		노미자	
나전장	기능	전통기술		정명채	
오죽장	기능	전통기술			
초고장	기능	전통기술			
은공장	기능	전통기술			
민화장	기능	전통기술		정귀자	
체장	기능	전통기술			
남이장군사당제	예능(단체)	의례·의식		이명옥	남이장군사당제보존회목
				한영서	
서울잡가	예능(개인)	전통공연예술			
마들농요	예능(단체)	전통공연·예술		김완수	(사)마들농요보존회
궁장	기능	전통기술	권무석		
초적	예능(개인)	전통공연·예술		박찬범	

판소리고법	예능(개인)	전통공연·예술		정화영 송원조	
소목장	기능	전통기술		김창식(가구) 심용식(창호)	
궁중다례의식	예능(개인)	의례·의식		김의정	
악기장	기능	전통기술			
등메장	기능	전통기술	최헌열		
옹기장	기능	전통기술			
단청장	기능	전통기술		양용호	
판소리	예능(개인)	전통공연·예술		이옥천(흥보가) 정의진(수궁가)	
행당동아기씨당굿	예능(단체)	의례·의식	김옥염(무녀)	최형근(악사)	행당동아기씨당굿보존회
봉화산도당굿	예능(단체)	의례·의식	김광수(악사)		봉화산도당굿보존회
밤섬부군당도당굿	예능(단체)	의례·의식		김춘강(무녀)	밤섬부군당도당굿보존회
입사장	기능	전통기술		최교준	
옥장	기능	전통기술		엄익평	
재담소리	예능(개인)	전통공연·예술		최영숙	
아쟁산조	예능(개인)	전통공연·예술		박종선	
수표교다리밟기	예능(단체)	전통놀이·무예		박종국 조춘선	(사)수표교다리밟기 보존회
송서	예능(개인)	전통놀이·예술		유의호	
삼각산도당제	예능(단체)	의례·의식			삼각산도당제전승보존회
경제어산	예능(개인)	의례·의식		이조원	
삼현육각	예능(단체)	전통공연·예술		최경만(피리) 김무경(해금) 이철주(대금)	(사)삼현육각보존회
한량무	예능(단체)	전통공연·예술		조흥동(한량) 고선아(색시)	한성준류강선영춤보존회
살풀이춤	예능(개인)	전통공연·예술		이은주	
시조	예능(개인)	전통공연·예술		이영준(석암제) 변진심(경제)	
서울맹인독경	예능(단체)	의례·의식			(사)대한시각장애인 역리학회 서울지부
홍염장	기능	전통기술		김경열	
관모장	기능	전통기술			

전통군영무예	예능	전통놀이·무예	※공동체 종목		
생전예수재	예능(단체)	의례·의식			(사)생전예수재 보존회
서울석장	기능	전통기술		김권오 (석구조장) 임한빈 (석조각장)	
무속지화장	기능	전통기술			
불교지화장엄	기능	전통기술			※ 자율전승형 보유단체
결련택견	예능	전통놀이무예			

출처 : 한국민족문화대백과 http://encykorea.aks.ac.kr/

가. 종묘제례 및 종묘제례악

서울에 있는 종묘(宗廟)는 조선왕조(14세기~19세기)의 조상들에게 바치는 유교 의례를 하는 곳이다. 종묘제례(宗廟祭禮)란 종묘에서 행하는 제향 의식으로, 조선 시대의 나라 제사 중 규모가 크고 중요한 제사였기 때문에 종묘대제(宗廟大祭)라고도 한다.

종묘제례

출처 : 유네스코 인류무형문화유산 http://www.unesco.org/

가) 종묘제례 : 종묘제례는 조상의 영혼이 안식하고 있다고 여겨지는 사당인 종묘에서 수행하며, 조상의 영혼이 영원한 평화를 누리도록 간구하는 것을 포함한다. 종묘제례는 왕족의 후손들이 제례를 조직하며 음악, 무용, 노래가 포함되어 있다. 의례가 봉행 되는 동안, 제관들은 의례복을 입으며 왕은 왕관을, 다른 이들은 관을 써서 복장을 갖추고 음식과 술을 제기에 담아 조상에게 바친다. 종묘제례는 왕실에서 거행되는 장엄한 국가 제사로서, 임금이 친히 받드는 존엄한 길례(吉禮)였다.

나) 종묘제례악 : 종묘제례악(宗廟祭禮樂)은 종묘제례가 봉행 되는 동안 연주하는 음악으로 기악(樂)과 노래(歌)에 춤(舞)이 함께 연행된다. 음악은 각각의 절차에 따라 보태평과 정대업 11곡이 한국의 전통 악기로 연주된다. 정전 앞 계단 위(상월대)에서 노랫말이 없는 음악을 연주하는 악단은 등가(登歌)라 하고, 계단 아래 (하월대)에서 노랫말 있는 음악을 연주하는 악단은 헌가(軒架)라고 부른다. 악기 편성은 시기에 따라 변화가 있었으나 오늘날의 모습으로 정착되었다.

나. 북청사자놀음

1967년 3월 31일 중요무형문화재(현 국가무형문화재)로 지정되었다. 놀이의 목적은 벽사진경(辟邪進慶)에 있는데, 벽사할 능력을 가진 백수(百獸)의 왕 사자로 잡귀를 몰아내어 마을의 평안을 유지한다는 것이다. 놀이의 비용은 집집마다 돌아다니면서 벽사를 해준 후에 받는 돈과 곡식으로 충당하였다.

놀이의 기원에 대하여 《삼국사기》 〈신라본기〉 에 이사부(異斯夫)가 지금의 울릉도인 우산국(于山國)을 칠 때 나무로 만든 사자를 이용하였다는 기록이 보이고, 최치원(崔致遠)이 지은 《향악잡영(鄕樂雜詠)》 5수(首) 중에서 산예(狻猊)는 사자춤을 가리킨 말이다.

출처 : 문화재청 https://www.heritage.go.kr/

다. 남사당놀이

1964년 12월 7일 중요무형문화재(현 국가무형문화재)로 지정되었고, 2009년 9월 30일 유네스코 세계무형문화유산으로 등재되었다. 남사당은 대개 농어촌이나 성곽 밖의 서민층 마을을 대상으로 하여 모심는 계절부터 추수가 끝나는 늦은 가을까지를 공연 시기로 하였다.

남사당은 서민들로부터는 환영을 받았지만, 양반에게는 심한 혐시(嫌猜)와 모멸의 대상이었기 때문에 아무 마을에서나 자유로이 공연할 수가 없었다. 공연을 하기 위해서는 공연에 앞서 마을에서 가장 잘 보이는 언덕을 골라 온갖 재주를 보여주는 한편 곰뱅이쇠가 마을로 들어가 마을의 최고 권력자(양반)나 이장 등에게 공연 허가를 받아야 하였다. 만약 허락이 나면 "곰뱅이(許可) 텄다"고 하면서 의기양양하게 '길군악'을 울리며 마을로 들어가지만 대개의 경우는 곰뱅이가 트이지 않았다고 한다. 저녁밥을 먹고 날이 어두워지면 놀이판으로 잡은 넓은 마당에 횃불을 올리고 공연을 시작한다.

출처 : 유네스코 인류무형문화유산 http://www.unesco.org/

라. 봉산탈춤

1967년 6월 17일 중요무형문화재(현 국가무형문화재)로 지정되었다. 해서(海西 : 황해도 일대) 탈춤에 속하며 산대도감(山臺都監) 계통의 극이다. 예부터 해서의 각 지방에는 5일장이 서는 거의 모든 장터에서 1년에 한번씩은 탈춤놀이가 벌어졌는데 그중에서도 봉산은 남북을 잇는 유리한 지역적 조건 때문에 나라의 각종 사신(使臣)을 영접하는 행사가 잦았고 또 지방의 농산물이 모여드는 중심지였기에 더욱 이런 놀이가 성행하였다.

출처 : 문화재청 https://www.heritage.go.kr/

마. 강령탈춤

1970년 7월 22일 중요무형문화재(현 국가무형문화재)로 지정되었다. 봉산탈춤과 더불어 해서탈춤의 쌍벽을 이룬다. 이 놀이는 해마다 5월 단오 때 단오놀이의 하나로 행하여지던 민속연희(民俗演戲)인데, 그 기원을 삼한 시대에 두기도 한다.

출처 : 문화재청 https://www.heritage.go.kr/

이는 놀이에 등장하는 맏양반 · 둘째양반 · 재물대감을 각각 마한양반 · 진한양반 · 변한양반이라고 한 별칭에서 유추한 것 같으나, 오히려 한말 국권 피탈과 더불어 해주감영 소속인 교방(敎坊)의 가무인(歌舞人)들이 해산되고, 통인청(通引廳)을 중심으로 집결되었던 탈군들이 해산되자 그 일부가 강령으로 모여들어 이들에 의해 시작된 것이라고 보는 설이 유력하다.

바. 송파산대놀이

송파산대놀이는 서울시 송파구 송파동과 가락동 일대에서 전승되어온 가면극으로서, 1973년 중요무형문화재로 지정되었다. 현재 서울 송파구 잠실동 석촌호수 근처에 있는 서울놀이마당에 전수회관을 두고 있다. 산대놀이는 서울 및 서울 인근의 경기도에서 전승되던 가면극으로, 원래는 애오개(아현동), 녹번, 구파발, 사직골 등에 있었으나 현재는 전하지 않는다. 학자들은 흔히 애오개 · 사직골 등에 있었던 원래의 산대놀이가면극을 본산대놀이라고 부르는데, 송파산대놀이는 19세기 초 · 중엽에 구파발본산대놀이 또는 노량진산대놀이 등의 영향 아래 성립된 별산대놀이이다.

출처 : 한국전통연희사전, 전경욱, 2014.12.15. 출판 민속원

3) 사회관광자원

(1) 서울의 축제

가. 한강 여의도 봄꽃 축제

'다시 봄(Spring Again)'을 주제로 4년 만에 봄의 생동감을 시민들에게 선사하며 모두가

즐길 수 있는 '영등포 여의도 봄꽃 축제'가 영등포 여의서로 국회 뒤편에서 열리는 축제다. 봄꽃 축제를 찾은 시민들을 반갑게 맞이하는 '시민 맞이 개막행사' 매일 저녁 다양한 공연이 펼쳐지는 '봄꽃나잇' 공예품과 친환경 제품을 만날 수 있는 '아트마켓' 다양한 먹거리가 준비된 '푸드마켓' 벚꽃길의 즐거움을 더해주는 '버스킹' 직접 보고 생생하게 경험해 보는 '전시 및 체험' 서울 마리나리조트와 함께하는 '요트투어' 등 다채로운 볼거리, 먹거리, 즐길거리가 펼쳐진다.

출처 : 서울관광재단 https://www.sto.or.kr/

나. 서울세계불꽃축제

매년 9월 말에서 10월 사이에 열리는 서울특별시 지역의 불꽃놀이행사. 영문 명칭은 Seoul International Fireworks Festival이다. 서울특별시 영등포구 여의도한강공원 및 한강변 일대에서 열리고 있다.

출처 : 서울관광재단 https://www.sto.or.kr/

다. 서울거리예술축제

서울거리예술축제는 매년 9월 말 다양한 장르의 예술작품을 서울광장, 청계광장 무교로 일대에서 만나볼 수 있는 서울문화재단의 대표 축제이다. 많은 시민들이 관람할 수 있는 대형작품, 대중성 있는 작품들과 거리예술, 서커스, 미디어아트, 사운드 등 경계 없이 예술적 상상력으로 결합된 다양한 장르의 예술작품공연을 선보인다.

출처 : 서울관광재단 https://www.sto.or.kr/

라. 서울억새축제

서울억새축제는 환경 생태공원으로 탈바꿈한 월드컵공원에서 2002년부터 추진하고 있는가을철서울의 공원문화축제로서, 매년 억새꽃이 피는10월에 시행하고 있다. 밤에 서울

도심에 있는 억새밭을 걸으며 하늘공원 전망대에서 한강 등 서울의 야경을 감상할 수 있는 기회를 제공하며, 각종 조명과 음악공연 등 다양한 행사를 제공하는 축제이다.

출처 : 서울관광재단 https://www.sto.or.kr/

마. 한강몽땅여름축제

서울시의 대표 여름 축제로, 2013년부터 시작돼 현재에 이르고 있다. 매년 7~8월 약 한 달간 한강 수상 및 한강공원 전역에서 진행된다.

출처 : 서울관광재단 https://www.sto.or.kr/

(2) 서울의 맛 골목

가. 광장시장

종로 한가운데 자리한 100년이 넘은 전통시장으로 즉석에서 부치는 전, 빈대떡, 호떡, 마약김밥, 칼국수 등 다양한 먹거리를 골목에서 맛볼 수 있다.

출처 : 서울관광재단 https://www.sto.or.kr/

나. 오장동 함흥냉면거리

출처 : 서울관광재단 https://www.sto.or.kr/

다. 을지로 골뱅이골목

출처 : 서울관광재단 https://www.sto.or.kr/

라. 노량진 수산물 도매시장

출처 : 서울관광재단 https://www.sto.or.kr/

마. 장충동 족발골목

출처 : 서울관광재단 https://www.sto.or.kr/

4) 산업관광자원

(1) 산업관광자원의 개념

산업관광이란 자국의 각종 산업 및 그 시설을 관광대상으로 삼아 자국의 산업 · 기술 수준을 외국인 관광객에게 소개 내지는 견학시켜 여러 나라와의 경제 · 무역 및 기술교류에 직접 · 간접적으로 기여하며, 내국인에게는 자국의 산업시설과 기술수준의 확인으로 민족적 자긍심을 고취할 수 있는 관광의 형태이다.

관광형태로는 자국의 기술수준 · 상품수준과 그 제작과정을 직접 보여줌으로써 수출증대에 기여하고 있다. 따라서 세계 각국은 공장과 그 밖의 산업시설의 수용태세를 정비하고 기술 및 생산 공정을 관광코스에 편성하여 견학을 권장하고 있는데 이는 관광산업의 새로운 분야로서 각광을 받고 있다.

(2) 포스트코로나 시대의 산업관광

과거 산업현장은 단순히 일하는 공간이었다. 시간이 흘러 현재의 산업현장은 새로운 관광모델로 떠오르고 있다. 바로 '산업관광' 때문이다.

산업관광은 문화 또는 사회적 가치가 있는 산업현장, 생산품 등을 관광자원으로 활용하는 새로운 관광모델이다. 공장을 방문해 식품의 가공공정을 견학하거나 기업의 홍보전시관 방문, 전통수공업 제품을 직접 만드는 체험 등이 대표적이다.

해외에도 산업관광이 인기를 끌고 있는데 대표적으로 네덜란드의 하이네켄 공장 견학, 일본의 아사히 맥주 공장 견학, 독일의 벤츠박물관 견학, 프랑스의 와이너리 투어, 영국의 위스키 공장 투어 등이 있다. 이러한 트렌드의 변화에 따라 여러 기업과 지자체에서는 산업현장과 생산품들을 관광자원으로 활용하는 움직임을 펼치고 있다.

서울시 관광 체육국은 산업관광의 대표 명소 먹거리를 엮은 '산업관광 10개 테마코스' 발굴하였다.

서울시가 서울의 과거와 현재, 미래를 담고 있는 다양한 산업자원을 직접 체험・학습・견학하며 국내외 관광객들의 호기심을 자극할 '산업관광 명소' 88곳을 새롭게 발굴했다. 이런 산업관광 명소와 인근의 대표 관광지, 먹거리를 엮은 '산업관광 10개 테마 코스'도 내놨다.

서울시는 근대・전통산업부터 게임・스포츠, 패션・뷰티까지 서울이 보유한 다양한 산업자원과 관련 현장을 처음으로 목록화했다. 시민과 관광객에게 유용한 정보를 제공하고, 주요 여행사들이 서울의 새로운 관광 상품을 개발하도록 유도한다는 계획이다.

가. 88곳 '산업 관광명소'는 관내 총 123개의 산업관광자원 중 관광자원으로서의 적합성(편의성・접근 용이성・매력성 등)과 현장조사 결과 등을 기준으로 발굴했다. 대표기업부터 소상공인 클러스터까지 모두 포함시키고, 이를 13개의 다채로운 주제로도 분류했다.

나. 서울시는 산업관광 명소를 게임・스포츠, 방송・언론, 대중음악, 금융, 환경・에너지, 근대산업, 교통・안전, 컨벤션, 패션・뷰티, 한식문화, 전통산업, 산업유산, 4차・첨단 산업체까지 13개의 다채로운 주제로 분류했다.

다. '산업관광 10개 테마 코스'는 서울의 산업관광을 즐기고 체험할 수 있도록 제공했다. 산업관광 명소를 중심으로 친구와 연인과 또는 가족과 함께 새로운 서울을 만날 수 있도록 기획했다.

▌산업관광명소 뮤지엄김치간▐

❙ 이음피움 봉제역사관 ❙

출처 : 서울시홈페이지 서울시, 산업-대표명소 사진 https://www.seoul.go.kr/main/index.jsp

서울시 산업관광 10개 테마코스

연번	코스명	코스경로
1	게임스포츠 테마코스	VR, AR 기술을 활용한 게임·스포츠산업의 발자취를 따라가는 코스로 VR스테이션~스타필드 코엑스몰~풋볼팬타지움~문화비축기지 탐방
2	에코재생 테마코스	오늘날 주요 환경 이슈를 체험해볼 수 있는 코스로 아리수나라~뚝섬한강공원~서울새활용플라자~청계천산책로 구성되어 일상에서 환경보호를 실천해볼 수 있음
3	케이팝 테마코스	한류의 시작 대중음악 산업의 전반을 이해할 수 있는 코스로 현대카드 바이닐앤플라스틱~이태원~SM타운뮤지엄~서울스카이로 감성 가득한 서울을 느낄 수 있음
4	미래기술 테마코스	IoT, ICT 첨단 과학 및 기술을 체험할 수 있는 코스로 SK텔레콤 New ICT 체험관 T.um~타임스퀘어~LG사이언스홀~여의도한강공원 코스
5	근대산업 테마코스	1960년대 이후 산업화시대 역사를 배울 수 있는 코스로 전태일기념관~이음피움 봉제역사관~동대문닭한마리골목~평화시장으로 과거와 현재를 잇는 여행길
6	역사문화 테마코스	서울의 과거를 간직한 코스로 서울대학교병원 의학박물관~남산돈가스거리~문화역서울284~서울로7017 까지 산업유산을 통해 시간여행 코스
7	만화캐릭터 테마코스	만화와 게임 산업을 다채롭게 체험할 수 있는 코스로 서울애니메이션센터~남대문시장~라이언치즈볼어드벤처~N서울타워로 구성
8	한식문화 테마코스	만화와 게임 산업을 다채롭게 체험할 수 있는 코스로 서울애니메이션센터~남대문시장~라이언치즈볼어드벤처~N서울타워로 구성
9	패션뷰티 테마코스	과거부터 현대까지 서울의 패션을 체험할 수 있는 코스로 광장시장~동대문패션타운~DDP로 구성
10	전통공예 테마코스	특별한 한국의 전통공예를 직접 체험할 수 있는 코스로 가회민화박물관~북촌전통공예체험관~인사동 문화의 거리~익선동 카페거리 조성

출처 : 서울시홈페이지 서울시, 산업-대표명소-먹거리 엮은 '산업관광 10개 테마코스' 발굴
https://www.seoul.go.kr/main/index.jsp

5) 위락관광자원

(1) 주제공원

가. 남산공원

남산은 서울의 중심부에 위치한 서울의 상징으로서 높이는 해발 265m로서 본래 이름은 인경산이었으나 조선조 태조가 1394년 풍수지리에 의해 도읍지를 개성에서 서울로 옮겨온 뒤에 남쪽에 있는 산이므로 '남산'으로 지칭되었고 풍수지리상 안산으로 중요한 산이다. 나라의 평안을 비는 제사를 지내기 위하여 산신령을 모시는 신당을 세워 목멱대왕 산신을 모시고 있어 목멱신사라고 불리고 이때부터 인경산은 목멱산으로 불렸다. 1940년 3월 12일 공원으로 지정하여 1968년 9월 10일에 개원하였으며 1991년부터 8년간 "남산 제 모습 가꾸기" 사업으로 공원 내 부정적 시설 89동을 이전하고 야외식물원을 조성하는 등 중구 예장동, 회현동, 용산구 한남동 일대를 대대적으로 복원, 정비하여 시민들에게 휴식과 맑은 공기를 제공하며 여가생활의 중심지로 거듭난 공원이다.

출처 : 서울의 공원 https://parks.seoul.go.kr/

Ⅰ남산공원Ⅰ

출처 : 서울의 공원 https://parks.seoul.go.kr/

Ⅰ한강공원 전체도Ⅰ

출처 : 미래한강본부, 한강공원 홈페이지 https://hangang.seoul.go.kr/

출처 : 미래한강본부, 한강공원 홈페이지 https://hangang.seoul.go.kr/

나. 용산가족공원

넓은 잔디밭과 연못 등 서구풍의 공원 모습을 느낄 수 있는 곳으로, 임진왜란(1592~1598년)때 왜군이 병참기지(兵站基地)로 사용하였고 임오군란 1882년 때는 청나라군사가 점유하였으며 갑신정변(1884년)과 러일전쟁(1904년) 그리고 1906년부터 1945년 해방 전까지 일본인들이 군시설 및 거주지 등으로 사용하였다. 6 · 25 때 UN군 및 주한미군사령부가 설치되었던 것을 1992년 서울시에서 인수하여 공원으로 조성한 것이다. 또 남산과 한강 사이에 위치해 서울시의 남북 녹지축의 연결고리로 서울시 녹지체계의 구심점이 되며, 중앙공원의 성격을 띠고 있다. 전체 공원 부지중 골프장이 들어서 있던 곳에 언덕, 잔디광장, 연못을 위주로 개방적이고 단란한 분위기의 공원이 조성되어, 서울시민들의 자유롭고 평화로운 휴식처로 주목을 받고 있다. 공원 수준을 높이기 위하여 조각작품을 기증받아 7개의 국가(한국, 프랑스, 스위스, 독일, 영국, 미국, 캐나다)를 대표하는 예술가들의 작품 9점이 전시되어 있다.

▌용산공원▐

출처 : 서울의 공원 https://parks.seoul.go.kr/

다. 월드컵공원

서울특별시 마포구 상암동과 성산동 일원에 2002 FIFA 월드컵 한국·일본을 기념하여 조성된 공원이다. 1978년부터 1993년까지 한강변의 쓰레기 매립장이었던 난지도 쓰레기 매립장이 폐쇄된 자리와 그 주변에 조성했으며, 평화의 공원, 하늘공원, 노을공원, 난지천 공원, 난지한강공원 등 5개의 공원으로 이루어져 있다.

1997년 10월 10일 쓰레기 매립장에서 300여m 떨어진 상암동 일대 시유지가 서울 월드컵경기장 건설부지로 지정되었다. 근처에 월드컵경기장이 들어서면서 난지도 생태공원 조성사업은 난지도 공원과 월드컵경기장, 상암동 택지개발, 디지털미디어시티와 연계된 대규모의 공원 조성사업으로 확대되었다. 매립장 안정화와 주변 지장물 이전 등의 사업이 이루어진 후 2001년 1월 29일 공원 조성 공사를 시작하여 월드컵 직전인 2002년 5월 1일 개장했다. 현재 4개의 테마공원은 서부공원녹지사업소[1]에서 관리하고 있으며 난지한강공원은 한강사업 본부에서 관리하고 있다.

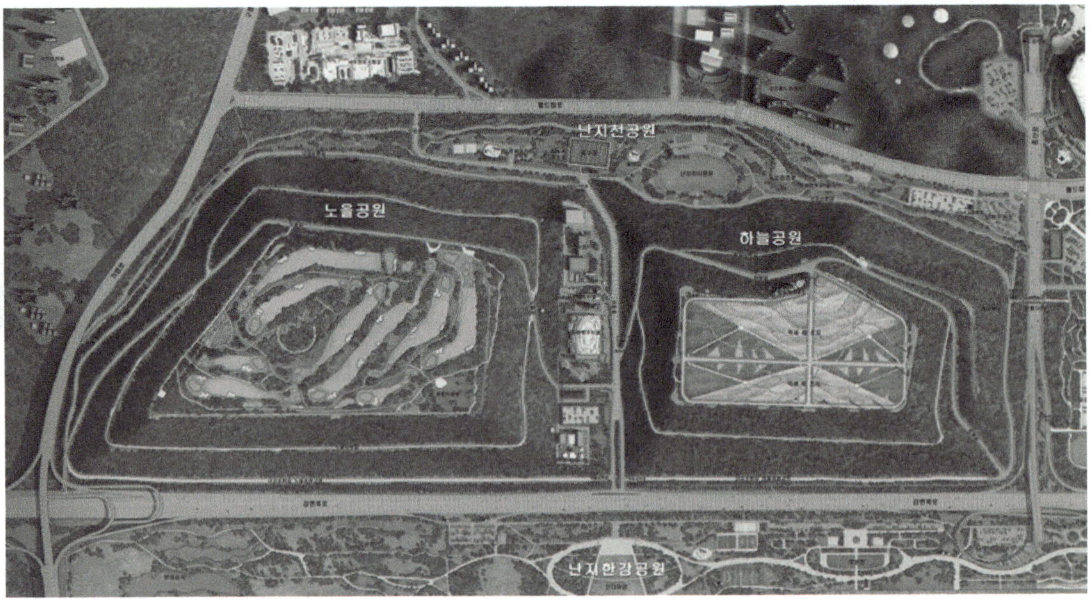

월드컵공원

출처 : 서울의 공원 https://parks.seoul.go.kr/

(2) 카지노

우리나라의 외국인 출입 전용 카지노는 1967년 인천광역시 올림푸스호텔의 카지노 개장을 시작으로 1968년에는 서울특별시 워커힐호텔 카지노가 개장하였다. 1990년대에는 전국에 13개소로 증가하였으며, 2000년에는 내국인 출입이 가능한 강원랜드 카지노가 개장하였다. 2005년에는 문화관광부의 적극적인 지원으로 카지노 3개소가 추가되었다. 2011년 현재 외국인 전용 16개소, 내국인 전용 1개소로 총 17개소가 운영되고 있다.

가. 세븐럭 카지노(강남코엑스점, 드래곤씨티점)

서울특별시 강남구 삼성동 컨벤션 별관에서 2006년에 개장한 한국형 카지노이다. 세븐럭[Seven Luck] 카지노는 한국관광공사의 자회사인 GKL[Grand Korea Leisure]이 운영하고 있다. 설립 목적은 관광객 유치 증진과 외화획득 증대, 한국 카지노 산업의 국제 경쟁력 제고, 이익금의 관광 인프라 구축, 사회공헌 활동을 통한 사회적 책임을 수행하기 위해서이다.

세븐럭 카지노는 2006년 정부가 설립해 운영하는 외국인 전용 카지노이며, 세븐럭 코엑스센터점이 서울특별시 강남구 삼성동에 개장하였다. 세븐럭 코엑스센터점 카지노는

2839m²[859평]의 영업장에 슬롯머신 130대 · 게임 테이블 45대를 갖춘 곳으로 개장 당시 국내 외국인 전용 카지노 중 가장 대규모였다. 내부에 식당 · 바 등의 편의시설을 갖춘 휴게 편의형 카지노이다.

출처 : 한국향토문화전자대전

나. 파라다이스 워커힐카지노

출처 : 파라다이스카지노 http://www.seoulcasino.co.kr/

02. 미래 관광상품 변화 및 개발(상황)

코로나19로 뉴노멀의 시대로 여행의 모습도 형태별로 달라졌다. 호캉스는 물론 숲캉스, 시골에서 한 달 살기, 해외에서 한 달 살기, 아무것도 하지 않는 멍 치유, 해양 치유 등 머무는 공간의 형태가 다양하게 넓어졌다. 또 재택근무와 디지털 기술력 향상으로 장소에 구애받지 않고 근무하는 디지털 노마드가 증가하면서 '워케이션'이라는 개념이 등장하면서 코로나 엔데믹 시대에도 이 형태를 유지하는 기업도 있다. 한국문화관광연구원의 조사에 따르면 코로나19 발생 전후 5년간의 데이터를 토대로 엔데믹 시대 여행 트렌드를 분석한 결과, '관광 트렌드 분석 및 전망 2023-2025' 연구보고서를 발표하였다.

1) 코로나가 불러온 새로운 여행법

팬데믹 이후 사회 · 경제 전반의 구조적 변화로 '뉴 노멀' 시대로 진입하였다. 여행에서는 '워케이션'이라는 개념이 등장했고, 몸과 마음을 치유하는 '웰니스' 여행도 주목받고 있다. 자연스럽게 환경적 변화에 맞추어 혼잡한 곳을 피해 여행하는 경향에 따라 자연 친화 지향의 아웃도어 여행(캠핑 · 걷기 · 자전거)이 증가했다.

특히, 젊은층은 직장에 대한 개념이 변화되면서 하루 종일, 1주일 내내 일하는 틀에서 벗어난 워라밸을 중시하는 성향이 강해지면서 워케이션 수요는 앞으로 계속 늘어날 전망이다. 또 웰니스 영역이 '스파 및 명상'에서 자연치유로 확장되면서, 시골에서 한 달 살기 체험이나 해외에서 일정기간 보내기, 맨발로 걷는 숲캉스, 해양치유 등도 크게 주목받을 전망이다.

게다가 '일상에서의 여행'과 '여행에서의 일상'의 일반적인 개념을 벗어난 형태도 인기를 끌 것으로 보인다. 코로나 이후 일상패턴이 변화되면서 근거리에서 짧게 휴가를 즐기는 이들이 늘어났고, 농어촌에서 직접 살아보는 텃밭 가꾸기, 숙박 프로그램 수요도 상당하다. 지역의 마을호텔이나 한옥 고택 등에 머무르며 일상을 체험하는 생활밀착형 관광의 증가도 주목할 만하다.

2) 해외여행의 다변화

3년여간의 코로나로 그동안 억눌렸던 여행심리가 보상수요로 가시화될 전망이다. 해외여행에 대한 갈망은 전 세대에서 높게 나타나고 있고, 특히 젊은 직장인들도 주말을 이용한 2-3박 일정의 해외여행도 꾸준히 증가하고 있으며, 고소득층 및 전문업종의 종사자들 위주로 프라이빗한 경험을 포함한 럭셔리 관광 소비도 증가할 것으로 보인다. 팬데믹 동안 모바일 기술과 디지털 경험이 확산하면서 여행의 다변화도 진행 중이다. 이를 바탕으로 한 개인 취향을 반영한 업계의 여행 기획과 콘텐츠 다양화가 속도를 낼 전망이다.

3) 지역관광의 성장과 진화

지역 고유성에 대한 선호도가 높아지면서 지역 정체성이 중요 매력으로 작용할 것으로 예상된다. 지역에서 유휴공간으로 인식됐던 장소가 관광과 결합해 새로운 자원으로 활용되기도 하고, 지역 특색을 현대적으로 재해석한 로컬 체험상품도 꾸준한 인기를 끌고 있다. 지역관광은 독특한 경험을 추구하는 젊은 층에서 더욱 관심이 높아지는 추세다. 지역주민이 직접 기획 · 참여하는 '관광두레'와 다양한 아이디어를 제시하고 창업하는 청년층도 점차적으로 증가하고 있는 긍정적인 변화가 일어나고 있으며 향후 이를 위한 로컬 크리에이터들의 역할도 더욱 중요해질 것으로 예측된다.

4) 기술의 발전, 미래형 여행

세계적으로 '기후변화'와 '탄소 중립'이 주요 의제로 논의되면서 여행 분야에서도 환경과 생태계, 지속가능성, 기후변화 등에 대한 관심이 높아지고 있다. 여행자들이 탄소발자국을 고려해 교통수단과 숙박시설을 선택하고, 플로깅 등 탄소 중립 여행상품을 이용하는 경향도 점진적으로 늘어날 것으로 보인다.

더해서 장애인 이동권에 대한 사회적 인식 고양. 채식주의 확산과 반려동물 증가도 여행에 영향을 미치고 있다. 이에 따라 무장애 관광도시 계획, 탄소 배출감소 여행, 반려동물 동반 호텔 객실, 반려동물 어린이집, 비건 호텔 등 맞춤형 서비스를 제공하는 사례도 꾸준하게 증가하는 추세다.

5) 10대 핵심 관광 트렌드

지난해 부분적으로 엔데믹 시대로 돌입하고 그동안 억눌려있던 보복심리가 여행 및 관광으로 적용되면서 여행수요가 급증하였다. 큰 틀에서 코로나19 이후 여행에 관하여 안전한 여행, 럭셔리 여행을 추구하게 되고 젊은층 세대는 주말 위주의 짧고 즉흥적인 여행을 선호하는 등 관광 트렌드에 많은 변화를 가져왔다.

향후 엔데믹 시대의 관광 트렌드는 어떻게 변화할지 한국문화관광연구원은 코로나19 발생 전후 5년간의 자료를 기반으로 거시 환경 및 미디어 분석, 전문가 조사 및 대국민 인식조사, 전문가 심층토론 등을 종합해 향후 3년간 발현이 예상되는 10대 핵심 관광 트렌드를 선정했다. 발표된 내용은 여행의 나노화, 방한여행 스펙트럼 확장과 AI기반으로 한 새로운 여행패턴 및 디지털 전환과 탄소 중립 여행 위주로 방향을 제시하고 있다.

출처 : 한국문화관광연구원이 2023-2025 관광 트렌드로 '새로운 시대의 여행(New Era Trip) / 한국문화관광연구원

참고 문헌

- 경기도뉴스포털 포스트코로나시대, 관광대세는 '산업관광' 이주영 juyng91@gg.go.kr
- 공윤주(2023). 관광자원론, 백산출판사
- 교토의 럭셔리 호텔 / 이성균 기자 https://www.travie.com/news/articleView.html?idxno=50872
- 문화재청https://www.heritage.go.kr/
- 미래한강본부, 한강공원 홈페이지 https://hangang.seoul.go.kr/
- 북촌협의회 https://www.instagram.com/museumkimchikan/
- 북한산 국립공원홈페이지. https://www.knps.or.kr/portal/main/contents.do?menuNo=7020002
- 서울관광재단 https://www.sto.or.kr/
- 서울시홈페이지 서울시, 산업-대표명소-먹거리 엮은 '산업관광 10개 테마코스' 발굴 https://news.seoul.go.kr/culture/archives/505623
- 서울시홈페이지 서울시, 산업-대표명소-먹거리 엮은 '산업관광 10개 테마코스' 발굴 https://www.seoul.go.kr/main/index.jsp
- 서울시홈페이지 서울시, 산업-대표명소 사진 https://www.seoul.go.kr/main/index.jsp
- 서울의공원 https://parks.seoul.go.kr/
- 서울의공원 https://parks.seoul.go.kr/
- 여행신문 이은지 기자 even@traveltimes.co.kr
- 유네스코 인류무형문화유산 http://www.unesco.org/
- 정찬종 외(2022). 관광자원해설(개정판), 백산출판사
- 파라다이스카지노 http://www.seoulcasino.co.kr/
- 한국문화광광연구원 2023-2025 관광트렌드 '새로운 시대의 여행 / 한국문화관광연구원보고서'
- 한국민족문화대백과http://encykorea.aks.ac.kr/
- 한국전통연희사전, 전경욱, 2014.12.15. 출판 민속원
- 한국향토문화전자대전
- https://gnews.gg.go.kr/news/news_detail.do?number=202206081413423441C049
- https://www.kcti.re.kr/web/user/main.do;jsessionid=D4BCC37158004BC05A044F85F1310B7F

Chapter 03

경기권의 관광자원

01. 경기권 관광자원 파악

1) 경기 관광자원 특징

경기관광공사에서는 경기도 관광자원의 특징을 다음과 같이 세가지로 정리하고 있다. 경기도 관광자원은 국제적 관광지, 풍부한 관광자원, 산업관광의 중심지로 관광자원을 설명한다.

(1) 국제적 관광지

경기도는 접근성이 뛰어난 국제적 관광지이다. 수도 서울과 수도권을 하나로 연결하는 지하철 등 수도권 대중교통망 이용이 쉬운 점과 전국 어디서나 고속도로를 비롯한 주요 도로와 철도를 이용하여 쉽게 접근할 수 있는 편리한 교통을 자랑한다. 인천국제공항과 인천항을 통해 해외에서도 경기도와 바로 연결됨을 강조한다.

(2) 풍부한 관광자원

풍부한 관광자원은 북동쪽의 산악지역에서 남서쪽 해안지역에 이르기까지 천혜의 자연조건과 역사와 문화를 배경으로 경기도는 풍부한 관광자원을 보유하고 있다. 경기도는 산, 사찰, 폭포, 해변, 강, 문화, 역사유적, 박물관, 갤러리, 리조트, 공원, 골프장, 온천 등 많은 자원을 갖추고 있다.

(3) 산업관광 중심지

경기도는 첨단 산업단지, 세계적 수준의 국제전시장 등 동북아 산업관광의 핵심지역으로 주목받고 있다(www.ggtour.or.kr; 한국여행발전연구회, 2013 : 173~174).

(4) 관광수요 지역

경기관광자원은 관광객의 관광 동기나 관광의욕을 일으키는 목적물인 관광대상을 확보하는 지역으로 가치가 있다. 그리고 충분한 관광자원을 갖고 있다. 특히 수도권의 인구가 우리나라 인구의 절반 이상을 차지하고 있는 상황에서 접근성 등의 요인을 확보하고 있어서 가장 수요가 많은 지역으로 실적과 개발 가능성이 가장 큰 지역으로 평가된다.

key point 경기도 관광개발 분석 및 전략

국내 대표적인 당일 관광 목적지로 경기도 관광자원을 평가할 수 있다. 수도권에서 접근성이 그만큼 좋다는 의미이다. 교통 편의성에 따른 높은 접근성의 특징을 지닌다.

풍부한 생태 역사문화 안보 관광자원이다. 다양한 관광자원을 갖추고 있는 것이 경기도 관광자원이다. 에버랜드, 한국민속촌, 경마공원, 킨텍스 등 지명도 높은 관광지를 보유한 것도 특징이다.

경기도에는 우수한 노동 인력과 관광 소비계층을 보유한다. 수도권에서의 좋은 인력과 인적자원을 지닌다. 개발규제로 인해 신규사업의 발굴과 착수의 어려움을 지니고 있다. 이는 해결해야 할 부문으로 사료 된다.

외래관광객에게 경기도는 상대적으로 낮은 인지도로 인해 주목받지 못하는 점이 개선되고 홍보되어야 한다. 그리고 관광경험을 통해 만족도가 제고되어야 한다.

국제적인 관심과 호감도 증가로 한국방문 외국인들의 수요를 증가시킬 기회를 창출해야 한다. 서울 중심의 관광이 수도권의 경기권에 확대 되어져야 할 것이다. 이 부문은 매우 중요한 한국 관광발전의 중요한 요소로 인식되어야 한다.

주변 지역과의 연계 관광이 활성화되어야 한다. 경기도는 이러한 지역 연계 관광이 매우 부족하고 개선되어야 한다고 본다. 서울 인근 지역으로서 가치와 중요성을 부각할 수 있는 연계 관광이 활성화되어야 할 것이다.

자료 : 제7차 경기도 권역별 관광개발 계획수립, 2021.12,p38.

킨텍스

출처 : https : //www.goyang.go.kr/visitgoyang/site/www/images/contents/cts66_img9.jpg
(고양특례시청 Visit Goyang 킨텍스-고양문화관광)

2) 경기관광자원 분류

(1) 특성별 분류

경기관광공사에서는 경기도를 도시의 특성별로 분류한다. 전통문화예술 관광권, 해양생태 관광권, 생태휴양레포츠 관광권, 현대도시문화관광권, 평화역사 관광권으로 나눈다.

가. 전통문화예술관광권

여주, 이천, 광주, 오산, 수원, 용인, 안성이 속하며, 대체적으로 경기 남부권이다.

나. 해양생태관광권

평택, 화성, 시흥이 속하며, 서해안 연안지역으로 해양생태를 체험할 수 있는 지역이다.

다. 생태휴양레포츠관광권

남양주시, 양평군, 가평군, 포천시가 해당하며, 이 지역에서는 생태 휴양 스포츠 여행의 백미를 맛볼 수 있다는 설명이다.

라. 현대도시문화관광권

광명시, 부천시, 안양시, 군포시, 의왕시, 과천시, 성남시, 하남시, 구리시, 고양시, 의정부시, 양주시가 속하며, 도시 속 명승지가 많은 지역으로 설명된다.

마. 평화역사관광권

김포시, 파주시, 연천군, 동두천시가 속하며, 분단의 아픔을 간직하는 장소로서 설명된다.

(www.ggtour.or.kr; 한국여행발전연구회, 2013 : 174~175).

(2) 공간별 분류

가. 남부권

역사문화권으로 불린다. 역사 생활관광권으로도 분류된다. 성남, 수원, 용인, 광주, 이천, 여주, 안성, 오산 지역이 속한다. 세계문화유산, 도자기 등 문화체험지대가 조성되어 있다. 이 지역은 역사 생활관광권으로 불린다.

경기도 과천에서 평택까지 약 90km의 역사문화 탐방로가 있다. 지역생태와 자연의 삼남길이 개발되었다. 경기옛길로 1~10 도보코스가 각 3.5~15.8km이다. 성남은 스마트테크놀로지,

수원과 성남은 의료산업을 갖추고 있다(제7차 경기도 권역별 관광개발 계획, 2021 : 50~51).

나. 중부 도시문화권

서울 근교권을 말한다. 도심권으로 도시 여유 관광권이라고 한다. 부천[1)], 광명, 안양, 과천, 성남, 하남, 의왕, 군포, 안산, 시흥 지역이 속한다.

지리적, 교통적 강점이 활용되는 지역이다. 쇼핑, 한류 문화, 위락시설 등 당일 관광 중심의 개발이 되어있다. 광명, 안양, 과천에 인천국제공항의 환승객 프로그램의 개발이 요청된다. 광명동굴, 국립현대미술관, 서울랜드를 연결하는 프로그램이 요청된다(제7차 경기도 권역별 관광개발 계획, 2021 : 50~51).

다. 서해안권

서부해안의 해양 레저권이라고 불린다. 화성, 평택지역이 속한다. 부천, 시흥, 안산, 오산, 안성도 이 지역에 속한다(경기도 제6차 권역계획; 제7차 경기도 권역별, 관광개발계획, 2021 : 48~51). 해양문화관광권으로 불린다.

서울에 근접한 부천, 해안선을 보유한 시흥, 안산, 화성, 평택과 경부고속도로로 연결된 오산, 안성을 특화하고 통합하는 것도 필요하다. 평택 당진항 아시아 크루즈 거점 관광목적지 조성[2)]이 요청된다. 전곡항, 제부항, 대부도 방아머리항 등의 마리나(해양 레크레이션 관련 시설이 모여 있는 항구 : Marina)를 이용한 서해연해마리나 관광 활성화 추진 등이 요청된다(제7차 경기도 권역별, 관광개발계획, 2021 : 51).

3) 경기도 관광자원 구성요소 평가

(1) 매력성

수도권에서 접근성이 좋다는 점에서 가장 큰 매력성을 지닌다고 하겠다. 그리고 다양한 관광콘텐츠를 지니고 있다는 점에서도 긍정적이다.

---

1) 부천 영상문화산업단지 복합개발에 대해 2022~2026년 투자계획은 4조원이다.(경기도, 2021 : 80~82, 88).

2) 크루즈관광과 기항지 관광(선박이 항해하면서 머무르게 되는 항구 : Calling Port)를 추진하는 내용이다.

(2) 유인성

수도권에 위치한다는 점에서 유인성이 크다. 그리고 내국인의 국내 관광뿐만 아니라 외래 관광객 국내 관광 분야인 Inbound(인바운드) 분야에서도 경기권 공항인 인천공항, 수도권 김포공항, 인천항, 평택항 등을 갖추고 있어서 경쟁력을 지닌다고 할 수 있다.

(3) 개발 요구성

수도권의 관광인구로 인해 잠재력이 크다. 향후 수요가 지속적으로 증가한다는 점에서 개발요구성도 증대되고 있다.

(4) 관광자원의 다양성

관광객의 다양한 욕구에 부응하여 관광자원의 개발이 다양화되고 있다. 특히 자연 및 문화관광자원 외에도 개발의 가능성이 큰 시설 관광자원, 테마 관광자원, 산업관광자원 등의 확대가 예견된다.

(5) 가치의 변화

기존의 자연 관광자원에서 현대에는 시설적인 관광자원의 확대와 확충이 이뤄지고 있다. 사람들이 선호하는 관광자원의 변화와 추구가 변화한다. 마이스산업(MICE[3]))의 시장 확대에 따라 지역에 컨벤션관련 시설이 확충되는 등의 변화가 보인다.

최근에는 우리나라 K-POP 인기에 따라 한류 관련하여 음식, 문화, 음악 등의 관련된 수요와 콘텐츠가 인기를 끌고 있다. 관련된 상품의 수요가 커진다.

(6) 보호 및 보존 필요

모든 관광자원은 보호 및 보존이 매우 중요하다. 지속 가능한 관광을 위해서는 지나친 공급과 이용은 관광자원을 훼손하며 수명을 짧게 한다는 점에서 관리가 중요하다. 최근 유명 관광지에서 초과적인 관광수요로 인해 몸살을 앓고 있는 지역들이 많다. 대표적으로 이탈리

3) Meeting(기업회의), Incentive(포상관광), Convention(국제회의), Exhibition(전시)분야를 포함한다.

아 베니스, 오스트리아 할슈타트[4] 등이 포함된다. 관광객 유입에 비례하여 지역의 경제적 성장과 지역주민의 이해가 중요하다.

4) 경기도 관광자원

(1) 관광지

가. 관광지 정의

자연적 또는 문화적 관광자원을 갖추고 관광객을 위한 기본적인 편의시설을 설치하는 지역을 말한다. 관광진흥법 52조 및 시행규칙 제58조에 따라 지정, 고시된 곳이다.

❙ 한탄강 ❙

나. 경기도 관광지

2018년 12월 31일 기준으로 경기도 14곳이 관광지로 지정되어 있다. 전국에는 총 227개가 지정된 상황이다(제6차 경기도 권역 관광개발 계획). 대표적인 경기도 관광지는 대성, 용문산, 소요산, 신륵사, 산장, 한탄강, 산정호수, 공릉, 수동, 장흥, 백운계곡, 임진각, 내리, 궁평 이다.

경기도는 14개소가 지정되어 있다. 전체 전국의 관광지의 면적 합계는 125,590,800㎡로 국토면적대비 0.13%로 나타났다.(관광지식정보시스템, http : //konw.tour.go.kr)

---

4) Hallstatt는 오스트리아의 아름다운 지역이다. 푸른 호수와 오래된 마을, 역사적인 소금광산, 높은 산인 다흐슈타인이 어우러진 지상의 낙원으로 불린다(네이버 여행 정보). 할슈타트호에 가까우며 알프스 기슭 호수 지역 잘츠카머구트 지방의 가장 안쪽에 위치하는 경승지이다. 유네스코 세계유산으로 등재되어 있다. 동화 속의 호수 마을로 불린다(위키백과; ko.m.wikipedia.org).

(2) 관광단지

가. 관광단지 정의

관광객의 관광 및 휴양을 위해 각종 관광시설을 종합적으로 개발하는 관광 거점지역이다. 관광진흥법에 따라 지정 및 고시된 곳을 말한다. 특별시장, 광역시장, 도지사가 지정한다.

나. 경기도 관광단지

2018년 12월 31일 기준으로 전국 48개가 지정되어 있다. 경기도는 평택호(관광호텔, 워터랜드, 테마파크, 캠핑장, 수산물센터 등), 안성 죽산(숙박시설, 골프장, 호텔, 테마파크, 식물원 등)이 준비되고 승인되었다(KBS 뉴스; 네이버 TV(NOW)). 신규 관광단지 개발은 안성 죽산 관광단지, 포천 힐마루 관광단지, 화성 궁평지구 관광지이다.

안성시 안성죽산은 1,438,000㎢로 시행사업자는 ㈜송백개발, ㈜서해종하건설이다. 단지지정은 2016.10월이다. 그리고 평택시 평택호는 2,743,000㎢로 평택시가 사업시행자이다. 1977년10월 단지가 지정되었다(관광지식정보시스템; http : //know.tour.go.kr).

기존 관광단지는 산정호수 관광지, 임진각 관광지, 소요산 관광지, 신륵사 관광지, 공릉 관광지 등이다.

평택호 관광단지

출처 : https://www.pyeongtaek.go.kr/common/imgView.do?attachId=a8cec76f52df1afc4382a5897bdf83f9ba905b3f8cd71b26b61fc3300ecf3e8f&fileSn=90f5d567d9bd4ae5bab7e614fb3487e5&width=700&height=700&mode=ratioView(평택시청 문화유산관광과)

(3) 관광특구

가. 관광특구 정의

해당 지역의 최근 1년간 외국인 관광객이 10만명(서울특별시는 50만명) 이상이어야 한다. 지정하고자 하는 지역에 접객시설, 상가시설, 휴양 및 오락시설, 숙박시설, 공공편의시설, 관광 안내시설 등이 분포되어 외국인 관광객의 관광수요를 충족시킬 수 있을 것의 요건을 갖춰야 한다. 시장, 군수, 도지사가 지정한다.

외국인 관광객 유치를 촉진하기 위해 관광 활동과 관련된 관계법령 적용을 완화하거나 배제하고 관광 관련 서비스, 안내체계 및 홍보 등 관광 여건을 집중적으로 조성할 필요가 있는 지역(관광진흥법 2조 11항)을 말한다.

나. 관광특구 현황

2021년 5월 1일 현재 전국관광특구는 13개 시도에서 33개소가 지정되어 있다(문화체육관광부).

다. 경기도 관광특구 지원 및 방문 현황

시도지사가 지정하는 관광특구는 매년 30억 규모의 예산이 지원되며 관광진흥개발기금의 대여 및 보조가 가능하다. 관광특구 지정시에는 외국인 관광객 유치를 목적으로 금융 및 재정지원이 된다.

2015년부터 2022년까지 경기도 내 특구에는 41억 2천만원이 국비, 시 군비에서 투입되었다. 2017년 경기도 내 특구가운데 관광객 최대치를 기록한 고양특구는 40만 7천 명이었다. 서울 동대문 패션타운특구의 428만 9천 명과는 차이가 난다.

고양관광특구 지역인 고양아람누리

2021년부터 수원화성 관광특구는 외국인 관광객 비율이 0.7%로 마케팅 및 콘텐츠의 다양성이 필요한 상황이다. 송탄, 동두천은 휴양 및 오락시설이 필요한 상황이다(경기일보, 2023.2.25.; 나무위키).

송탄관광특구

출처 : https://www.pyeongtaek.go.kr/common/imgView.do?attachId=a8cec76f52df1afc4382a5897bdf83f96986f2497652b748d92a384d7c75c390&fileSn=90f5d567d9bd4ae5bab7e614fb3487e5&width=700&height=700&mode=ratioView(평택시청 문화유산관광과;평택문화관광 주요관광지)

라. 경기도 관광특구 재정투자

2016년부터 2020년의 관광특구 재정투자를 살펴보면 다음과 같다. 총 2,023억원이 투입되었다. 이중 국비는 759억원, 도비 183억원, 시비 1,052억으로 구성되었다. 가장 많은 예산이 투입된 곳은 평택, 송탄이며 다음이 수원 화성으로 인프라에 예산이 투입되었다. 2016년부터

2020년 투입된 예산은 평택 송탄이 785억원, 수원화성이 699억원, 고양 343억원, 동두천 175억원, 파주 통일동산 19억원이다(제7차 경기도 권역별 관광계획 수립연구, 2021 : 33~35).

마. 경기도 관광특구 유치 현황

경기도 내 관광특구에 내국인은 2016년 1550만명, 2019년에는 1010만명으로 나타났다. 외국인은 2016년 266만명, 2019년 101만명으로 감소로 나타났다. 감소추세가 보였다(제7차 경기도 권역별 관광계획 수입연구, 2021 : 33~35).

(4) 경기도 세계문화유산 지역협의회

경기도는 세계문화유산 지역협의회 구축을 계획한다. 조선왕릉은 여주시, 화성시 포함 총 9개 시에 있다. 남한산성은 광주시, 성남시, 하남시에 접해 있다. 수원화성, 융건릉은 수원과 화성에 위치한다. 경기도에서는 세계문화유산 네트워크를 조성하여 관리하고자 한다.

(5) 경기도 관광자원사업의 변화

6차 권혁 계획을 보면 다음과 같아. 2017년부터 2021년까지의 사업 내용이다.

가. 일상 향유 생활문화관광

안산의 아쿠아리움 건립이 대표적인 사업이다. 기획예산은 1702억원이다. 수원화성 한옥 체험 마을 조성사업의 기획예산은 408억원이다. 일상 생활 가운데 향유할 수 있는 생활문화관광사업의 일환이다. 현대인은 매우 바쁘게 살아간다. 일상생활이 바쁠수록 일상생활에서의 관광자원이 중요하다. 이러한 차원에서 일상 향유 생활문화관광은 갈수록 중요성이 더해질 것으로 전망된다. 우리의 일상생활 가운데 느끼고 향유할 수 있는 주위의 자원이 바로 생활문화관광으로 중요하다고 사료 된다.

안양 중앙공원 전경

제7차 경기도 권역별 관광개발 계획수립 연구에 의하면 화성 드림파크 조성사업은 국내 최대 규모의 리틀야구장 테마파크로 447억의 예산(2018~2020년)이다.

나. 신융복합 창조관광 생태계 조성

과천 복합문화단지 조성사업에는 쇼핑, 업무, 숙박, 문화시설을 갖춘 복합상업시설을 갖추는 것이다. 이에 관련한 경제적 파급효과는 27조, 고용창출은 5만여명(조선비즈, 2019.7.26.)으로 추산한다. 기획예산은 1조 1천억원이다. 관광에서 중요한 요인은 쇼핑으로 상업시설을 복합화하고 종합적으로 구축하는 것은 매우 중요하다. 평택 황해경제자유지역 현덕지구 개발사업의 기획예산은 7500억원이다(제7차 경기도 권역별 관광개발 계획 수립연구, 2021.12, p 29).

안성 죽산 관광단지 조성사업은 민자 예산이 6588억이다. 화성 매향리 평화공원[5] 조성사업은 기획예산이 1100억원이다(경기도, 2021.12).

제7차 경기도 권역별 관광개발 계획 수립 연구에 따르면 화성 국제테마파크 조성사업에는 46조의 예산이 책정되었다. 부천 영상문화단지 복합개발 사업에는 410억의 예산이다. 오산 미니어처 전시관 조성사업에는 220억원의 예산이다(경기도, 2021 : 31~32).

다. 지속 가능한 친환경 녹색 생태관광

화성 궁평지구 관광지 조성사업의 기획예산은 712억원이다. 이천 성호호수 관광 자원화 사업은 기획예산이 276억원이다. 의왕 바라산 자연휴양림 조성사업의 기획예산은 140억원이다. 광명동굴 일원 관광 자원화 사업의 기획예산은 120억원이다. 안산 풍도 관광 자원화 사업 기획예산은 63억원이다(제7차 경기도 권역별 관광개발 계획 수립연구, 2021.12).

관광자원의 친환경적이고 녹색 생태를 지향하는 자원화는 매우 필요하고 중요한 개발이다. 친환경적인 개발과 생태 관광지화는 향후 지속적으로 모색해야할 개발 방안으로 사료된다.

시흥 수변생태 관광벨트는 2020년 181만명 관광객이 방문[6]하였다. 3919억원의 예산이 책정되었다. 가평 뮤직빌리지 조성사업에는 406억원의 예산이다. 오산 인성 에듀타운 오독오독 조성사업에는 204억의 예산으로 반려동물 테마파크, 전용 공원, 카페, 동물치료시설, 동물심리치료 시설이 구축(경기도, 2021 : 32)되며 지역경제 활성화 및 일자리 창출이 예견된다.

---

5) 화성 매향리 평화공원은 건설 후 방문객 저조로 인해 실패한 사례로 평가받고 있다. 많은 예산이 투입된 만큼 사전 조사 등이 철저히 이뤄진 후 조성사업이 추진되어야 한다는 교훈을 주고 있다.

6) 코로나 펜데믹 상황의 1년차 기간으로 야외지역의 방문이 선호된 바 많은 방문객의 결과로 보여 진다.

02. 경기도 관광개발

1) 관광개발 환경 및 방향

치안체계가 잘 갖춰진 안전한 관광지로서의 강점이 부각되어야 한다. 그리고 지속 가능한 관광을 추구하여야 한다. 지구온난화, 기후변화의 심각성이 심화되는 상황에서 지속 가능한 관광은 환경적인 차원에서 매우 중요하다.

아시아 태평양지역의 성장 잠재력이 커지고 있다. 이에 따라 증가하는 여행객 중 중국인 관광객의 중요성이 확대된다.

경기도는 타 시도에 비교하여 이동 총량, 방문자, 총 여행비용 등의 지출액이 상대적으로 작다. 이러한 문제를 해결하고 관광의 질적 제고가 필요한 상황이다.

당일 관광 여행자들에게 매력적인 관광지로 특화되어야 한다. 매력적인 관광지는 관광수요에 있어서 매우 중요한 요인이다. 코로나 이후 한달 살기 콘텐츠가 부각 된다. 이러한 트랜드에 부응하고 장기생활 관광으로 경기도 관광콘텐츠를 유도해야 한다(경기도, 2021.12 참고).

경기도 관광자원을 보면 안보관광, 자연형태 휴양 관광 중심의 상품이 외래관광객들에게 홍보되고 개발이 확대되어야 한다.

최근에는 6차 산업[7]이 새로운 일자리 창출과 가치가 부각 된다. 그리고 농업의 종합산업화를 통해 관광콘텐츠로 지향되어야 한다.

리사이클링(Recycling)은 자원을 절약하고 환경오염을 방지하기 위하여 불용품이나 폐물을 재생하여 이용하는 일로서 관광에도 접목되고 활용되어야 한다. 프랑스 파리의 오르세미술관과 김중업박물관이 대표적인 사례이다(경기도, 2021.12 참고).

오르세미술관은 원래 기차역이었으나 공간 재배치 등으로 새로운 건축창작물이 되어 미술관으로 주목받고 있다. 안양의 예술공원 내 위치한 김중업박물관은 원래 유유산업의 건물이었으나 현재 김중업 건축가의 건축과 그의 건축콘텐츠를 소개하는 건축박물관으로서 새롭게 역할 하고 있다.

---

7) 1차 산업인 농업, 2차 가공산업, 3차 서비스업이 융합하여 농촌에 새로운 가치와 일자리를 창출하고 있다.

2) 관광자원 개발 재원

(1) 경기도 중기 지방 계획

경기도 중기 지방 계획의 21년~25년 총예산 14조 3477억 원 중 관광예산은 3481억 원이다(경기도 2021~2025 중기지방 재정계획, 2020).

(2) 투자개발의 파급효과

2022년~2026년 공공부문의 투자비는 5481억 원이다. 제7차(22~26년) 경기도 관광개발 사업추진으로 발생하는 경제적 파급효과는 다음과 같다. 생산유발효과 1조960억 원, 부가가치 유발효과 4514억 원, 취업유발효과 6081명/백만 원으로 추정된다(경기도, 2021 : 162, 169).

(3) 관광자원 개발 시 주의점

관광자원 개발 시에는 문제가 최소화되도록 해야 한다. 관광자원보전 및 활용에 대한 이해관계자의 갈등이 대두된다. 관광지 및 관광단지 개발에 따른 환경의 훼손과 오염 문제도 생긴다. 사업추진의 지연 시 지역사회의 불만이 제기된다. 관광지 및 관광단지 개발사업을 시행할 때 환경 영향이 저감 되는 방향에서 이뤄져야 한다. 그리고 교통혼잡과 체증도 문제가 된다. 안전사고방지도 매우 중요하다. 지가가 상승할 수 있다. 도시의 산업의 변화 등의 문제가 생기기도 한다. 이러한 문제에 대한 대비와 문제를 최소화하는 방향에서 개발이 이뤄져야 한다.

관광개발 이후에는 오버 투어리즘의 문제가 발생하기도 한다. 조용하고 한적하고 평화로웠던 지역이 관광객의 대량 유입으로 소음, 공해, 거주민과의 불협화음 등의 생기게 된다. 세계의 여러 곳에서 관광객과 지역주민의 갈등문제는 이슈화가 되고 있다.

그리고 어두웠던 지역의 관광개발과 상품화로 인한 다크투어리즘[8)]이 발생하기도 한다.

---

8) 역사적으로 비극적인 사건이 일어났던 곳을 찾아가 체험함으로 반성과 교훈을 얻은 여행(시사상식사전)이다. 이를 통해 교훈이나 학습을 하게 된다. 그러나 반면 죽음과 슬픔을 상기시켜서 아픈 기억을 떠오르게 하는 측면에서는 부정적인 영향을 미치게도 된다.

3) 경기 바다 관광

경기도에서는 경기 바다권 활성화 투자계획을 22년부터 26년까지 2370억 원을 계획하였다. 주요 내용은 다음과 같다.

(1) 경기 갯길 조성사업

갯길은 바닷길을 의미한다. 평택, 화성, 안산, 시흥, 부천, 김포 262Km를 연결하는 경기 바닷길 조성사업이다. 최근에 바닷길도 관광자원으로 크게 부상하고 있다.

오이도 바다거리

출처 : https://www.siheung.go.kr/common/imgView.do?attachId=02444602fb6b9f638d2cd82fb7fc773dd9d04fc9b2f6d1273dd1042589426001&fileSn=c30044f361fa6d122d6b3ca447a95ac9&width=680&height=470&mode=ratio(시흥시청 문화관광)

(2) 특화거리 조성

화성시 전곡리 마리나 골목, 시흥시 오이도 바다거리에 특화거리를 조성하는 내용이다. 인지도가 있고 내방객이 많은 곳에 특화거리 조성은 필요하고 중요한 사업이 된다.

(3) 경기바다 특성화 축제 지원

경기 바다하늘축전은 시화 MTV단지 거북섬 지역에서 진행되며 해상레저 복합단지를 구축한다. 월곶포구축제는 지역특화 관광축제이다. 대부해솔길 축제는 안산시 대부도에서 진행된다. 10개 코스로 91Km의 길이이다. 코스별 걷기축제가 진행된다(경기도, 2021 : 80-82, 89).

4) K-Pop 성지

경기도는 한류의 트랜드에 부응하여 케이팝 성지 구축을 준비한다. 대표적인 곳은 다음과 같다(제7차 경기도 권역별 관광개발 계획 수립연구, 2021 : 86-87).

(1) 화성 우음도

시화호 간척지 개발로 현재는 육지가 된 곳이다. 일대의 포토 포인트가 조성되어 있다. 드라이브 코스, 공룡알화석산지, 이국적 산책코스로 평가된다. BTS 뮤직비디오에 등장하여 왕따나무의 환상적 풍광이 화제가 된 곳이다. 사진 촬영을 위해 찾고 있는 지역이다.

(2) 양평 서후리 숲일대 포토 포인트

BTS가 다녀간 흔적을 사진으로 전시한 곳이다. 유명스타가 방문한 장소만으로도 케이팝 성지가 될 수 있다.

(3) 일영역

엽기적인 그녀 촬영장소이다. 그리고 BTS의 봄날 뮤직비디오 촬영지이다.

5) 삼남길 관광네트워크

삼남길은 역사문화 탐방로로 자전거 및 보행자 겸용도로로 정비하였다. 경기옛길 10코스는 인덕원 옛터에서 안성천교 구간별 짧게는 4.4km부터 길게는 46km이다.

6) 정조 관련 문화유산 관광개발

정조대왕 능행차 공동재현은 유네스코 인류무형문화유산으로 지정을 추진 중이다. 사전단계로 국가무형문화재 지정이 추진되고 있다. 정조 테마 라키비움[9]은 기능을 가진 복합문화공간으로 조성되고 있다(경기도, 2021 : 124-126).

정조 테마 라키비움(Larchiveum)은 정조와 관련하여 도서관, 기록관, 박물관의 종합적인 기능을 갖추는 복합문화공간으로서 가치가 있고 새로운 기획이라는 점에서 참신하게 다가온다.

---

9) 라키비움(Larchiveum : library+ Archives+ Museum 즉, 도서관, 기록관, 박물관 기능을 가진 복합문화공간을 조성(위키백과)하는 것이다.

7) 구석구석 테마관광골목

경기도에서는 잘 알려지지 않은 곳을 알리고 명소화시키고자 구석구석 테마관광골목을 조성하고 있다. 이 사업은 경기도의 관광자원의 경쟁력을 새롭게 모색하고 구축한다는 점에서 매우 고무적으로 평가하고자 한다.

기지정의 상황을 보면 2020년 7곳, 2021년 7곳, 2022년 6곳, 2023년 6곳, 2024년 5곳으로 총 31곳이다. 수원화성 행리단길, 화성 전곡리 마리나골목, 시흥 오이도 바다거리, 안양 동편마을 카페거리, 용인 백암순댓국거리, 의정부 부대찌개 거리 등이 예이다.

22년부터 26년까지 20억원의 투자계획이 있다. 연간 지정된 거리에는 1억원의 사업비가 지원된다. 경기관광공사, 전문가 자문, 해당 시군 및 지역협의체와 조정을 거쳐서 최종 결정되면 상업이 실행된다. 주민해설사 양성[10], 골목 네트워킹 등 주민역량 강화도 목표로 한다(경기도, 2021 : 131-134; 뉴스1, 2023.4.25). 사업비는 주변도로 환경개선 등에 사용되는 것으로 보인다.

골목상권의 중요성이 부각 되는 상황에서 구석구석 테마관광골목의 지정은 바람직한 프로젝트로 여겨진다. 기존의 잘 알려진 곳이 선정되기도 한다. 용인 백암순댓국거리, 의정부 부대찌개 거리는 오랫동안 먹자골목 지역으로 인지도가 있었던 곳이다. 그리고 새롭게 테마화로 준비된 곳들이 선정되고 있다. 안양의 동편마을 카페거리는 골목지역에 커피라는 테마로 카페거리가 조성되어 있어서 특화거리로 조성되고 사람들이 찾고 있다.

❙ 안양 동편마을 카페 ❙

❙ 김포 라베니체 수변거리 ❙

10) 현재 문화관광해설사는 주요한 관광자원지역에서 해설을 담당한다. 테마관광골목에서 역할하게 되는 주민해설사는 지역에서의 활동으로 고용창출, 지역 인지도 제고 및 지역경제 활성화 등에 연계되어 효과를 높이게 된다는 점에서 좋은 프로젝트이다.

8) 무장애 경기 관광도시 조성

복지관광의 기반을 마련하기 위해 무장애 경기 관광도시가 조성되고 있다. 관광편의시설의 접근성 관련 개보구 지원이 2026년까지 매년 6개소, 총 30개소 지원이 목표로 되어있다.

문화관광해설사 대상 수화교육을 시행한다. 경기도는 수화안내가 가능한 해설사를 교육하고 양성[11]하고 있다. 문화관광해설사는 경기도 관광지 등 해당 지역에서 관련 문화재, 관광자원에 문화관광해설사를 배치하여 관광 안내를 통해 경기도 관광자원 활성화 등에 기여하고 있다.

무장애 경기관광 인증제가 도입되어 경기도 내 무장애관광지와 관광시설에 표시하는 인증마크를 개발, 유니버설 디자인[12] 적용 관광지, 관광시설에 무장애 경기관광 인증을 부여하고 있다. 이러한 제도는 복지관광기반을 마련하기 위한 경기도의 계획과 노력이다.

무장애 관광은 문턱 없이 장애인과 비장애인 모두가 공존하며 즐길 수 있는 여건을 조성하는 관광을 의미한다. 즉 휠체어를 통해 화장실 방문, 이동 등 문제없이 투어를 진행할 수 있는 종합적인 여건과 환경을 구축하는 것을 말한다.

03. 주요관광자원

1) 자연관광자원 개념

(1) 자연관광자원 정의

자연관광자원은 자연경관의 매력성을 기반으로 한 관광자원이다. 관광객의 욕구를 충족시킬 수 있는 관광대상이다. 경관미, 레크리에이션 기능을 갖춘 자원이다.

---

11) 2022년, 2023년, 2024년 문화관광해설사 신규, 보수교육을 위탁기관인 연성대학교 호텔관광과 교수를 중심으로 오프라인 및 온라인 교육을 시행하고 있다.

12) 나이, 장애 등으로 이용에 장애를 받지 않도록 제품 및 사용 환경을 디자인하는 것이다. 최근에 장애인 등을 배려하는 사회의 노력으로 유니버설 디자인은 보편적인 추세로 진행되고 있다.

(2) 자연관광자원의 요소

자연관광자원은 산악, 해양, 온천, 호수, 동굴 등 주로 지형이다. 관광객의 욕구를 충족시키는 복합적인 자연대상이다. 자연관광자원의 요소는 기후, 지질[13], 지형, 수문[14], 토양, 식생, 야생동물 등 자연적 요소로 구성되어 있다(안대희 외, 2020 : 43).

(3) 자연관광자원의 성격

비이동성, 계절성, 다양성, 변동성, 저장 불능성(안대희 외, 2020 : 45~46)을 지닌다.

Ⅰ인천 을왕리 해수욕장 전경Ⅰ

2) 자연관광자원의 유형

(1) 산악관광자원

가. 산악관광자원 개념

가) 산악관광자원 특성과 기능 : 산악관광자원은 자연관광자원의 기본적이며 종합적인 대상이다. 대표적인 산악관광자원은 기암, 절벽, 계곡, 산림, 호수, 토양, 동식물의 생태 등이다. 산악관광자원은 아름다운 풍광과 풍경으로 인해 피서지, 휴양지로 각광을 받고 특히 레크레이션의 활동 장소로 선호된다. 스키, 골프, 등산, 산악자전거, 캠핑, 행글라이더 등 활동을 한다.

산악관광자원을 통해 자연 감상과 휴식 기능이 가능하다. 그리고 운동 및 오락 기능이 가능하다. 생태계관찰과 생태관광, 청소년 수련장을 통해 교육 기능도 가능하다(안대희 외, 2020 : 46~47).

나) 산악관광자원 현황

(가) 산악형 국립공원 : 자연공원법에 의하면 국립공원은 우리나라의 풍경을 대표할 만

13) 지각의 변동과 화산작용 및 단층, 침식 등 자연적 작용에 의해 생성된 것이다(안대희 외, 2020 : 43).

14) 수문(Hydrology)은 해양, 하천, 호수, 늪, 지하수 등을 이루는 지구의 표면에 떨어진 물로서 비 및 눈 등의 상태로 지구의 표면에 떨어진 물(안대희 외, 2020 : 44)을 말한다.

한 수려한 자연풍경지로 정의된다. 현재 우리나라 국립공원의 수는 22개이다. 국립공원의 관리는 환경부가 관장한다. 실질적으로 18개소는 국립공원관리공단에, 2개소[15]는 도에 위임되어 있다(안대희 외, 2020 : 50~51).

경기도에는 북한산이 서울과 경기도에 걸쳐 있다. 1983년 4월 2일에 지정되었다. 면적은 76,922㎢이다. 우리나라 최초의 산악형 국립공원은 1967년 12월 29일에 지정된 지리산으로 면적은 483.022㎢이다.

key point 국립공원 지정

국립공원의지정권자는 환경부장관이다. 국립공원 지정시에는 관할 시·도지사의 의견을 들은 후, 관계 중앙행정기관의 장과 협의하고, 환경부에 국립공원위원회와 국토건설종합계획심의회의 심의를 거쳐야 한다.

(나) 산악형 도립공원 : 우리나라 최초로 도립공원은 1970년 경상북도 구미에 위치한 금오산이다. 전국에 29개 지정되어 있다. 산악형 도립공원은 산악과 해안갯벌을 중심으로 지정되어 있다(안대희 외, 2020 : 51).

경기도에 속한 도립공원은 가평의 연인산이다. 2005년 9월 15일에 지정되었다. 37,691㎢의 면적이다. 그리고 수리산으로 안양, 안산, 군포에 접해 있다. 2009년 7월 16일에 지정되었다. 면적은 6,963㎢이다.

(다) 군립공원 : 우리나라에서 최초로 지정된 군립공원은 강천산으로 1981년이다. 현재 우리나라에는 27개가 지정되어 있다. 대부분 산악을 중심으로 한 자원이다(안대희, 2020 : 52).

경기도에는 남양주시 천마산이 화도읍, 진천면, 호평면에 걸쳐 위치한다. 1983년 8월 29일 지정되었고 면적은 12,461㎢이다. 그리고 가평군 북면의 명지산이 1991년 10월 9일에 지정되었다. 14.027㎢의 면적을 갖고 있다.

(라) 지질공원 : 국가지질공원은 국가적으로 지질학적으로 중요성이 있는 지역을 대상으로, 국가에서 정하는 기준에 부합되는 활동을 수행하는 지역지질공원을 국가에서 인증[16]하는 공원이다. 우리나라에는 제주도지질공원(2012.12.27.), 울릉도·독도지질공원(2012.12.27.), 부산지질공원(2013.11.27.), 강원평화지역 지질공원(2014.3.31.), 청

15) 경주는 경주시 관리, 한라산은 제주도 관리(안대희, 2020 : 51).

16) 환경부가 인증하고 있다.

송지질공원(2014.3.31.)이 국가지질공원으로 인증되어 운영 중이다. 2014년 5월 이후 포천·연천 지역과 광주광역시, 인천광역시, 경상북도, 강원도 등 여러 지역에서 국가지질공원을 추진 중이다(안대희 외, 2020 : 54).

경기도에는 한탄강이 지질공원으로 인증되어 있다. 포천시, 연천군, 강원도 철원군에 접해 있다. 2015년 12월 31일 인증되었다. 전체 면적은 1,164.74㎢이며 지질명소 면적은 38.7㎢이다.

key point 세계지질공원

세계지질공원망(GGN : Global Geoparks Network)의 회원으로 가입된 국가지질공원을 말한다. 유네스코의 특별 지원 활동 중 하나이다. 세계지질공원망은 2004년 2월에 결성되었다. 2013년 9월 현재 우리나라의 제주도 세계지질공원(2010.10.1.)을 포함한 30개국 100개소 세계지질공원이 회원으로 활동하고 있다.

세계지질공원에 가입하기 위해서는 유네스코에 신청서를 제출한 후 현지 실사 등을 통해 자격을 부여받는다. 인증을 받은 후에는 4년마다 재평가를 통해 회원자격을 심사받게 된다.

자료 : 안대희 외, 관광자원론, 대왕사, 2020, pp.54~55.

한탄강 지질공원 고석정

(사진은 강원도 철원군 고석정으로 한탄강은 경기도 포천시, 강원도 철원군에 접해 있는 지역이다)

(마) 자연휴양림 : 국가가 운영하는 자연휴양림은 38개소이다. 그리고 지방자치단체가 운영하는 자연휴양림은 총 71개소이다. 개인이 운영하는 자연휴양림도 14개소가 전국에 위치한다. 2014년까지 총 123개소가 조성되어 있다(안대희 외, 2020 : 56).

경기도에는 국립자연휴양림이 4개소로 양평군 단월면 산음리 소재의 산음자연휴양림, 포천시 화현면 화현리 소재의 운악산자연휴양림, 가평군 설악면 가일리에 위치한 유명산 자연휴양림, 양평구 옥천면 신복리 소재의 중미산 자연휴양림이 있다.

지자체자연휴양림은 경기도에 5개소가 있다. 가평군 북면 논남기길의 강씨봉자연휴양림, 양평군 양평읍 백안3리의 용문산 자연휴양림, 용인시 모현 초부의 초부리자연휴양림, 남양주시 수동면 외방리 소재의 축령산 자연휴양림, 가평군 가평읍 경반리 소재의 칼봉산 자연휴양림이 있다.

개인이 운영하는 개인자연휴양림은 경기도에 3곳이 있다. 포천시 이동면 장암리 소재의 국망봉자연휴양림, 양평군 옥천면 용천리 설매재자연휴양림, 가평군 청평면 삼회리 청평자연휴양림이 있다(www.foreston.go.kr).

나. 경기도 산악관광자원

가) 남한산성 : 경기도 도립공원이다. 남한산성[17]은 유네스코 세계유산이다. 경기도 광주시 남한산성면에 있는 남한산을 중심으로 하는 산성이다. 병자호란 때 조선의 16대 왕 인조가 청나라에 대항한 곳으로 알려져 있다. 1950년대 이승만 대통령에 의해 공원화된 후 현재 도립공원으로 지정되어 많은 사람들이 찾고 있다. 병자호란 때 인조는 이곳에서 40일간 항전하였으나 청에게 항복한 곳이기도 하다. 남한산성의 면적은 608,705㎡, 대한민국 사적 제57호(1963년 1월 21일 지정)이다. 남한산성 도립공원의 면적은 34.45㎢로 경기도 남한산성 세계유산센터에서 운영하고 있다(위키백과).

남한산성행궁은 인조 14년(1636년) 병자호란 시 인조가 남한산성으로 피난하여 47일간 항전 시 기거했던 거처이다. 조선 인조 4년 1626년에 건립되었다. 국가사적 제480호이다. 2007년 6월 8일 지정되었다.

남한산성 탐방코스도 추천된다. 1코스부터 5코스까지 있다. 2.9km-7.7km의 구간으로 1시간에서 많게는 3시간 20분 소요된다. 1코스를 소개하면 산성로터리-북문-서문-수어장대-영춘정-남문-산성로터리 이다.

기록에 의하면 신라 주장성(672)의 옛터에 기초하여 산성을 쌓았다고 전해진다. 현재까지 보수해 오면서 약 1,000년 넘게 고유의 모습을 유지하고 있다. 국가지정문화재로 지정되어 오가다 2014년 6월 카타르 도하에서 탁월한 보편적 가치(Outstanding Universal Value)를 인정받아 유네스코 세계유산으로 등재되었다. 도립공원으로는 1971년 지정되었다. 80-100년생 소나무 군락지를 볼 수 있다(세계유산 남한산성 · 남한

---

17) 남한산성은 해발 480m가 넘는 험준한 자연지형을 따라 둘레 12.4km 성벽을 구축하고 면적은 2.15㎢이다. 둘레 6,297보, 여장 1,897개, 옹성 3개, 문 4개, 암문 16개, 우물 80개, 샘 45개 등이 만들어진 곳이다. 외성은 병자호란 이후 쌓여진 것으로 본성과 시차를 두고 구축됨으로써 삼국시대부터 조선 시대까지 각 시기별 성을 쌓는 기법을 특징적으로 잘 보여주고 있다. 남한산성 내에는 200여개의 문화재가 산재해 있어 자연환경과 산성 내 곳곳이 역사와 설화가 깃들여 있다(경기도 남한산성세계유산센터, 남한산성 · 남한산성 행궁 브뤄셔). 여장은 성곽 위에 낮게 쌓은 담이다. 이곳에 몸을 숨겨 적의 총탄, 활로부터 몸을 보호하고 구멍으로 적에게 공격을 가하는 군사시설을 말한다. 옹성은 성문을 보호하기 위해 외부로 둘러쳐진 보호하기 위한 시설을 말한다.

산성 행궁 브뤄셔 ; www.gg.go.kr/namhansansung-2).

남한산성은 경계가 서남방향으로는 성남시 중원구, 남으로는 광주시 남한산성면 북으로는 하남시 상사창동으로 연결된 지역이다. 드라이브 코스도 좋고 걷는 사람들이 많이 보인다. 그리고 주위에 맛집, 카페 등도 많이 찾고 있다.

‖ 남한산성 세계유산센터 ‖

나) 소요산 : 경기도 동두천시에 있는 해발고도 536m의 산이다. 산세가 수려해 경기의 소금강이라고도 불린다. 645년, 신라고승 원효가 세운 자재암이 있다. 단풍으로 유명한 산이다. 1981년도 국민 관광지가 되었다. 화당 서경덕, 봉래 양사언과 매월당 김시습이 자주 소요하였다고 하여 소요산으로 불리게 되었다(위키피디아).

동두천시청에서 3번 국도를 따라 북쪽으로 약 5km가량 지난 곳에 있는 수도권 최고의 단풍 명산이다. 소요산은 규모가 크지는 않지만, 산세가 수려하고, 산 정상인 의상대(587m), 하 백운대, 중 백운대, 상 백운대, 나한대, 공주봉이라 불리는 여섯 대의 봉우리가 말발굽 모양의 능선과 산봉우리가 뾰족뾰족한 기암괴석이 절묘하게 이루어졌다(대한민국 구석구석).

소요산에는 원효폭포, 눈썰매장, 수영장 등 가족 단위로 즐길 수 있는 부대시설을 갖추고 있다. 가을에는 단풍축제도 열린다. 소요산 등반은 약 1시간 30분에서 3시간 30분 코스까지 있다. 우리나라 100대 명산으로 평가된다. 근처에 포천 신북온천 방문이 권장된다(한국여행발전연구회, 2013 : 161~162).

‖ 소요산 ‖

출처 : https://www.ddc.go.kr/site/tour/images/contents/cnt_571_img1.jpg(동두천시 문화관광 자연관광)

(2) 온천관광자원

가. 온천의 정의

온천은 따뜻한 샘물이라는 의미이다. 온천은 빗물이 땅속으로 들어가 다시 용출되어 나오는 것과 암장을 거쳐 처녀수로 생성되거나 동식물의 화석도 혼합되어 30-40년 지나서 지상으로 솟아 나온다는 것이 통설로 온천전문가들의 설명이다. 이것이 세계 각국의 온천지의 온천수이다(안대희 외, 2021 : 61).

나. 온천의 분류

가) 천온으로 분류 : 25℃ 미만은 냉광천, 25~35℃는 미온천, 35~42℃는 온천, 42℃이상은 고온천이다.

나) 수소이온으로 분류 : pH 2이하는 강산청천, pH 2~4는 산성천, pH 4~6은 약산성천, pH 6~7.3은 중성천, pH 7.5~8.5는 약알칼리성천, pH 8.5~10은 알칼리성천, pH10이상은 강알칼리성천이다.

다) 음이온 기준으로 분류 : 단순천, 단순탄산천, 알칼리천, 식염천, 황산염천, 철천, 명반천, 황천, 산성천, 방사능천(라듐천) 등으로 분류한다.

다. 국내온천 현황

2018년 12월 기준 전국에 2,527개의 온천이 있다. 경북에 509개, 강원에 380개, 경기에 371개, 경남에 297개, 부산에 246개, 전남에 170개 순이다. 경기도에 연간 온천을 이용하는 인원은 4,704천명이다(행정안전부, 2018,12.31).

(3) 동굴관광자원

가. 동굴의 정의와 분류

지하의 발달된 동공으로서 인간에 의해 인위적으로 만들어지지 않고 자연현상에 의해 형성된 것을 지칭한다. 즉 땅 표면에 뚫린 자연적인 구멍을 가리킨다.

국내에는 석회동굴, 해식동굴, 용암동굴 등이 분포한다. 석회동굴은 석회암지대에서 석회암이 빗물에 용식[18]되어 형성된다. 용암동국은 화산지대에서 지하에 존재하던 마그마가 지표로 불출됨에 따라 용암의 고격과 유동 작용에 의해 생성된다. 즉 용암이 빠져나간 자리에

18) 녹는 것을 말한다.

생기는 것이다. 해식동굴은 해안선을 따라 파도의 영향을 받는 곳에서 형성된다. 문화재청은 동굴의 정의를 길이 10m 이상으로 생성된 것으로 정의한다(안대희 외, 2021 : 70).

나. 국내현황

동굴은 천연기념물로 지정된 것이 27개 동굴이다. 강원도 12개, 경북 1개, 전북 1개, 제주특별자치도 10개, 충북 3개이다. 지방문화재로 지정된 동굴은 20개이다. 강원도 13개, 경북 2개, 경남 1개, 전북 1개, 전남 1개, 제주 1개, 충북 1개이다. 미지정동굴은 20개이다. 천연기념물 지정 동굴 가운데 충북 단양 노동동굴은 2008년 1월1일 폐쇄되었다(동굴 지정현황〈국가 · 지방문화재〉; 안대희 외, 2021 : 71-72).

(4) 해양관광자원

가. 해양관광자원 정의

해안을 둘러싼 각종 경관, 즉 해안, 섬, 해양, 암초, 포구, 백사장, 수평선, 일출, 일몰 등 자연경관들이 해당한다. 우리나라는 동 · 서 · 남해안의 지형적 특색이 뚜렷하고 자연경관이 수려하며, 청정한 해수와 해상국립공원, 해안 관광지, 해수욕장, 도서관광지 등 다양한 해안관광자원이 산재해 있다(안대희 외, 2021 : 76).

나. 국내 현황

국내 해양관광자원을 살펴보면 2019년 12월31일 기준으로 해상형 국립공원으로 한려해상(전남 및 경남), 태안해상(충남), 다도해해상(전남), 변산반도(전북)이 지정되어 있다.

해상형 도립공원은 전국에 9개가 지정되어 있다 양양 낙산, 강릉 경포, 전남 신안증도 갯벌, 전남 무안갯벌, 제주 남제주군 마라해양, 제주 남제주군 성산일출해양, 제주 서귀포시 서귀포시립해양, 제주 북제주군 추자, 제주 북제주군 우도해양이다.

해수욕장은 동해안 81개소, 서해안 43개소, 남해안 35개소, 제주도 12개소이다. 반도국가인 우리나라는 서해, 동해, 남해, 제주에 해수욕장이 만들어져 이용되고 있다.

(5) 경기도 주요자원

가. 경기 화담숲

숲과 꽃의 아우성으로 표현된다. 경기도 광주시 도척면(곤지암)에 위치한다. 식물원,

수목원으로 구성되어 있다. 산책로가 좋다. 생태수목원이다. LG상록재단이 우리숲 생태계 복원에 중점을 두고 약 5만평 대지, 4천3백여종 국내외 자생 및 도입식물을 17개 테마원으로 조성하였다(고종원, 2022 : 426).

나. 아침고요수목원

경기도 가평에 대표 명소이다. 힐링하기 좋은 곳으로 평가된다. 축령산 울창한 잣나무 숲에 둘러싸여 있다. 풍경이 좋고 탑골계곡의 물소리도 좋다. 테마공원 곳곳은 각양각색의 들꽃과 원예종 수목들이 흐트러져 이국적인 풍경을 연출한다는 평가이다. 외국인 방문도 많다. 영화 편지의 배경이기도 하다.

대표정원은 하경정원과 J의 오두막정원, 서화연, 달빛정원이다. 천일홍, 불로화, 풀협죽, 백합 등을 수목원과 하늘길 꽃길에서 만날 수 있다.

가평군 상면에 있는 원예수목원으로 삼육대 원예학과 한상경 교수가 설계 조성하여 1996년 5월에 개원하였다. 산책로가 잘 되어 있고 뷰가 좋고 볼거리가 많으며 사진이 잘 나온다는 방문자 리뷰가 많다. 총 10만평의 면적으로 5,000종의 식물을 관람할 수 있다(나무위키; www.morningcalm.co.kr).

다. 국립수목원

포천시 소흘읍 광릉수목원로 509에 위치한다. 광릉시험림의 천연림을 이용하여 수목원을 조성하였다. 수목원 내에는 산림에 관한 모든 자료를 전시한 산림박물관이 있다. 수목원과 박물관 공사는 1985년 10월 25일에 착수하여 1987년 4월 5일에 개장하였고, 뒤를 이어 1989년 삼림욕장을 개장하였다. 1991년에는 산림동물원을 개원하여 산림에 대한 대국민 홍보에 지대한 역할을 하여왔다(대한민국구석구석; 네이버지식백과). 산림동물원은 멸종위기의 동물들을 보존하기 위해 설립되었다. 백두산 호랑이, 반달가슴곰, 수리부엉이 등 동물이 사육되고 있다(한국여행발전연구회, 2013 : 151).

▮ 포천 국립수목원 ▮

출처 : https://www.pocheon.go.kr/DATA/TnTursmResrceService/thumb/20160928093904010M2w.jpg (포천시청)

개인, 단체 모두 사전 예약제이다. 당일 예약은 불가하다. 원래는 광릉수목원으로 설립되었다. 현재는 광릉숲으로도 불린다. 비가 온 후 이곳을 걸어가면 공기가 청정하고 나무로부터 나오는 향기와 향취로 인해 그윽한 숲의 정취가 매우 인상적인 장소이다. 산책로가 잘 되어 있고 볼거리가 많고 뷰가 좋으며 주차가 편하다는 방문자 리뷰가 많다. 신기한 식물이 많고 가을 단풍도 좋다는 의견이 많다.

라. 월미도

지명은 섬의 생김새가 반달의 꼬리처럼 휘어져 있는 데에서 유래되었다. 인천 앞바다 1Km거리에 떠있는 둘레 4Km의 월미도는 섬 아닌 섬으로 변모하고 인천시민과 방문객의 휴식공간으로 자리 잡고 있다. 무장애 여행 관광지이다(대한민국 구석구석).

▮ 월미도 대관람차 ▮

출처 : https://www.icjg.go.kr/humanframe/theme/culture/assets/images/story/story03/01/story-pic-01.jpg(인천광역시 중구청 문화관광)

인천광역시 중구 북성동에 위치한다. 서울에서 가장 가까운 바다의 한 곳으로 인기가 있다. 해안선을 따라 널찍한 공원이 조성되어 있다. 바다를 향해 카페, 횟집 등이 이어져 있다. 해 질 무렵에 유람선을 타면 서해의 낙조를 잘 감상할 수 있다.

월미도에는 바이킹 등 놀이기구가 있는 유원시설을 갖추고 있다. 해발 23.75m인 월미공원 전망대는 2005년 10월에 준공되었다. 타원형 유리건물로 되어있고 날씨가 좋으면 인천연안의 섬들과 송도국제도시까지 잘 조망할 수 있다. 야간조명이 아름답다(www.icjg.go.kr/tour; 한국여행발전연구회, 2013 : 157).

마. 한택식물원

용인시 백암면 야산에 있는 사립식물원이다. 1979년부터 조성하고 시설을 갖추어 1984년에 정식으로 개원한 국내 최대의 사립 식물원이다. 1만평의 수생식물원을 포함한 전체

면적이 20만평에 이르며 야생식물의 보고라고 부를 만큼 복수초 · 깽깽이풀 · 한라구절초 · 빠국나리 등 희귀식물을 많이 보유하고 있다(두산백과).

용인시 백암면 옥산리에 위치한다. 수도권에서 가장 규모가 크다. 희귀한 식물을 가장 많이 보유한 식물원으로 알려져 있다. 32개의 주제정원에 총 9천여 종의 식물을 보유하고 있다. 이곳은 희귀멸종 식물 서식지 보존 기관이기도 하다.

인기 있는 호주온실에 바오밥나무 두 그루가 있다. 호주온실에 뚱뚱하고 큰 바오밥나무 아래 어린왕자 모형이 있는데, 가장 인기있는 사진 촬영장소이기도 하다. 식물원 내에는 미리 예약해야 하는 한식당 미담과 카페 레스토랑 그린데이즈가 있다(www.hantaek.co.kr; 한국여행발전연구회, 2013 : 163).

❙ 한택식물원 야외공연장 ❙

출처 : http://www.hantaek.co.kr/wp-content/uploads/2016/11/os1.jpg(한택식물원)

바. 석모도

인천시 강화군 삼산면 석모리 산 154-1 소재이다. 삼산면에 속한 섬이다. 면적은 42.841㎢, 해안선길이 41.8km이다. 강화도 외포항에서 서쪽으로 1.5Km해상에 위치한다(네이버 지식백과).

❙ 석모도 전경 ❙

석모도는 영화 시월애, 취화선의 촬영 장소이기도 하다. 석모대교가 개통되어 현재는 배를 타고 갈 필요가 없다. 예전에는 배를 타고 외포항에서 석모도까지 10~15분 정도 이동해야 했다. 2009년 말 기준 인구는 2,202명이다. 최고 높은 곳은 상봉산으로 316m이다(위키피디아).

석모도는 서해가 보여주는 석양의 노을이 멋지고 장관이다. 석모도에는 미네랄온천, 보문사[19] 등 방문할 곳이 있다. 보문사 앞바다의 파도소리 그리고 눈썹바위의 마애관음보살

19) 남해 보리암, 낙산사 홍련암과 함께 우리나라 3대 관음도량으로 꼽히는 곳이다. 신라시대에 창건되었다. 수령이 6백년이 된 향나무와 나한상이 모셔진 석실, 민속자료로 지정된 맷돌 등을 볼 수 있다(한국여행발전연구회, 2013 : 154).

상은 강화8경으로 선전될 만큼 운치가 있다. 보문사에서 15분 정도 산을 오르면 눈썹바위가 있으며, 그곳에 우리나라 최대의 관음보살상인 마애관음보살상이 서해를 바라다보고 있다(www.bomunsa.net).

밀물 시 드러나는 갯벌도 인상적이다. 섬 곳곳에는 염전이 자리 잡고 있다. 최근에는 전망 좋고 바다가 가까운 곳에 카페와 숙박시설들이 들어서 힐링이 시간을 즐길 수 있다.

사. 세미원

경기도 양평군 양서면 양수로 93 소재이다. 자연정화공원이다. 대표적인 수생식물을 이용한 자연정화공원으로서, 경기도로부터 약 100억원의 자금을 지원받아 조성하였다. 면적 207,587㎡ 규모에 연못 6개를 설치하여 연꽃과 수련 · 창포를 심어놓고 6개의 연못을 거쳐간 한강물은 중금속과 부유물질이 거의 제거된 뒤 팔당댐으로 흘러 들어가도록 구성하였다(두산백과).

세미원 전경

경의 중앙선 양수역 1번출구에서 807m 거리이다. 산책로가 잘 되어있고 볼거리가 많다. 그리고 전망이 좋다는 방문자 리뷰가 많다(네이버지식백과). 식물원, 수목원으로 친환경적으로 운영되어 가치가 큰 장소로 평가된다. 주말에는 많은 사람들이 가족 단위로 찾고 있는 장소이기도 하다.

2) 문화관광자원

(1) 문화관광자원 개념

민족문화의 유산으로서 국민이 보존할 만한 가치가 있고 관광 매력을 지닐 수 있는 자원을 말한다. 문화관광자원은 역사적 가치가 있어야 하며, 예술적 · 학술적 가치는 물론, 관광적 욕구충족이 가능해야 한다.

(2) 문화관광자원의 종류

가. 문화재

유형문화재, 무형문화재, 사적, 천연기념물, 민속자료와 같은 문화유산이 속한다.

가) 유형문화재 : 건조물, 전적, 고문서, 회서, 조각, 공예품 및 기타의 문화적 유산으로 우리나라의 역사상 또는 예술상 가치가 큰 것과 고고자료를 지칭한다. 사찰, 고대예술작품 등 유형문화재 가운데 국가가 중요하다고 인정하는 것은 국보, 보물 등 중요문화재로 지정하고 있다(안대희 외, 2020 : 87).

나) 무형문화재 : 연극, 음악, 무용, 공예기술 및 기타 무형의 문화적 유산으로서 역사적, 예술적 가치가 큰 것을 말한다. 우리나라는 특히 중요한 것을 골라 중요무형문화재로 지정하고 그 기능보유자를 중요인간문화재로 지정 · 보호하고 있다(안대희 외, 2020 : 88).

나. 기념물

역사적으로 남은 조개무지, 궁터, 절터, 무덤, 성터, 유물포함층, 기타 사적지, 명승고적, 동물, 식물, 광물 등에서 중요한 것을 문화재위원회의 자문을 거쳐 문화체육관광부 장관이 사적 · 명승 또는 천연기념물로 지정할 수 있다.

기념물은 역사적 기념물, 천연기념물로 나눌 수 있다. 우리나라 천연기념물에는 식물 259건, 동물 78건, 지질광물 74건, 천연보호구역 10점이 포함된다(네이버지식백과, 한국민족문화대백과사전; 안대희 외, 2020 : 89).

경기도 남양주시의 광릉의 크낙새 서식지는 천연기념물 제11호이다. 동물 서식지 9점이 전국에 있다. 그리고 광릉 크낙새는 조류 분류로 전국에 27점의 동물 항목의 천연기념물이다.

다. 민속자료

1962년 1월부터 문화재 보호법에 의해 의식주, 생업, 신앙, 세시풍속 등에 관한 풍속 · 습관과 이에 사용되는 의복, 기구, 기타의 물건으로서 국민 생활의 추이를 이해하는 데 필요한 자료를 민속자료라 규정하고, 민속자료 중 중요한 것을 국가가 중요민속자료로 지정한다(안대희 외, 2020 : 89~90). 민속자료에는 무형민속자료, 유형민속자료로 구분된다.

라. 박물관

가) 박물관 정의 : 국립박물관협의회(ICOM : International Council of Museums)에서는 "문화적 또는 학술적 의의가 깊은 자료를 수집하여 그것들을 연구・교육 및 취락을 위하여 보관하고 전시하는 상설기관은 모두 박물관으로 간주한다."라고 정의한다(안대희 외, 2020 : 90).

박물관은 관광자원 가운데 매우 중요하다고 사료 된다. 외국의 관광선진국을 보면 프랑스 파리의 루브르박물관, 이탈리아 바티칸박물관, 러시아 에르미타쥬 박물관 등 관광에 있어서 매우 중요하고 방문객의 증가가 계속 보이기 때문이다. 선호도와 가치가 크다고 하겠다.

나) 국내 현황 : 대표적인 것이 국립중앙박물관, 국립현대미술관이다. 그리고 대학교박물관도 주요 대학별로 갖추고 있다. 경기도에는 여주 강천면 목아불교박물관이 있다. 목공예 및 불교 박물관이다. 그리고 의왕시 소재의 철도박물관이 있다. 수원시 권선구에 국립농업박물관 등 경기도 소재 박물관이 있다.

(3) 경기도 문화관광자원

가. 행주산성

선조의 정신이 깃든 아름다운 문화유산이다. 덕양산 정상에 축조된 성으로 사적으로 지정되었다. 임진왜란 당시 의병, 승병을 포함하여 2천 3백명으로 왜군 3만여명을 물리친 3대첩의 현장이다. 큰 공을 세운 충장공 권율 도원수의 행주대첩 장소로 기념하기 위해 제례 행사가 개최된다. 방문시 주위지역이 잘 조망되며 숙연함이 느껴지는 장소이다(고종원, 2022 : 427).

행주산성에서 한강을 바라보는 전경

나. 수원 화성

유네스코 세계문화유산[20]이다. 실용적인 구조로 되어 있는 동양 성곽의 백미로 평가된다(대한민국 구석구석). 조선왕조 제22대 왕 정조가 아버지 사도세자의 능을 양주에서 명

20) 1997년 지정되었다. 대한민국 으뜸명소, CNN선정 한국에서 가봐야 할 아름다운 곳 30선으로 선정되었다(www.suwon.go.kr).

당 자리인 화산으로 이전하고 그 부근 주민들을 팔달산 아래인 현재 수원으로 옮기면서 축성되었다. 1794년 정조 18년에 축성공사를 시작, 2년 뒤인 1796년에 완공하였다. 정약용이 성을 설계하였다(www.swcf.or,kr; www.suwon.go.kr).

수원에는 화성으로 인해 도시가 조선 역사의 고풍스러운 도시로 변모하여 경쟁력 있는 도시의 잠재력을 지니고 있다.

| 수원화성 야간 전경 |

| 화성 내부 성곽 |

다. 여주 명성황후 생가 및 기념관

명성황후 생가 유적지는 문화재로 여주시 능현동에 소재하고 있다. 경기유형문화재 제46호이다. 1973년 7월 10일 경기도 유형문화재로 지정되었다.

고종황제(1863-1907)의 비 명성황후 민씨(1851-1895)가 태어나서 8세까지 살던 집으로 1678년(숙종 13)에 부원군 민유중의 묘막[21]으로 건립되었다. 당시 건물로서 남아 있는 것은 안채뿐인데 1975년과 1976년 한번 중수하였다가 1996년에 다시 수리하면서 행랑과 사랑, 별당 등 함께 복원하여 현재의 모습을 갖추고 있다(두산백과).

| 명성황후생가 |

출처 : https://www.yeoju.go.kr/jnrepo/upload/thumb/prgCultureContent/201508/thumb_96b0a428057f4672bf23cfe5abf9e31a_1438673194784.jpg (여주시 문화관광)

21) 무덤 가까이에 지은, 묘지기가 사는 작은 집(네이버 국어사전)이다.

라. 국립현대미술관

과천시 막계동 서울랜드 내에 위치한다. 과천시 광명로 313에 소재한다. 서울랜드를 지나 도착하는 길이 나름 고풍스럽다. 우리나라 미술의 흐름을 보여주는 상설전시관을 중심으로 기획전시관, 야외전시관, 어린이미술관 등 다양한 볼거리를 갖추고 있다. 야외전시장에는 조각물이 서 있다. 아이들에게는 아름다운 놀이터가 제공된다.

백남준의 대표작품 다다익선도 과천관에서 전시된다. 1986년 8월 25일 과천관이 개관하였다. 운영시간은 10시-18시 이다(www.mmca.go.kr).

과천현대미술관 전경

마. 전등사

인천광역시 강화군 길상면 온수리 정조간 근처에 있는 사찰이다. 대한불교 조계종 총본산 조계사의 말사이다. 설립일은 381년(소수림왕 11년)이다(나무위키).

강화도 전등사

출처 : https://www.ganghwa.go.kr/images/tour/images/small/jeondeungsa(6).jpg(강화군 문화관광)

우리나라에서 가장 오래된 사찰로 대웅전, 약사전, 범종 등 보물이 있다. 조선왕조실록을 보관했던 정족사고가 경내에 있다. 고구려 소수림왕 때 건축되었고 고려시대를 거치며 증축과 개축을 했고 광해군 때 화재로 인한 소실로 다시 재건되었다. 창건 시 진종사였으나 후에 전등사로 바뀌었다. 모두의 여행 무장애 여행지이다(대한민국 구석구석).

단풍의 명소로도 알려져 있다. 템플스테이가 가능한 곳이다. 우리나라에서는 가장 오래된 유서 깊은 1,600여 년의 세월을 함께한 사찰로 가치가 있다. 사적 130호인 강화 삼랑성으로 둘러싸여 있다. 보물 6점이 있다. 정족산성은 해발 222m인 정족산을 둘러싸고 있는 선성으로, 단군의 세아들이 쌓았다는 전설로 삼람성으로 불린다. 정족산성(삼랑성)에는 동문, 서문, 남문, 북문이 있고 모두 전등사로 갈 수 있으나, 주로 남문주차장에서 많이 올라간다(balgil.tistory. com,2023.4.25).

바. 이천도자기마을

이천시 사음동 도예촌 사거리에 있는 약 40,000㎡ 면적에 50여개 도자기 공방이 자리한 마을이다. 공방마다 특색이 있어 구경삼아 둘러보다 마음에 드는 것을 구매할 수 있다. 도자기 만들기 체험 프로그램이 있는 공방도 있어 참여할 수 있다. 중간에 카페에 들러 휴식을 취할 수도 있다. 모두의 여행이 가능한 무장애 여행지이다(대한민국 구석구석).

이곳은 삼국시대 이전부터 토기를 제작하던 유서가 깊은 지역이다. 흙이 좋고 가마에 땔 장작이 풍부했던 지역으로 알려져 있다. 300여개의 도예업체 그리고 40여개의 전통가마가 있는 곳이다. 이천에서는 쌀이 유명하여 이천쌀밥 한정식을 먹어보는 것도 권장된다(한국여행발전연구회, 2013 : 163).

이천도자기축제는 4월 말~5월 초에 12일 동안 열린다. 장소는 이천도자기마을인 이천도자예술마을(예스파크) & 사기막골도예촌이다. 물레체험, 흙빚기, 드론축구 등 20여종의 체험, 명품도자명장전 & 청년작가 테이블웨어전, 전국모집공모를 통해 선발된 40여개 팀의 상시공연, 거리 마음 마술쇼 등이 진행된다(네이버 지식백과).

이천도자기축제 마임마임 Show

출처 : https://www.ceramic.or.kr/renewal/upload/gallery/thum/1660307974yyrgnfrobx.JPG
(이천시청 이천도자기축제)

사. 헤이리 예술마을

15만평 규모로 통일동산 관광특구 내 위치한다. 지상에서 가장 아름다운 마을을 꿈꾸며 일정한 자격조건을 갖추고 심사에 통과된 다양한 창작자와 예술가 300여명이 공동체 마을을 이루며 거주하고 있다. 헤이리는 문화예술의 생산, 전시, 판매, 거주가 함께하는 통합적 개념의 특수한 공동체 마을이다. 수많은 갤러리, 박물관, 전시관, 공연장, 소극장, 카페, 레스토랑, 서점, 게스트하우스, 아트숍과 예술인들의 창작공간으로 자리 잡고 있다(대한민국 구석구석).

파주시 탄현면 헤이리마을길 70-21 헤이리 갈대광장에 위치한다. 1998년에 설립된 국내 최대 규모의 예술마을 및 문화지구이다(나무위키). 헤이리 예술마을의 모든 건물은 면적이

60% 이상을 문화시설로 설계되어야 한다. 헤이리의 권장 문화시설은 전시공간, 창작공간, 아트숍 등이다(www.heyri.net 〉about).

자상 3층 높이 이상의 건물을 지을 수 없고, 페인트는 사용할 수 없는 원칙에 따라 건물을 지어야 한다. 그래서 자연친화적이고 색다른 느낌을 갖게 된다. 갤러리, 박물관, 북카페, 북하우스 등 명소들이 있다(한국여행발전연구회, 2013 : 164).

▌헤이리 예술마을▐

출처 : http://www.paju.go.kr//upload/tour/2017/5/26/2b3daa81-0021-459f-b45c-d57fea98e6e7.jpg (파주시청 문화관광 관광명소)

아. 신륵사

천년고찰이다. 여주시 신륵사길 73 소재이다. 남한강변에 있는 절이다. 대한불교조계종 제2교수 용주사(경기도 화성시)의 말사이다. 대부분 평지나 산에 위치한 여타 절들과는 달리 강변에 있다. 이점이 특별하다. 신라 진평왕 때 원효가 창건했다고 하나 확실한 근거는 없다(나무위키, 2023.11.22.).

고려말인 1376년(우왕2) 나옹 혜근이 머물렀던 곳으로 유명하며, 200여칸에 달하는 대찰이었다고 전한다. 문화재로 조사당, 다층석탑, 다층전탑, 보제존자 석종, 보제존자 석종비, 대장각기비, 보제존자 석종 앞 석등이 보물이다. 극락보전은 경기도 유형문화재이다. 그리고 무장애 여행지이다(대한민국 구석구석).

조선 시대 인근에 세종대왕의 능인 영릉의 원찰이 되어 왕실로부터 많은 지원을 받아 발전한 것으로 알려지고 있다. 남한강가에 자리 잡아 주위 경관이 아름답다는 평가이다. 템플스테이가 가능한 곳이다. 주위에 명성왕후 생가, 영녕릉[22], 목아박물관 등이 방문이 추천된다(한국여행발전연구회, 2013 : 157-158).

22) 조선 4대 왕 세종과 소현왕후의 합장릉인 영릉(英陵)과 조선 17대 왕 효종과 인선왕후가 안장된 영릉(寧陵)을 합쳐서 부르는 말이다(나무위키).

신륵사

출처 : https://www.yeoju.go.kr/jnrepo/upload/thumb/prgCultureContent/201508/thumb_01a3a4dfeb614947bc833a02f8ef438a_1438671830865.jpg
(여주시 문화관광 관광명소)

영릉

출처 : https://www.yeoju.go.kr/jnrepo/upload/thumb/prgCultureContent/201508/thumb_8c3a8374fb684997b25d11d846088918_1438671501013.jpg
(여주시 문화관광 관광명소)

자. 경기도미술관

경기도 미술관

현대미술의 세계적 지형도에 당당히 자리 잡을 경기도 미술관으로 표현된다. 경기도미술관은 국내외 작가의 전시, 미술품 수집을 비롯해 연구, 교육, 홍보사업 등 프로그램을 운영하면서 다양한 문화서비스를 제공한다. 특히 전문성과 예술성, 지역성과 세계성이 조화를 이루는 다양한 기획전시를 통해 미술문화의 명소로 자리 잡고 있다(대한민국 구석구석).

경기도 안산시 단원구 동산로 268에 소재한다. 특히 지역주민들의 산책이 가능하며 주위의 경관이 좋고 힐링하기에 좋은 산책 장소이기도 하다. 그리고 모두의 여행 무장애 여행을 위한 준비와 여건이 잘 되어있는 곳이기도 하다.

3) 사회관광자원

(1) 사회관광자원의 개념

규범적 문화이다. 인정, 풍속, 민족성, 제도, 도덕, 생활양식, 신앙 등 무형적인 사회 소산을 말한다. 유형적 문화소산은 의식주의 생활용구이다. 가치문화로는 철학, 종교, 예술, 학문이 속한다.

(2) 사회관광자원의 범위

사회관광자원의 범위는 확대되고 있다. 환대, 생활양식, 풍속이 속한다. 전통예술[23], 종교, 민간신앙, 신화, 전설도 포함된다. 민족성, 국민성을 포함한다. 향토축제, 연중행사도 사회관광자원에 속한다. 그리고 문화, 교육, 사회시설도 사회관광자원에 속한다(안대희, 2020 : 135~137). 향토음식도 사회관광자원에 포함된다. 지역특산물도 사회관광자원에 속한다. 컨벤션도 시설로 사화관광자원에 속한다. 그리고 축제도 사회관광자원에 포함된다.

(3) 경기도 현황

가. 경기도 향토 음식

논농사, 밭농사가 발달한 지역이다. 곡물과 채소가 풍부하다. 서해안에는 해산물이 풍부하다. 동부 산간지방은 산채가 많이 난다. 경기도는 여러 식품이 고루 생산되는 지역이다. 경기도 음식은 전반적으로 소박하며 다양하다. 간은 세지도 약하지도 않은 서울과 비슷하고 양념도 많이 쓰지 않는다는 특징이 있다. 경기도에서는 떡을 잘 만든다. 시루떡, 인절미, 절편, 쑥개떡, 수수부꾸미 등이 있다.

대표적인 음식은 개성편수, 조랭이떡국, 제물칼국수, 팥밥, 오국밥, 수제비, 콩국수 등이 있다. 삼계탕, 갈비탕, 곰탕, 아욱토장국, 민어탕, 종갈비찜, 홍해삼, 순무김치, 우메기떡, 수수도가니, 개떡, 여주산병 등이 있다. 수원의 쇠갈비구이는 조선조부터 생긴 쇠전에 전국의 소장수가 모여 들던 수원에 불갈비집들이 생기고 나서부터 유명해졌다(안대희, 2020 : 148~149).

나. 경기도 지역특산물

특정 고장에서 나오는 물품이다. 한 지방의 유별난 산물도 포함된다. 곡물류, 과물류, 채소류, 화초류, 조소류, 어패류, 약재류, 광물류, 공예품류 등이 속한다.

경기도 특산물의 대표적인 예는 먹골배, 영지버섯, 장뇌삼, 계명주 등이 있다. 먹골배는 굴배로 불린다, 구리시가 배의 고장으로 유명한데, 토양 점성이 많은 진흙으로 배 재배에 알맞고 기후 및 일조량이 최적이라는 평가이다. 당도와 수분이 풍부하다. 영지버섯은 궁중보약으로 쓰였다.

---

23) 전통춤을 예로 들수 있다. 고려시대 춤, 조선시대 춤이 포함된다. 정재 및 일무, 불교의식무, 무당춤, 민속춤, 탈춤이 현존하는 한국 춤의 대표적인 예이다.

남양주 영지버섯은 색상이 좋고 갓의 형태가 우수한 것으로 인정받는다. 약리작용의 효능을 얻게 개발된 것이 영지음료이다.

장뇌삼은 야생인삼이다. 일명 산양산삼이라고도 한다. 자연산 육삼으로 남양주의 특산물이다. 깊은 산골에서 산삼 씨앗을 채취하여 채취하여 자연 생육한 신비의 약초이다. 당뇨병 치료에 효과가 있다. 간의 기능을 도와 회복시키는 효능도 좋다. 암세포의 성장을 억제한다. 부인들의 냉증, 월경과다, 자궁출혈 및 산후 다산에 의한 신경쇠약에도 효과적이다. 탈모방지, 피부미용에도 좋다. 강장 및 강정 효능이 좋다. 위의 신진대사를 돕고 소화불량, 구토, 흉통, 설사, 식욕부진에도 좋다(안대희, 2020 : 161~162).

다. 안양예술공원

안양시 석수동에 위치한다. 예전에는 안양유원지로 불렸다. 삼성산 남쪽 삼막천에 자리한 공원이다. 관악산과 삼성산에서 흐르는 맑은 물과 울창한 숲 그리고 사찰 안양사와 삼막사 등 고찰과 석수동 마애종 등의 다양한 문화유산과 볼거리를 지닌 휴식공간이다.

2006년 공원정비사업으로 소형댐을 비롯 인공폭포, 야외무대, 산책로 등이 만들어졌다. 국내외 유명작가의 예술작품들이 설치되어 예술공원으로 발전되었다. 심성산, 관악산으로 통하는 등산로가 있어서 등산객들의 이동이 많다. 주위에 맛집들이 있다. 고려 태조가 세운 안양사가 있다. 안양사는 원효, 의상, 윤필선사가 수행하여 도를 깨닫은 곳으로 유명하다(네이버지식백과). 안양워터랜드도 있어서 가족 방문객도 많다(한국여행발전연구회,2013 : 148).

안양예술공원 내 안양박물관 외부

라. 임진각

파주시 문산읍 마정리에 위치한 테마관광지[24]이다. 임진각은 1972년 북한 실향민을 위해 세워진 지상 3층과 지하 1층의 건물로 우리나라의 대표적인 통일안보 관광지이며, 평화누리공원이 조성되어 있다. 평화누리공원은 3만평 규모의 잔디밭이 펼쳐진 잔디 언덕과 수상 야외공연장이다.

임진각 주변에는 경의선 열차와 철도 중단점이 있다. 실향민을 위한 망배단, 자유의 다

24) 임진각, 임진각 국민관광지, 임직각 평화누리공원 등으로 부른다(나무위키).

리[25]), 통일연못, 6 · 25전쟁 시 사용된 군장비 등을 볼 수 있다. 지방기념물 제162호인 자유의 다리는 임진각의 서쪽에 위치하며 6 · 25전쟁의 비극을 상징하는 현장으로 인식된다.

임진각에서 현장예약이 가능한 제3땅굴, 멸공관, 도라전망대, 통일촌마을, 허준선생 묘 등 안보관광지를 견학할 수 있다(한국여행발전연구회, 2013 : 158).

현재는 평화누리, 임진각 평화곤돌라, 6 · 25 납북자 기념관, 어린이 놀이시설 등 새로운 시설이 들어서면서 14만평의 대규모 관광지가 되었다. 이곳은 무장애 여행지이다. 전시관 및 체험시설로는 임진각 평화 곤돌라[26]), 6 · 25전쟁납북자 기념관, 군사시설 지하벙커 전시관(BEAT 131), 놀이공원인 평화랜드가 있다(대한민국 구석구석).

마. 인천 차이나타운

인천시 중구 북성동에 소재한 명소거리이다. 1883년 인천항이 개항되었을 때 청나라, 일본, 미국 등에 현재의 자유공원 주변지역을 조차지로 내주었는데 청나라는 차이나타운 일대를 차지하였고, 일본은 중구청 주변과 월미도를 차지하였다. 2000년대 들어서 인천시청의 지원으로 이곳은 인천의 대표적인 관광지로 부각되었다.

청 · 일 조계지 경계계단에서 골목투어를 하다 보면 짜장면 냄새가 난다. 짜장면은 이곳에서 인천부부 화교노동자들이 먹기 시작하여 탄생하였다. 짜장면 박물관도 있다(조선일보, 2013 : D2면; 인천시 중구청 관광문화 지원실).

우리나라 짜장면의 원조라고 하는 공화춘, 한중문화관, 대창반점, 동화원 등의 식당들이

25) 1953년 국국과 유엔군 포로 12,773명이 자유를 찾아 건너와 명명된 목재다리이다(대한민국 구석구석).

26) 임진각을 가로질러 민통선 지역인 캠프 그리브스 간 850m를 연결하여 민통선 지역을 들어가는 국내 최초이자 유일한 곤돌라 시설이다(대한민국 구석구석).

있으며, 뒤편으로는 자유공원이 자리해 있다. 공화춘은 1905년에 문을 열었다.

자유공원[27]은 우리나라 최초의 서구식 공원으로 의미가 있다. 외국인 전용공원으로 만국공원으로 명명되었다. 6 · 25전쟁 이후 인천상륙작전을 기념하여 이름을 바꾸게 되었다. 맥아더장군 동상과 한미수교 1백주년 기념탑이 있다. 봄에는 벚꽃이 만개하며 축제가 열린다. 인천항이 잘 조망되는 곳이다(www.ichinatown.or.kr; 한국여행발전연구회, 2013 : 152).

▮인천 차이나타운▮

출처 : https://itour.incheon.go.kr/upload/theme/2021/088/088_spot_2.jpg(인천투어, 인천관광공사; 인천광역시 문화관광)

바. 송도 센트럴 파크

인천시 연수구 컨벤시아대로 160에 소재한다. 센트럴 파크역 3번출구에서 708m 거리에 있는 근린공원이다. 전망이 좋고 관리가 잘 되어있으며 산책로가 잘 되어 있다 등의 방문자 리뷰가 많다(네이버 지식백과).

▮송도 센트럴파크▮

출처 : https://itour.incheon.go.kr/upload/theme/2021/061/061_spot_2.JPG(인천투어; 인천광역시, 인천관광공사)

인천광역시 연수구 송도동 도심 속에 위치한 경제자유구역인 송도국제도시를 대표하는 공원이다. 면적은 370,748㎡로 11만평이다. 인공수로에는 수상 택시, 카누 등 수상레저시설이 갖춰져 있다. 송도의 랜드마크이며 휴식공간이다(나무위키; www.insiseol.or.kr).

바닷물로 형성한 해수공원으로 산책로가 잘 되어있다는 평가이다. 높게 솟은 포스코타워와 아파트단지가 앞에 잘 보인다. 산책하는 주민과 방문객들이 많다. 낮에는 여유롭게 산책하기에 좋다. 보트를 탈 수도 있다. 해 질 무렵의 풍경과 야경이 매우 아름답다는 평가를 받고 있는 지역이다.

---

27) 사계절 아름다운 풍경을 지닌 곳이다. 벚꽃이 좋다는 평가이다. 지하철 1호선 인천역 하차 후 도보로 5분거리이다. 1888년에 만들어진 우리나라 최초의 서구식 공원이다. 응봉산 또는 응암산 위에 자리잡고 있다(www.incheon.go.kr).

4) 산업관광자원

산업관광은 일국의 각종 산업시설을 의미한다. 1950년 프랑스에서 시작되었다. 1970년대 초 재일동포 무국방문단의 초청에서부터 우리나라는 시작되었다(안대희, 2020; 193).

산업관광자원은 해당 국가의 경쟁력 있는 산업자원을 말한다. 네덜란드의 맥주산업이 발달하여 하이네켄 공장을 견학하거나 일본의 아사히 맥주공장을 견학하는 것도 산업관광자원 견학이다. 독일은 자동차산업의 발전으로 벤츠박물관을 견학하거나 프랑스의 경우, 와이너리 투어를 진행하는 것도 대표적인 산업관광투어의 예이다. 세계적으로 유명한 산업관광에 참가하는 것이 현재 많은 관심과 수요가 증가하고 있다.

국내 그랜드 워커힐 서울 호텔 와인판매장

(1) 산업관광자원 분류

공업관광, 쇼핑관광, 관광농업 등으로 구분한다.

가. 공업관광

공업관광은 공장시설과 공업단지가 속한다. 수도권 공업지역, 남동 임해공업지역[28], 태백산 공업지역, 영남내륙공업지역, 충청공업지역, 호남공업지역으로 분류된다.

나. 쇼핑관광

관광쇼핑업은 지역의 특산물을 중심으로한 토산품 및 관광기념품과 1차 · 2차 산업의 생산품을 판매하는 해당지역의 일상생활권에 자리한 각종 판매업을 포함한다. 각종 판매업은 쇼핑센터, 면세점, 직판장, 특산물매장, 재래시장을 말한다(안대희 외, 2020 : 201).

면세점은 국내에서 주로 외래관광객을 대상으로 하여 면세품을 판매하는 곳이다. 국내에 시내면세점은 21개점, 출국장 면세점은 22개점, 지정면세점은 5개점이 운영된다.

백화점은 7개업체, 84개 점포가 운영된다. 롯데백화점이 31개, 현대백화점이 13개, 신세

28) 마산, 창원, 거제, 부산, 울산, 포함지역이다. 우리나라 최대희 중화학공업지역이다. 제철 및 석유화학공업이 발달되어 있다(안대희 외, 2020 : 197).

계백화점이 10개, 뉴코아 18개, 갤러리아백화점 5개, 그랜드백화점 2개, AK프라자 5개 점포수로 총 84개(안대희 외, 2020 : 208)로 나타나 있다.

다. 관광농업

우리나라에서는 농업을 대상으로 한 관광형태로서 좁은 의미로 접근하고 있다. 농업경영의 견학, 관찰, 연수 등을 일컫는다. 넓게는 농업, 어촌, 산촌을 대상으로 한 포괄적 관광형태이다.

법에 의한 관광농업을 분류하면 관광농촌, 농어촌휴양단지, 주말농원, 농어촌민박마을이다. 농어촌 정비법에 의해 나누어진다.

(2) 경기도 산업관광자원

경기도에서는 산업관광지 42개소가 지정되어 있다. 과거에는 산업현장이었던 곳이 현재 새로운 관광콘텐츠로 부상하였고 이를 산업관광자원이라고 명명된다. 경기도는 경기관광공사와 함께 안양 김중업 건축박물관, 안성팜랜드, 고양 현대모터스 스튜디오 등 산업관광지 42개소를 지정하여 산업관광자원으로 활성화시키고자 하는 노력을 기울이고 있다.

가. 김중업 건축박물관

❙ 김중업박물관 전경 ❙

김중업 건축박물관은 김중업이 설계한 유유산업 공장 건물을 리모델링하여 2014년 3월 28일 개관한 국내 유일 건축 전문박물관이자 경기도의 공립박물관이다. 김중업[29)]은 서구의 건축양식과 한국의 전통 건축양식을 접목하여 혁신을 추구했던 건축가이다. 박물관에는 모형, 사진, 도면, 소품, 스케치, 영상 등 건축자료가 소개되고 있다.

---

29) 건축가 김중업(1922~1988)은 한국 현대건축을 대표하는 1세대 건축가이다. 파리 건축대학 대학원을 졸업하였다. 1963년 프랑스 국가공로훈장, 1983년 대한민국 산업훈장을 수여했다(네이버 지식백과). 세계적인 근대건축의 거장 프랑스 르 코르뷔지에 파리 건축 사무실 아틀리에 르 코르뷔지에에서 실무를 익히고 한국에 서양건축을 도입하였다. 그는 서울대 교수로 재직하였고 외환은행 본점, 성공회 회관, 서강대학교 본관, 프랑스대사관, 제주대학교, 해군회관, 삼일빌딩, 평화의문 등을 설계하였다.

우유산업 공장 건물 중 하나인 안양박물관이 바로 옆에 있다. 김중업의 설계로 완성된 건물로 가치가 있다.

나. 안산산업역사박물관

▌안산산업역사박물관▐

경기도 안산시 단원구 화랑로 265에 위치한다. 초지역 4번출구에서 982m이다(네이버 지식백과).

안산산업의 역사를 한눈에 볼 수 있는 경기도의 가볼만한 곳으로 소개된다. 박물관 입구에는 과거 1970년대 반월공단에 노동자들을 실어나르던 하늘색 낡은 버스와 염전에서 실제로 소금을 나르던 동주염전 소금궤도차가 시선을 끈다.

상설전시실 1에는 안산의 산업도시의 발전사와 안산이 산업도시로 발전할 수 있었던 배경과 이유를 알 수 있다. 1976년부터 반월신공업도시가 생긴 후 급성장하면서 1987년에는 절정을 이루게 된 내용 등을 소개한다.

상설전시실 2에는 안산에 있는 기업의 과거부터 현재까지의 제조, 생산한 기계와 부품 그리고 제품을 전시한다. 한국산업의 뿌리가 된 안산 반월 시화국가산업단지의 주요산업을 소개한다.

상설전시실 3에는 우리나라를 비롯해 안산의 제조 인쇄 산업의 발전상을 알 수 있다. 그리고 한국의 화학산업역사의 발전상과 세제를 비롯한 다양한 화학제품을 전시한다(경기도 블로그, 2022 경기도민 기자단 이우영).

이곳에서는 문화관광해설사의 해설을 통해서도 좋은 안내와 해설을 받을 수 있다. 어린 아이들에게 교육적으로 좋은 장소로 평가되는 곳이다. 특히 상설전시실 2에서는 오래된 자동차들의 전시를 통해 예전의 향수를 느낄 수 있는 곳이기도 하다.

안산시의 40년의 산업화를 한눈에 볼 수 있는 박물관으로 평가된다. 박물관에는 1만1천 여점의 유물이 소장되어 있다(OBS뉴스, 2022.10.3.).

다. 남양주 종합촬영소

남양주시 조안면 북한강로855번길 138 소재이다. 40만평의 부지에 3만평 규모의 야외 세트와 규모별로 다양한 6개의 실내 촬영스튜디오 그리고 녹음실, 현상실, 디지털시각효과팀 등 갖춘 아시아 최대규모의 영화제작 시설이다. 특별한 영화체험과 자연 속에서의 휴식이 어우러지는 곳으로 연간 37만여명의 관람객이 찾았다(http : //bynyjstudio.co.kr).

이곳에서 공동경비구역 JSA, 태극기 휘날리며, 쉬리, 취화선, 서편제, 왕의 남자 등 많은 영화를 촬영하였다. 이곳을 관람하는 데는 약 1시간 30분 정도 소요된다. 우리나라의 대표적인 영화를 촬영해 온 종합촬영소인 이곳은 영화산업이 발전하는 우리나라의 중요한 세트장으로 가치가 크다고 하겠다.

5) 위락관광자원

(1) 위락관광자원 정의

승마, 경마, 경륜을 비롯하여 다양한 스포츠경기가 여가선용을 위한 위락관광자원이다. 카지노, 게임, 골프, 스키도 좋은 위락관광자원이 된다. 위락관광자원은 스트레스를 받는 현대인에게 여가시간에 즐길 수 있는 흥미 있는 관광자원이다. 더 나아가 개인의 재발견, 자기 계발 등에 도움이 되며 사회적으로는 교양을 넓히며 연대감 형성 등을 쌓을 수 있는 자원이다.

위락관광자원은 향후 시설관광자원으로서 현대관광에 있어서 매우 중요한 역할과 수요가 부상할 자원으로 평가된다.

(2) 위락관광자원 종류

가. 주제공원

주제공원(Theme parks)은 1884년 미국 뉴욕의 코니아일랜드(Coney Island)에서 최초의 현대판 롤러코스터(Roller coaster)가 등장하면서 시작되었다. 주제공원은 테마를 설정하고 그에 따른 환경과 오락시설 및 이벤트를 조성하는 레저공원의 한 형식이라고 할 수 있다(안대희 외, 2021 : 227).

가) 주제공원 종류 : 자연공원 테마형에는 수족관, 동식물, 바이오 파크가 속한다. 자연공원 활동형에는 자연적 리조트, 바다, 고원온천형 파크, 도시공원 테마형에는 외국촌, 역사촌, 사이언스 파크가 속한다. 도시공간 활동형에는 리조트형 파크가 속한다(안대희 외, 2021 : 228).

나) 국내 현황 : 국내 주제공원은 관광진흥법상 유원시설업으로 분류한다. 2018년 1월 기준으로 전국에 총 2165개가 등록되어 있다. 경기도에는 종합유원업이 9개, 일반유원업

64개, 기타유원업이 465개로 총 538개이다. 경기도의 대표적인 주제공원은 에버랜드이다. 수상공원, 놀이시설시설, 쇼핑타운 등의 시설을 갖추고 있다.

다) 경기도 주제공원

(가) 한국민속촌 : 용인시 기흥구 민속촌로 90 소재인 Korean Folk Village(한국민속촌)은 Traditional Korean Culture Theme Park(전통적인 한국의 문화 테마파크)이다. 조선 시대의 생활상을 재현, 전시한 야외민속박물관으로 한국의 전통문화를 배우고 체험하며 즐길 수 있는 전통문화 테마파크이다. 민속놀이, 세시행사 등 전통문화를 체험할 수 있다. 사또와 포졸, 거지 등 조선시대 캐릭터를 도입해 웰컴 투 조선, 추억의 그때 그 놀이 등 관광객과 소통할 수 있는 축제로 이색적인 재미를 주는 곳이다.

한국민속촌 입구 장면

금요일부터 일요일까지 23년 4월 7일부터 11월 12일까지는 야간개강을 하고 있다. 아름다운 풍경과 다양한 포토존 고즈넉한 조선의 밤을 즐기라고 홍보한다. 멀티미디어 융합의 조선 시대 아름다운 사랑이야기 '연분' 등 야간 개장 특별공연이 진행된다.

한국민속촌에서는 옛 삶의 방식과 지혜를 배우고 체험하는 세시풍속을 보고 배울 수 있다. 한국민속촌 내에는 편의시설인 상가마을, 조선 시대 가옥 등으로 구성된 민속마을, 어트랙션이 있는 놀이마을, 먹거리가 있는 장터로 구성된다. 홍과 얼을 담은 전통예술공연도 펼쳐진다(여행의 설렘 용인; www.koreanfolk.co.kr).

한국민속촌은 1974년에 설립되었다. 교육적 가치, 관광적 가치가 높다고 평가되는 곳이다. 그리고 어트랙션까지 갖추고 있어서 가족과 전 연령대의 방문이 선호되는 곳이기도 하다.

(나) 에버랜드 : 용인시 처인구 포곡읍 애버랜드로 199에 소재이다. 향수산 자락에 위치한다. 국내 최초, 최대의 테마파크이다. 에버랜드는 짜릿한 스릴을 느낄 수 있는 어트랙션, 동물과 교감할 수 있는 주토피아, 국내 최대 생태형 사파리 로스트 밸리, 자연과 함께하는 힐링정원 플랜토피아 등 즐길거리가 다양한 곳이다. 계절마다, 다채로운 축제가 열린다. 꽃향기와 함께 음악과 함께 잊을 수 없는 추억을 선사하는 곳으로 소개한다(www.everland.com; 여행의 설렘 용인).

1년 365일 개장하는 만족도가 매우 높은 주제공원이다. 5개 테마존의 40여종의 최신 어트렉션은 짜릿한 스릴을 선사하며 특히 우든코스터 T Express는 롤러코스터 마니아들에게 사랑받고 있다(대한민국 구석구석; 네이버 지식백과).

1976년에 4월 17일 개장하였다. 면적은 1,488,000㎡으로 삼성물산이 소유주이다. 대한민국 최대 규모의 테마파크이다. 처음에는 식물원, 동물원, 사파리로 구성된 용인 자연농원으로 시작하였다. 1996년 3월 25일 에버랜드로 명칭을 변경하였다. 현재는 사파리, 급류타기, 눈썰매, 미술관, 레이싱, 수영[30], 숙박시설, 오락실, 캠핑장 등이 운영된다(나무위키).

‖ 에버랜드 ‖

출처 : https://www.yongin.go.kr/webcontent/tour/trrsrt/2016/1/28/20d752b5-1681-4133-9509-55bc8666d027.gif(용인시 관광명소)

2001년 누적 방문객 수가 1억명 돌파, 2013년 8월 9일 누적 방문객 수가 2억명을 돌파하였다. 코로나 19가 터지기 직전까지도 입장객 수 600만 명대를 기록하며 롯데월드 어드벤처, 순천만정원을 제치고 1위를 고수하였다(나무위키).

한국을 대표하는 가장 유명한 한국 브랜드의 테마파크로 경기도에 위치한 관광자원으로 가치가 크다. 대한민국 최고의 테마파크로 평가된다.

(다) 쁘띠 프랑스 : 기도 가평군 청평면 호반로 1063에 위치한다. 프랑스어로 작은 프랑스의 의미이다. 청평호수 북쪽 11만7천357㎡ 부지에 조성되었다. 프랑스 거리를 거닐고 있는 듯 프랑스의 것을 보고, 즐기고, 체험할 수 있다. 연중무휴로 09-18시까지 운영된다. 현재 우리나라 유일의

‖ 쁘티프랑스 ‖

출처 : https://www.gptour.go.kr/multi/uploadFile/20190125174535.jpg(가평군청 관광명소)

30) 워터파크인 캐리비안 베이는 국내 최초의 워터파크이고 실내외가 연결된 세계 최대 규모의 워터파크 이다. 카리브 해안을 테마로 한 최고급 시설과 다양한 어트랙션을 통해 워터파크 트랜드를 선도한다(www.everland.com/caribbean).

프랑스 테마파크[31])로 마리오네트와 오르골, 엔틱 도자기, 전통 가옥 등 유럽의 감성을 느낄 수 있는 주제공원이다.

이곳의 진가는 수십 년 동안 대표가 모아온 유럽문화 관련 골동품 콜렉션이다. 수천여점의 각종 도자기 인형, 오르골, 공예품, 고가구가 테마별로 전시하고 있다. 오르골은 일정 시간마다 시연을 하고 있다(나무위키).

B-612 소행성과 불시착, 보아뱀을 잡아먹은 코끼리, 사막여우, 양 등 작가 생택쥐베리[32])의 어린왕자의 작품을 이해하고 감성을 느낄 수 있는 장소이다. 이곳에서는 베토벤바이러스, 시크릿 가든, 별 드대 등 인기 드라마 등이 촬영된 곳이다.

(라) 여주 루덴시아 테마파크 : 유럽의 문화와 예술을 담은 놀이터, 갤러리형 테마파크이다. 여주의 알프스라 불린다. 영감과 재미를 기반으로 새로운 문화경험을 제공하는 유럽형 테마파크이다. 유럽의 마을을 옮겨 놓은 듯한 이곳은 약 160만개의 고벽돌로 건축되었다. 2013년 착공한 이래 10여년에 걸쳐 개장을 준비한 만큼 다양한 볼거리, 즐길거리가 가득하다(대한민국 구석구석)는 평가이다.

이국적인 분위기의 공간들이 많은 곳이다. 곳곳에 작은 박물관이 있어 구경하는 재미가 있는 곳이다. 여주 산북면에 위치한다. 2023년 봄에 오픈하였다. 다양한 갤러리와 스튜디오가 있다. 유럽풍으로 조성하여 구경하고 사진 찍을 곳이 많다. 스탬프 투어를 즐기는 것도 좋다. 7곳의 장소를 돌며 스탬프를 찍으면 소정의 상품을 받을 수 있다. 디저트 및 카페가 중간중간에 있고 분위기도 좋다.

토이카 갤러리는 아기자기한 자동차들이 전시되어 있다. 앤티크 갤러리에는 골동품들이 가득하고 유럽의 작은 박물관에 온 것 같은 느낌이 드는 곳이다. 추천되는 곳은 트레인 갤러리이다. 클래식한 기차가 전시되어 있고 내부에는 실제로 움직이는 기차 모형을 볼 수 있다. 그리고 유럽의 기차 객실을 재현한 공간도 포토존으로 추천된다. 아트&토이 갤러리에서는 장난감부터 공예품까지 구경할 수 있다.

그리고 루덴시아 테마파크에서는 다양한 스튜디오가 있다. LP&사운드 스튜디오에서는 LP판, 음향 기기 등 아날로그 스튜디오이다. 트레인갤러리 주변에는 트램 갤러리에는 작은 사진으로 트램들을 담아놓고 있다. 그리고 재봉틀을 볼 수 있는 소잉머

31) 우리나라에는 프로방스 마을이 있어서 유일한 프랑스 콘셉트의 테마파크는 아니다(나무위키)는 평가도 있다.

32) 1900-1944년 비평가, 소설가이다. 야간비행의 선구자의 한사람이다. 1917년 동생의 죽음이 그의 소설 어린왕자를 비극으로 장식하게된 동기가 되었다. 야간비행, 인간의 대지, 전시조종사 등이 주요작품이다(인명사전; 해외저자사전)

신스튜디오도 있다. 장미가든에는 앤티크한 분위기로 사진찍기에도 좋다.

외부의 모습이 멋지다는 평가이다. 건물들은 붉은색의 벽돌로 쌓아 올렸다. 이국적인 장소이다. 여주의 루덴시아 테마파크를 한눈에 조망할 수 있는 전망대도 있다. 정문쪽에는 유럽풍의 의상을 빌릴 수 있는 렌탈샵도 있다(네이버 블로그, 경기도여행 여주 가볼 만한 곳 데이트 여주 루덴시아 테마파크, 2023.6.3).

(마) 서울랜드 : 과천시 광명로 181에 위치한다. 주위가 녹지로 둘러싸여 쾌적한 공간을 갖추고 있다. 세계의 광장, 모험의 나라, 미래의 나라, 환상의 나라, 삼천리 동산 등 테마에 맞는 각종 위락시설과 놀이기구 등을 갖춰 운영한다. 시기별로 화려한 축제와 전시 이벤트 등을 개최하고 있다.

▌서울랜드▐

출처 : https://www.gccity.go.kr/dept/img/content/08/sub0605_img01.png(과천시청 문화관광체육)

지하철 4호선이 연결되어 접근성이 좋고(한국여행발전연구회, 2013 : 155), 놀이기구가 다양하다. 가격이 합리적이다. 아이와 가기 좋다. 볼거리가 많다 등의 방문자 리뷰가 많다(네이버 지식백과). 특히 어린이 시설 콘텐츠 만족도가 높은 놀이공원으로 가족단위 방문이 많다. 개장은 1988년 5월 11일(35주년)에 하였다. 면적은 282,250㎡이다(나무위키).

(바) 의왕 레일바이크 : 경기도 의왕시 오아송못동로 221에 위치한다. 수도권 최대의 왕송호수를 둘러싸고 4.3km를 즐기는 의왕 레일파크, 생태학습교육장, 조류생태과학관, 자연학습공원, 맑은물 처리장, 철도기술연구원, 한국교통대학교, 철도박물관,

▌의왕 레일파크내 전시된 호수열차▐

코레일인재개발원이 주위에 있다.

최고의 일몰광경으로 평가된다. 이 지역은 국내유일의 철도특구이다. 의왕 레일바이크를 타고 왕송호수를 돌면 주위 경관을 즐길 수 있다. 뷰가 좋고, 코스가 길고, 사진이 잘 나온다는 방문자 리뷰가 많다(네이버 지식백과).

나. 카지노

가) 우리나라 카지노 현황 : 2018년 기준으로 서울 3곳, 부산 2곳, 인천 1곳, 강원 1곳, 대구 1곳, 제주 8곳, 강원 1곳 총 17개 업체가 운영되고 있다. 강원도의 강원랜드는 내외국인 대상 카지노이다. 2000년 10월 12일에 개장하였다. 경기도에는 카지노가 없는 상황이다.

워커힐호텔 내 파라다이스 카지노

서울에는 파라다이스가 운영하는 워커힐카지노는 1968년 3월에 개장하였다. 운영형태는 임대로 2018년 입장객 463,167명이다. 매출액은 2962억 1천2백만원이다. 제주도에 람정엔터테인먼트코리아에서 운영하는 랜딩카지노는 임대운영이다. 2018년 3848억1천만원의 매출액을 나타냈다. 참고로 강원랜드는 종사자 1,526명이고 직영운영이다. 2018년 매출액 1조4천억8천1백만원이었고 2,851,889명의 입장객 수치를 보였다.

국내 2018년 17개 업체를 통해 매출액 3조243억5천4백만원과 입장객 5,690.906명을 나타냈다. 총 종사자는 7,330명이다(한국카지노업관광협회, 2018.4).

다. 경마

경마는 말과 사람이 호흡을 맞춰 연출하는 스포츠이다. 경마팬이 각자 선택한 말에 일정 금액을 걸게 하는 (Betting)의 결과로 스릴과 묘미를 느끼게 하는 베팅하는 스포츠이다. 경주마의 능력이 매우 중요하다. 경마는 오래전부터 스포츠의 왕으로 주목받아 온 전통이 있다.

가) 경마의 역사 : 공식경마는 1174년 영국의 헨리 2세 때 미스필드에서 개최된 경주이다. 1780년 5월 현재 경마의 기원으로 보는 제1회 더비경마가 36두가 출전하여 열렸다. 3살짜리 말만 출전하며 1마일(1천6백m)이다. 국제규격경마장의 길이도 1천6백m로 동일하다. 우리나라는 일제강점기 1920년 시행되어 현재에 이르고 있다(안대희 외, 2021 : 246).

나) 국내 현황 : 전국의 경마장은 2013년 기준 30곳으로 서울 10, 경기도 9, 인천 4, 충청 2, 경상 4, 전라 1개이며(사행산업통합감독위원회, 2013.12), 주요경마장은 서울경마공원, 제주경마공원, 부산 · 경남경마공원이 있다.

라. 경륜

벨로드롬 사이클 트랙에서 여러 명의 선수가 일정거리를 경주하여 순위를 결정하는 경주를 말한다. 입상선수를 맞히면 배당금을 받게 되는 참여형 레저 · 스포츠이다. 우리나라에서는 7명의 선수가 독립된 직선주로가 아닌 333.33m의 경사진 타원형의 경주로를 6바퀴 즉 2,025를 돌며 기록이 아닌 순위를 결정하는 경주이다(안대희 외, 2021 : 254~255).

기록경기가 아니라 그날의 컨디션, 상대 견제 등 서바이벌 게임으로 평가된다.

가) 경륜의 역사 : 1991년 12월 국회에서 법률 제4476호로 확정 · 공포되면서 덴마크, 일본에 이어 세계 3번째 경륜국가가 되었다.

나) 국내 경륜 현황 : 전국의 경륜장은 서울 8, 경기 7, 인천 1, 충청 2, 경상 3 총 21 경륜장을 갖고 있다. 경기도에는 광명경륜장이 있다. 3만명을 수용한다. 2006년 2월에 개장하였다. 국민체육진흥공단 경륜운영본부에서 운영한다. 창원경륜장, 부산경륜장이 각 1만2천명, 2만명의 수용인원을 갖추고 있다(시행산업통합감독위원회, 2013).

마. 스키

고대 북유럽에서 눈 위에서 신는 신발의 의미로 기원전 3천년경부터 러시아에서 시작된 것으로 추정된다. 1942년 제1회 동계올림픽이 열린 프랑스 샤모니에서 대회를 통해 발전을 시작하였다. 같은 해 2월일 국제스키연맹이 창설되었다.

국내에는 전국에 스키장이 약 19개가 운영 중이다. 젊은층을 중심으로 스노보드를 즐기는 인구가 급증하여 연간 스키장 출입인원은 500만명대로 추산한다(안대희 외, 2021 : 262).

가) 국내 현황 : 국내에 용평스키장이 1975년에 개장하였다. 주로 강원도에 스키장이 많이 자리 잡고 있다. 그리고 경기도에 많다. 강원도 9개, 경기도 5개, 경남 1개, 전북 1개 등이다.

경기도에는 용인 양지파인리조트, 남양주 스타힐리조트, 포천 베어스타운, 이천 지산 리조트, 광주 곤지암리조트이다. 무주덕유산 리조트는 스로프 면적이 1,291,015㎡, 슬로프 34면, 리프트 14기이다. 그리고 용평리조트는 평창에 위치한다. 우리나라 최초의 스키장이다. 슬로프면적이 1,136,233㎡, 슬로프 28면, 리프트 14기로 가장 규모가 큰 스키장 2곳이다(한국스키장협회, 2019,12.31).

바. 골프

골프(Golf)는 코스 위에 정지해 있는 골프공을 골프채로 쳐서 코스상의 18홀(hole)에 넣고 그때까지 소요된 스트로크 즉 타수가 많고 적음에 따라 우열을 판정하는 경기이다.

스코틀랜드 고유의 것으로 보는 설과 네덜란드에서 미국으로 건너간 것으로 보는 설이 있다. 그러나 14세기 스코틀랜드 서민들 사이에서 현재의 형식과 방법으로 경기가 성행한 것으로 본다. 골프는 귀족적이고 고급스러운 경기로 평가되며, 19세기 후반 영국에서 대서양을 건너 미국으로 전파되었다. 미국 골프코스 탄생은 1888년이었고 불과 20년도 안되어 영국과 겨룰 정도의 실력을 갖추게 되었다(안대희 외, 2021 : 273-274).

가) 국내 골프 현황 : 전국에 467개의 골프장이 운영 중이다. 수도권은 148개로 32%이다. 회원제 비율은 55%, 대중제 비율은 45%로 나타났다. 경기도 북부지역은 32개, 경기 동부는 38개, 경기 남부는 33개(한국골프장경영협회, 2014.1)로 집계된다. 우리나라의 골프인구는 2010년 500만명으로 추산된다. 지속적인 증가가 되어 온 것으로 보인다.

사. 경기도 위락관광자원

최근에 현대관광에서 중요성을 더하고 있는 케이블카, 관광법으로는 관광삭도업으로 불렸다. 최근에는 관광궤도업으로 명명된다. 이러한 자원을 위락관광자원으로 분류할 수 있다.

▌서해랑 케이블카 ▌

출처 : https://www.hscity.go.kr/resources/www/img/trstmap/images/guide-map02.png (화성시청 여행꿀팁)

가) 서해랑 제부도 해상케이블카 : 전곡정류장이라도 한다. 화성시 서신면 전곡

항로 1-10 소재이다. 크리스탈 캐빈과 일반 캐빈이 운영되며 낙조할인으로 주중 오수 6시 이후 30% 할인된다. 09-20시까지 운영된다. 바닷길이 막혀도 이제는 제부도 해상케이블카를 통해 제부도로 여행이 가능하다. 만조 시에는 푸른바다를 조망하고 간조 시에는 자동차 이동도 볼 수 있다.

화성시에 가볼 만한 곳으로 추천된다. 서해안의 수려한 자연경관과 어울릴 수 있는 전곡항, 제부도 바다 위 2.12km 국내 최장 해상케이블카이다(네이버 지식백과).

04. 여행사 및 관련 기관상품

1) 여행사 상품

화성 입장권 매표소

제부도, 서해랑케이블카, 제부 마리나 요트 체험, 바다향기수목원 등 화성, 안산지역의 상품이 로망스투어에 의해 성인 1인 45,000원에 판매되고 있다. 최소인원은 25명이다.

수원 화성 야경투어는 화성행궁을 중심으로 진행된다. Here we go여행사에서 진행하며 성인 24,000원이다. 최소인원은 4명 이상이다.

광릉 국립수목원, 산정호수 힐링 트래킹, 명성산[33] 억새축제 당일 상품이 아름여행사를 통해 판매된다. 성인 39,000원이다. 100% 사전 예약제로 진행된다. 이는 광릉

33) 강원도 철원군과 경기도 포천시 경계에 있는 산이다. 해발 921m이다. 울음산이라고도 부른다. 전설에 의하면 궁예가 왕건에 의해 쫓기다 살해당했다고 하는 곳이다(두산백과).

수목원 입장과 관련해서이다. 최소인원 15명 이상이다.

안산 제부도 선셋투어에는 서해랑 케이블카와 럭셔리 요트 세일링이 포함된다. 글로벌여행사에서 121,000원에 진행한다. 서해의 붉은 노을을 선상에서 관람하는 기회를 강조한다. 요트 세일링의 시간은 약 1시간이다.

❙ 포천 명성산 ❙

출처 : https://www.pocheon.go.kr/DATA/TnTursmResrceService/20160928024842416r4r.jpg (포천시청 관광명소)

전곡항 요트 선셋코스는 와인 다과가 포함된다. 생일파티, 워크샵, 동호회, 친목회 강력 추천한다. Funny Tour에서 진행한다. 성인 8만 5천원 이다. 전곡항 요트투어는 최고의 선셋과 석양 노을을 감상할 수 있음을 강조한다. 그리고 전곡항 요트 1척 단독출항 파티 소규모 모임 동아리 MT상품은 30만원 이다. 색다른 워크샵 요트에서 빛나게~ 바다위 최고의 단합장소를 홍보한다.

철원주상절리[34], 은하수다리, 고석정, 산정호수 상품은 성인 1인 38,000원에 동백여행사에서 판매한다. 당일여행 상품이다. 최소인원은 2명 이상이다. 철원주상절리는 세계유네스코 지질공원임을 강조한다.

❙ 가평아침고요수목원 ❙

❙ 자라섬 ❙

출처 : https://www.gptour.go.kr/multi/uploadFile/20180226122559.jpg(가평군청 관광명소)

---

34) 한탄강 유네스코 세계지질공원에 위치한 철원 한탄강 주상절리길은 총 연장 3.6km, 폭 1.5m로 한탄강의 대표적인 주상절리 협곡과 다채로운 바위로 가득한 순담계곡에서 절벽을 따라 이어진다(www.cwg.go.kr; 철원군청 문화관광).

가평 아침고요수목원, 가평잣고을시장, 자라섬[35], 남송미술관 일정이 성인 1인 32.900원이다. 최소인원은 30명이다. 로망스투어에서 진행한다.

여유만만 곤지암 화담숲[36] 단풍축제, 용문사 은행나무숲, 단풍일주 당일상품이 성인 1인 49,000원에 아름여행사에서 판매된다. 화담숲 입장으로 100% 사전 예약제이다. 용문사는 양평소재로 단풍이 유명하다.

여주의 강천섬, 명성황후 생가, 파사성 상품은 승우여행사에서 진행한다. 국내여행 트레킹 전문여행사로 편하게 걷기 좋은 코스를 진행한다. 여주의 여강길을 편하게 걷는 트레킹으로 파사성과 강천섬 유원지 코스를 진행한다. 강변을 따라 걷는 길은 여강길 코스로 스탬프투어도 가능하다.

2) 경기도 대표 관광지 팸투어

경기도와 경기도관광공사는 일본, 중국 등 8개국 여행사 관계자들을 초청하여 수원화성, 김포 애기봉 평화생태공원 등 경기도내 주요관광지를 답사하는 팸투어를 진행하였다. 그리고 광명동굴 등 다양한 관광지와 포천 일경농원, 구리 자원회수시설 등 산업관광자원을 답사하였다(아투시티뉴스; 2023.6.7.).

3) 경기관광공사 소개 축제

경기관광공사는 가을의 넉넉함과 풍요로움 만큼 저마다의 특색을 자랑하는 다채로운 각 지역 축제를 소개한다. 안성맞춤 남사당 바우덕이 축제는 올해 23회째[37]를 맞이한 대한민국

---

35) 4개의 섬으로 이뤄져 있다. 레저 및 생태공원 시설이 있다. 자라처럼 생긴 언덕이 바로 보고 있는 섬이라하여 자라섬으로 불리게 되었다. 가평군 가평읍 달전리 1-1번지 일원에 있는 섬이다. 1943년 청평댐이 건설되면서 북한강에 생신 자라섬은 남이섬과 직선으로 800m거리에 위치한다. 캠핑으로도 유명하지만 2004년 시작된 자라섬국제페스티발이 유명하다(대한민국 구석구석).

36) 화담숲은 식물원과 수목원을 갖춘 생태수목원이다. 광주시 도척면에 소재한다. LG상록재단이 약 5만평 대지에 4천3백여종의 국내외 자생 및 도입식물을 16개의 테마원으로 조성한 곳이다(대한민국 구석구석; 네이버지식백과).

대표하는 전통공연예술문화축제이다. 남사당 전통문화와 조선 최초의 여성 꼭두쇠인 바우덕이의 예술정신을 계승하고 널리 알리기 위한 행사이다.

김홍도[38] 축제는 유년시절을 안산에서 보낸 김홍도의 일생과 작품을 테마로 전통과 현대를 잇는 안산의 가을철 대표문화관광축제이다.

정조 효 문화제는 정조대왕 효의 대서사시를 재현행사, 체험 및 참여행사, 공연 및 전시 프로그램으로 풀어낸 축제이다. 2023년 정조효문화제는 정조대왕의 효를 계승하기 위해 새롭게 개장한 정조효공원에서 개최된다.

수원화성문화재는 정조대왕의 효심과 부국강병의 꿈을 바탕으로 축성된 수원화성에서 매년 펼쳐지는 역사 깊은 문화관광축제이다. 올해 60주년을 맞이하여 풍성해진 문화예술 콘텐츠로 구성된다.

월곶포구

출처 : https://www.siheung.go.kr/common/imgView.do?attachId=02444602fb6b9f638d2cd82fb7fc773d99d14146200ce4d375365d82b474e318&fileSn=f9a1967c526603d17ab488b9d2747cda&width=680&height=470&mode=ratio(시흥시청 문화관광 자연)

2023년 경기관광우수축제로 선정된 시흥 월곶포구축제는 바다와 도시가 어우러진 월곶만의 지역적 특색을 살려 포구 특성과 도시풍경을 접목한 다양한 체험프로그램을 운영한다.

정약용[39]문화제는 남양주 출신의 조선시대 실학자인 다산 정약용 선생을 기념하는 축제로, 정약용 선생의 실사구시 사상과 정신을 현대적으로 계승해 온 남양주의 대표적인 문화제이다.

포천 산정호수 명성산 억새꽃축제는 억새, 산정호수, 명성산 등 포천시의 관광자원과 지역특화 문화예술 콘텐츠를 결합한 차별화된 축제이다.

이천 쌀[40] 문화축제는 자연의 혜택과 인간의 노력으로 영그는 쌀을 수확하여 추수의 기쁨을 더불어 나누고자 잔치마당에서 펼쳐지는 행사이다.

---

37) 2001년부터 개최되고 있다.

38) 김홍도(1745-1806년)는 조선후기의 풍속화가이다. 경기도 안산군(현 안산시 상록구 성포동)에서 출생하였다(나무위키; 위키페디아).

39) 정약용(1762-1836)은 조선후기의 문신이자 실학자, 저술가, 시인, 철학자이다(위키백과).

40) 동국여지승람에는 이천을 땅이 넓고 기름진 곳으로 밥 맛 좋은 자채쌀을 생산하여 임금님께 진상하는 쌀의 명산지로 기록되어 있다(지리적 표시 가이드북; 네이버지식백과).

여주오곡나루축제[41]는 역사를 배경으로 여주 농업인의 정성이 들어간 농산품을 소개 및 판매하고 나루터의 거리를 재현해 진정한 여주의 맛과 멋을 즐기는 축제이다.

의정부 부대지개 축제[42]는 의정부 대표음식인 부대찌개를 온·오프라인 방문객에게 소개하고 많은 먹거리와 볼거리를 제공하는 축제이다(데일리안, 2023.10.4.).

4) 전문가와 함께 역사문화유적 돌아보는 여행상품

경기도와 경기관광공사는 전문해설가와 함께 역사문화유적을 돌아볼 수 있는 여행상품 '경기그랜드투어- 해설이 있는 여행'을 출시하였다.

이 상품은 총 4개 코스로 구성되어 9회 운영되었다. 코로나 팬데믹 전인 2019년에 진행되었다. 양평 쉬자파크, 구하우스와 남양주 실학박물관, 다산유적지 등을 방문하는 '몸과 마음의 치유路' 스토리텔링투어를 시작하였다. 쉬자파크는 산림 치유에 기반한 곳이다. 구하우스는 앤디워홀, 데이미헌허스트 등 세계적인 작가의 작품이 전시된 곳이다. 스토리텔링 투어에는 신창호 고려대 교육학과 교수가 동양철학과 다산 정양용의 실학정신 등을 주제고 특강을 진행하였다.

전곡선사박물관, 고량포구역사공원, 경순왕릉, 호로고루성, 두지나루황포돛배를 돌아보는 '분단의 경계속 역사 이야기'코스도 진행되었다.

유네스코 세계무형유산인 남사당놀이와 우리민족의 과학기술이 담긴 방짜유기를 소개하는 코스로 안성맞춤박물관, 박두진문학관, 남사당공연장 등을 방문하였다. 청록파 시인으로 알려진 박두진 시인의 삶과 문학세계를 살펴보는 여행으로 안도현 시인이 함께 하였다.

8.15 광복절을 맞아 8월 15일과 17일 양일간 심용환 교수와 함께 3.1항일운동의 의미를 되새겨보는 안성과 화성의 3.1운동 기념관과 화성만세길를 걷는 코스를 운영하였다.

투어는 당일코스로 참가비는 2만원이다. 경기관광공사 국내사업팀 또는 운영사 쏙쏙체험을 통해 문의 및 예약할 수 있다. 투어 회차당 40명이 원칙이다(경기도뉴스포털, 2019.6.24.).

---

41) 신륵사 관광단지 일원에서 개최된다. 여주의 농산물인 여주쌀, 오곡, 비빔밥, 군고구마, 땅콩 등 농특산물을 홍보하고 여주 전통문화를 즐기는 축제이다

42) 2021년 14회 축제를 진행하였다. 올해는 16회를 진행한다. 부대찌개 시식행사, 체험부스 및 이벤트 존 운영하고 문화공연 및 노래경연대회를 진행한다.

5) 경기 서북부 지역 시티투어

▮ 애기봉 평화생태공원 ▮

출처 : https://www.gimpo.go.kr/DATA/tour/9/thumb/p_85b38d39-6b32-4cda-ae06-0ab0c87cb2be.jpg
(김포시 문화관광)

경기도와 경기관광공사는 2023년 7월28일부터 12월 3일까지 김포, 고양, 파주시의 주요관광지를 연결하는 관광 프로그램 '경기 서북부 시티투어'를 운영한다.

경기 고양 평화 생태역사 코스는 홍대입구역-김포공항역-애기봉 평화생태공원-김포함상공원&대명항시장-나들라온(통일촌군막사 &장항습지)-행주산성-김포공항역-홍대입구역 코스로 탑승료는 8천원 이다. 애기봉 생태공원 입장료, 김포함상공원 입장료, 장항습지해설 포함이다.

고양 파주 자연 힐링 문화 코스는 홍대입구역-대곡역-나들라온(통일촌군막사&장항습지)-일산호수공원&웨스턴돔-중남미문화원-마장호수 출렁다리-대곡역-홍대입구역 코스로 탑승료는 8천원 이다. 장항습지해설, 중남미문화원 입장료 포함이다.

파주 김포 안보 예술 문화 코스는 홍대입구역-운정역-오두산통일전망대-프로방스마을&헤이리예술마을-파주출판단지 지혜의 숲-김포프리미엄아울렛&아라마리나-대곡역-홍대입구역 코스이다. 탑승료 1만원 이다. 전망대입장료, 출판단지 책만들기 체험 포함이다(경기도뉴스포털, 2023.8.3.).

경기 북구 관광 거버넌스 구축을 위해 추진하는 이번 사업은 45인승 대형버스 2대를 임차하여 정규노선(주3회) 및 기획노선(탄력적 운영)으로 운영된다. 최소인원은 5인만 구성되면 운행이 가능하며 기획노선은 최소인원이 15명이다. 지자체별 문화관광해설사 자문을 통한 스토리텔링 기획 및 가이드 교육자료를 제작하여 차량에 동승한 가이드의 상세하고 홍미진진한 안내도 들을 수 있다(www.ggpbus.com;http : //gnews.gg.go.kr/news).

6) 경기투어패스

경기투어패스로 경기도 여행이 가능하다. 아침고요수목원, 가평 동물원, 쁘띠프랑스 등 방문할 수 있다. 경기투어패스는 경기도 주요 관광지를 48시간 동안 자유롭게 여행하는 무제한 관광상품이다. 경기투어패스 특가는 16,900원[43]이다. 성인기준으로 가평 아침고요수목원 11,000원 가평 아침고요동물원 12,000원, 쁘띠프랑스와 이탈리아마을 피노키오와 다빈치 통합권 19,500원, 제부도 해상케이블카 서해랑 19,000원을 합산하면 66,000원이 나온다. 저렴한 특가상품임에 틀림없다.

경기도의 갈만한 곳인 관광지를 둘러보고 여행기회를 늘리고 경제적 부담은 줄이는 편리하고 만족도 높은 여행상품으로 평가된다. 경기도 내 31개 시군에 주요관광지 중 투어패스 등록 가맹점은 80곳으로 향후에도 늘어날 것으로 전망된다. 경기투어패스 통합권은 인기관광지, 체험, 액티비티, 카페까지 이용 가능하다.

| 이탈리아마을 |

출처 : https://www.gptour.go.kr/multi/uploadFile/20210615142115.jpg(가평군 관광명소 문화관광지)

05. 미래 관광상품 변화 및 개발 상황

향후 미래관광상품은 테마여행 즉 주제가 있는 여행이 대세가 될 것이다. 특별관심관광(SIT : Special interest tour)이 관광자원의 주요상품으로 확산될 것으로 보인다. 자신이 원하고 추구하는 콘텐츠 중심의 여행패턴이 대세가 될 것으로 예측된다.

체험여행, 걷기여행, 역사여행, 생태체험여행, 오로라 등 자연현상 체험여행, 청정자연여행, 플로킹여행[44] 등 다양한 형태가 확산될 것이다. 생태관광, 일출 및 일몰 등 자연친화적 여행이 대두되고 있다. 경비행기 여행, 남극여행, 고산투어, 트레킹투어, 미술여행, 음악여행,

43) 성인, 청소년, 소인 공통의 특가이다. 2023년 8월 말까지 한시적으로 운영하였다. 일반적으로 19,900원이다.

44) 플로킹이란 Ploka Upp(스웨덴어, 줍다)+ Walking의 합성어로, 산책하며 쓰레기를 줍는 환경운동연합의 운동법이다(환경운동연합 중앙사무처, 2020.4.27).

와인투어 등 관심분야로의 여행이 미래 관광상품의 주요 내용이 될 것이다.

또한, 스포츠경기 관람, 섬투어의 수요도 늘어날 것으로 전망된다. 건강투어, 식음료투어, 지역 술과 매칭되는 음식투어, 국내외 휴양지 여행을 통해 힐링을 추구하는 현상이 증가될 것이다. 플로킹여행처럼 환경을 보존하는 환경투어도 더욱 대두될 것이다.

문화예술투어로서 미술관 및 박물관투어, 오페라투어가 활성화되고 있다. 역사관광, 쇼핑투어, 스터디투어, 축제 이벤트도 주제여행의 맥락에서 증가할 것이다(고종원, 2022 : 431-432).

인천아트센터 오페라 공연

크루즈 선박(호주 시드니)

루브르박물관 내부 안내판

06. 문화관광해설사 지역 콘텐츠 및 해설사항

경기도의 많은 지역과 관광지에서 문화관광 해설이 진행된다. 문화관광해설사의 교육을 마치고고 현장실습을 완료해야 현장에서 설명할 수 있는 문화관광해설사가 된다. 현장에서 모두 최선을 다해 관광자원을 설명하는 해설사님들의 노고와 수고가 경기도 관광자원 나아가 우리나라 관광의 경쟁력을 제고할 것으로 전망된다.

1) 주요지역 해설상황

(1) 남한산성

남한산성 행궁 한남루에서 모여 남한산성행궁 정규 해설이 시작된다. 평일에는 11시, 13시, 14시, 16시이다. 주말에는 10시, 11시, 12시, 14시, 15시, 16시 실시된다. 개인의 경우는 별도의 예약이 필요하다. 한국어 해설은 12-13시 점심시간은 제외되며 1-2시간 소요된다. 남한산성행궁과 성곽해설이다. 한국어 해설은 단체 진행시 최소 10명 이상이어야 한다.

외국인의 경우 영어, 일본어, 중국어로 진행된다. 외국인은 사전에 예약을 해야 한다. 4월-10월은 09 : 30-17 : 30, 11월-3월은 10 : 00-17 : 00까지 안내한다. 2시간 이내가 통상적인 안내이다(남한산성세계유산센터, 남한산성 옛길 안내지도).

(2) 여주 명성황후 생가 및 기념관

명성황후 생가 유적지는 문화재로 여주시 능현동에 소재하고 있다. 경기유형문화재 제46호이다. 1973년 7월10일 지정되었다.

기념관에는 당시 명성황후의 편지 등을 관람할 수 있다. 명성황후 생가 유적지 관람순서는 명성황후 기념관- 명성황후 생가- 감고당- 민속마을이다. 여주시 문화관광해설 예약 및 문의(031-887-2868) 가능하다. 사전예약을 해야 문화관광해설이 가능하다. 관람시간은 09-18시까지(동절기는 17시)이며 무료관람할 수 있다. 월요일은 휴무이다. 이곳은 모두의 여행

'무장애 여행'지이다.

(3) 국립수목원

수목원 해설은 화요일부터 일요일까지 진행된다. 동절기(1-2월)에는 화~토요일 운영된다. 월, 일요일은 휴무이다. 하절기(4-10월)에는 10시부터 17시까지 동절기(11-12월)에는 10시부터 16시까지이다. 12-13시에는 점심시간으로 수목원 해설이 진행되지 않는다.

대상은 국립수목원 관람객은 누구나 가능하다. 인원은 15명 내외이다. 접수방법은 선착순으로 현장접수하거나 당일 해설센터에 현장접수하면 된다. 참가비는 무료이다. 해설센터(031-540-2042)의 수목원 해설사에 의해 인솔되어 진행된다.

프로그램 제목은 광릉숲 산새탐험, 광릉숲의 생태, 수목원에서 만나는 풀과 나무, 수목원에서 만나는 노거수[45]이다(kna.forest.go.kr).

2) 경쟁력 있는 문화관광해설사

(1) 문화관광해설사로서의 생각

경기도 광주시 문화관광해설사 안명희님은 문화관광해설사는 청소년 교육가, 교육강사, 공간커뮤니케이터로 생각한다고 한다. 광주시는 문화관광자원이 많고 맑고 푸른 자연환경을 갖춘 지역으로 설명한다. 일본어 통역전공으로 외국어의 유익을 말한다. 여주 신륵사에서 해설 시작하였다.

지역에 대한 자긍심이 중요하다. 마을해설사 활동은 주민 스스로 자발적으로 모임이 결성된다. 문화관광해설사는 관광자원 전반 해설자이다. 자원봉사자이며 마이크를 항시 준비한다. 많은 사람을 접촉하니 다양한 삶을 배운다. 열린 사고를 갖게 된다. 새로운 지식의 전달자로 역할 한다. 건강한 활동으로 일상생활에 도움이 된다. 긍정적 사고를 갖고 있는 모습을 안 해설사를 통해 보게 된다.

남한산성 해설시 10년 넘게 트레킹한 분이 도움이 되었다고 말할 때 보람감을 갖게 되었다(휴먼라이브러리 유튜브 참고하여 정리함).

---

45) 수명이 오래되고 몸집이 큰 나무를 말한다.

(2) 문화관광해설사 공간과 시간

본인이 해설하는 해당 관광자원에서 약 20~1시간 30분 정도 설명과 해설을 한다. 주어진 시간에 해당 관광자원을 어떤 방식으로 설명할 것인가를 구상하여 진행한다. 무엇보다 문화관광해설사도 경험이 중요하다.

출발 전 설명이 일반적이다. 동선 가운데 소요되는 시간 등을 계산하여야 한다. 대상자가 누구인가와 관심도 등에 따라 설명한다. 해설자의 차별화가 중요하다. 고급, 중급, 초급 등 눈높이에 맞춰서 해설하는 것이 좋다. 최선을 다해 해설하는 모습이 중요하다. 해당 자원에 대한 애정과 자부심이 무엇보다 중요하다. 이동 동선 중 방문자에게는 쉬는 공간을 안내하는 것이 필요하다. 특히 여름철 같은 경우는 주의가 필요하다. 설명 후 사진찍기, 감상 등 시간을 주는 것이 좋다. 사진찍기 좋은 곳 즉 인생샷 안내가 중요하다. 안내 중에는 내국인과 외국인의 컴플레인이 다를 수 있다.

(3) 좋은 해설의 차이

가. 필요한 내용 사전 공지

좋은 해설사는 미리 참여하는 방문객들에게 주의를 주는 것이 좋다. 저작권의 문제 등으로 녹취를 하면 안된다거나 하는 언급이 필요하다. 열심히 사진을 찍고 경청하는 방문자에게 갑자기 녹취하고 있느냐는 질문은 당황스럽게 때문이다.

나. 소통하는 방식의 해설

질문할 시간을 내방자에게 주는 것도 좋다. 해설을 경청하다 보면 질문 시간이 의외로 많지 않고 일방적인 진행으로 질문의 시간이 많지 않기 때문이다. 일방적인 진행은 소통 방식상 좋지 않다. 의무적으로 설명하는 해설자보다는 방문자와 소통하며 해설하는 것이 좋은 평가를 받는다. 방문자로부터 배울 수 있다는 유연한 사고가 필요하다.

다. 사명감

인원은 5명 이상이면 설명이 가능하다. 그러나 요청 시 2명일 경우에도 안내 해설을 받을 수 있다. 현장에 따라 차이가 있다. 해설자는 사명감이 필요하다. 지방에서 일부러 온 방문객도 있음을 인지하고 정성스럽게 안내하는 자세는 중요하다. 자신에게도 그렇고 지역의 이미지 제고에도 도움이 된다.

라. 체력

체력을 길러야 한다. 해설사는 많게는 하루 7차례 반복하여 설명을 하는 수고가 많다. 명확한 음성과 발음이 중요하다. 설득력, 집중력을 높여야 한다. 지속적인 연구를 통해 역사적 사실을 발견하고 스토리텔링하는 것이다(안성시 윤민용 해설사).

마. 복장

특별한 복장 착용도 시선을 모으게 된다. 용인 한국민속촌 문화관광해설사의 도령 복장은 여성 해설사임에도 눈길을 끈다. 일반적으로는 정장 차림이거나 현장에 어울리는 편한 복장으로 안내한다.

바. 역사의식

해설을 듣는 방문자들에게 문화재와 자연을 소중하게 관찰하게 하고 역사 인식을 갖게 하는 것도 문화관광해설사의 중요한 역할이다. 역사를 잊은 국민에게는 미래가 없음을 강조한다. 역사전문가로 야사공부, 역사에 미쳐 생활하는 것을 언급한다(남한산성 문화관광해설사).

남한산성

출처 : https://www.seongnam.go.kr/include/tour/img/content/img-namhan-sec1-3.png (성남시청 문화관광과)

(4) 친밀도로 차별화

전국에는 166개지역, 3,000명이 넘는 문화관광해설사가 활동한다. 해설을 차별화하는 것이 필요하다.

친밀도는 문화관광해설사에게 매우 중요하다. 최근 교육은 교육자와 피교육자의 거리감이 해소되는 방향으로 진행된다. 일방적인 진행이 아닌 소통, 경청, 이해, 친절 등이 요구되는 시대와 상황이다.

다양한 관광객을 만나고 이야기하고 지식, 정보를 전달하는 것은 즐겁고 행복해야 좋은 해설자가 된다. 관광객에게 우리 문화를 재미있게 잘 전달할 수 있는가를 고민하고 연구하는 것이 필요하다. 시각 장애인은 세심하게 묘사하여 안내한다. 계단주의 등 안내하여야 한다. 설명하면서 보람과 감동을 느낀다. 배려있는 안내가 필요하다(여주시 블로그, 2022.3.4.;

김용희, 박복동, 정영희, 김경희 해설사).

(5) 자신을 관광브랜드로 인식

좋은 해설사의 다른 점을 찾아본다. 여주시 문화관광해설사들은 불우이웃돕기에 자발적 성금을 하였다. 한번에 200명 이상을 해설하는 것은 어려움이다. 24명의 해설사가 에세이를 써서 기념집을 발간하였다. 여주시 문화관광해설사들은 스스로를 여주시 관광브랜드로 생각한다. 여주의 얼굴이라는 자긍심을 갖고 있다(여주시 블로그, 2022.3.4.; 김용희, 박복동, 정영희, 김경희 해설사).

(6) 다양한 활동 전개

좋은 해설사는 강의 외 체험교육, 대부도 생태보존을 위한 활동까지 한다. 바쁜 나날을 보내는 것이 보람 된다(대부도 지킴이 문화관광해설사 김선철)고 밝힌다.

2004년 하남역사박물관 문화해설을 시작으로 17년간 문화관광해설사로 활동을 해오고 있다. 광주향교 등 하남역사와 문화유적을 알리는 공로를 인정받고 있다(문화관광해설사 김희근, 김선영, 박세옥, 2021.3).

교육교재를 공동으로 집필하였다. 문화재 표준해설 및 안내를 위한 남한산성 역사자료 가이드북을 편찬하였다(너른고을 광주시 공식블로그, 2012.7.30 : 광주시 문화관광해설사, 김규선 회장, 안명희 총무 인터뷰).

그리고 경기도 문화관광해설사 대회에 참가하여 그동안 쌓고 노력한 해설의 노하우와 차별화된 내용을 발표함으로써 공부하며 공유한다는 것이 매우 의미 있게 평가된다. 그 가운데 수상한 해설자들에게는 동기부여가 특별히 된다는 점에서 좋은 대회로 사료 된다. 이러한 다양한 활동이 전개되고 있다.

(7) 스토리텔링화

문화관광해설사는 재능을 기부하는 활동이다. 젊었을 때 익힌 지식을 나이 들어 사회에 환원하는 것이다. 해설이란 봉사의 맛, 자유봉사는 자아의 성장 발전을 의미하는 것이다. 즐겁게 일하는 것으로 남에게 도움을 주고 자신의 능력을 키운다는 생각이다.

양평의 황순원문학관에서 실무교육시 선생이 추구하였던 진정한 가치가 무엇인지에 대해 고민하면서 흥미로운 스토리텔링을 만들어 가겠다는 의견이다.

청정, 친환경, 힐링의 대명사 양평이다. 104편의 시, 104편의 단편소설, 1편의 중편소설, 7편의 장편소설을 쓴 황순원 작가이다(안젤라〈전원생활체험〉블로그, 2018.6.5. : 원융희).

▌황순원문학관 소나기마을 ▌ ▌황순원 문학관 내부 2층 전시장 ▌

출처 : https://tour.yp21.go.kr/DATA/tour/12/thumb/p_D6C5F745-53C2-3A1B-9522-90A7B375B592.jpg (양평군청 양평관광)

참고 문헌

- 경기도 남한산성세계유산센터, 세계유산 남한산성 브뤄셔
- 경기도 남한산성세계유산센터, 남한산성 브뤄셔
- 경기도 남한산성세계유산세터, 남한산성 행궁 브뤄셔
- 경기도 뉴스포털, 2019.6.24.
- 경기도 블로그, 2022 경기도민 기자단 이우영
- 경기도, 제6차 경기도 권역 관광개발 계획
- 경기도, 제6차 권역계획의 권역 설정
- 경기도, 제7차 경기도 권역별 관광개발계획 수립연구, 2021.12
- 경기도 2021~2025 중기지방 재정계획, 2020
- 경기일보, 2023.2.25.
- 고종원 외, 주제여행상품, 백산출판사, 2023.
- 고종원, 주제여행상품에 관한 연구, 연성대학교 논문집 제58집, 2022.
- 관광지식정보시스템
- 나무위키
- 남한산성세계유산센터, 남한산성 옛길 안내지도,
- 네이버 국어사전
- 네이버 블로그, 경기도여행 여주 가볼만한 곳 데이트 여주 루덴시아 테마파크, 2023.6.3
- 네이버 여행정보
- 네이버 지식백과
- 네이버 TV(NOW)
- 뉴스1, 2023.4.25.
- 대한민국 구석구석
- 데일리안, 2023.10.4
- 두산백과
- 사행산업통합감독위원회, 2013.12
- 조선비즈, 2019.7.26.
- 조선일보, 2013: D2면
- 주제여행포럼, 주제여행상품, 백산출판사, 2023.
- 지리적 표시 가이드북
- 철원군청 문화관광
- 아투시티뉴스; 2023.6.7
- 안대희· 고종원· 석미란· 류기환 , 관광자원론, 대왕사, 2020.
- 용인시, 여행의 셀렘 용인(부뤄셔)
- 위키백과
- 인명사전

- 인천시 중구청 관광문화 지원실
- 문화체육관광부
- 한국골프장경영협회, 2014.1
- 한국민족문화대백과사전
- 한국여행발전연구회, 국내관광 자원답사, 대왕사, 2013.
- 한국스키장협회, 2019,12.31
- 한국카지노업관광협회, 2018.4
- 환경운동연합 중앙사무처, 2020.4.27.
- 황인수, 쉽게 풀어쓴 관광법규해설, 대왕사, 2023.
- 해외저자사전
- 행정안전부, 2018,12.31
- 휴먼라이브러리 유튜브
- KBS 뉴스
- OBS뉴스, 2022.10.3
- balgil.tistory.com,2023.4.25.
- http://bynyjstudio.co.kr
- http://gnews.gg.go.kr/news
- http://know.tour.go.kr
- kna.forest.go.kr
- ko.m.wikipedia.org
- www.bomunsa.net
- www.cwg.go.kr
- www.everland.com/caribbean
- www.foreston.go.kr
- www.ggpbus.com
- www.ggtour.or.kr
- www.gg.go.kr/namhansansung-2
- www.hantaek.co.kr
- www.heyri.net〉about
- www.ichinatown.or.kr
- www.incheon.go.kr
- www.insiseol.or.kr
- www.koreanfolk.co.kr
- www.morningcalm.co.kr
- www.mmca.go.kr
- www.swcf.or,kr
- www.suwon.go.kr

Chapter 04

강원권의 관광자원

01. 강원특별자치도 관광자원 파악

1) 강원특별자치도

(1) 강원특별자치도 위치 및 면적

강원특별자치도는 한반도 중앙부의 동측에 태백산맥을 중심으로 크게 구분된다.

위도상으로는 북위 37도 02분에서 38도 37분에 걸치고 경도상으로는 동경 127도 05분에서 129도 22분에 걸쳐 있으며 북위 38도선은 본 도의 거의 중앙부를 통과하고 휴전선은 고성군 현내면 북위 38도 45분 근처에서 서남하하여 향로봉, 문등리 및 김화읍의 북방을 연결하는 북위 38도 20분선 부근에서 145㎞에 달한다.

강원특별자치도 동서의 길이는 약 150㎞, 남북은 약 243㎞에 달하며, 동쪽은 약 314㎞에 걸쳐 해안선을 이루면서 이어져 있고, 서방은 황해도 및 경기도와 접해 있고 남쪽은 충청북도 및 경상북도, 북쪽은 함경남도 및 황해도와 접하여 경계를 이룬다.

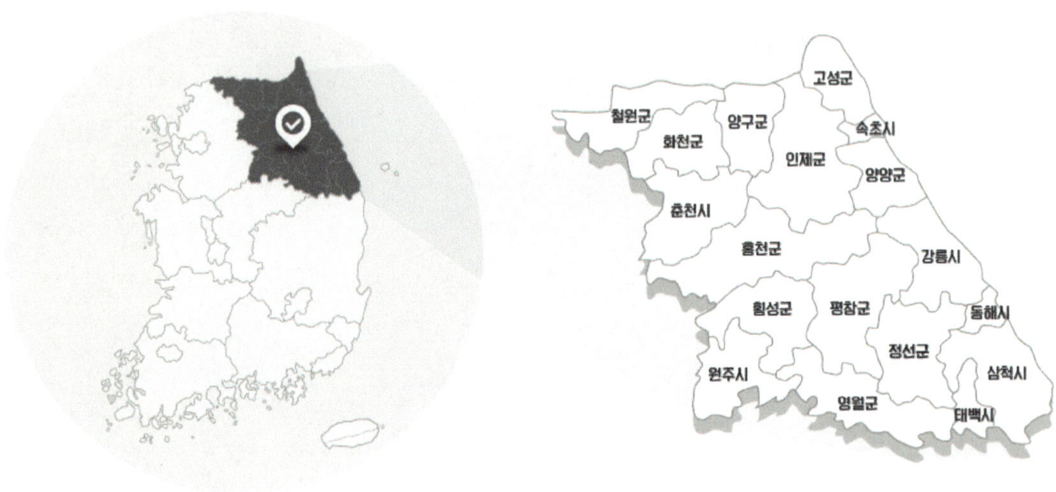

강원특별자치도 위치

참고자료 : https://state.gwd.go.kr/portal/introduce/situation/position, 강원특별자치도 홈페이지 참조

강원특별자치도의 총면적은 20,569㎢이며, 이 가운데 휴전선 이남이 16,875. 2㎢로 남한 면적의 16.8%에 해당한다.

총면적 중 81.4%인 13,735.9㎢가 임야이며, 농경지는 9.3%에 해당하는 1,560㎢이며, 기타 9.3%인 1,579.3㎢로 구성되어 있다.

경지 면적은 밭 1,023.4㎢, 논 536.6㎢로서 비율은 밭 65.6% 논 34.4%이다.

경·위도상 위치 및 면적

도청 소재지	경·위도상 위치			연장 거리	면적(㎢)
	구분	지명	경·위도		
강원특별자치도 춘천시 중앙로 1 (봉의동 15번지)	동단	삼척시 원덕읍 월천리	동경129도22분	동서간 150㎞	16,875.2㎢(휴전선 이남 면적) 전 : 1,023.4(6.1%) 답 : 536.6(3.2%) 임야 : 13,735.9(81.4%) 하천 : 378.8(2.2%) 도로 : 284.9(1.7%) 기타 : 915.6(6.4%)
	서단	철원군 철원읍 대마리	동경127도05분		
	남단	영월군 김삿갓면 내리	북위37도02분	남북간 243㎞	
	북단	고성군 현내면 송현진리	북위38도37분		

참고자료 : https://state.gwd.go.kr/portal/introduce/situation/position, 강원특별자치도 홈페이지 참조

(2) 강원특별자치도 지세 및 기후

강원특별자치도는 면적의 대부분이 산지로 형성된 산악도(山岳道)이며, 한반도의 척추인 태백산맥을 분수령으로 동쪽은 영동, 서쪽은 영서 지방으로 크게 구분된다. 태백산맥 동쪽은 경사가 급하여 해안평야의 발달이 취약하고, 태백산맥 서쪽은 경사가 완만하여 남 · 북한강의 대하천이 발달하고, 산지가 여러 곳에 분포된다.

또한, 100m 이하의 저지대가 강원특별자치도 총면적의 5.6%에 불과하여 함경남도의 9.6%보다 적고, 100m에서 500m까지 저 산야 지대가 43.1%, 500m에서 1,000m까지의 중 산야 지대가 43.4%로 전국에서 가장 그 비율이 높다. 1,000m 이상의 고산지대가 7.7%로 형성되고 있다.

평야는 동해안 지방의 강릉 및 북평 근처와 영북 지방 철원을 비롯하여 춘천, 원주 등 大小의 분지가 산간지역에 분포하며, 각 하천유역 북방은 협곡 상태를 나타낸다.

영동은 가파른 산자락이 동해와 맞닿아 평지가 협소하지만, 대관령, 미시령, 진부령, 한계령 등 많은 영과 계곡이 산재하고 있어 그 경관이 빼어나다.

영서는 산악과 분지가 완만하게 서쪽으로 퍼져 있어 서울·경기 지방까지 흘러내리고 대부분 고원으로 되어있어 논보다 밭이 많은 것이 특징이고, 도내 산촌에서 솟아오른 작은 샘물은 그 줄기가 모여 맑은 시냇물을 이룬다.

우리 국토의 젖줄인 한강과 낙동강의 발원지가 되고 있으며, 북한강 상류는 한국 특산종을 비롯한 각종 어류가 다양하게 서식하고 하천 생태계가 잘 보존된 청정지역으로 화천의 평화의 댐, 화천·춘천댐, 소양강 다목적댐, 의암댐 등이 있어 산업 및 식수의 공급원이 된다.

강원특별자치도 지방은 북위 37°와 38° 사이의 중위도 온대성 기후대에 위치하여 이 위도차에 의한 주요 기후 특성이 나타나는데 여름에는 고온·다습하다. 겨울에는 한랭·건조한 대륙성 고기압의 영향을 받아 춥고 건조하다.

강원특별자치도는 태백산맥이 남북으로 길게 뻗쳐 있어 이 산맥을 중심으로 영동지방과 영서지방으로 나뉜다.

영서의 주요 도시로는 춘천시, 원주시가 있으며, 영동의 주요 도시로는 강릉시가 있다. 이들 지역의 기후 또한 매우 다른 특성을 보인다.

일반적인 기상 특성을 보면 산맥의 급한 경사면을 따라 내려와 바다로 연결되는 영동지방은 해양성기후에 가까운 기상 특성을 많이 보인다.

영서지방은 한반도의 중앙내륙에 위치해 있어 대륙성기후에 가까운 특성을 보이고 있다. 또한, 산맥의 정상부를 중심으로 한 산악지방은 산악기후의 특성을 가지고 있어 복잡한 기상 현상을 나타낸다.

영동지방은 산맥의 급경사면이 바다와 접해 있어 평야 지역은 거의 없으며, 해안선을 따라 좁고 길게 형성되어 있다.

지형적 여건에 따라 영동지방은 위도에 비하여 겨울철은 온난하고 여름철은 비교적 시원한 편이어서 연 기온의 교차가 적은 편에 속한다.

기온은 영동지방이 영서지방보다 2℃가량 높은 분포를 나타낸다.

강수량은 영동·영서지방의 평년값은 각각 2,058.5mm, 1,690.3mm로 영동(강릉, 속초, 삼척)이 영서(춘천, 원주, 철원)보다 약 370mm 많은 편이다.

겨울철과 봄철에 강풍 현상이 자주 있으며, 평균 풍속도 다른 지역에 비하여 강한 편이다. 겨울철에는 눈이 많이 내리는데 영동지역은 영서지방이나 서해안 지방보다 1, 2월에 많은 양의 눈이 내리고 북동기류 유입 시 더욱 많이 내린다.

(3) 강원특별자치도 관광지

강원특별자치도 관광지는 크게 자연공원, 관광단지, 관광지, 유원지, 마을관리 휴양지, 해변, 자연휴양림, 관광특구로 구분된다.

자연공원으로는 국립공원으로 설악산, 오대산, 치악산, 태백산으로 4개로 구분되며, 도립공원으로는 경포도립공원, 군립공원은 인제군의 아미산, 삼척시 대야리, 정선군 병방산으로 구분되며 3개의 군립공원을 보유하고 있다.

강원도 특별자치도 관광지

구분	자연 공원(㎢)				관광단지(㎢)	관광지(㎢)	유원지(㎢)	마을관리 휴양지(㎢)	해변(km)	자연 휴양림(ha)	관광 특구(㎢)
	계	국립	도립	군립							
개소	8	4	1	3	14	49	21	17	94	31	2
면적	961.37	952.388	1.689	7.293	65.454	23.770	10,551	2.187	-	53,378	566.368

※ 관광지 : 49개소(지정관광지 41개소(20.073㎢), 안보관광지 8개소(3.697㎢))

참고자료 : 2023년 강원관광 기본현황.

가. 강원도 대표 국립공원 설악산

1970년 우리나라에서 다섯 번째 국립공원으로 지정되었으며, 1965년 천연기념물로 지정되었다. 국제적으로도 그 보존 가치가 인정되어 1982년 유네스코로부터 생물권보전지역으로 지정 · 관리되고 있는 지역이다.

설악산국립공원의 총면적은 398.237㎢에 이르며 행정구역으로는 인제군과 고성군, 양양군과 속초시에 걸쳐 있으며 인제 방면은 내설악, 한계령~오색방면은

남설악, 그리고 속초시와 양양군 일부, 고성군으로 이루어진 동쪽은 외설악이라고 한다.

설악산은 주봉인 대청봉을 비롯하여 소청봉, 중청봉, 화채봉 등 30여 개의 높은 산봉우리가 웅장하게 펼쳐져 있다.

강원도 특별자치도 자연공원 현황

(단위 : ㎢)

구분	공원별	공원구역			용도지구별 면적					
		시군	면적	지정일자	자연보존지구	자연환경지구	자연마을지구	밀집마을지구	집단시설지구	문화유산지구
계	8개소		961.37		610.036	347.49	0.473	-	1.11	2.261
소계	4개소		952.388		603.987	344.812	0.313	-	1.015	2.261

국립공원	설악산	소계 속초 양양 인제 고성	398.237 67.243 69.155 241.443 20.396	'70.3.24.	335.683	61.339	-	-	0.113	1.102
	오대산	소계 홍천 평창 강릉	326.348 71.155 140.201 114.992	'75.2.1.	162.653	162.432	0.102	-	0.544	0.617
	치악산	소계 원주 영월 횡성	175.668 105.506 0.686 69.476	'84.12.31.	85.274	89.585	0.205	-	0.062	0.542
	태백산	소계 태백 영월 정선	52.135 51.173 0.105 0.857	'16.8.22.	20.377	31.456	0.006	-	0.296	-
소계	1개소		1.689		1.352	0.337	-	-	-	-
도립공원	경포	강릉	1.689	'82.6.26. ('16.12.20.)	1.352	0.337	-	-	-	-
소계	3개소		7.293		4.697	2.341	0.16	-	0.095	-
군립공원	아미산	인제	3.160	'90.2.23.	1.035	1.997	0.063	-	0.065	-
	대이리	삼척	3.664	'96.10.25.	3.538	0.085	0.011	-	0.03	-
	병방산	정선	0.469	'11.9.30. ('22.3.10.)	0.124	0.259	0.086	-	-	-

참고자료 : 2023년 강원관광 기본현황.

나. 2022년 강원도 관광단지 현황

강원도는 23년도 관광단지 14개이며, 관광지는 49개로 구분된다.

관광지(觀光地)는 관광의 가치가 있는 장소를 말한다.

외지인 및 외국인들이 많이 방문하는 만큼 곧 나라의 얼굴마담과도 같은 장소이기에 전국의 모든 장소를 통틀어서 최고 수준의 인프라를 자랑한다.

강원도 관광지는 41개소로 내용은 다음과 같다.

강원도 특별자치도 관광지 현황

시·도	지정개소	관광지명
강원 특별자치도	41개소	호반, 구곡폭포, 청평사, 간현, 옥계, 주문진, 연곡, 등명, 대관령 어흘리, 무릉계곡, 망상, 추암, 구문소, 속초해수욕장, 척산온천, 장호, 맹방, 삼척해수욕장, 초당, 팔봉산, 홍천온천, 어답산, 유현문화, 고씨동굴, 영월온천, 마차탄광문화촌, 미탄마하생태, 화암, 아우라지, 고석정, 직탕, 광덕계곡, 후곡약수터, 내설악 용대, 방동약수터, 오토테마파크, 송지호, 삼포 문암, 화진포, 오색,지경

참고자료 : 국가관광자원개발 통합정보시스템(www.tdss.kr) 참조

관광단지(觀光團地)는 관광객의 다양한 관광 및 휴양을 위하여 각종 관광시설을 종합적으로 개발하는 관광 거점지역으로서 관광진흥법에 따라 지정, 고시된 곳을 말한다. 관광단지는 개발 필요성, 타당성, 관광지의 구분기준, 관광개발 기본계획 및 권역별 관광개발계획에 적합한지 등을 종합적으로 검토하여 특별시장, 광역시장, 도지사가 지정한다.

강원도 특별자치도 관광단지 현황

시군	단지명	지정면적(㎢)	지정일자	비고
고성	델피노 골프앤리조트	0.900	'12.05.04.	㈜대명레저산업
속초	설악 한화리조트	1.332	'10.08.06.	한화호텔앤드리조트㈜
양양	양양국제공항	2.730	'15.12.23.	㈜새서울레저
원주	원주 오크밸리	11.349	'95.03.20.	한솔개발㈜
	원주 더네이처	1.444	'15.01.27.	경안개발㈜
	원주 루첸	2.644	'17.04.19.	㈜지프러스
춘천	신영	1.695	'10.02.25.	신영종합개발㈜
	라비에벨	4.843	'09.09.25.	코오롱글로벌㈜
평창	휘닉스파크	4.233	'98.10.01.	휘닉스중앙㈜
	평창 용평	15.770	'01.02.21.	㈜용평리조트
	대관령 알펜시아	4.836	'05.09.16.	강원도개발공사
홍천	비발디파크	7.052	'08.11.21.	㈜소노호텔앤드리조트
횡성	웰리힐리파크	4.830	'05.06.18.	신안종합리조트㈜
	드림마운틴	1.796	'16.03.15.	케이애드씨
계	14개소	65.454		

참고자료 : 국가관광자원개발 통합정보시스템(www.tdss.kr) 참조

2) 강원도 관광자원 현황

(1) 자연 및 인공자원

자연자원[自然資源] 이란 양식, 섬유, 건축자재, 광물, 동력자원, 수산자원, 수력 등을 말한다. 일반적으로 자연자원은 자연자질보다 협의의 개념이다.

자연자원은 토지이용이나 용도를 결정하는 데 영향을 미치는 요인들을 말한다.

“인공자연”은 “인공적인 자연”이라는 뜻으로, 인간이 만든 기술이나 예술작품 등이 자연적인 특성을 모방하거나 표현하는 것을 가리킨다.

이 용어는 주로 인간이 창조한 것이지만 자연의 원리나 특성을 모방하거나 표현하는 것을 말한다.

예를 들어, 인공자연은 가상 혹은 디지털 환경에서 자연의 모습이나 특성을 시뮬레이션하는 가상 현실(VR) 환경, 예술작품, 혹은 공공 공간 디자인 등에서 나타날 수 있다.

인간이 만든 것이지만 자연의 아름다움이나 조화를 모방하거나 표현함으로써 자연과의 연결을 강조하거나 새로운 경험을 제공하는 목적으로 사용될 수 있다.

강원특별자치도의 자연 및 인공자원 현황을 보면 산 84개, 폭포 76개, 계곡 123개, 유료낚시터 56개, 댐, 10개, 석호 13개 항 ·포구 58개, 온천 44개, 동굴 21개로 구분된다.

강원도 특별자치도 관광단지 현황

(단위 : 개소)

구분	산	폭포	계곡	유료낚시터	댐	석호	항·포구	온천	동굴
계	84	76	123	56	10	13	58	44	21
운영중	84	76	123	55	9	13	58	39	6
미운영	-	-	-	1 (운영중단)	1 (운영중단)	-	-	5	15 (미공개)

참고자료 : 2023년 강원관광 기본현황.

자연자원 분류 중 강원도 주요 산행지에 대해 알아보고, 시, 군 지역에 분포돼있는 자연자원 중 산에 대한 내역에 관해 자세히 알아보자.

산(주요 산행지)

시 군	개소수	내 역
춘천권	34	가리산(1,051m), 가칠봉(1,240m), 검봉산(530m), 공작산(887m), 광덕산(1,046m) 금병산(652m), 금학산(947m), 계방산(1,577m), 대학산(876m), 두류산(993m) 명성산(923m), 백암산(1,099m), 백운산(904m), 번암산(832m), 복계산(1,057m) 부용산(882m), 사명산(1,198m), 가칠봉(1,242m), 대우산(1,178m), 대암산(1,304m) 도솔산(1,147m), 비봉산(458m), 백석산(1,142m), 봉화산(875m), 삼악산(654m) 상해봉(933m), 아미산(961m), 오음산(930m), 오봉산(779m), 연엽산(850m) 용화산(878m), 화악산(1,468m), 회목봉(1,027m), 팔봉산(327m)
치악산권	20	백덕산(1,350m), 병무산(910m), 봉래산(800m), 사자산(1,181m), 석기암산(906m) 어답산(789m), 완택산(916m), 운무산(980m), 청태산(1,200m), 태기산(1,261m) 봉복산(1,230m), 태화산(1,027m)
강릉 태백권	25	가리왕산(1,561m), 금당산(1,173m), 노추산(1,322m), 능경봉(1,123m), 덕수산(1,000m) 덕항산(1,071m), 두위봉(1,466m), 두타산(1,353m), 민둥산(1,119m), 발왕산(1,458m) 박지산(1,394m), 백적산(1,141m), 보래봉(1,324m), 백석봉(1,170m), 백운산(883m) 삿갓봉(1,055m), 상정바위(1,006m), 응봉산(999m), 장군바위산(1,140m) 오대산 : 국립공원▷비로봉(1,563m), 노인봉(1,338m), 상왕봉(1,491m), 호령봉(1,561m), 황병산(1,407m), 두로봉(1,422m), 동대산(1,434m), 절구봉(1,045m), 청옥산(1,404m), 함백산(1,573m), 회령봉(1,309m) 태백산 : 국립공원 ▷천제단(1,561m), 장군봉(1,567m), 문수봉(1,517m)
설악산권	5	설악산 : 국립공원 ▷대청봉(1,708m), 화채봉(1,200m), 한계령(1,004m), 안산(1,430m), 마등령(1,327m), 저항령(1,430m), 대승령(1,210m), 가리봉(1,518m) 점봉산(1,424m), 고성산(291m), 방태산(1,444m)
계	84	

참고자료 : 강원도, 산림관리과

폭포·계곡

시군	폭포		계곡	
	개소	내역	개소	내역
계	76		123	
춘천권	13	• 춘천 : 구곡, 등선, 구성 • 홍천 : 가령, 칡소, 용소간 • 철원 : 삼부연, 직탕, 매월대 • 화천 : 선녀탕 • 양구 : 팔랑, 직연, 두타연	25	• 홍천 : 용소, 수타사, 서봉사, 물골안, 모래소, 살둔, 미약골, 을수골 • 철원 : 담터, 상해, 순담 • 화천 : 비수구미, 만산동, 광바위, 갈목, 삼일, 광덕, 가래울, 용담, 동촌 • 양구 : 웅진, 광치, 천미, 월명, 두무
치악권	5	• 치악산 : 세렴, 구룡 • 원주 : 두몽 • 횡성 : 봉명 • 영월 : 연하	20	• 치악산 : 구룡사, 금대리, 태종대, 관음사 • 원주 : 천은사, 용수골, 행구동산간, 백운 • 횡성 : 취석정, 병지방, 신대, 부곡, 대산, 소구니 • 영월 : 내리, 와석, 미사리, 칠랑이, 연하, 엄둔

강릉 태백권	24	• 오대산 : 구룡폭, 무릉, 구룡연, 금강연, 상팔담, 십자소, 연화담, 구곡담, 군자폭, 세심폭 • 동해 : 용추, 쌍, 박달, 산, 칠성, 관음, 중대 • 태백 : 삼형제, 비와야, 연화, 용혈 • 삼척 : 미인 • 정선 : 오장, 백석	37	• 오대산 : 소금강, 청학천, 은선, 구룡, 만물상, 상팔담, 안개자니 • 태백산 : 당골 • 강릉 : 보광천, 보현천, 단경골, 용연동, 부연천 • 동해 : 무릉 • 태백 : 금천, 금강골, 젖골 • 삼척 : 덕풍, 동활, 내평, 중봉, 하마읍 • 평창 : 흥정, 신기, 봉산, 수항, 막동, 금당, 뇌운, 원당, 기화, 수하, 장전 • 정선 : 숙암, 회동, 단곡, 항골
설악권	34	• 설악산 : 토왕성, 비룡, 육담, 대승, 옥녀탕, 독주, 설악, 용소, 천당, 양폭, 음폭, 십이선녀탕, 오련, 두문, 백암, 등선, 주전, 황장 • 속초 : 형제, 염주, 건폭, 칠선 • 인제 : 소승, 도적, 쌍폭, 백운, 실폭 • 양양 : 백암, 설악, 자연, 옥녀, 치마, 여심, 용소	41	• 설악산 : 천불동, 가야동, 수렴동, 구곡담, 백운동, 장수대, 노루목, 백담, 저항령, 주전골, 흑선동 • 고성 : 도원, 장신, 진부 • 인제 : 진동, 내린천, 미산, 하추리, 심적리, 남전, 추대, 구만동, 고원통, 서흥, 미시령, 사천리, 양지촌, 반월촌, 소재골, 필례 • 양양 : 용소골, 어성전, 둔전, 미천골, 주전, 공수전, 갈천, 송천, 서림, 오색, 법수치

참고자료 : 2023년 강원도 시,군 기본현황 재정리

석호

명칭	위치	면적(㎢)	최대수심(m)	출현어종	현재용도
화진포호	고성군 거진읍	2.031	3.6	빙어, 날망둑, 황어, 문절망둑, 전어, 흰발망둑, 두줄망둑, 날개망둑 등	관광
선유담	고성군 죽왕면	0.03	0.5	붕어, 잔가시고기, 미꾸리, 송사리, 미꾸라지, 떡붕어, 가물치 등	〃
송지호	고성군 죽왕면	0.536	3.8	은어, 빙어, 황어, 검정망둑, 날망둑, 붕어, 가시고기(멸Ⅱ) 등	〃
천진호	고성군 토성면	0.022	2.7	참붕어, 붕어, 불루길, 가물치, 미꾸리 등	〃
봉포호	고성군 토성면	0.02	2.5	블루길, 참붕어, 피라미, 미꾸리, 가물치, 긴몰개, 날망둑 등	〃
광포호	고성군 토성면	0.084	0.7	빙어, 황어, 꾹저구, 가시고기(멸Ⅱ), 문절망둑, 붕어, 잉어 등	〃
영랑호	속초시 영랑동	0.95	8	황어, 빙어, 흰발망둑, 피라미, 날망둑, 검정망둑, 전어 등	〃
청초호	속초시 청초동	0.829	7	황어, 문절망둑, 전어, 복섬, 잔가시고기, 흰발망둑 등	〃
쌍호	양양군 손양면	0.003	1 (늪지화)	참붕어, 황어, 붕어, 전어, 송사리, 피라미, 꾹저구, 검정망둑 등	〃

매호	양양군 현남면	0.152	3	황어, 가시고기(멸Ⅱ), 송사리, 빙어, 흰발망둑, 날망둑, 살치 등	〃
향호	강릉시 주문진읍	0.304	15	황어, 빙어, 흰발망둑, 검정망둑, 날망둑, 전어, 가시고기(멸Ⅱ) 등	〃
순포호	강릉시 사천면	0.007	1	송사리, 붕어, 참붕어, 황어, 뜨붕어, 잔가시고기, 날망둑 등	〃
경포호	강릉시 경포동	1.042	1	황어, 전어, 문절망둑, 멸치, 송사리, 숭어, 가시고기(멸Ⅱ) 등	〃
계	13개소	6.01			

참고자료 : 강원도 수질보존과

동굴

구분	시군	동굴명	위치	공개여부	비고
천연기념물	삼척	대이리동굴지대 (환선굴·대금굴)	신기면 대이리	공개	천연기념물
		초당굴	근덕면 금계리	미공개	천연기념물
	영월	고씨굴	김삿갓면 진별리	공개	천연기념물
	평창	백룡동굴	미탄면 마하리	공개	천연기념물
		섭동굴	평창읍 주진리	미공개	천연기념물
	정선	산호동굴	여량면 여량리	미공개	천연기념물
		용소동굴	화암면 백전리	미공개	천연기념물
		화암동굴	화암면 화암리	공개	천연기념물
기념물	강릉	동대굴	옥계면 산계리	미공개	기념물
		서대굴	옥계면 산계리	미공개	기념물
		옥계굴	옥계면 산계리	미공개	기념물
		비선굴	옥계면 산계리	미공개	기념물
	태백	용연굴	화전동	공개	기념물
		월둔동굴	원동	미공개	기념물
	삼척	저승굴	도계읍 한내리	미공개	기념물
		활기굴	미로면 활기리	미공개	기념물
	영월	연하동굴	영월읍 연하리	미공개	기념물
		대야동굴	김삿갓면 대야리	미공개	기념물
		용담굴	김삿갓면 진별리	미공개	기념물
	정선	비룡굴	정선읍 용탄리	미공개	기념물
기타	동해	천곡황금박쥐동굴	천곡동	공개	
합계		21개소 (공개 : 6개소, 미공개 : 15개소)			

참고자료 : 강원도, 수질보존과

(2) 문화자원(文化資源) 현황

가. 문화재(文化財) 현황

문화자원(文化資源)이란 특정 지역에서 발견되는 문화적 가치를 지닌 유·무형적인 자원. 유형과 무형의 문화재뿐만 아니라 민간신앙, 공동 행사 따위를 포괄하는 개념이다.

지역성과 전통성을 특징으로 하며 단시일 내에 생성할 수 있는 문화 자산과는 구별 지어 사용한다. "문화자원"은 어떤 지역이나 사회에서 발생하거나 유지되는 문화적인 요소나 자산을 가리키는 용어이다.

이는 특정 지역, 국가, 또는 공동체에서의 예술, 언어, 역사, 전통, 의식, 민속, 철학 등과 같은 다양한 문화적인 측면을 포함한다. 문화자원은 그 지역 또는 사회의 독특한 정체성과 아이덴티티를 형성하며, 지역의 고유한 특징과 가치를 나타낸다.

문화자원은 다양한 형태로 나타날 수 있다. 이는 고유한 전통 미술작품, 건축물, 유물, 전통 예술공연, 언어, 음악, 춤, 의식, 축제, 민속학적인 자료, 역사적인 유적지, 그리고 지역의 철학과 가치 체계 등을 포함할 수 있다.

문화자원은 일반적으로 보존과 활용이라는 두 가지 측면에서 관리된다.

보존은 문화유산을 유지하고 보호하는 것을 의미하며, 활용은 이러한 자원을 교육, 예술, 경제 등 다양한 분야에서 활동적으로 활용하는 것을 의미한다.

문화자원의 적절한 관리와 활용은 지역사회의 발전과 아이덴티티 형성에 기여할 수 있다. 문화재 [文化財]란 대상이 구현하는 정신적 가치와 시각적·음향적으로 표현하는 심미적 가치가 독특하고 주체성을 보존하는 중요한 매체를 말한다. 문화재는 넓은 의미에서 보면 눈에 보이는 물질적인 표현뿐만 아니라, 구전(口傳)·음악·인종학적인 유산·민속·법·습관·생활 양식 등 인종적 또는 국민적인 체질의 본질을 표현하는 모든 것을 포괄한다. 강원도 문화자원 중 첫 번째 문화재 중 국가지정문화재와 도지정문화재에 관해 알아보자.

18개 시, 군 속에는 어떠한 문화자원이 있는지 알아보자

강원특별자치도의 문화재는 701개가 있으며 문화재 국가지정 수는 210개 문화재 국가등록문화재 46개 도지정 296개 문화재자료 149개로 구분된다.

지역별 문화재

구분	총계	국가지정문화재								국가 등록 문화재	도지정문화재					문화재 자료
		소계	국보	보물	사적	천연 기념물	명승	국가 민속 문화재	국가 무형 문화재		소계	유형 문화재	기념물	무형 문화재	민속 문화재	
계	701	210	12	88	21	48	26	11	4	46	296	179	80	33	4	149
춘천	46	12	1	8	1	-	1	1	-	5	18	5	12	1	-	11
원주	85	23	2	13	4	3	-	-	1	8	39	28	5	6	-	15
강릉	133	38	1	21	3	6	4	1	2	2	57	38	13	6	-	36
동해	23	4	-	2	-	-	1	-	1	3	10	5	4	1	-	6
태백	14	4	-	-	-	2	1	1	-	4	4	1	2	-	1	2
속초	30	11	-	6	1	1	3	-	-	-	11	9	-	2	-	8
삼척	49	16	-	2	4	5	1	4	-	4	19	9	8	1	1	10
홍천	41	12	-	11	-	1	-	-	-	2	17	10	6	1	-	10
횡성	19	1	-	-	-	1	-	-	-	2	13	10	1	2	-	3
영월	42	14	-	2	3	5	4	-	-	-	19	12	6	1	-	9
평창	73	16	5	6	1	3	-	1	-	1	44	35	4	5	-	12
정선	21	11	1	-	-	9	-	1	-	-	8	3	3	1	1	2
철원	22	4	1	1	-	2	-	-	-	8	8	1	6	1	-	2
화천	11	2	-	1	-	1	-	-	-	3	5	2	2	-	1	1
양구	8	2	-	-	-	2	-	-	-	-	3	1	1	1	-	3
인제	17	11	-	4	1	1	5	-	-	1	2	-	2	-	-	3
고성	19	5	-	2	1	-	-	2	-	3	6	2	2	2	-	5
양양	41	17	1	9	2	2	3	-	-	-	13	8	3	2	-	11
도일원	7	7	-	-	-	4	3	-	-	-	-	-	-	-	-	-

참고자료 : 강원도 문화유산과, 18개 시,군

국가 지정 문화재

구분	명칭
국보 (12)	• 춘천 : 한송사지 석조보살좌상 • 원주 : 법천사지 지광국사 탑비, 초조본 대방광불화엄경 주본 권36 • 강릉 : 임영관 삼문 • 평창 : 상원사 동종, 월정사 팔각구층석탑, 월정사 석조보살좌상, 상원사 목조문수동자좌상, 상원사 중창권선문 • 정선 : 정선 정암사 수마노탑 • 철원 : 도피안사 철조비로자나불좌상 • 양양 : 진전사지 삼층석탑

<table>
<tr><td>보 물
(88)</td><td>• 춘천 : 근화동 당간지주, 춘천칠층석탑, 청평사 회전문, 유숙 초상 및 관련 교지, 허목초상, 동제 염거화상탑지, 전 회양 장연리 금동관음보살좌상, 원주학성동 철조약사여래좌상
• 원주 : 진공대사 탑비, 흥법사지 삼층석탑, 거돈사지 삼층석탑, 거돈사지 원공국사 탑비, 제왕운기, 묘법연화경권1~3, 초조본대방광불화엄경주본권30, 대방광불화엄경 진본 권38, 상교정본자비도량참법권1~5, 법집별행록절요병입사기, 집주금강반야바라밀경권하, 불조삼경, 원주강원감영선화당
• 강릉 : 한송사지 석조보살좌상, 대창리 당간지주, 수문리 당간지주, 신복사지 석조보살좌상, 흥법사지 굴산사지 승탑, 굴산사지 당간지주, 신복사지삼층석탑, 오죽헌, 해운정, 보현사 낭원대사탑, 보현사 낭원대사 탑비, 강릉향교 대성전, 이이 수고본 격몽요결, 문무잡과방목, 명안공주 관련유물, 황기로 초서-이군옥시, 경포대, 강릉향교 명륜당, 강릉향교 동무·서무·전랑, 강릉 보현사 목조문수보살좌상, 강릉 칠사당
• 동해 : 삼화사 삼층석탑, 삼화사 철조노사나불좌상
• 속초 : 향성사지 삼층석탑, 신흥사 목조아미타여래삼존좌상, 신흥사 목조지상보살삼존상, 신흥사 극락보전, 제진언집 목판, 신흥사 영산회상도
• 삼척 : 죽서루, 조선왕조의궤
• 홍천 : 희망리 삼층석탑, 희망리 당간지주, 괘석리 사사자 삼층석탑, 물걸리 석조여래좌상, 물걸리 석조비로자나불좌상, 물걸리 석조대좌, 물걸리 석조대좌 및 광배, 물걸리 삼층석탑, 수타사 동종, 홍진호성공신교서, 월인석보권17~18
• 영월 : 흥녕사지 징효대사탑비, 창절사
• 평창 : 평창 상원사 목조문수동자좌상 복장유물, 월정사 팔각구층석탑 사리장엄구, 평창 상원사 목조문수보살좌상 및 복장유물, 평창 상원사 목조문수보살좌상 복장전적, 원주 구룡사 삼장보살도, 평창 오대산 중대 적멸보궁
• 철원 : 도피안사 삼층석탑
• 화천 : 계성리 석등
• 인제 : 백담사 목조아미타불좌상 및 복장유물, 한계사지 남 삼층석탑, 한계사지 북 삼층석탑, 봉정암 오층석탑
• 고성 : 건봉사 능파교, 육송정 홍교
• 양양 : 진전사지 도의선사탑, 선림원지 삼층석탑, 선림원지 석등, 선림원지 홍각선사탑비, 선림원지 승탑, 오색리 삼층석탑, 낙산사 칠층석탑, 낙산사 건칠관음보살좌상, 낙산사 해수관음공중사리탑·비 및 사리장엄구 일괄</td></tr>
<tr><td>사 적
(21)</td><td>• 춘천 : 신매리 유적
• 원주 : 거돈사지, 강원감영, 영원산성, 법천사지
• 강릉 : 대도호부 관아, 굴산사지, 초당동 유적
• 속초 : 조양동 유적
• 삼척 : 두타산 이승휴유적, 준경묘 · 영경묘, 삼척 도호부 관아지, 흥전리사지
• 영월 : 장릉, 정양산성, 영월부 관아
• 평창 : 오대산 사고
• 인제 : 인제 한계산성
• 고성 : 문암리 유적
• 양양 : 오산리 유적, 낙산사 일원</td></tr>
<tr><td>천 연
기념물
(48)</td><td>• 원주 : 원성 성남리 성황림, 반계리 은행나무, 원성 대안리 느티나무
• 강릉 : 장덕리 은행나무, 정동진 해안단구, 산계리 굴참나무군, 오죽헌 율곡매, 방동리 무궁화, 현내리 고욤나무
• 태백 : 장성 오르도비스기 화석산지, 구문소 오르도비스기 지층과 제4기 하식지형</td></tr>
</table>

	• 속초 : 설악동 소나무 • 삼척 : 도계리 긴잎느티나무, 대이리동굴지대, 초당굴, 갈전리 당숲, 궁촌리 음나무 • 홍천 : 광원리 삼봉약수 • 횡성 : 압곡리 백로와 왜가리 번식지 • 영월 : 하송리 은행나무, 고씨굴, 청령포 관음송, 문곡리 건열구조 및 스토로마톨라이트, 무릉리 요선암 돌개구멍 • 평창 : 백룡동굴, 운교리 밤나무, 섭동굴 • 정선 : 정암사 열목어서식지, 반론산 철쭉나무 및 분취류 자생지, 두위봉 주목, 백복령 카르스트지대, 산호동굴, 용소동굴, 정선 봉양리 쥐라기역암, 정선 화암동굴, 정선 봉양리 뽕나무 • 철원 : 철원 철새 도래지, 한탄강 대교천현무암협곡 • 화천 : 황쏘가리 서식지 • 양구 : 산양, 개느삼 자생지 • 인제 : 미산리 개인약수 • 양양 : 포매리 백로와 왜가리 번식지, 오색리 오색약수 • 도일원 : 울산 귀신고래회유해면, 설악산 천연보호구역, 대암산·대우산 천연보호구역, 향로봉·건봉산 천연보호구역
명 승 (26)	• 춘천 : 청평사 고려선원 • 강릉 : 청학동 소금강, 대관령 옛길, 용연계곡 일원, 경포대와 경포호 • 동해 : 무릉계곡 • 태백 : 검룡소 • 속초 : 설악산 비룡폭포 계곡 일원, 토왕성폭포, 비선대와 천불동계곡 일원 • 삼척 : 죽서루와 오십천 • 영월 : 어라연 일원, 청령포, 한반도지형, 선돌 • 인제 : 설악산 대승폭포, 십이선녀탕 일원, 수렴동·구곡담계곡 일원, 용아장성, 내설악 만경대 • 양양 : 낙산사 의상대와 홍련암, 구룡령 옛길, 하조대 • 도일원 : 설악산 울산바위, 설악산 공룡능선, 백운산 칠족령
국가민속 문화재 (11)	• 춘천 : 청풍부원군 상여 • 강릉 : 강릉 선교장 • 태백 : 태백산 천제단 • 삼척 : 신리 너와집과 민속유물, 대이리 너와집, 대이리 통방아, 대이리 굴피집 • 평창 : 세조대의 회장저고리 • 정선 : 외제 이단하 내외옷 • 고성 : 어명기 고택, 왕곡마을
국가무형 문화재 (4)	• 원주 : 나전장 • 강릉 : 강릉농악, 강릉 단오제 • 동해 : 삼화사 수륙재
계	210개

참고자료 : 강원도 문화유산과, 18개 시,군

국가 등록 문화재

구분	명칭
국가등록 문화재	• 춘천 : 죽림동 주교좌성당, 강원도지사 구 관사, 소양로성당, 구 영원한 도움의 성모수녀회, 윤희순 의병가사집 • 원주 : 원주역 급수탑, 원동성당, 흥업성당 대안리공소, 구 조선식산은행 원주지점, 구 반곡역사, 원주 기독교 의료 선교 사택, 원주 육민관고등학교 창육관, 원주 제1야전군사령부 구청사 • 강릉 : 임당동성당, 선교장 소장 태극기 • 동해 : 동해 구 상수시설, 구 삼척개발 사택과 합숙소, 동해 북평성당 • 태백 : 철암역두 선탄시설, 장성□중교, 구 태백등기소, 태백경찰서 망루 • 삼척 : 도계역 급수탑, 성내동성당, 구 도경리역, 구 하고사리역사 • 홍천 : 구 홍천군청, 홍천성당 • 횡성 : 풍수원성당 구사제관, 횡성성당 • 평창 : 한암스님 가사 • 철원 : 노동당사, 구 철원 제일교회, 얼음창고, 농산물검사소, 승일교, 금강산 전기철도교량, 구 철원 제2금융조합 건물터, 수도국터급수탑 • 화천 : 인민군사령부 막사, 수력발전소, 꺼먹다리 • 인제 : 인제성당 • 고성 : 고성 합축교, 고성 최동북단 감시초소(GP), 고성 구 간성기선점 반석
계	46개

참고자료 : 강원도 문화유산과, 18개 시,군

도지정 문화재

구분	명칭
유 형 문화재 (179)	• 춘천 : 위봉문, 조양루, 서상리 삼층석탑, 춘천향교, 장절공 신숭겸 신도비 • 원주 : 강원감영 포정루, 일산동 석불좌상, 일산동오층석탑, 상원사지 석탑 및 광배, 용운사지 석조비로자나불좌상, 용운사지 삼층석탑, 봉산동 당간지주, 태장 왕녀복란태실비, 봉산동석조보살입상, 봉산동 석불좌상, 비두리 귀부 및 이수, 보문사 청석탑, 김두한 가옥, 용소막성당, 흥양리 마애불좌상, 수암리 마애삼존불상, 평장리 마애공양보살상, 매지리 석조보살입상, 구룡사 보광루, 고판화박물관소장 안심사판제진언집·덕주사 판불설아미타경·용천사판 불설아미타경·안심사판 옥추경, 구룡사 목조관음좌상과 복장유물, 원주 이서우초상, 금중 교문도, 조종영 묘 출토 유물일괄, 원주향교 • 강릉 : 향현사, 이씨 분재기, 율곡유품, 신사임당 초충도병, 매창매화도 및 옥산국화도첩, 옥산서병, 방내리 삼층석탑, 등명사지 오층석탑, 계련당, 신사임당 초서병풍, 송담서원, 오봉서원, 임경당, 오성정, 방해정, 상임경당, 화부산사, 황산사, 경양사, 호해정, 수리골 고택, 오금집, 추산고택, 만성고택, 조수환 가옥, 강릉향교, 회암영당 주희영정, 보광리 석조여래좌상, 관음리 오층석탑, 박중신 문과급제교지, 난설헌시집 목판초간본, 송라사 석조약사여래좌상, 청학사 소장 석조관음보살상 및 복장유물, 관음사 소장 목조관음보살좌상, 관음사소장 동종, 보현사 석조아미타삼존불과 복장유물, 해운정역방록, 보현사 대웅보전 • 동해 : 동해 해암정, 용산서원 학규현판, 심의관 고택, 김진사 고택, 삼화사 소장 덕주사본 천지명양수륙재의찬요 • 태백 : 장명사 목불좌상 • 속초 : 신흥사 목판, 김종우가옥, 신흥사 보제루, 신흥사 금고, 신흥사 동종, 신흥사 안양암 아미타

	회상도, 신흥사 명부전, 보광사 목조지장보살좌상과 복장유물, 신흥사 시왕도 • 삼척 : 척주동해비 및 평수토찬비, 교수당, 영은사 대웅보전, 영은사 팔상전, 삼성헌 고택, 삼척향교, 흥전리 삼층석탑재, 천은사 목조아미타삼존불좌상, 봉황산 미륵삼불 • 홍천 : 수타사 대적광전, 수타사 소조사천왕상, 수타사 영산회상도, 수타사 지장시왕도, 동해 지상사 철불좌상, 수타사 흥회루, 수타사 목조관음보살좌상과 복장유물, 수타사 괘불, 노동서원 최충 초상, 노동서원 최유선 초상 • 횡성 : 중금리 삼층석탑, 상동리 석불좌상, 상동리 삼층석탑, 읍하리 석불좌상, 읍하리 삼층석탑, 신대리 삼층석탑, 육절려, 풍수원 천주교회, 문정공 조충 지석, 김관 영정 • 영월 : 자규루 및 관풍헌, 창절사('23. 3. 3. 지정해제), 영모전, 징효국사부도, 법흥사 부도, 무릉리 마애여래좌상, 영월향교, 법흥사 석분, 정종대왕 태실 및 태실비, 서곡정사 석조약사여래입상, 만봉불화박물관 소장 시왕도 초본과 사자도 초본, 보덕사목조아미타삼존불좌상 • 평창 : 탑동 삼층석탑, 월정사 육수관음상, 팔만대장경, 평창향교, 삼척 영은사 괘불, 영원사 목불좌상 및 복장유물, 월정사 북대 고운암 목조석가여래좌상 및 복장유물, 운흥사 목조아미타불좌상 및 복장유물, 용다사 동종, 영원사 비로자나후불탱화, 영원사 감로탱화, 구룡사 삼장탱화 및 복장유물, 운수암 관음변상탱화, 운흥사 천룡탱화, 보덕사 사성전 후불탱화 및 복장유물, 영은사 범일국사진영, 영은사 사명당대선사진영, 삼척 천은사 금동약사여래입상, 월정사 중대 사자암 목조비로자나불좌상, 월정사 남대 지장암 목조지장삼존불감, 월정사 북대 고운암 목조미륵보살좌상, 상원사 문수전 목조제석천왕상, 상원사 문수전 목조동자상, 상원사 영산전 석가삼존십육나한상 및 권속, 삼척 지장암 목조지장보살좌상과 복장유물, 삼척 영은사 석가삼존도와 복장유물, 강릉 보현사 십육나한도, 강릉 백운사소장 현왕도, 삼척 영은사 석가여래회도, 오대산 중대 석가여래회도, 오대산 중대 신중도, 영월 보덕사 지장시왕도, 삼척 영은사 불연, 원주 구룡사 삼전패, 월정사 전패 • 정선 : 수고당 고택, 상유재 고택, 강릉부삼산봉표 • 철원 : 요동백김응하장군묘비 • 화천 : 위라리 칠층석탑, 성불사지 석불입상 • 양구 : 심곡사 목조아미타삼존불좌상 및 복장유물 • 고성 : 청간정, 극락암 선종영가집(언해) • 양양 : 낙산사 홍예문, 낙산사 담장, 의상대, 명주사 동종, 김택준가옥, ㅁ두형가옥, 영혈사 아미타불도, 양양휴휴암 소장 관동빈흥록
기념물 (80)	• 춘천 : 혈거유지, 천전리 지석묘군, 삼악산, 중도 적석총, 김청풍부원군묘역, 신장절공묘역, 봉의산성, 만천리 백로 및 왜가리 번식지, 증리 고분군, 신매리 석실고분, 청평사지, 의암 유인석 묘역 • 원주 : 학곡리 황장금표, 운곡 원천석 묘역, 조엄 묘역, 칠봉서원지, 원주석남사지 • 강릉 : 용지, 명주군 왕릉, 하시동 고분군, 대공산성, 운산리 은행나무, 동대굴, 서대굴, 옥계굴, 비선굴, 영진리 고분군, 옥천동 은행나무, 보광리 분청자 요지, 고려성 • 동해 : 어달산 봉수대, 송정동 철기시대유적, 이로동 기와가마터, 삼화동 고려고분 • 태백 : 용연굴, 월둔동굴 • 삼척 : 교가리 느티나무, 실직군왕릉, 저승굴, 활기굴, 늑구리 은행나무, 숙암리 고분군, 공양왕릉, 안의리 모과나무 • 홍천 : 풍암리 동학혁명군 전적지, 물걸리사지, 군업리 지석묘군, 동창보 수로 및 암각명, 명개리 열목어 서식지, 한서 남궁억 묘역 • 횡성 : 둔내 철기시대 주거지유적 • 영월 : 흥령선원지, 용담굴, 연하동굴, 대야동굴, 창령사지, 세달사지 • 평창 : 수항리사지, 대관령 성황사 및 산신각, 노산성, 우통수 • 정선 : 비룡굴, 고성리 산성, 송계리 산성 및 고분군

	• 철원 : 고석정 및 순담, 철원 지석묘군, 철원 갈말읍 토성, 충렬사지, 성산성, 철원향교지 • 화천 : 화음동정사지, 용암리 선사유적 • 양구 : 고대리 지석묘군 • 인제 : 한계사지, 동경대전 간행터 • 고성 : 화진포, 건봉사지 • 양양 : 진전사지, 선림원지, 동해신묘지
무형 문화재 (33)	• 춘천 : 춘천필장 • 원주 : 칠정제장, 칠장, 나전칠기장, 생칠장, 원주 매지농악, 원주 한지장 • 강릉 : 강릉학산오독떼기, 강릉 사천하평답교놀이, 방짜수저장, 강릉 갈골과줄, 불교목조각장, 전통자수장 • 동해 : 동해 망상농악 • 속초 : 속초도문농요, 속초사자놀이 • 삼척 : 삼척기줄다리기 • 홍천 : 홍천겨리농경문화 • 횡성 : 횡성회다지소리, 전통자기도공 • 영월 : 영월 단종제례 • 평창 : 평창 둔전평농악, 평창 황병산 사냥민속, 대목장, 월정사 탑돌이, 평창 방림삼베민속 • 정선 : 정선아리랑 • 철원 : 철원상노리지경다지기 • 양구 : 양구돌산령지게놀이 • 고성 : 각자장, 고성 어로요 • 양양 : 양양 수동골상여소리, 양양 상복골농요
민속 문화재 (4)	• 태백 : 태백산 석장승 • 삼척 : 홍서대 • 정선 : 백전리 물레방아 • 화천 : 성불사지 석장승
계	296개

참고자료 : 강원도 문화유산과, 18개 시,군

강원도 문화재 자료

구분	명칭
강원도 문화재 자료 (149)	• 춘천 : 소양정, 청평사 삼층석탑, 월송리 삼층석탑, 삼악산성지, 최재근가옥, 민성기가옥, 김정은가옥, 방동리 고구려고분, 김정 묘역 문인석, 한백록 묘역 및 정문, 보타사 소장 목조관음보살좌상과 복장유물 • 원주 : 상원사 대웅전, 입석사 석탑, 법천사지 당간지주, 김제남 신도비, 주포리 미륵불 및 삼층석탑, 흥법사지, 원주향교, 부흥사지 석탑재, 평장리 석조불두, 원충갑 묘역, 고판화박물관소장 만연사중간진언집·불정심다라니경·예념미타도장참법, 구룡사 아미타설법도, 구룡사 금고 • 강릉 : 강릉 귀부·석불입상·옥천동 석탑재, 금란정, 보진당, 굴산사지 석불좌상, 산계리 석탑, 금강산성, 강릉 비석군, 강릉 효자리비, 연곡고분, 동은 고택, 운파 고택, 회계 고택, 김윤기가옥, 초당동 고택, 모학당 고택, 반송댁, 서지 조진사댁, 최선평가옥, 박치규가옥, 조철현가옥, 시호고택, 함대식가옥, 산계리 금옥계 방역사적비 및 종선비, 강릉 최씨 동원군 종택, 용연사 석탑, 용연사 석조

	관음보살 좌상, 청학사 소장 청동불입상, 청동보살입상, 청학사 소장 석불좌상·광배 및 중대석, 보현사 소조보살좌상, 강릉 오죽헌·박물관 임영족회첩·미타계첩, 경락첩, 강릉 보현사 부도군 • 동해 : 부곡 지석묘, 용산서원 전적류 일괄, 신재공 심동로 신도비, 삼화사 소장 갑사본 천지명양 수륙재의찬요, 향운암 소장 천지명양수륙잡문·법계성범수륙승회수재의궤 • 태백 : 본적사지 삼층석탑재, 유일사 소장 지장보살도 초본 • 속초 : 신흥사, 김근수 가옥, 신흥사 부도군, 노학동 삼층석탑, 매곡 오윤환선생 생가, 신흥사 칠성도, 신흥사 청동시루, 보광사 현왕도 • 삼척 : 고천리 고택, 소공대비, 신흥사 설선당 및 심검당, 역둔리철비, 산양서원묘정비, 박걸남 묘역, 고천리 석불좌상, 임원리 석불입상, 삼척부 관청문서, 삼척 향교석물 일괄 • 홍천 : 양덕원 삼층석탑, 수타사 삼층석탑, 괘석리 삼층석탑, 장남리 삼층석탑, 진리석불, 수타사 홍우당 부도, 홍천 철비, 풍암리 고택, 홍천향교, 원천군 변수영정 • 횡성 : 태종대, 운암정, 횡성향교 • 영월 : 보덕사 극락보전, 금강정, 금몽암, 민충사, 주천 삼층석탑, 요선정, 북쌍리 고택, 창원리 고택, 보덕사 해우소 • 평창 : 유동리 오층석탑, 월정사 부도군, 지동봉가옥, 대하리 전통가옥, 오대산 중대불량문, 오대산 중대불량계원수복문, 보덕사 석조여래좌상, 월정사 밀부, 오대산사고등록, 상원사 목조문수보살좌상 복장유물, 월정사 삼전패, 오대산 중대 소종 • 정선 : 정암사 적멸보궁, 정선향교 • 철원 : 동송읍 마애석불, 이호민 선정비 • 화천 : 화천향교 • 양구 : 공수리 지석묘군, 고대리 2지구 지석묘군, 해안 선사유적 • 인제 : 상동리 삼층석탑 및 석불좌상, 인제향교, 갑둔리 오층석탑 외 주변탑재 1식 • 고성 : 건봉사 불이문, 이덕균 가옥, 함정균 가옥, 간성향교, 화암사 • 양양 : 낙산사 홍련암, 김성래 가옥, 조규승 가옥, 양양향교, 명주사 부도군, 서림사지 석조 비로자나불좌상, 서림사지 삼층석탑, 기구회첩, 양양 휴휴암 소장 개간비밀교, 불설대부모은중경, 지장보살본원경

참고자료 : 강원도 문화유산과, 18개 시,군

나. 박물관 현황

강원도에는 다양한 박물관이 있으며, 이들은 지역의 역사, 문화, 예술 등을 소개하는 역할을 하고 있다. 국립박물관 3개, 공립박물관 46개, 공립박물관 46개, 대학박물관을 4개가 있다.

가) 국립춘천박물관(Chuncheon Museum) : 강원도를 대표하는 박물관으로 2002년 10월 30일 개관하였으며, 강원도의 역사와 문화를 조명하는 전시와 학술조사를 실시하며 지역사회와 연계하여 사업을 개최하고 있다.

복합문화공간으로 신기술 융합콘텐츠 전시실, 야외정원, 어린이박물관 등을 활용하여 디지털, 전시품, 장연을 접목한 복합문화공간으로 조성되어 있다.

나) 국립산악박물관 : 산림청은 세계적인 산악 강국인 우리나라 등산 역사, 문화와 등반기록 등을 재조명하고자 하였다. 우리나라 산에 대한 자긍심을 고취하고, 산악문화를 대중화하기 위하여 2014년 국립산악박물관을 건립하였다.

국내 유일한 전문 산악박물관 건립을 통하여 등산역사, 문화사료 보존과, 산악문화 유산의 전승 및 산악문화 향유의 역할을 하게 되었다.

상설전시실에서는 제1전시실 "등반의 역사"를 관람할 수 있다.

우리나라 근대 등반의 역사를 다룬 공간입니다. 백두산, 금강산, 설악산, 북한산, 지리산, 한라산에 대한 기록을 역사서에서 찾아볼 수 있을 뿐만 아니라 근대 등반의 여명기(1929~1944), 개척기(1945~1959)를 지나 2000년대까지 산악의 역사를 주요 기록과 장비를 통해 만날 수 있다.

다) 강원경찰박물관 : 우리 국립경찰은 조국 광복의 환희와 격동의 와중에서 정부수립의 터전을 마련하였다. 건국 경찰로 6.25전란 시에는 구국의 역군으로 조국을 수호하고, 민주국가의 기반을 다져온 호국 민주 경찰로서의 자주국가 건설과 경제 발전에 밑거름이 되었다. 이에 경찰의 모든 발자취를 한데 모아 강원 경찰의 변천과 발전상을 한눈에 보고 느낄 수 있도록 전문가의 의견을 들어 강원경찰박물관을 개관하게 되었다.

박물관 현황

구분	명칭
국립(3)	국립춘천박물관, 국립산악박물관, 강원경찰박물관
공립(46)	강원도산림박물관, 애니메이션박물관, 춘천막국수체험박물관, 춘천인형극박물관, 의암 류인석기념관, 원주역사박물관, 대관령박물관, 오죽헌시립박물관, 숲사랑(산불방지)홍보관, 허균·허난설헌기념관, 김시습기념관, 태백석탄박물관, 태백고생대자연사박물관, 속초시립박물관, 삼척시립박물관, 어촌민속 전시관, 황영조기념관, 홍천박물관, 마리소리골악기박물관, 동강사진박물관, 단종역사관, 난고김삿갓문학관, 별마로천문대, 영월동굴생태관, 강원도탄광문화촌, 동강생태정보센터, 영월Y파크(술샘박물관), 라디오스타박물관, 정선향토박물관, 정선아리랑박물관, 화천박물관, 파로호안보전시관, 양구선사박물관, 양구백자박물관, 양구근현대사박물관, 양구인문학박물관, 팔랑민속박물관, 인제산촌민속박물관, 여초김응현서예관, 한국시집박물관, 박인환문학관, 강원도DMW박물관, 화진포역사안보전시관, 6.25 전쟁체험기념관, 화진포생태박물관, 오산리선사유적박물관
대학(5)	강원대학교박물관, 한림대학교박물관, 연세대학교원주박물관, 강릉원주대학교박물관, 가톨릭관동대학교박물관
합계	58개소

참고문헌 : 강원도 관광정책과, 문화예술과, 18개 시·군

다. 미술관 현황

강원도에는 다양한 미술관이 있으며, 이들은 지역의 역사, 문화, 예술 등을 소개하는 역할을 하고 있다. 공립미술관 4개가 있다

공립미술관 현황

구분	명칭	소재지	면적(㎡)	소장유물
공립(4)	강릉시립미술관	강릉시 임영로 219-7	917	미술작품 및 도서자료 47점
	양구군립 박수근미술관	양구군 양구읍 박수근로 265-15	3,548	박수근 작품 등 948점
	내설악예술인촌 공공미술관	인제군 북면 예술인촌길 66-12	255	미술작품 129점
	진부령미술관	고성군 간성읍 진부령로 663	964	미술작품 등 354점 (유화 6, 판화 24, 기증작 39, 사진 285)
합계	4개소			

참고문헌 : 강원도 관광정책과, 문화예술과, 18개 시·군

(3) 산업적 관광자원 현황

가. 산업적 관광자원

농업 · 임업 · 수산업 · 공업 · 상업 등 일국의 각종 산업시설을 말하며, 이를 대상으로 하는 관광을 산업적 관광이라고 한다.

강원도는 다양한 산업적 관광자원을 보유하고 있다. 이 중에서 대표적인 몇 가지 자원은 다음과 같다.

가) 양양 속초 해변 및 동해안 관광지 : 속초의 청렴한 해변과 동해안 지역은 해양 관광 및 수상 스포츠에 적합한 자원을 제공하며, 강원도만의 독특한 자연경관과 문화적 매력으로 관광객들에게 사랑받고 있다. 또한, 강원도 동해안 지역은 아름다운 해안선과 풍부한 어촌 문화를 체험할 수 있는 장소로 알려져 있다.

나) 강원랜드, 알펜시아 리조트 및 휘닉스파크 : 강원도를 대표하는 대표적인 리조트는 각각 고급 호텔, 스키장, 골프장, 워터파크 등을 갖추고 있어 휴양과 스포츠 관광을 즐길 수 있는 명소로 알려져 있다.

다) 평창 올림픽 설산지구 : 2018년 동계올림픽이 개최된 지역으로, 올림픽 경기장과 관련 시설들이 남아 있어 체육 관광 및 스포츠 이벤트 개최를 위한 인프라가 갖추어져 있다.

라) 강원도 산림 자원 : 강원도는 푸른 산과 울창한 산림 지역이 특징이다. 자연 친화적인 활동인 등산, 트레킹, 자전거 여행 등을 통해 산림 자원을 체험할 수 있다.

마) 강원도의 역사적인 명소 : 강원도에는 고려 시대 유적지인 오대산 월정사와 청령포 등 역사적인 명소들이 있어 문화와 역사에 관심 있는 관광객을 끌어있다.

이러한 다양한 산업적 관광자원을 활용하여 강원도는 국내외 관광객들에게 다양하고 풍부한 경험을 제공하고 있다.

나. 산업적 관광자원 활성화 방안

강원도는 자연경관과 다양한 산업자원을 보유하고 있어 산업적 관광 분야에서 많은 가능성을 가지고 있다. 여러 산업적 관광자원과 그에 따른 활성화 방안은 다음과 같다.

가) 자연경관과 관련된 활성화 : 산악 관광 및 스포츠 활성화 : 강원도는 많은 산이 있어 등산, 스키, 스노우보드 등의 스포츠와 관련된 활동이 가능하다. 이를 통해 체험형 관광을 강화하고 관련 시설을 개선할 수 있다.

나) 해변 및 호수, 강 관련된 장원 활성화 : 동해안을 기반으로 속초의 청렴한 해변, MZ 세대의 성지가 된 양양 하조대해수욕장, 춘천의 소양강 등을 활용하여 수상 스포츠와 관련된 산업을 육성할 수 있다.

다) 문화적 자원을 활용한 관광 : 전통문화체험 프로그램으로 강원도는 풍부한 전통문화를 가지고 있다.

18개 시 · 군지역의 전통 음식 체험, 로컬 체험, 전통예술 공연 등을 통해 관광객에게 다양한 문화 경험을 제공할 수 있다.

또한, 18개 시 · 군지역에서 개최되는 축제 및 이벤트 개최를 통해 지역특산물을 활용한 축제 및 이벤트를 개최하여 지역 경제 활성화와 함께 문화적 교류를 촉진할 수 있다.

라) 산업발전과 연계된 관광 활성화 : 산업시설 투어를 통해 강원도만의 다양한 산업 분야에서 주목받는 기업들이 있다. 이들 기업을 방문할 수 있는 투어 프로그램을 개선하고 홍보함으로써 산업관광을 활성화할 수 있다.

마) 산림 체험 및 교육으로 강원도는 풍부한 산림 자원을 보유하고 있다. : 산림 체험 및 교육 프로그램을 통해 자연환경 보존에 관심을 높일 수 있다.

이러한 방안들을 통해 강원도는 다양한 강점을 활용하여 산업적 관광 분야에서 더욱 발전할 수 있을 것이다.

다. 이벤트 축제 자원 현황

강원도는 한국의 동북 지역에 위치한 지방으로, 그 지역 특유의 아름다운 자연환경과 풍부한 문화적 전통을 가지고 있다.

매년 축제종류별로 123개의 축제가 개최되며, 관광특산물축제 32개, 문화예술 축제 28개 전통민속 13개 생태자연축제 26개 기타 축제 24개가 개최된다.

18개 시, 군에는 매년 다양한 축제가 개최되며 지역의 특징과 차별화를 통해 자연과 문화를 즐길 수 있는 다양한 축제가 개최된다.

강원도에서 대표적으로 열리는 축제는 세계 겨울의 7대 불가사의, 세계 4대 겨울축제로 문화체육관광부가 선정한 대한민국을 대표하는 문화관광축제인 얼음나라 화천산천어축제가 있다.

문화·축제 현황

구분	축제명
춘천시(10)	춘천마임축제, 춘천 토이페스티벌, 춘천막국수닭갈비축제, 봄내예술제, 정월대보름, 어린이 책축제, 어린이 대축제, 춘천인형극제, 소양강 문화제, 춘천 술페스타
원주시(15)	한지문화제, 장미축제, 용수골꽃양귀비축제, 남한강축제, 치악산 찰옥수수 축제, 치악산 복숭아축제, 섬강축제, 치악산 왕발걸음 축제, 원주 댄싱카니발, 원주 삼토페스티벌, 원주시 평생학습축제, 원주 독서대전, 치악산한우축제, 반계리 은행나무축제
강릉시(11)	경포벚꽃잔치, 개두릅잔치, 강릉단오제, 경포수제맥주축제, 경포썸머페스티벌, 주문진해수욕장페스티벌, 제2회 강릉와인축제, 주문진 오징어잡이 축제, 강릉커피축제, 제2회 강릉누들축제, 강릉 해맞이축제
홍천군(5)	총천강꽁꽁축제, 홍천산나물축제, 홍천찰옥수수축제, 홍천강별빛음악맥주축제, 강원홍천인삼·한우명품축제
횡성군(9)	횡성회다지소리축제, 동횡성 네덜란드꽃축제, 횡성호수길축제, 둔내 고랭지토마토축제, 소(牛)맥프리미엄페스티벌, 태종노구문화제, 안흥찐빵축제, 횡성한우축제
영월군(4)	단종문화제, 동강뗏목축제, 동강국제사진제, 김삿갓문화제
평창군(7)	평창 더위사냥축제, 계촌마을 클래식거리축제, 평창 효석문화제, 평창 백일홍축제, 평창 농악축제, 평창 송어축제, 대관령 눈꽃축제
정선군(10)	정선 동강 할미꽃 축제, 정선토속음식축제, 화암약수제, 두위봉 철쭉축제, 사북석탄문화제, 아우라지뗏목축제, 함백산 야생화축제, 정선아리랑제, 민둥산은빛억새축제, 고성산성문화제
철원군(6)	철원 한탄강 얼음트레킹축제, DMZ 피스트레인 뮤직페스티벌, 철원 화강 다슬기 축제, 철원 DMZ 평화 꽃송이 축제, 철원오대쌀축제, 태봉제
화천군(3)	산천어축제, 물의나라화천쪽배축제, 토마토축제
양구군(4)	곰취축제, 국토정중앙 양구 배꼽축제, 양록제, 청춘양구 펀치볼 시래기 사과축제

인제군(4)	빙어축제, 용대황태축제, 인제가을꽃축제, 합강문화제
고성군(6)	해맞이 축제, 삼포해변 서핑축제, 해안선 레저스포츠 페스티벌, 고성군민의 날 및 수성문화제, 고성통일 명태축제, 관동별곡송강 전국고교생 문학대전
양양군(3)	양양문화제, 양양송이축제, 양양연어축제
도(8)	강원연극제, 강원민족예술 한마당, 평창대관령 음악제, 강원예술제, 강원민족예술제, 국악축전 강원풍류, 강원미술대전, 강원사진대전
계	123개

참고자료 : 강원도 관광정책과, 문화예술과, 18개 시·군

라. 위락관광자원

오늘날 자연경관과 문화 및 사회관광자원을 중심으로 한 관광의 형태는 트렌드 변화에 따라 자아실현과 삶의 질 향상을 위한 차원에서 관광객이 적극적이고 동적인 관광행태로 변화하고 있다.

위락관광자원은 인간이 인위적으로 개발한 관광자원을 말하며, 대표적인 위락관광자원은 리조트이다.

외국인 전용 카지노는 1967년 인천 올림포스 카지노 개설을 시작으로 2005년 신규 허가 3개소를 포함하여 2023년 말 기준으로 전국에 17개 업체가 운영중에 있으며, 지역별로는 서울 3개소, 부산 2개소, 인천 1개소, 강원 2개소, 대구 1개소, 제주 8개소이다. 내국인 출입 카지노는 강원랜드 카지노 1개소가 운영 중이다. 강원도에 SMS 강원랜드호텔 & 카지노와 알펜시아 카지노가 운영 중이다. 인천에 인스파이어 카지노 호텔이 23년 12월 말 개관 예정이다.

강원랜드의 특징은 폐광지역개발지원에 관한 특별법을 근거로 설립된 강원랜드는 석탄산업의 사양화로 낙후된 폐광지역의 경제를 진흥시켜 지역 간의 균형 있는 발전과 폐광지역 주민의 소득증대 도모를 위해 노력하고 있다.

국내 17개의 카지노 중 유일하게 내국인 출입이 가능한 카지노를 운영 중이다. 공공부문 사업주도로 이루어져 공공부문의 주식이 51%로 이루어져 있다. 국민소득향상과 선진형 관광/레저를 통한 휴식 및 여가활동의 급증으로 국내 관광수요는 계속 증가할 것이며, 항공·해상 교통을 이용한 외국인 관광객의 방문도 잇따를 것입니다. 강원랜드는 천혜의 관광자원 및 주변 지역에 계획 개발되고 있는 관광사업과 연계하여 우리나라 관광의 중심지로 발전하고 있다.

카지노

업체명	대표자	호텔등급	소재지	시설	
				면적(㎡)	게임기
강원랜드호텔 & 카지노	㈜강원랜드 이삼걸	특1등급	정선군 사북읍 하이원길 265	6,448.4	룰렛 등 7종 (1,060점)
알펜시아카지노	㈜코자나 심양보	특1등급	평창군 대관령면 솔봉로 325	689.51	룰렛 등 8종 (57점)

휴양 콘도미니엄

시군	업체명
춘천(2)	엘스위트강촌 휴양콘도미니엄, 라비에벨 콘도1차(빌라듄스)
원주(5)	HDC리조트(South), HDC리조트(A, B), HDC리조트(North), HDC리조트(C동), HDC리조트(D동)
강릉(3)	경포산장, 라카이샌드파인, 썬크루즈호텔&리조트
동해(1)	망상오토캠핑리조트
태백(1)	오투(O2)리조트
속초(9)	설악파인리조트, 신세계영랑호리조트, 한화호텔앤드리조트(쏘라노), 한화호텔앤드리조트(별관), 현대수콘도미니엄, 연호콘도, 금호설악콘도, 더클래스300 콘도미니엄, 롯데리조트 속초
삼척(2)	씨스포빌콘도, 쏠비치리조트삼척
홍천(8)	소노벨 타워 C 비발디파크, 소노벨 타워 B 비발디파크, 소노벨 타워 D 비발디파크, 소노펠리체 비발디파크, 소노벨 타워 A 비발디파크, 소노펠리체빌리지 A~D 비발티파크, 소노펠리체빌리지 E~H 비발티파크, 소노펠리체빌리지 I~O 비발티파크
횡성(4)	신안종합리조트 타워형휴양콘도미니엄, 알프스대영 골프빌리지, 횡성 서초휴양소, 웰리힐리CC 페어웨이빌라(히든힐스)
영월(2)	동강시스타, 재단법인 산림힐링재단
평창(16)	휘닉스파크1차콘도미니엄, 용평1차 콘도, 용평2차 콘도(빌라, 타워), 용평3차 콘도(버치힐), 용평4차 콘도(그린피아), 용평4-2차 콘도(베르데힐), 용평5차 콘도(포레스트, 단독형), 용평5-2차 콘도(포레스트, 연립형), 용평버치힐레지던스 콘도, 한화호텔&리조트 평창한화콘도, 노블스윙콘도미니엄, 알펜시아타운(빌리지1차), 홀리데이인스위트, 알펜시아 에스테이트, 아이원리조트, 용평4-3차 아폴리스 콘도
정선(4)	하이원리조트, 메이힐스리조트, 하이캐슬리조트, 파크로쉬 리조트
인제(1)	스피디움콘도
고성(14)	일성설악콘도, ㈜포유리조트, 소노문 델피노, 소노캄리조트 델피노, 소노펠리체빌리지 델피노, 소노펠리체 델피노, 설악썬밸리, 금강산콘도, 이랜드파크 켄싱턴이조트 설악밸리 1차, 이랜드파크 켄싱턴리조트 설악밸리, 이랜드파크 켄싱턴리조트 설악비치, 오션투유, 아이파크콘도, 파인리즈빌라
양양(2)	쏠비치 리조트 양양, 설해원(설해스테이, 마운틴스테이)
계	74개소

참고문헌 : 강원도 관광정책과, 18개 시·군

02. 여행사 및 관련 기관상품

1) 강원도 관광사업체 현황

강원도는 대한민국 동북쪽에 위치한 지역으로, 아름다운 자연경관과 다양한 관광명소를 보유하고 있다.

여행객들에게 다양한 활동과 즐길 거리를 제공하고 있으며, 강원도의 대표 여행상품과 관광지를 소개하는 여행업은 23년 현재 종합여행업 강원도 127개, 국내외여행업, 230개, 국내여행업 217개로 총 517개가 운영중에 있다.

강원도의 대표 여행사들은 인·아웃바운드를 중심으로 여행상품을 기획하고 운영중에 있다.

강원특별자치도에는 여럿 유명한 관광지들이 존재한다. 남이섬을 비롯하여 통일전망대, 소양강댐, 정동진등 사람들이 많이 찾는 관광지들이 존재한다.

평창군에는 평창군에서 태어난 소설가인 이효석을 기리는 이효석 문학관 등이 있다. 또한, 동해안을 끼고 있는 특징으로 인해 경포해수욕장 등 여러 해수욕장이 분포하고 있다.

또한, 정선에는 내국인용 카지노인 강원랜드가 위치해 있다.

대표상품으로는 강원도 횡성에 위치한 삼양목장은 넓은 초원과 양떼가 자유롭게 뛰어놀고 있는 모습이 인상적이다. 목장에서는 양털공예 체험 등 다양한 활동이 가능하다.

매년 해돋이 명소로 떠오르는 강릉은 동해안에 위치하고 있어 해돋이 명소로 유명하다. 중앙해변과 주문진해변은 특히 일출이 아름다운 곳으로 알려져 있다.

정동진은 동해 바다와 만나는 지점으로, 유명한 바닷가 열차가 운행되고 있다. 파도 소리를 들으며 열차를 타면서 아름다운 풍경을 감상할 수 있다.

강원도의 대표적인 산인 설악산은 등산객뿐만 아니라 자연을 즐기는 이들에게 인기가 많다. 대표적인 코스로는 석양이 아름다운 대청봉이 있다.

이외 18개 시, 군의 음식들은 산악지대나 고원지대가 많다 보니, 감자, 메밀 등으로 만든 음식들이 즐비하다.

강원도 관광사업체 현황

구분			강원도	춘천시	원주시	강릉시	동해시	태백시	속초시	삼척시	홍천군	횡성군
여행업	종합여행업		127	29	24	29	3	1	3	3	7	2
	국내외여행업		230	34	74	37	17	4	10	7	6	4
	국내여행업		217	20	35	41	16	7	6	9	9	5
	소계		574	83	133	107	36	12	19	19	22	11
관광숙박업	호텔업	관광호텔업	46	3	5	8	4	2	7	1	1	-
		수상관광호텔업	-	-	-	-	-	-	-	-	-	-
		한국전통호텔업	1	-	-	-	-	-	-	-	-	-
		가족호텔업	15	1	-	2	1	-	3	-	3	-
		호스텔업	57	3	-	23	8	2	8	2	-	-
		소형호텔업	7	1	-	2	-	1	2	-	-	-
		의료관광호텔업	-	-	-	-	-	-	-	-	-	-
	휴양콘도미니엄업		74	2	5	3	1	1	9	2	8	4
	소계		200	10	10	38	14	6	29	5	12	4
관광객이용시설업	전문휴양업		16	1	1	3	-	-	-	-	1	1
	종합휴양업	제1종	5	2	-	-	-	-	1	-	1	-
		제2종	2	-	-	-	-	-	-	-	-	-
	야영장업	일반야영장업	548	44	29	20	3	1	2	16	72	47
		자동차야영장업	98	6	9	8	4	3	1	4	16	2
	관광유람선업	일반관광유람선업	2	-	-	1	-	-	1	-	-	-
		크루즈업	-	-	-	-	-	-	-	-	-	-
	관광공연장업		2	1	-	-	-	-	1	-	-	-
	외국인관광도시민박업		111	28	-	68	4	2	6	3	-	-
	한옥체험업		59	4	-	24	4	1	-	1	5	1
	소계		843	86	39	124	15	7	12	24	95	51
회의업	국제회의시설업		3	-	-	-	-	-	-	-	-	-
	국제회의기획업		21	9	7	2	-	-	-	-	-	-
	소계		24	9	7	2	-	-	-	-	-	-
카지노업			2	-	-	-	-	-	-	-	-	-
유원시설업	종합유원시설업		11	2	-	-	-	-	2	1	1	1
	일반유원시설업		43	5	3	2	2	5	2	1	3	3
	기타유원시설업		106	11	24	11	6	1	7	5	5	11
	소계		160	18	27	13	8	6	11	7	9	15
관광편의시설업	관광유흥음식점업		1	-	-	-	-	-	-	-	-	-
	관광극장유흥업		4	2	-	1	-	1	-	-	-	-
	외국인전용유흥음식점업		3	-	-	1	1	-	1	-	-	-
	관광식당업		31	6	7	4	2	-	6	-	1	1
	관광순환버스업		12	1	1	-	-	3	-	4	-	-
	관광사진업		-	-	-	-	-	-	-	-	-	-
	여객자동차터미널시설업		-	-	-	-	-	-	-	-	-	-
	관광펜션업		104	6	4	12	-	-	2	4	29	2
	관광궤도업		7	1	-	-	-	2	1	2	-	-
	관광면세업		21	-	-	-	21	-	-	-	-	-
	관광지원서비스업		28	4	1	4	-	1	15	-	-	-
	소계		211	20	13	22	24	5	25	10	30	3
총계			2,014	226	229	306	97	38	96	65	168	84

구분			강원도	영월군	평창군	정선군	철원군	화천군	양구군	인제군	고성군	양양군
여행업	종합여행업		127	1	10	3	1	-	2	2	3	4
	국내외여행업		230	5	5	11	5	2	1	5	3	-
	국내여행업		217	9	14	18	6	1	2	10	6	3
	소계		574	15	29	32	12	3	5	17	12	7
관광숙박업	호텔업	관광호텔업	46	-	6	3	1	-	1	1	-	3
		수상관광호텔업	-	-	-	-	-	-	-	-	-	-
		한국전통호텔업	1	-	1	-	-	-	-	-	-	-
		가족호텔업	15	-	1	2	-	-	-	-	1	1
		호스텔업	57	-	-	1	-	-	2	-	-	8
		소형호텔업	7	-	-	-	-	-	-	-	1	-
		의료관광호텔업	-	-	-	-	-	-	-	-	-	-
	휴양콘도미니엄업		74	2	16	4	-	-	-	1	14	2
	소계		200	2	24	10	1	-	3	2	16	14
관광객이용시설업	전문휴양업		16	-	2	4	-	-	-	1	1	1
	종합휴양업	제1종	5	-	-	-	-	-	-	1	-	-
		제2종	2	-	2	-	-	-	-	-	-	-
	야영장업	일반야영장업	548	115	38	27	10	17	9	49	5	44
		자동차야영장업	98	11	1	-	4	2	2	4	12	9
	관광유람선업	일반관광유람선업	2	-	-	-	-	-	-	-	-	-
		크루즈업	-	-	-	-	-	-	-	-	-	-
	관광공연장업		2	-	-	-	-	-	-	-	-	-
	외국인관광도시민박업		111	-	-	-	-	-	-	-	-	-
	한옥체험업		59	2	1	1	-	2	-	2	9	2
	소계		843	128	44	32	14	21	11	57	27	56
회의업	국제회의시설업		3	-	2	1	-	-	-	-	-	-
	국제회의기획업		21	-	3	-	-	-	-	-	-	-
	소계		24	-	5	1	-	-	-	-	-	-
카지노업			2	-	1	1	-	-	-	-	-	-
유원시설업	종합유원시설업		11	-	3	1	-	-	-	-	-	-
	일반유원시설업		43	-	7	4	-	-	-	2	3	1
	기타유원시설업		106	-	11	2	5	-	2	2	3	-
	소계		160	-	21	7	5	-	2	4	6	1
관광편의시설업	관광유흥음식점업		1	-	-	-	-	-	-	-	1	-
	관광극장유흥업		4	-	-	-	-	-	-	-	-	-
	외국인전용유흥음식점업		3	-	-	-	-	-	-	-	-	-
	관광식당업		31	-	2	1	-	-	-	-	1	-
	관광순환버스업		12	-	1	2	-	-	-	-	-	-
	관광사진업		-	-	-	-	-	-	-	-	-	-
	여객자동차터미널시설업		-	-	-	-	-	-	-	-	-	-
	관광펜션업		104	1	8	4	4	2	1	4	7	14
	관광궤도업		7	-	-	1	-	-	-	-	-	-
	관광면세업		21	-	-	-	-	-	-	-	-	-
	관광지원서비스업		28	-	1	-	-	-	-	-	-	2
	소계		211	1	12	8	4	2	1	4	9	16
총계			2,014	146	136	91	36	26	22	84	70	94

03. 강원도 미래 관광상품 변화 및 개발

1) 강원도 미래 관광상품개발 방안

(1) 강원도 관광상품개발 방안 : 1안

강원도 미래 관광 상품 변화 및 개발은 다양한 요인에 의해 영향을 받을 수 있다. 강원도의 미래 관광 상품 변화 및 개발에 대한 일반적인 고려 사항은 다음과 같을 수 있다.

가. 지역특산물과 지역 문화자원 활용 방안

강원도의 특산물과 문화자원을 활용하여 지역만의 독특하고 매력적인 관광 상품을 개발할 수 있다. 지역특산물을 활용한 체험형 관광, 전통문화체험 프로그램 등이 그 예시이다.

강원도의 지역특산물과 문화자원을 활용한 관광 상품개발은 지역의 독특한 매력을 강조하고 방문객들에게 다양한 체험을 제공하는데 기여할 수 있다.

여러 방안 중 일부는 다음과 같다.

첫째는 음식 관광을 활용한 횡성한우와 춘천 닭갈비 체험프로그램이다.

횡성 한우와 춘천 닭갈비는 강원도의 대표적인 특산물 중 하나이다.

관광객들에게는 횡성 지역의 소 농장이나 닭갈비 체험 프로그램을 운영하여 직접 참여하고 이들 특산물의 생산 과정을 경험할 수 있도록 한다.

나. 속초 및 주문진 해산물 체험이다.

동해안은 자연경관으로 동해바닷가가 유명하며, 현지에서 잡힌 해산물을 활용한 체험 프로그램도 제공할 수 있다.

다. 강원도 전통 음식 체험이다.

강원도의 다양한 전통 음식을 소개하고 체험할 수 있는 요리 수업 체험이나 음식 투어를 통해 상품경쟁력을 향상시킬 수 있다.

관광객은 지역 특색 있는 맛을 직접 만들어 볼 수 있다.

라. 로컬 전통문화 체험이다.

지역의 로컬 체험으로 강릉시 선교장이나 허균, 허난설헌 생가터, 오죽헌 등 지역 명사와 함께하는 프로그램을 기획하고 로컬 전통문화 체험마을에서 전통 의상 착용, 전통공예 체험, 농촌 생활 체험 등을 제공하여 관광객들이 한국의 로컬 전통문화에 대한 깊은 이해를 얻을 수 있도록 한다.

마. 태백 석탄광 체험 및 운탄고도길 트래킹이다.

강원도에는 많은 역사적인 장소가 있다. 태백의 석탄광은 그중 하나로, 이곳에서 역사 체험 프로그램을 운영하여 지역의 산업발전 과정을 소개한다.

과거에 석탄을 나르던 길이었기 때문에 운탄고도라는 이름이 붙여진 장소를 통한 트래킹이다.

운탄고도 1330이라고 숫자를 붙여 홍보하고 있는데, 1330은 운탄고도 구간에서 가장 높은 곳이 만항재인데, 만항재의 해발 고도가 1330m이기 때문이다. 만항재는 한국에서, 일반인이 자동차로 올라갈 수 있는 가장 높은 위치하고 있다.

바. 강원도 산림욕 체험이다

강원도의 풍부한 자연환경을 활용하여 산림욕 체험을 제공이다.

숲속 트레킹, 숲속 요가, 자연 소리 체험 등을 통해 관광객들에게 힐링과 휴식의 기회를 제공한다.

이러한 지역특산물과 문화자원을 활용한 체험프로그램은 관광객들에게 특별한 기억을 남기고 지역 경제에도 도움을 주는 효과를 기대할 수 있다.

(2) 강원도 관광상품개발 방안 : 2안

강원도는 대한민국 북동부에 위치하고 있으며, 풍부한 자연경관과 자원을 가지고 있다. 자연을 활용한 액티비티, 에코 투어, 트래킹코스 등을 개발하여 관광객들에게 다양한 경험을 제공할 수 있다.

가. 강원도 생태관광상품 개발이다.

자연 생태계를 보존하면서 관광지로 개발하여 생태체험, 생태해설 프로그램을 운영하는 방안이다.

생태 보전을 위한 교육 프로그램도 마련하여 지속 가능한 생태관광을 유도하여 강원도 자연경관 활용 방안이다.

나. 자연 친화적 숙박시설 육성 방안이다.

환경을 고려한 에코 로지지나 친환경적인 숙박시설을 육성하여 지속 가능한 관광 인프라를 확보하여 숲속 캠프, 힐링 리조트 등을 개발하여 도심에서 벗어나 평온한 휴식공간을 제공하는 상품화 방안이다.

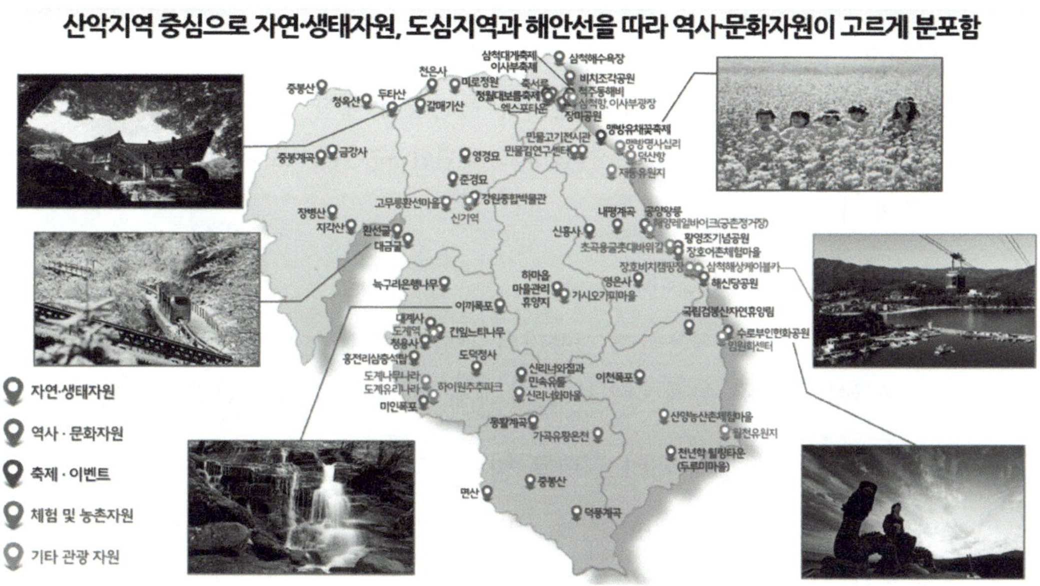

▌삼척시 자연경관 활용 방안 예시▐

참고자료 : 삼척관광 종합개발 5개년 계획(삼척시. 2022년)

(3) 강원도 관광상품개발 방안 : 3

강원도 관광개발 3안은 디지털 온라인 관광상품 기술 활용 방안이다.

디지털 기술을 활용하여 스마트 관광 서비스를 개발하고, 온라인으로 관광상품을 홍보하는 등의 디지털 전략을 구축할 수 있다.

강원도의 디지털 온라인 관광상품을 개발하고 활성화하기 위해 다양한 기술을 활용할 수 있다. 디지털 기술을 활용한 강원도의 온라인 관광상품 개발 방안이다.

가. 가상현실(VR) 및 증강현실(AR) 체험 상품개발이다.

강원도의 아름다운 자연경관을 가상현실이나 증강현실을 통해 온라인으로 체험할 수 있는 가상 투어를 개발 전략이다.

이를 통해 지역의 아름다움을 직접 경험하고 미래 관광객들에게 미리 소개할 수 있다.

나. 360도 영상 및 드론 촬영 방안 활용이다

360도 영상과 드론을 활용하여 관광명소나 자연경관을 고품질로 촬영하여 온라인으로 제공이다. 이를 통해 온라인으로도 실제로 그곳을 다녀온 듯한 느낌을 제공할 수 있다.

다. 인터랙티브 콘텐츠와 체험 프로그램 개발이다.

웹사이트나 앱을 통해 강원도의 문화와 특산물에 대한 인터랙티브한 콘텐츠를 제공이다. 사용자들이 직접 참여하면서 학습하고 체험할 수 있는 프로그램을 개발하여 참여도를 높일 수 있다.

라. 스마트 가이드 서비스이다.

인공지능(AI) 기술을 활용하여 사용자의 취향과 관심사에 맞는 맞춤형 여행 가이드 서비스를 제공이다. 이를 통해 강원도를 더 효율적으로 탐험하고 관광지를 발견할 수 있다.

마. 온라인 예약 및 결제 서비스 활용 방안이다.

온라인 예약 시스템과 편리한 결제 서비스를 도입하여 숙박, 음식점, 액티비티 등을 간편하게 예약하고 결제할 수 있는 플랫폼 제공이다.

바. 소셜 미디어 마케팅 및 커뮤니티 구축 활용 방안이다.

소셜 미디어 플랫폼을 적극적으로 활용하여 강원도의 관광 정보를 홍보하고 여행 경험을 공유하는 커뮤니티를 구축이 필요하다.

사. 빅데이터 분석을 통한 개인화 서비스 방안이다.

사용자들의 이용 패턴과 피드백을 수집하고 분석하여 빅데이터를 활용해 개인화된 여행 플랜 및 추천 서비스를 제공한다.

이러한 디지털 기술들을 효과적으로 활용하여 온라인 관광상품을 발전시켜, 미래에는 더 많은 관광객들을 유치하고 지역 경제에 기여할 수 있을 것이다.

아. 18개 시·군 지역 연계협력과 네트워킹 활성화 방안이다.

18개 시 · 군 지역과의 협력을 강화하고 관광 네트워크를 구축하여, 관광객들이 여러 지역을 동시에 체험할 수 있는 상품을 개발할 수 있다.

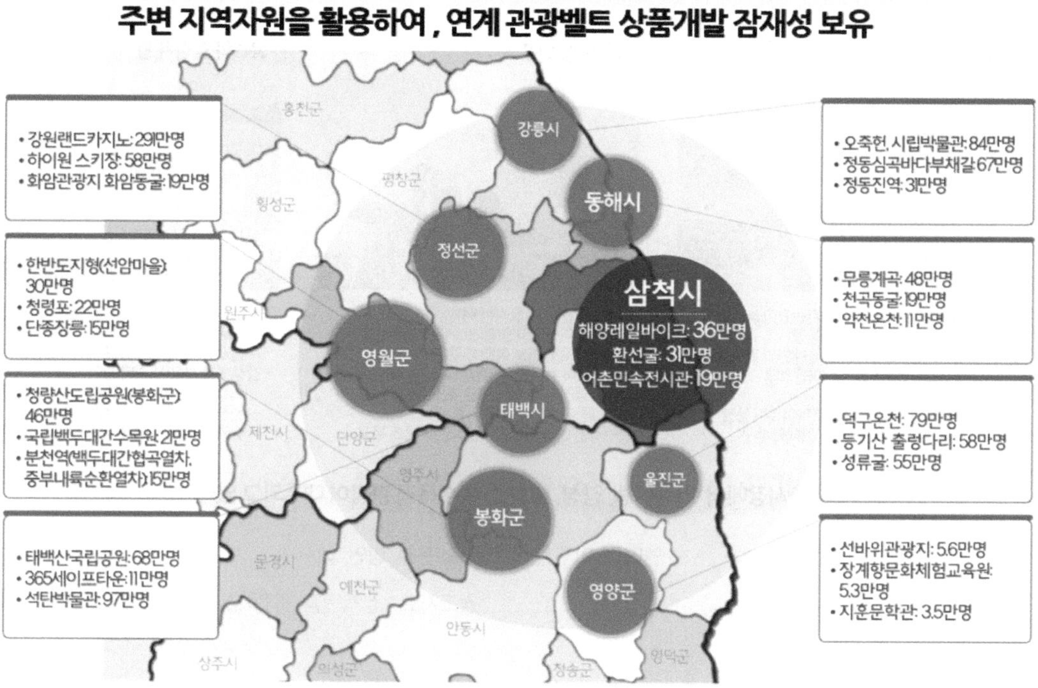

▌삼척시 연계관광벨트 활용 방안 예시▐

참고자료 : 삼척관광 종합개발 5개년 계획(삼척시. 2022년)

자. 다양한 수요층 고려한 상품개발 방안이다.

가족, 커플, 친구, 단체 등 다양한 수요층을 고려한 관광상품을 개발하여 다양한 고객층을 유치할 수 있다.

맞춤형 체험 프로그램 개발로 다양한 취향과 관심을 고려한 맞춤형 체험 프로그램을 개발하여 개별 여행자들이 원하는 경험을 할 수 있도록 한다.

로컬 가이드와 협력으로 지역 주민이나 전문적인 가이드와 협력하여 개별 여행자에게 더 심층적이고 로컬 특화된 정보를 제공한다.

가이드와의 연계를 통해 지역 문화와 역사에 대한 풍부한 이해를 제공하며 예를 들어,

자연 탐험, 문화 체험, 레저 활동 등 다양한 옵션을 제공한다.

가족 여행 활성화 방안으로 가족 단위로 참여할 수 있는 다양한 체험 프로그램을 개발한다. 가족들이 함께 즐길 수 있는 액티비티, 워크샵, 가족 놀이공원 등을 지역 컨텐츠 자원을 활용하여 체류 기간을 연장할 수 있는 방안을 모색한다.

▮ 엔데믹 이후 관광트렌드 분석 방안 예시 ▮

참고자료 : 삼척관광 종합개발 5개년 계획(삼척시. 2022년)

지속 가능한 관광 모델을 고려하여 자연과 문화 자원을 보전하면서도 지역 경제에 기여할 수 있는 상품을 개발할 수 있습니다.

이러한 고려 사항들을 토대로 현지 지자체, 기업, 단체 등이 협력하여 지속적으로 관광 상품을 발전시키고 발굴해 나갈 수 있을 것입니다. 최신 정보는 현지 관광 당국이나 지방 정부의 공식 보고서, 뉴스 등을 통해 확인할 수 있습니다.

04. 강원도 문화관광해설사 지역 콘텐츠 및 해설사항

1) 강원도 문화관광 해설사 지역 콘텐츠

(1) 문화관광해설사 정의

문화관광해설사란 '해당 지역을 방문한 관광객들의 이해와 감상, 체험기회를 제고하기 위하여 역사, 문화, 예술, 자연 등 관광자원 전반에 대한 전문적인 해설을 제공하는 자원봉사자로 정의한다.

가. 문화관광해설사 역할

역사, 문화, 예술, 자연 등 해당 활동지역의 문화관광자원에 대한 전문적인 지식을 관광객의 눈높이에 맞춰서 전달 방문목적, 관심 분야, 연령 등 다양한 관광객의 관광 욕구를 만족시키기 위함이다.

가벼운 이야기 위주의 여흥적 해설로부터 해당 활동지역의 역사, 문화, 자연자원에 대한 전문적 해설 제공하여 관광 정보를 생산 및 확산시킨다.

해당 지역을 방문한 관광객들의 재방문을 유도하며, 새로운 관광수요를 창출하는 역할 담당 관광객들의 바람직한 관람 및 탐방 예절과 건전한 관광문화 활동을 유도한다.

지역 문화재를 비롯해 주변 환경을 보호 및 해당 활동지역의 문화관광 홍보대사와 유사한 역할을 수행한다.

나. 문화관광해설사 이용

전국 문화관광해설 서비스는 문화관광해설사 통합예약 사이트를 통해 무료로 예약할 수 있다.

(2) 강원도 문화관광해설사 지역 콘텐츠

18개 시, 군 대표콘텐츠를 기반으로 하나씩만 선정하였다.

가. 고성군 : 통일전망대

우리나라 최북단 DMZ로 가는 길, 그곳에서 통일전망대를 만날 수 있다. 통일전망대는 북한 땅을 가장 가까이서 볼 수 있는 곳으로 높이 70m 언덕에 조성되어 있다.

금강산에서 가장 아름답다는 외금강 자락과 동쪽으로 줄기를 뻗어 아홉 신선이 바둑을 두었다는 구선봉, '바다의 금강' 해금강을 볼 수 있고, 여기에 신록으로 뒤덮인 산과 청량한 바다가 멋들어진 풍광을 빚어낸다.

나. 속초시 : 영랑호

영랑호는 둘레 7.8km 면적 1.21㎢, 수심 8.5m 자연호수이다.

신라의 화랑 '영랑'이 벗들과 금강산으로 수행을 다녀오다가 호수의 아름다움에 반해 오래 머물며 풍류를 즐겼다 해서 붙여진 이름이다.

화랑이 자신의 본분을 잊고 오래 머무른 만큼이나 호수의 경관이 뛰어난 곳으로 예전부터 사람들의 발길이 이어지고 있다.

영랑호수윗길은 영랑호 물 위를 걸으며 호수 위의 경관과 울산바위의 뛰어난 정경을 감상할 수 있다.

호수 위를 걸으며 속초의 자연을 듬뿍 느낄 수 있다.

다. 양양군 : 낙산사

동해를 바라보며 기원의 빛을 보내는 해수 사찰이자 관음사찰로 명성 높은 낙산사는 1,300년 전 의상대사가 관세음보살의 진신사리를 모셔 만들었다.

사찰로 관동지방의 절경으로 이름난 오봉산 자락에 자리 잡고 푸른 동해 바다를 바라보는 모습으로 유명하다. 진실한 사람들의 소망과 기원을 받아준다는 관세음보살의 신통함으로 우리나라 최고의 기원 사찰로도 이름이 높다.

라. 강릉시 : 오죽헌

오죽헌시립박물관은 오죽헌과 박물관으로 구분되며, 율곡 이이 선생과 그의 어머니 신사임당이 태어난 곳인 오죽헌에 두 분의 유훈을 계승하고 있다.

율곡 선생의 유품과 신사임당을 비롯한 사임당 일가의 예술 작품들이 전시되어 있다. 이외에도 다양한 전시와 문화 교육, 학술문화 활동을 진행하며 전통문화도시인 '강릉'의 대표 관광지로 자리매김해 왔다.

마. 동해시 : 추암촛대바위

애국가 첫 소절의 배경화면으로 등장하는 유명한 각종 기암괴석이 조화를 이루는 촛대바위, 전국 최고의 해돋이 명소이다.

한국관광공사의 겨울철 가볼 만한 곳 10대 명소, 한국인이 꼭 가봐야 할 국내 관광지 100선에 선정되기도 했다.

추암촛대바위 주변에는 형제바위, 기암괴석, 해암정 등의 볼거리가 있다.

추암해변에는 추암오토캠핑장이 위치하며 아침에는 촛대바위와 기암괴석 사이의 일출을 보며 이색적인 캠핑을 할 수 있는 곳이다.

추암해변 일대에 조성되어 있는 공원인 추암근린공원에는 관광객들을 위한 조각 전시장과 야외무대 및 휴게시설 등이 있다.

바. 삼척시 : 촉석루

창건자와 연대는 미상이나 [동안거사집]에 의하면, 원종 7년(1266) 이승휴가 안집사 진자후와 서루(西樓)에 올라 시를 남겼다는 내용으로 보아 죽서루는 적어도 1266년 이전에 건립된 것으로 볼 수 있다.

태종 3년(1403) 부사 김효손이 옛 터에 중창하였으며, 이후 오늘에 이르기까지 수십 차례에 걸쳐 중수되거나 단청되었으며, 증축되었다.

죽서루는 '누의 동쪽에 죽림(竹林)이 있었고 죽림 속에 죽장사(竹藏寺)가 있었다.'라는 데서 명명되었으며, '죽서루 동편에 죽죽선녀의 유희소가 있었다.'라는 데서 유래한다는 설도 전한다.

누각의 전면에 게시한 "죽서루"와 "관동 제1루" 현판은 숙종 41년 부사 이성조의 글씨이고, 누각 내에 게시된 "제일계정(第一溪亭)" 현판은 현종 3년(1662) 부사 허목의 글씨이며, "해선유희지소(海仙遊戱之所)"는 헌종 3년(1837) 부사 이규헌의 글씨이다. 죽서루는 그 하층이 17개의 기둥으로 구성되어 있는데 그 중 9개는 자연석에 세웠으며, 8개는 석초(石礎) 위에 건립하였다는 건축사적 특징을 갖으며, 그 상층에는 20개의 기둥에 팔작지붕이다. 현재 누정 내에는 부사 허목이 지은 "죽서루기(竹西樓記)", 당성 홍백련이 지은 "죽서루 중수기" 등 기문과 "죽서루", "해선유희지소(海仙遊戱之所)" 등 제액, 그리고 일중 김충현이 쓴 율곡 이이의 "죽서루차운(竹西樓次韻)", 정조의 어제시의 시판 등 모두 26개의 현판이 개판 되어있다.

사. 인제군 : 백담사

설악산이라는 대자연의 절경 속에 위치한 백담사는 오랜 세월을 거치는 동안 훌륭한 스님들이며 독립운동가, 시인, 정치인들이 제각각의 사연을 갖고 거쳐 간 사찰이다.

사찰도 역사적 곡절이 많았는데, 신라 진덕여왕 원년(647년) 자장율사에 의해 창건된 이래 건물이 십여 차례 소실되고 재건되기를 반복하였다.

사찰 이름도 한계사, 운흥사, 선구사, 영측사 등 여러 번 이름이 바뀌는 우여곡절을 겪다가 1783년 이후로 대청봉에서 절까지 웅덩이가 백 개가 있다는 의미로 '백담사'라는 이름이 불리게 되었다.

민족의 지도자였던 만해 한용운이 이 사찰에 머물면서 〈불교유신론〉과 〈심현담주해〉, 시집 〈님의 침묵〉을 집필하였던 유서 깊은 곳이기도 하다.

아. 평창군 : 월정사

월정사는 대한불교조계종 제4교구의 본사다.

삼국유사에 나타난 창건 유래에는 자장이 당나라에서 돌아온 643년에 오대산을 문수보살이 머무는 성지라고 생각하여 지금의 절터에 초암을 짓고 머물면서 문수보살의 진신을 친견하고자 하였다고 한다.

동대 만월산을 뒤로 하고, 그 만월산의 정기가 모인 곳에 고요하게 들어앉은 월정사는 사철 푸른 침엽수림에 둘러싸여 고즈넉한 아름다움을 띤다. 그 앞으로는 맑고 시린 물에서 열목어가 헤엄치는 금강연이 또한 빼어난 경관을 그리며 흐르고 있다.

자. 태백시 : 태백산

해발 1,567m로, 천제단이 있는 영봉을 중심으로 북쪽에 장군봉(1,567m) 동쪽에 문수봉(1,517m), 영봉과 문수봉 사이의 부쇠봉(1,546m)으로 이루어져 있다.

낙동강과 한강, 삼척의 오십천이 발원하는 태백산은 국토의 종산이자 반도이남 모든 산의 모산이다.

태백산은 높이에 비해 암박이 적고 경사가 완만해 남녀노소 누구나 쉽게 오를 수 있고, 동해바다의 일출과 낙조를 관망할 수 있는 명소이며 많은 등산객이 찾고 있다.

가) 천제단 : 국가지정 중요민속자료 제228호인 천제단은 옛사람들이 하늘에 제자를 지내기 위해서 태백산 정상에 설치한 제단으로, 국내에서 산꼭대기에 큰 제단이 있는 곳은 이곳 뿐이다.

나) 주목군락지 : 태백산에서 자라는 주목은 2,800여 그루이며, 그 중 지름이 가장 큰 나무는 1.44km, 수령은 500년 이상으로 우리나라에서 주목 서식지 중 가장 큰 군락지를 형성하고 있다. 특히 겨울이 되면 주목들이 태백산의 설경을 한층 더 빛내준다.

차. 양구군 : 두타연

강원도 양구군 방산면 건솔리 수입천 지류에 발달하여 사태리 하류에 위치한 계곡이다.

두타연은 민간인 출입통제선 북방인 방산면 건솔리 수입천의 지류에 있는데 동면 비아리와 사태리 하류이기도 하다.

유수량은 많지 않으나, 주위의 산세가 수려한 경관을 이루며, 오염되지 않아 천연기념물인 열목어의 국내 최대서식지로 알려져 있다.

높이 10m, 폭 60여m의 계곡물이 한곳에 모여 떨어지는 두타폭포는 굉음이 천지를 진동하고 한낮에도 안개가 자욱하여 시계를 흐리게 한다.

카. 홍천군 : 수타사 농촌테마파크공원

수타사 입구에 위치하였으며 물을 주제로 한 테마공원으로 홍보관, 초가집촌, 분수대, 체험등등 다양하여 남녀노소 다양한 계층의 즐길거리와 볼거리가 풍부한 테마공원이다.

홍천 수타사농촌테마공원은 천년고찰인 수타사 입구의 청정 산림자원을 간직한 멋지고도 아름다운 수타계곡의 수려한 풍경이 펼쳐지는 수변공간에 위치하고 있다.

약 29,631㎡의 넓은 공간에 홍천관광홍보관을 비롯하여 대청마루휴게관, 그리고 12간지, 열주잔디광장, 용담정원, 십장생조각공원, 석가산폭포, 초가집체험장, 궝소민속촌, 궝소민속체험장, 궝소놀이마당, 다랭이화훼마당 등 다양한 볼거리와 즐길거리를 제공한다.

농촌의 체험과 관광을 한 공간에서 접할 수 있는 농촌테마공원 이라고 할 수 있다.

타. 횡성군 : 횡성호수길 & 망향의 동산

횡성호수길은 횡성을 대표하는 산소길로 많은 관광객이 찾고 있는 횡성의 새로운 명소이다. 내륙 지방에서는 쉽게 볼 수 없는 호수를 끼고 둘레길이 조성되어 있어 색다른 풍광을 연출한다.

횡성호라는 아름다운 호수와 이를 둘러싼 주변의 산을 테마로, 갑천면 대관대리 일원에 총 31.5km, 6코스로 조성되었다.

이중 시점과 종점이 같아 회귀가 가능한 제5구간(망향의동산 일원)이 인기 코스이다.

망향의 동산은 2000년 횡성댐이 완공되면서 갑천면 구방리, 중금리 등 5개리 258세대가

물속에 잠기게 되었다.

이 수몰민들의 삶의 흔적과 역사를 전시해 놓은 곳이 바로 망향의 동산이다. 수몰민들의 마음의 고향인 이곳은, 수몰민들이 이곳을 떠나면서 고향을 잊지 않기 위해 남긴 그들의 애환이 깃든 가구와 수몰되기 전의 흔적들을 그대로 전시하고 있다.

파. 원주시 : 강원감영

강원도 원주시에 있는 조선 시대의 사적지로 2002년 3월 9일 사적 제439호로 지정되었다.

강원감영은 조선 시대인 1395년(태조 4)에 원주에 설치되었다.

감영은 조선 시대에 각도의 관찰사(觀察使 : 監司)가 정무를 보던 청사로 원주 · 전주 · 평양의 감영을 제외하면 한곳에 계속 있지 않고 소재지의 변천과 도시화 등으로 그 본래의 형태를 찾아보기 어렵다.

하지만 강원감영지에는 당시의 건물인 선화당 · 포정루(강원도 유형문화재 제3호)와 청운당(내아)이 원위치에 남아 있고, 2000년 강릉대학교 박물관에서 실시한 발굴조사결과, 관련 유구가 비교적 잘 남아 있다.

하. 영월군 : 장릉

조선 제6대 임금인 단종의 능으로 숙부인 수양대군에게 왕위를 빼앗기고 청령포에 유배되었다가 17세에 죽임을 당하여, 그 주검이 동강에 버려졌다.

후환이 두려워 아무도 돌보는 이 없는데 영월호장 엄홍도가 그 시신을 거두어 지금의 장릉에 모셨다.

이후 숙종 때인 1698년에 이르러 단종이 왕으로 복위되고 왕릉으로 정비하면서 묘호를 단종, 능호를 장릉이라 하였다.

매년 4월 마지막 주말에 단종문화제가 성대하게 거행되며, 특히 조선 시대 국장 재현행사는 1천 명이 넘는 인원과 49종 275식의 도구가 동원되어 장엄하게 재현된다. 2009년 6월 30일 장릉을 포함한 조선왕릉 40기가 유네스코 세계유산으로 등재되었다.

거. 춘천시 : 삼악산 호수 케이블카

국내 최장 3.6km 케이블카로 춘천 삼악산 호수 케이블카는 삼천동에서 의암호를 가로질러 삼악산을 연결하는 3.6km의 국내 최장 케이블카이다. 산, 호수, 도시 그리고 문화가 함께하는 춘천의 새로운 랜드마크 춘천 삼악산 호수 케이블카에서 새로운 경험과 추억을 제공한다.

너. 화천군 : 평화의 댐

북한의 금강산댐 건설에 따라 수공 및 천재지변 등에 대응하기 위해 국민의 성금으로 1986년 공사에 착수, 1989년 1단계로 완공하였다.

국민 성금 639억 원을 포함해 총사업비 1,666억 원을 들여 공사를 진행했으나 금강산댐의 위협이 부풀려졌다고 알려지면서 공사가 중단됐다. 이후 2002년 댐 높이를 높여 2차 공사를 시작해 2005년 10월 증축 공사를 마쳤다.

평화의 댐 주변에는 물문화관, 세계종공원, 비목공원과 안보관, 상설 야외 공연장 등이 있다.

더. 철원군 : 고석정

조선조 초기 임꺽정의 활동무대로 널리 알려진 전설 있는 국민 관광지로 알려져 있다. 1977년 국민 관광지로 지정된 고석정은 한탄강 중류에 위치한 철원 구경의 하나로 강 중앙에 10m 높이의 거대한 기암이 우뚝 솟아 있는 것이 특이한 남한대륙의 유일한 현무암 분출지이다.

조선조 초기 임꺽정의 활동무대로도 널리 알려져 있어 많은 전설이 전해지고 있다.

이곳에서 상류로 약 2km 지점에 직탕폭포와 하류 약 2km 지점에 순담이 위치해 있으며, 또한 철원DMZ 평화관광안내센터가 있어 평화관광도 함께 할 수 있는 관광의 최적지이다.

러. 정선군 : 정선 아리랑 전수관

정선 아리랑 전수관은 고려말 고려왕조를 섬기던 유신 7명이 정선으로 은거지를 옮겨왔다. 지난날 임금을 사모하고 고향에 대한 그리운 정이 담긴 율시를 지어 부른 것을 지방의 선비들이 듣고 한시를 이해하지 못하는 사람들에게 풀이하여 알려주었다.

지방에 구전되던 토착요에 감정을 살려 부른 것으로 유래되어 전해지는 강원도 무형문화재 제1호인 정선아리랑을 보존, 육성하고 향토 고유문화를 계승 발전시키기 위해 2001년 10월 7일 건립되었다.

참고 문헌

- 강원특별자치도 홈페이지 참조
  https://state.gwd.go.kr/portal/introduce/situation/position,
- 국가관광자원개발 통합정보시스템(www.tdss.kr) 참조
- 국립산악박물관 사이트 참조
  https://www.forest.go.kr/newkfsweb/kfs/idx/SubIndex.do?orgId=nmm&mn=KFS_37
- 문화체육관광부, 관광지, 관광단지 지정 현황(2022년 6월 기준)
- 문화관광해설사 통합예약사이트 참조.
  https://www.kctg.or.kr/reservation/apply01.do
- 삼척관광 종합개발 5개년 계획(삼척시. 2022년)
- 정선군 관광사이트 참조
- 지역별 대표 농특산물 모음
  https://terms.naver.com/entry.naver?docId=3406729&cid=58387&categoryId=58387 참조
- 철원군 관광 포털사이트 참조
  https://www.cwg.go.kr/tour/selectTourCntntsWebView.do?tourNo=382&pageUnit=9&pageIndex=1&searchCnd=all&key=568&ctgry=49&sortTy=RECOMEND
- 2023년 강원관광 기본현황. (강원특별자치도, 관광마케팅과)
- 2023년 강원관광 기본현황, 산림관리과

Chapter 05

충청권의 관광자원

01. 충청남도 관광전략

1) 품격있는 문화관광지역 조성

| 관광개발 종합구상도 |

출처 : 충청남도

(1) 도민 누구나 향유할 수 있는 문화기반 조성

가. 문화 격차 해소를 위한 문화 접근성 및 맞춤형 문화서비스 체계 구축

나. 문화적 다양성·포용성 증진과 지역재생·활성화를 위한 기반 구축

다. 역사와 전통에 기반한 세계적인 고도(古都)·역사문화도시 조성

라. 특색 있는 문화마을 육성을 통한 지역 발전기반 구축

마. 충남 역사문화유산의 지속 가능한 자산 활용과 신성장 문화콘텐츠 플랫폼 및 클러스터 육성

바. 스포츠 복지 실현을 위한 생활체육 인프라 구축과 건강수명 증진을 위한 생애주기별 체육 활동 지원

(2) 지역이 주도하는 관광개발

가. 지역 특화 관광콘텐츠 개발을 통한 관광 자원화

나. 주민주도형 관광사업 추진과 자원을 연계한 네트워크 관광상품 개발

다. 포스트코로나 시대를 대비한 지속 가능한 친환경 관광지 조성

2) 문화관광해설사 양성

(1) 신규 양성 교육대상자 모집(시·군)

가. 선발인원 : 시·군 배치심사위원회에서 정한 신규 수요 인원

나. 선발계획 및 모집공고 : 시·군별 모집

다. 시·군에서는 선발인원, 평가일시 및 장소, 응시원서 접수 기간, 그 밖에 필요한 사항을 포함한 선발계획 수립 공고

※ 외국인 관광객 수용 능력 강화를 위해 외국어 가능자 우선 선발

라. 시·군에서는 지역별 모집에 따른 심의 결과를 道에 통보

(2) 신규 양성 교육

가. 교육인원 : 시·군별 신규 선발 모집인원 총수

나. 교육시기 : 매년 5~6월 중

다. 교육기관 : 관광진흥법 제48조의 6에 따라 인증받은 교육기관

라. 교육내용 : 관광진흥법 시행규칙 [별표 17의 2]에 따른 교육과목

(3) 신규 문화관광해설사 교육 평가(道)

가. 평가기준 : 관광진흥법법 시행규칙 [별표 17의 4]의 기준에 따라 평가

나. 평가방식 : 출석(80%이상), 이론 및 실습 평가항목 각각 70점 이상 통과한 자

(4) 실무수습 및 자격부여(道, 시·군)

가. 교육 이수 및 평가에 따라 선발된 자는 해당 시 · 군에서 3개월 이상의 실무수습을 거쳐야 함.

나. 시 · 군에서는 실무수습의 결과를 道에 통보하고, 道 실무수습 이수자에게 문화관광해설사 자격부여

3) 문화해설사 운영현황

시군명	인원	개소수	근무지
천안시	8	7	광덕사, 이동녕선생기념관, 유관순열사사적지, 각원사,독립기념관, 천안종합관광휴양지, 직산현관아
공주시	25	7	무령왕릉전시관, 공산성, 석장리박물관, 웅진백제역사관, 공주역사영상관. 마곡사, 수촌리고분군
보령시	11	6	석탄박물관, 성주사지, 대천해수욕장 시민탑광장안내소, 머드광장안내소, 충청수영성, 보령박물관
아산시	14	4	온양민속박물관, 외암리민속마을, 맹씨행단, 현충사
서산시	12	6	해미읍성, 서산용현리 마애여래삼존상, 안견기념관, 팔봉산, 용현계곡, 삼길포 안내소.
논산시	16	7	백제군사박물관, 관촉사, 돈암서원, 명재고택, 논산역관광안내소, 강경역사문화안내소, 션샤인랜드
계룡시	3	2	사계고택, 계룡대 일원
당진시	9	5	필경사, 솔뫼성지, 수리박물관, 줄다리기 박물관,석문관광정보센터

금산군	7	5	금산인삼관, 금산관광안내소, 금강생태학습관, 개삼터, 구드래
부여군	18	6	부소산 삼충사, 반월루광장, 정림사지, 능산리고분관, 궁남지, 구드래.
서천군	11	8	신성리갈대밭, 한산모시관, 동백정, 이상재생가지, 국립생태원, 문헌서원, 이하복 가옥, 성북리 오층석탑
청양군	6	5	장곡사, 칠갑광장, 천장호출렁다리, 백제문화체험박물관,목재문화 자연사체험관
홍성군	10	9	용운생가지, 김좌진생가지, 홍주의사총, 홍주성역사관, 성삼문유허지, 결성동헌, 남당항관광안내소, 충남보훈관, 시민공유공간
예산군	8	4	추사고택, 수덕사, 충의사의좋은 형제공원(예당호출렁다리 지원)
태안군	12	6	마애삼존불, 안흥성, 이종일생가, 안면꽃지, 만리포관광안내소. 태안읍안내소
계	170	87	

출처 : 충청남도, (2021년 7월 현재)

4) 충남 30미(味)

순번	지역	음식	순번	지역	음식
1	천안	호두과자	16	공주	공주밤
2	천안	병천순대국밥	17	공주	칼국수
3	보령	꽃게탕(찜)	18	아산	염치한우
4	보령	조개구이	19	아산	인주장어
5	서산	어리굴젓	20	논산	딸기
6	서산	게국지	21	논산	강경젓갈
7	계룡	엿, 물엿	22	홍성	홍성한우
8	태안	대하구이	23	홍성	대하구이
9	태안	게장	24	청양	청양고추
10	예산	소갈비	25	청양	청양구기자
11	예산	수덕사 산채정식	26	부여	연잎밥
12	당진	우렁쌈밥	27	부여	버섯전골
13	당진	간재미회무침	28	서천	모시송편
14	금산	금산인삼튀김	29	서천	한산소곡주
15	금산	인삼어죽			

출처 : 충남관광, https : //tour.chungnam.go.kr

02. 충청남도 관광자원

1) 자연관광자원

(1) 국립세종수목원

국내 최초의 도심형 수목원으로 개장 앞둔 국립세종수목원은 여러 정부 부처가 위치한 세종정부청사와 인접하게 65ha 면적에 조성되었으며, 국내 최대 사계절 온실, 한국전통정원, 학습의 장인 청류 지원, 분재원 등 다양한 테마로 2,834종 172만본(교목 45,958주 포함)의 식물 관람이 가능하다. 기후 및 식생대별 수목유전 자원의 보존 및 자원화를 위한 국가수목원 확충계획에 따라 국립백두대간수목원에 이어 설립된 또하 나의 국립수목원이다.

출처 : 대한민국 구석구석, 한국관광공사

(2) 꽃지해수욕장

충남 태안군 안면읍 광지길에 자리한 꽃지해변은 5km에 이르는 백사장과 할배바위, 할매바위가 어우러져 그림 같은 풍광을 보여준다. 2개의 바위 너머로 붉게 물드는 낙조는 태안을 상징하는 아름다운 풍광 중 으뜸으로 꼽힌다. 예부터 백사장을 따라 해당화가 지천으로 피어나 '꽃지'라는 어여쁜 이름을 얻었다. 긴 백사장을 따라 걷거나 밀려오는 파도를 바라보며 데이트를 즐기는 연인과 가족의 모습도 꽃지해변의 풍경이 된다. 꽃지해변을 상징하는 두 바위에는 슬픈 전설이 깃들어 있다. 신라 시대 해상왕 장보고가 안면도에 기지를 두었는데, 기지사령관이었던 승언과 아내 미도의 금슬이 좋았다. 그러나 출정 나간 승언은 돌아오지 않았고, 바다만 바라보며 남편을 기다리던 미도는 죽어서 할매바위가 되었다. 할매바위보다 조금 더 바다 쪽으로 나간 곳에 있는 큰 바위는 자연스레 할배바위가 되었다는 이야기다. 바다로 나간 남편을 맞이하듯 마주 선 두 바위가 애틋해 보인다. 썰물 때면 두 바위가 마치 한 몸인 듯 모래톱으로 연결되는 모습을 볼 수 있다. 한여름뿐 아니라 사계절 여행자들의 발길이 끊이지 않는 것은 바위와 어우러진 낙조 때문이다. 해 질 무렵이면 할매바위, 할배바위 너머로 아름답게 물드는 일몰 풍경을 카메라에 담으려고 많은 사람들이 모여들어 진풍경을 펼친다.

출처 : 대한민국 구석구석, 한국관광공사

(3) 대천해수욕장

충남 보령시 해수욕장 4길 일원은 대천해수욕장이다. 이미 1930년대부터 외국인을 위한 휴양단지로 자리 잡은 서해안 최대의 해변이다. 백사장 길이만 3.5km에 폭이 100m에 달한다. 경사가 완만하고 모래가 깨끗하다. 특히 다보도와 어우러지는 노을이 아름답다. 대천해수욕장은 크게 노을광장, 머드광장 구역으로 나뉘는데 피서철에는 각기 다른 즐길거리가 펼쳐진다. 해마다 열리는 보령머드축제는 국내를 넘어 세계인의 관심을 끌고 있다. 머드검문소, 머드디스코텍 등 보령의 머드를 테마로 다채로운 행사가 펼쳐진다. 해수욕장 끝자락에는 보령머드체험관이 있다. 머드사우나와 머드온돌방, 머드셀프팩과 머드마사지 등이 가능하다. 대천해수욕장에서는 해수욕 외에도 즐길 거리가 많다. 대천 짚트랙은 바다로 돌진하는 듯한 오싹한 설렘을 선사한다. 스카이바이크는 대천해수욕장과 대천항을 오가는 전국 최초의 해상 레일 바이크다. 수면에서 8~15m 높이에 선로를 달아 바닷길을 달리게 했다. 40분간 2.3km를 왕복 운행하는데, 가능하면 바닷물이 차 있는 만조 시 탑승하기를 추천한다.

출처 : 대한민국 구석구석, 한국관광공사

(4) 세종호수공원

세종호수공원은 국내 최대의 인공호수로 크기가 축구장의 62배, 평균 수심이 3미터 이다.

세종호수공원과 어울리는 국립세종도서관, 그리고 배경으로 펼쳐지는 전월산의 모습은 한 폭의 그림이다.

출처 : 세종자치시 공원관리사무소
http://www.sejong.go.kr/park.do

세종호수공원에는 다양한 축제의 공간인 축제섬, 최고의 수상무대가 될 무대섬, 도심에서 해변을 연상할 수 있는 물놀이섬, 다양한 수생식물과 생태습지가 있는 물꽃섬과 습지섬 등 5개의 인공섬이 조성되어 있다. 또한, 호수 주변에 조성된 산책로와 자전거도로는 세종특별자치시민들이 여유로운 휴식을 즐길 수 있는 공간이다.

(5) 예당호 출렁다리

우리나라에서 가장 큰 저수지인 예당호에 위치한 우리나라에서 가장 긴 출렁다리입니다. 내진설계 1등급을 받은 안전하고 튼튼한 다리로, 성인 3,150명을 동시에 수용할 수 있습니다. 하늘로 곧게 솟은 64m 주탑을 중심으로 양옆으로 펼쳐진 케이블은 아름다운 자태의 거대한 황새가 길고 흰 날개를 펼쳐 호수 위를 비상하듯 환상적인 풍경을 자아냅니다. 당호 출렁다리는 야간에 관람할 때 더욱 아름답습니다. 형형색색 조명으로 찬란하게 빛나며, 그러데이션 기법으로 시시각각 변하는 무지갯빛 LED 조명은 몽환적인 분위기를 자아냅니다.

출처 : 대한민국 구석구석, 한국관광공사

(6) 서산 천수만

천수만은 천해성 내만으로 충청남도 서산시를 기준으로 태안군 안면읍과 보령시 사이에 있다. 세계적인 규모의 철새 도래지인 천수만은 1980년 농경지 담수호 조성을 위한 간척사업과 방조제 공사가 진행되었고, 이로 인해 대규모의 호수(간월호 · 부남호)가 조성되었다. 새로 형성된 담수호는 다양한 어종의 서식지가 되고 있고, 넓은 갈대밭은 철새들의 중간 기착지로 천혜의 자연환경을 제공하고 있다. 천수만에서는 멸종위기 야생생물 1급인 노랑부리백로·황새와 2급인 큰기러기를 포함해 가창오리·흑고니·원앙·청둥오리·붉은부리갈매기 등 다양한 종류의 텃새와 철새가 발견되고 있다. 특히 겨울이 되면 약 30만 마리의 가창오리가 떼 지어 날아가는 화려한 군무가 장관을 이룬다.

천수만에서는 서산버드랜드와 철새박물관를 둘러봐야 한다. 서산버드랜드는 약 4만m, 폭 약 9,000m, 총면적 약 3억8,000만㎡에 이르는 천수만의 생태계를 체계적으로 보전·관리하고 생태관광의 활성화를 위해 2011년에 개장했다. 생태연못, 철새서식조성지, 오리기러기 관찰데크, 둥지전망대 등이 있어 다양한 생태체험을 할 수 있다. 철새박물관도 서산버드랜드 안에 있다. 박물관은 천수만을 보금자리로 삶은 200여 종의 철새에 대한 표본과 자료 등을 볼 수 있고, 영상자료으로도 생생한 자연의 모습을 접할 수 있다.

출처 : 대한민국 구석구석, 한국관광공사

(7) 서천 금강하구 및 유부도

금강과 서해바다 생태계가 함께 모여 살아가는 생명의 보고 '금강하구.' 봄·가을엔 도요물새들, 겨울엔 청둥오리, 흰뺨검둥오리, 고방오리, 쇠오리 등이 서식하며 먹이를 찾아다닙니다. 또 갈대군락과 염생식물이 자라는 곳은 천연기념물 개리와 큰고니, 멸종위기인 검은머리갈매기, 넓적부리도요 등 희귀철새들의 천국입니다. 묶였던 강물이 서해바다와 만나는 자리에 모래펄이 쌓여 만들어진 섬 유부도, 이곳은 고려 선비들이 유배돼 생을 마친 곳으로 유명한데, 임진왜란 때 아버지가 피난 와서 살던 섬은 유부도, 아들이 살던 섬은 유자도라 불렀고, 지금은 유부도만 이름이 남았습니다. 또한, 유부도는 환경적 가치가 높은 지역으로 손꼽힙니다. 천연기념물 제326호인 검은머리물떼새의 최대 서식지이며, 56종 39만 마리의 조류와 125종의 저서동물이 서식하는 곳입니다.

출처 : 우리나라 생태관광이야기

(8) 파라다이스 스파 도고

보양온천으로 지정된 '파라다이스 스파 도고(Paradise Spa DOGO)'는 파라다이스 호텔을 운영하고 있는 파라다이스 그룹이 온천의 고장 충남 아산에 문을 연 대형 휴양 시설이다. 총 24,622㎡ 규모에 최대 5,000여 명을 수용할 수 있는 곳으로 수치료를 겸하는 바데풀, 사계절 따뜻한 유황온천수에서 사우나를 즐길 수 있는 온천 대욕장과 다양한 물놀이 시설을 갖추고 있다. 특히, 계절별 다양한 테마로 이루어지는 야외 이벤트 스파도 인기이다. 겨울철에는 건강을 위한 오가피탕, 생강탕, 귤껍질을 이용한 탕 등을 운영한다. 또한, 온천을 즐기면서 김치 만들기, 감 따기, 목장체험 등을 동시에 즐길 수 있도록 주말 이색 패키지 프로그램도 선보인다. 이 외에도 주변에는 현충사, 외암리 민속마을, 온양민속박물관, 신정호, 맹사성 고택 등 볼거리가 많아 가족 나들이 코스로 좋다. 파라다이스 스파 도고는 행정안전부가 심사하고 승인하는 국민보양온천에 충청도 1호로 지정되었다. 국민보양온천은 온천수의 수온이 35도 이상이거나 의학적 효능이 우수한 광물질이 일정량 이상 포함되어 있고, 운동욕장(바데풀), 온천욕장, 노천탕 등의 시설을 갖추고 있는 온천이다.

출처 : 대한민국 구석구석, 한국관광공사

2) 문화관광자원

(1) 수덕사

덕숭산 자락에 많은 고승들을 배출한 한국불교의 선지종찰 수덕사가 자리하고 있다. 중국 사서에 나타난 백제 사찰로는 흥륜사, 왕흥사, 칠악사, 수덕사, 사자사, 미륵사, 제석 정사 등 12개가 전하지만 현재까지 큰 규모를 유지하고 있는 사찰은 수덕사뿐이다. 백제 사찰인 수덕사의 창건에 관한 정확한 문헌 기록은 현재 남아 있지 않으나, 학계에서는 대체로 백제 위덕왕(威德王, 554~597) 재위 시에 창건된 것으로 추정되고 있다. 또한, 수덕사 경내 옛 절터에서 발견된 백제와당은 백제 시대 창건설을 방증할 수 있는 자료이다.

수덕사의 고려 시대 유물로는 충렬왕 34년(1308)에 건축된 대웅전과 통일신라 말기 양식을 모방한 삼층석탑, 수덕사 출토 고려자기, 수덕사 출토 와당 등이 있다. 임진왜란으로 대부분의 가람이 소실되었으나 수덕사 대웅전은 다행히 옛 모습을 그대로 유지하고 있다. 1937~1940년 보수 당시 발견된 대웅전 동측 내부 전면에 기록된 단청개칠기에 의하면 중종 23년(1528)에 대웅전 색채 보수, 영조 27년(1751), 영조 46년(1770)에 대웅전 보수, 순조 3년(1803)에 대웅전 후면의 부연보수와 풍판의 개수 등 4차례 대웅전 보수가 있었음을 알 수 있다. 1673년 조성된 수덕사 괘불과 18세기 제작된 수덕사 소조불상 좌상은 조선 후기 수덕사의 꾸준한 불사활동을 보여주는 유물들이다.

출처 : 대한민국 구석구석, 한국관광공사

(2) 공주 무령왕릉과 왕릉원[유네스코 세계유산]

공주시 금성동에 있는 웅진 백제시대 왕들의 무덤이 모여있는 곳이다. 무령왕릉을 포함한 이 일대의 고분들은 모두 7기가 전해지는데, 송산을 주산으로 뻗은 구릉 중턱의 남쪽 경사면에 위치한다. 계곡을 사이에 두고 서쪽에는 무령왕릉과 5·6호분이 있고 동북쪽에는 1~4호분이 있다. 1~6호분은 일제 강점기에 조사되어 고분의 구조와 형식이 밝혀졌고, 무령왕릉은 1971년 5·6호분의 보수공사 때 발견되었다.

고분들은 모두가 표고 약 120m 정도되는 송산(宋山)을 북쪽의 주산(主山)으로 한 중턱 남쪽 경사면에 자리하고 있는데, 1~5호분은 모두 굴식 돌방무덤(횡혈식 석실분)으로, 무덤 입구에서 시신이 안치된 널방(현실)에 이르는 널길이 널방 동쪽 벽에 붙어 있는 것이 특징이다. 1~4호분은 바닥에 냇자갈을 깔아 널받침(관대)을 만들었는데, 5호분은 벽돌을 이용하였다. 이처럼 같은 양식의 무덤이면서 구조와 규모에 있어서 약간의 차이가 나는 것은 시기 차이가 반영된 것으로 보인다. 5호분은 원형으로 남아 있으나, 1~4호분은 조사되기 전에 이미 도굴되었다. 이외에 벽돌무덤(전축분)으로 송산리 벽화고분이라고도 불리는 6호분과 무령왕릉이 있다. 6호분은 활모양 천장으로 된 이중 널길과 긴 네모형의 널방으로 되어있는데 오수전(五銖錢)이 새겨진 벽돌로 정연하게 쌓았다. 널방 벽에는 7개의 등자리와 사신도·일월도 등의 벽화가 그려져 있다. 무령왕릉도 6호분과 같이 연꽃무늬 벽돌로 가로 쌓기와

세로 쌓기를 반복하여 벽을 쌓았다. 벽에는 5개의 등자리가 있고, 무덤 주인을 알 수 있게 해주는 지석 등 많은 유물이 출토되었다. 6호분과 무령왕릉은 현재 남아 있는 백제의 벽돌무덤으로, 모두 터널형 널방 앞에 짧은 터널형 널길을 가지고 있으며 긴 배수로도 갖추고 있다. 이러한 형식의 벽돌무덤은 중국의 영향을 받은 것이며, 벽화는 고구려의 영향을 받은 것으로 보인다.

출처 : 대한민국 구석구석, 한국관광공사

(3) 관북리유적과 부소산성 [유네스코 세계유산]

가. 부소산성

부여의 진산인 부소산에는 수많은 백제 여인들이 꽃잎처럼 떨어져 죽음으로 절개를 지킨 낙화암, 백화정, 사자루, 반월루, 궁녀사, 고란사, 부소산성(사적), 해맞이하는 영일루, 성충 · 홍수 · 계백의 백제 충신을 모신 삼충사, 곡식 창고터였던 군창지, 백제 군인의 움집 수혈병영지 발길 닿는 곳마다 발걸음을 붙잡는 토성들, 백제의 역사와 백제왕실의 이야기가 곳곳에 배어 있다. 금강의 남안에 있는 부소산의 산정을 중심으로 테뫼식 산성이 동서로 나뉘어 붙어 있고, 다시 그 주위에 북동쪽의 계곡을 둘러쌓은 포곡식 산성을 동반한 복합식 산성으로, 성내에는 사자루, 영일루, 반월루, 고란사, 낙화암, 사방의 문지(門址), 군창지(軍倉址) 등이 있다. 산성이 위치한 산의 이름을 따서 부소산성으로 불리고 있다. 이 산성은 백제의 수도인 사비 도성의 일환이며, 왕궁을 수호하기 위하여 538년(성왕 16) 수도의 천도를 전후한 시기에 축조된 것으로 보이나, 이보다 먼저 500년(동성왕22)경 이미 산성이 축조되었을 가능성이 있다. 이후 천도할 시기를 전후하여 개축되었고, 605년(무왕 6)경에 대대적인 개수축이 이루어진 것으로 추정되고 있다. 한편 일부의 성벽은 통일신라 시기에 수축되고 고려와 조선 시대에는 고을의 규모에 맞도록 축소되어 이용된 것으로 여겨진다.

나. 부여관북리백제유적

부여군 부여읍 관북리 725번지에 위치한 이 유적은 현재 왕궁지로 알려져 있으며, 국립

부여 문화재연구소 남쪽일대 184필지 95,048㎡(28,780평) 중 33필지 2,102㎡는 1983년 9월 충청남도 기념물 전백제왕궁지로 지정되어 있다. 1982년부터 이 일대를 중심으로 충남대학교 박물관에서 5차에 걸쳐 발굴조사하여 1983년도에는 방형석축연지가 발견되었고, 1988년 발굴조사에서는 토기 구연부에 북사라는 명문이 발견되었으며, 1992년 조사에서는 현재 국립부여문화재연구소의 남쪽 50m 지점에서 백제 시대의 도로유적과 배수시설이 드러났다. 삼국시대의 궁궐 중 고구려의 안학궁을 제외하면 아직 신라와 백제의 왕궁은 정확한 위치를 알 수 없지만, 백제 시대 마지막 도읍이었던 사비도성의 일부 유적이 밝혀진 것은 매우 중요한 학술적 의미를 지닌다고 할 수 있다.

출처 : 대한민국 구석구석, 한국관광공사

(4) 서동공원과 궁남지

궁남지는 신라 선화공주와 결혼한 무왕의 서동요 전설이 깃든 곳이다.

"삼국사기"에 "백제 무왕 35년(634) 궁의 남쪽에 못을 파 20여리 밖에서 물을 끌어다가 채우고, 주위에 버드나무를 심었으며, 못 가운데는 섬을 만들었는데 방장선산(方丈仙山)을 상징한 것"이라는 기록이 있다. 이로 보아 이 연못은 백제 무왕 때 만든 궁의 정원이었음을 알 수 있다. 연못의 동쪽 언덕에서 백제 때의 기단석과 초석, 기와 조각, 그릇 조각 등이 출토되어 근처에 이궁(離宮)이 있었을 것으로 짐작된다.

못 가운데 섬을 만들어 신선 사상을 표현한 궁남지는 우리나라 최고(最古)의 인공정원으로 백제의 노자공은 일본에 건너가 백제의 정원 조경기술을 전해주었다고 한다. 백제가 삼국 중에서도 정원을 꾸미는 기술이 뛰어났음을 알 수 있다. 사계절이 아름다운 관광지이다. 7월에는 천만 송이 연꽃들의 아름다운 향연인 서동연꽃축제가 열리고, 10~11월에는 다양한 작품으로 꾸며진 굿뜨래 국화전시회가 열려 궁남지의 아름다움을 더해준다.

출처 : 대한민국 구석구석, 한국관광공사

(5) 공주 공산성 [유네스코 세계유산]

공산성(사적 제12호)은 백제 시대의 대표적인 성곽으로 웅진백제(475~538)를 지킨 왕성이다. 금강이 흐르는 해발 110m 능선과 계곡을 따라 흙으로 쌓은 포곡형(包谷形) 산성이다. 백제 시대에는 웅진성, 고려시대 공주산성, 고려 시대 이후 공산성, 인조가 이괄의 난(1624)을 피해 산성에 머문 이후 쌍수산성으로도 불렀다. 조선 선조·인조 때 지금과 같은 석성(石城)으로 개축하였고, 이후 지속적으로 사용된 공산성에서 시대별 역사를 살펴볼 수 있다.

출처 : 대한민국 구석구석, 한국관광공사

(6) 서산 해미읍성

조선 시대의 대표적인 읍성이다. 읍성이란 읍을 둘러싸고 세운 평지성으로 해미읍성 외에 고창읍성, 낙안읍성 등이 유명하다. 해미읍성은 조선 성종 22년, 1491년에 완성한 석성이다. 둘레는 약 1.8km, 높이 5m, 총면적 196,381m²(6만여 평)의 거대한 성으로 동, 남, 서의 세 문루가 있다. 최근 복원 및 정화사업을 벌여 옛 모습을 되찾아 사적공원으로 조성되었으며, 조선말 천주교도들의 순교 성지로도 유명하다. 천주교 박해 당시 관아가 있던 해미읍성으로 충청도 각 지역에서 수많은 신자가 잡혀와 고문받고 죽임을 당했으며, 특히 1866년 박해 때에는 1천여 명이 이곳에서 처형됐다고 한다.

출처 : 대한민국 구석구석, 한국관광공사

성내 광장에는 대원군 집정 당시 체포된 천주교도들이 갇혀 있던 감옥터와 나뭇가지에 매달려 모진 고문을 당했던 노거수 회화나무가 서 있다. 바로 성문 밖 도로변에는 회화나무에 매달려 고문을 받으면서도 굴하지 않은 신도들을 돌 위에 태질해 살해했던 자리개돌이 있어 천주교도들의 순례지가 되고 있다. 성벽 주위에는 탱자나무를 심어 적병을 막는데 이용하였다고 하나, 지금은 거의 찾아볼 수가 없다.

(7) 돈암서원[유네스코 세계유산]

출처 : 논산시청

돈암서원은 사계 김장생(1548~1631)의 강학 기반을 배경으로 건립된 서원이다. 황강 김계휘가 건립한 정회당과 김장생이 건립한 양성당에서 수학한 김장생의 제자들이 후에 스승을 추모하며 기리기 위하여 돈암서원을 건립하였다.

돈암서원은 1634년(인조 12년)에 창건되었으며, 김장생과 그의 아들 신독재 김집의 문하에서 동춘당 송준길, 우암 송시열을 비롯하여 이유태, 유계, 윤원거, 윤문거, 윤선거 등 수많은 명유(名儒)들을 배출하였다. 이들의 활동으로 돈암서원은 호서지역의 산림과 예학의 산실이자 본거지로서 17세기 전 기간 충청도 서인계의 수(首)서원으로서 중요한 역할을 담당하였다. 고종 때 홍선대원군이 서원의 혁파를 위해 전국의 47개소를 제외한 600여개소의 서원을 철폐하였는데, 논산의 서원중 연산의 돈암서원과 광석의 노강서원만이 철폐되지 않고 남았다. 서원은 660년(현종 원년)에 사액되어 사계 김장생을 주향으로 하고 신독재 김집, 동춘당 송준길, 우암 송시열 등 4명을 모시고 있다. 서원 내에는 사당인 숭례사와 강당인 응도당, 정회당과 양성당, 산앙루, 장판각 등 다수의 건축물과 돈암서원의 연혁을 밝힌 원정비 등의 문화재가 남아 있다. 그 중 응도당은 고대의 가옥제도를 전범으로 하여 지은 건축물로 유명하다.

(8) 정림사지

출처 : 부여군

정림사지는 부여의 중심부에 위치하고 있으며, 주변에는 동쪽으로 금성산, 북쪽으로 부소산에 둘러싸여 있다. 정림사지 인근 지역의 표고는 서측과 남측 대부분의 평탄지는 0~14m의 표고 분포를 보이고 있으며 정림사지 인근 지역의 경우 표고 약 30m 이하의 지형이 분포하고 있다. 정림사지를 중심으로 북측 부소산과 동측 금성산의 경우 표고 약 120m 내외의 지형이 분포하고 있다.

사비 시대 수도의 가장 중심적인 위치에 있었던 사찰은 단연 정림사였다. 정림사지에 우뚝 서 있는 석탑 표면에는 당나라가 백제를 멸망시킨 전승기념의 내용이 새겨져 있는데, 백제 왕조의 명운과 직결된 상징적인 공간으로 정림사가 존재하였음을 시사한다.

정림사지의 대지는 북동에서 남서로 경사진 자연지형을 이용하여 높은 북동쪽은 깎고, 낮은 서남쪽은 성토하여 조성하였던 것으로 확인되었다. 또한, 정심사지 사역의 남편과 서편은 원래의 지형을 그대로 이용하였는데, 사역보다 상대적으로 매우 낮아 사찰의 위용이 한껏 과시되었을 것이다.

3) 사회관광자원

(1) 한밭수목원

출처 : 대한민국 구석구석, 한국관광공사

한밭수목원은 정부대전청사와 과학공원의 녹지축을 연계한 전국 최대의 도심 속 인공 수목원으로 각종 식물종의 유전자 보존과 청소년들에게 자연체험학습의 장, 시민들에게는 도심 속에서 자연을 만끽하며 휴식할 수 있는 공간 제공을 목적으로 조성했다. 또한, 인근에 대전예술의전당, 평송청소년문화센터, 시립미술관, 이응노미술관 등이 자리하여 수목원과 어우러지는 문화공간이 잘 갖추어져 있다.

(2) 에덴힐스 힐링파크

출처 : 대한민국 구석구석, 한국관광공사

뷰티 테마파크는 여기에! 충남 홍성에 위치한 천연 소재 및 화장품 전문 제조기업 주식회사 씨앤비바이오에서 조성한 브랜드 체험공간이다. 주변이 나무와 꽃들로 둘러싸인 숲속에 위치한 뷰티 힐링파크이다. 번잡하고 삭막한 도심에서 벗어나, 고요한 자연

속에서 여유를 만끽할 수 있다. 건강한 피부를 위해 다양한 제품들과 프로그램에 참여해 보자.

(3) 팜카밀레

충남 태안의 팜카밀레는 이국적인 허브 향기로 가득한 웰니스 관광지다. 식물을 통해 자연과 교감하는 '원예', 내적 아름다움을 키우는 '관상', 생활에 유용한 '활용', 오감으로 느끼는 '예술'이라는 4가지 요소가 어우러진 농원 곳곳에는 인간과 자연이 공존하기 위한 깊은 성찰이 숨어있다. 충남 태안의 온화한 구릉 지대에 자리 잡은 팜카밀레는 지난 2004년 5월 허브농원으로 시작, 지금은 연인원 10만 명이 방문하는 웰니스 테마파크로 거듭났다. 3만9000㎡의 넉넉한 부지에 마련한 허브 정원 산책길을 따라가면 허브 숍, 팬션, 카페, 레스토랑, 미니 동물원, 애견 놀이터가 보석처럼 숨어있다. 곳곳을 방문하며 다양한 체험 프로그램을 즐기다 보면 지루할 틈이 없다.

출처 : 팜카밀레 www.kamille.co.kr

4) 산업관광자원

(1) DCC 대전컨벤션센터

1993 대전 엑스포가 열렸던 엑스포과학공원 국제관 부지에 전시장을 착공하기로 하고 2004년 착공했다. 그 후 2007년 12월 준공하고 2008년 4월 21일 개관했다.

출처 : 대전컨벤션센터

전시장 면적은 2,520㎡, 회의실 면적은

4,862㎡로 경상남도 창원시의 창원컨벤션센터보다도 작다. 2013년 기준으로 대한민국 최소 규모 전시장이다. 경기도 고양시의 KINTEX와 비교하면 DCC는 KINTEX 전시홀 크기의 1/4 정도이다. 다만 전시장 면적 10,020㎡의 제2전시장이 건립되면 최소규모는 면하게 됐다. 추후 제2전시장을 25,000㎡까지 늘릴 계획도 있다.

(2) 익산 보석산업단지

익산시의 보석 산업은 1,400여 년 전 백제 시대 귀금속 공예 전통에서 시작하였다. 산업으로 발달한 것은 1970년대부터이다. 1974년 12월 31일 익산시에 이리공업단지[익산국가산업단지]가 조성되고, 1975년 8월 29일 귀금속 제1단지가 집단화되면서 보석 산업이 발달하기 시작하였다. 전성기 시기 익산시 보석 산업은 1970년대 세계 주얼리 수요의 90%에 가까운 생산 수출량을 자랑하였다. 그러나 국제통화기금[IMF] 외환위기 이후 2000년대에 들어서면서 많은 보석 산업 업체들이 저렴한 노동력 때문에 중국으로 이전하였다.

익산시는 보석 산업 활성화와 보석 가공 제품의 판로 지원을 위하여 왕궁면에 있는 왕궁보석테마관광지 안에 보석박물관과 주얼팰리스를 건립하였다. 주얼팰리스는 보석박물관과 더불어 보석에 대한 이해와 친밀도를 높이는 데 힘쓰고 있다. 현재는 익산시와 지역사회가 보석 산업을 다시 활성화하기 위하여 다양한 노력을 펼치고 있다. 보석 산업 관련 업체와 기업이 늘어나는 등 결실이 나오고 있다.

출처 : 익산시

5) 위락관광자원

(1) 대전 오월드

2002년 5월 5일에 개장했다. 대전도시공사가 관리하는 공영 유원지로 개장했을 당시 명칭은 '대전동물원'이었다. 이후 2009년 5월 1일부터 대전 오월드로 명칭이 변경되었다.

대전 오월드는 '주랜드+플라워랜드+조이랜드+버드랜드+나이트 유니버스'의 복합적인 공간으로 중부권 이남 최대 규모의 테마공원이다. 오월드에서 경험할 수 있는 아프리카 사파리와 한국늑대 사파리, 마운틴 사파리 등이 있다. 또한, 꽃과 물과 놀이시설, 희귀 새와 열대 정원이 어우러진 버드 체험까지 가능하다.

출처 : 대전오월드 https : //www.oworld.kr/

다양한 디지털 미디어 장치와 흥미로운 스토리텔링을 더한 신비롭고 환상적인 야간 공간으로 홀로그램쇼, 음악분수 워터쇼 등 색다른 즐거움을 경험할 수 있다.

(2) 선샤인랜드

2018년 논산시 연무읍 황화정리 일원 3만 2천여 제곱미터에 병영체험장과 함께 드라마 세트장을 갖춘 선샤인랜드를 공식 개장했다. 선샤인랜드는 서바이벌 체험장, 밀리터리 체험관, 드라마 · 영화 세트장을 관람 및 체험을 즐길 수 있는 복합문화공간이다. 눈으로만 보는 단순한 전시관이 아니라 방문객들이 직접 다양한 체험을 할 수 있어 남녀노소 누구나 즐거운 시간을 보낼 수 있다. 서바이벌 체험장은 온몸으로 전해지는 생생한 전투 현장을 느낄 수 있는 체험이다. 밀리터리 체험관의 체험 프로그램으로는 스크린 사격, 실내 사격, VR체험이 있다. 드라마 · 영화 세트장은 한국전쟁이 끝난 1950년대 중반을 배경으로 생생한 역사 현장을 제공한다. 또한, 총면적 약 2만 ㎡에 이르는 선샤인스튜디오는 "미스터 션샤인"의 배경이 된 1900년대 초반 한성을 재현한 공간이다.

출처 : 논산시청

03. 충청북도 관광자원

1) 관광자원 현황

(1) 충청북도 지리적 여건

충청북도는 유라시아대륙의 동단에 있는 한반도의 중심에 위치한 우리나라에서 바다에 접하지 않은 유일한 내륙 도 지역이다.

북쪽으로는 경기도와 강원도, 동쪽으로는 경상북도, 서쪽으로는 충청남도, 남쪽으로는 전라북도 사이에 위치하여 5개 도와 접경을 이루고 있다.

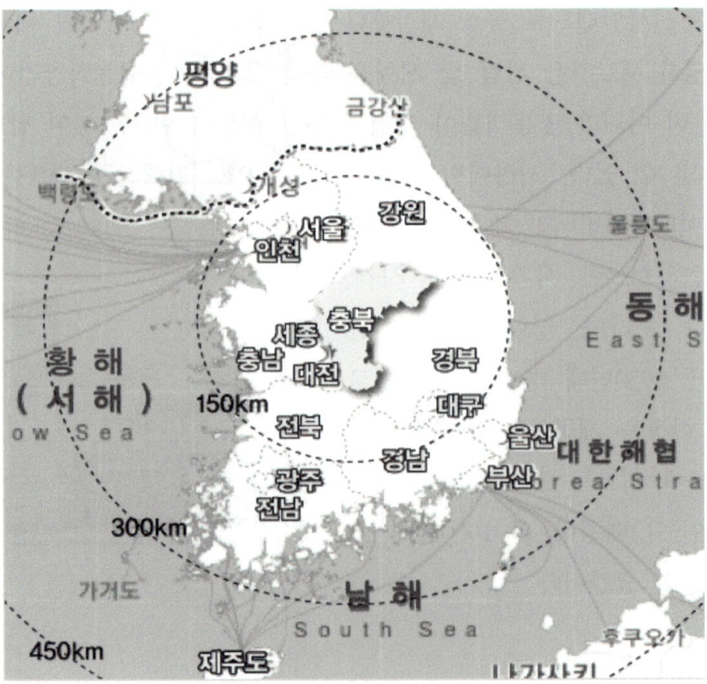

❙ 충청북도의 지리적 위치 ❙

참고자료 : 제4차 충청북도 종합계획 2021-2040 자료 참조

국토 공간상으로 남북과 동서를 연결하는 지역 간 교류중심지의 역할을 수행하고 있다. 수도권 개발 압력을 1차적으로 흡수 · 완충하는 기능을 담당하고 있다. 수도권 과밀문제 해결 및 국가 균형 발전을 유도할 수 있는 최적의 지역으로 판단된다. 수도권 내의 서해안 산업지대, 국토 서남부에 입지한 산업 및 교역지대와 연계축 형성이 가능하다.

수도권과 경부 및 호남축을 잇는 간선교통축의 중앙에 입지하여 도시개발 및 교통 · 물류의 중심 역할을 담당하고 있다.

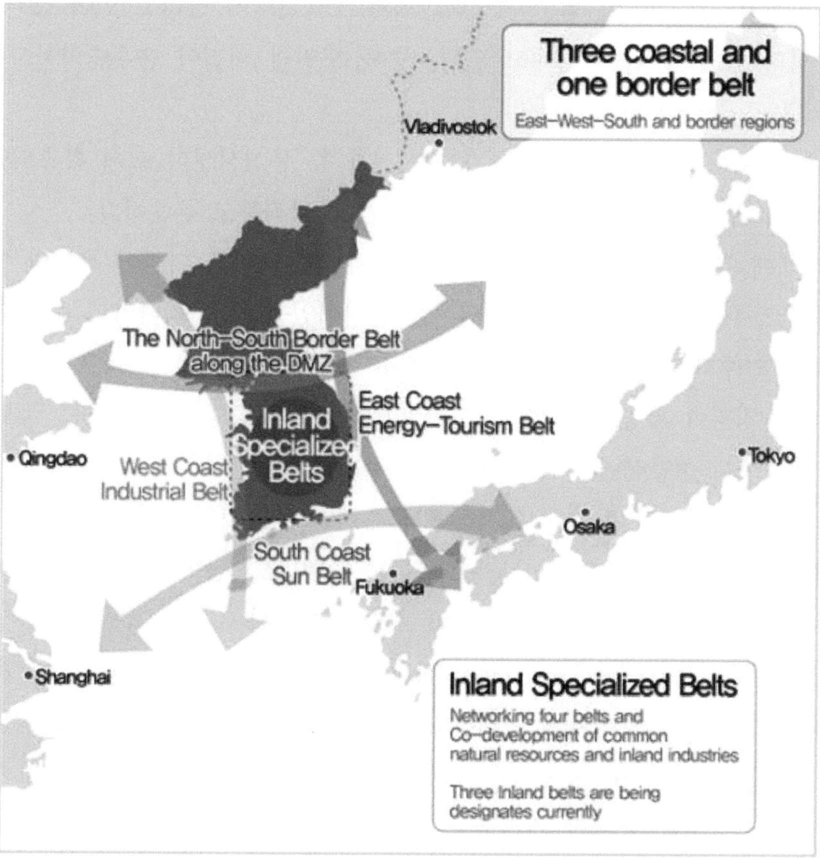

❙ 충청북도의 지리적 위치 ❙

참고자료 : 제4차 충청북도 종합계획 2021-2040 자료 참조

충청북도는 한반도의 중앙부에 위치한 내륙도이다. 충청북도는 우리나라에서 바다에 접하지 않은 유일한 내륙도이다.

바다와 가장 가까운 지점인 진천군 백곡면 서단에 있는 서운산도 충청남도 아산만의 방파

제까지의 거리는 무려 47km나 된다.

충청북도는 북동쪽에 태백산맥, 동쪽에 소백산맥, 북서쪽에 차령산맥으로 차단된 거대한 분지 지형을 형성하고 있다.

대한민국에서 보기 드문 대륙성기후의 특징을 나타내고 있다. 예를 들면, 북쪽에 위치한 충주는 서울에 비하여 1월의 평균 기온이 2℃가량이나 낮다.

제천은 3℃까지 낮으며 남쪽에 위치한 추풍령은 같은 위도선 상에 있는 포항보다는 2℃나 낮다.

동쪽 경계지역은 지형이 험준한 태백산맥과 소백산맥이 달리고 있어 강원도 지방과 같이 전작 중심의 농업경관을 나타내고 있다. 충북 도민의 기질이 온후순박하고 충효의 정신이 탁월하였다.

최근에는 철도, 도로 등 교통수단과 전신전화 등 통신시설이 크게 확충되었다. 도내의 곳곳에 대단위 공장이 건설됨에 따라 순진하면서도 강직하고 온순하다.

조선시대에 압록강, 두만강 유역의 경략이 성공되어 이들 지역이 우리의 영토로 수복되기 전 까지는 안주에서 영홍에 이르는 선이 국경선이었을 때 우리나라의 중심지점은 충주였다.

충주에서 안주까지 360km, 영홍까지 300km, 부산포까지 250km, 목포까지는 280km가 된다.

충주라는 지명이 자랑으로 쓰이고 있으며 한반도의 중앙을 상징하는 국보 6호로 지정된 중앙탑이 충주시 중앙탑면(가금면)에 위치하고 있다.

충청북도는 독자적인 특성을 유지하면서 주변지역과 밀접한 상관관계를 맺고 있다. 북쪽은 경기도와 강원도, 동쪽은 경상북도, 서쪽은 충청남도, 남쪽은 전라북도사이에 자연적경계를 이루고 있어 주위와 독립된 지리구를 형성하고 있다.

충청남도와의 사이는 금강을 경계로 하고 있어 옛부터 금강은 동서간에 교착을 촉진시키는 구실을 하여 광활한 평야를 관개하였으므로 충청북도와 분리하는 작용은 하지 않았으며 오히려 양도는 동질의 지역성을 형성하여 왔다.

충청남·북 양도를 동일의 지리구로 보았을 때 청주, 공주, 대전은 지역적으로 중심지인 동시에 정치, 경제, 문화의 중심지로서 같은 문화권을 형성하고 있다.

북쪽 경기도와의 경계는 차령산맥이 가로 놓여 있으나 저산성 산지로서 교통에 큰 장애를 주지 못해 옛부터 중부 문화권 속에서 성장 발달하였다.

동쪽을 가로막고 있는 소백산맥은 일찍이 백제와 신라사이의 국경선이었을 뿐만 아니라 우리나라의 중부, 영남, 호남 문화권의 분수령을 형성하였다.

그러나 1900년대 초에 경부선과 중앙선 철도가 개통되고 연이어 호남선 철도의 완공으로 지형적 장벽이 무너지기 시작하였다.

1970년 7월에 역사적인 경부고속도로의 개통과 함께 중부고속도로, 중부내륙고속도로, 중앙고속도로, 호남고속도로, 영동고속도로의 준공으로 소백산맥의 장벽은 완전히 허물어져 영호남지방과는 일일생활권에 들게 되었다.

충청북도는 국토의 중심에 위치하여 국가균형발전과 국민 대통합을 이룰 수 있는 최적지로, 1997. 4. 28. 개항한 청주국제공항과 국내 유일의 고속철도 분기역인 KTX 오송역이 그 중심에서 핵심적인 역할을 할 것으로 주목된다.

(2) 충청북도 행정구역 및 면적

충청북도의 총면적은 7,406.8㎢로 3개 시지역(청주시, 충주시, 제천시)과 8개 군지역(보은군, 옥천군, 영동군, 증평군, 진천군, 괴산군, 음성군, 단양군)으로 구성되어 있다.

충청북도에는 도내 전체 읍·면·동은 153개, 통·리는 4,975개이다. 시 지역의 면적은 2,807.7㎢, 군 지역의 면적은 4,599.1㎢를 이루고 있다.

충청북도 행정구역 현황

구분	면적 (㎢)	구성비 (%)	읍면동			동		통리		
				읍	면	행정	법정		통	행정리
충청북도	7,406.81	100.0	153	16	86	51	36	4,975	1,951	3,024
청주시	940.83	12.7	43	3	10	30	82	1,782	1,154	628
충주시	983.48	13.3	25	1	12	12	26	801	448	353
제천시	883.42	11.9	17	1	7	9	28	506	349	157
보은군	584.21	7.9	11	1	10	-	-	248	-	248
옥천군	537.22	7.3	9	1	8	-	-	224	-	224
영동군	846.02	11.4	11	1	10	-	-	231	-	231
증평군	81.80	1.1	2	1	1	-	-	109	-	109
진천군	407.30	5.5	7	2	5	-	-	304	-	304
괴산군	842.19	11.4	11	1	10	-	-	282	-	282
음성군	520.18	7.0	9	2	7	-	-	336	-	336
단양군	780.16	10.5	8	2	6	-	-	152	-	152

참고자료 : 충청북도 홈페이지 재정리

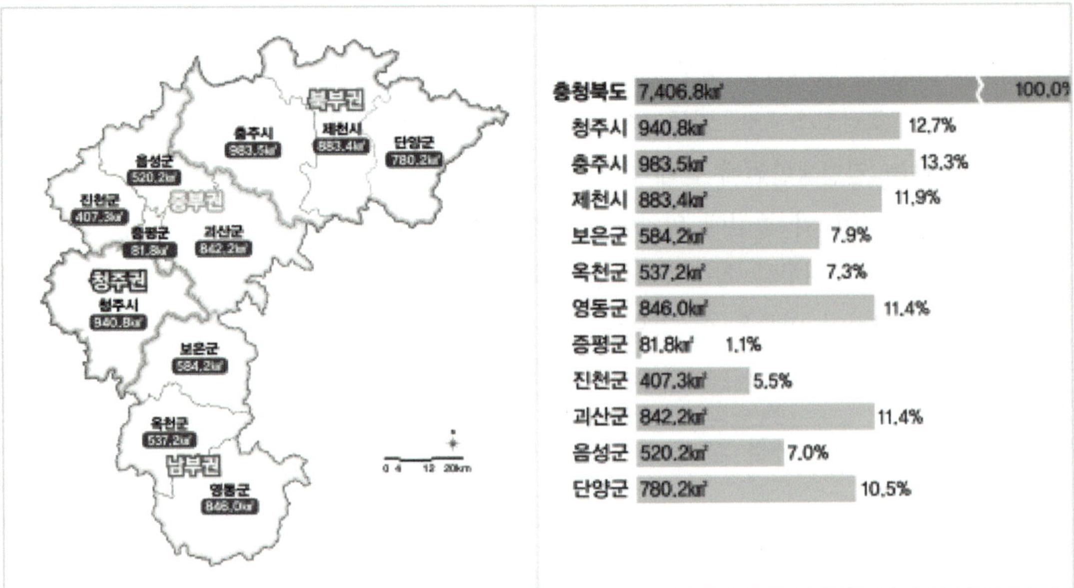

충청북도 행정구역 및 면적

참고자료 : 제4차 충청북도 종합계획 2021-2040 자료 참조

(3) 충청북도 관광지

관광지는 관광자원이 풍부하고 관광객의 접근이 용이하며 개발이 가능한 지역과 관광 정책상 관광지로 개발하는 것이 필요하다고 판단되는 지역을 대상으로 진흥법에 의해 지정된 곳을 말한다. 정부는 자연적 또는 문화적 관광자원을 갖추고 관광 및 휴식에 적합한 지역을 대상으로 관광지를 지정하여 공공·편의시설, 숙박시설, 상가시설, 관광휴양·오락시설 및 기타시설 등을 조성하고 있다.

정부에서는 주 5일 근무제의 본격적인 시행과 국민소득 증가에 따른 관광수요 증가에 맞추어 관광지를 특화하여 개발함으로써 아름답고 쾌적한 환경을 조성함은 물론 관광을 통하여 국민의 삶의 질을 향상시키는 복지관광정책의 일환으로 제도를 추진하고 있다.

충청북도 관광지 지정현황

시·도	지정개소	관광지명
충북	22개소	천동, 다리안, 송호, 무극, 장계, 세계무술공원, 충온온천, 능암온천, 교리, 온달, 수옥정, 능강, 금월봉, 속리산레저, 계산, 괴강, 제천온천, KBS제천촬영장, 만남의광장, 충주호체험, 구병산, 레인보우힐링

참고자료 : 문화체육관광부, 관광동향에 관한 연차보고서, 2021년 12월 31일

(4) 관광단지

관광단지는 관광산업의 진흥을 촉진하고 국내·외 관광객의 다양한 관광 및 휴양을 위하여 각종 관광시설을 종합적으로 개발하는 관광거점 지역을 말한다. 「관광진흥법」에 의하여 2020년까지 46개소가 지정되었으며, 2021년 북경주 웰니스 관광단지가 신규 지정되었다.

2021년 12월 말 기준으로 전국에 지정된 관광단지 현황은 총 47개소이다.

앞으로 관광단지는 건강·교육·체험 등 다양한 관광수요를 특징으로 하는 관광패러다임 변화에 맞춰 특성화하여 개발함으로써 지역 관광산업의 동력으로 활성화시킬 계획이다.

충청북도 관광지 지정현황

지역	단지명	지정 (조성계획)	사업 기간	규모 (㎢)	실집행사업비 (억원)	개발 주체	주요 도입시설
충북	증평에듀팜 특구	2017.12.	2017 ~2022	2.623	1,892	㈜블랙스톤 에듀팜리조트	휴양콘도, 관광펜션, 루지, 골프장, E-레포츠, 농촌휴

참고자료 : 문화체육관광부, 관광동향에 관한 연차보고서, 2021년 12월 31일

충북 도내 최초 관광단지이자 중부권 최대 관광단지인 '증평에듀팜특구 관광단지'가 2019년에 6월 14일 개장했다.

연간 이용객 60만 명에 5,000명 정도의 일자리 창출 효과가 예상돼 앞으로 충북 관광이 크게 변화될 것으로 기대된다.

증평에듀팜특구는 2009년 10월 특구지정 고시후 10년만에, 2017년 12월 지역특구법에 의한 관광단지 지정 후 1년 6개월만에 개장하는 것으로 도안면 연촌리 원남저수지 일원 303만㎡(관광단지 262만㎡)의 부지에 조성되었다.

증평에듀팜특구 관광단지 내 들어설 주요 시설을 보면 골프장(18홀), 루지장(2트랙, L=2.85km), 수상레포츠장, 한식당, 양떼목장을 비롯해, 섬머랜드(워터파크), 휴양콘도미니엄(10동/354실), 단독형숙박시설(45동), 복합연수시설, 농촌테마파크(곤충 · 숲체험장), 귀촌체험센터(체험농장), 식물원 등으로 2022년까지 순차적으로 개장되었다.

증평에듀팜특구 관광단지 조감도

참고자료 : 제4차 충청북도 종합계획 2021-2040 자료 참조

(5) 관광특구

관광특구는 외국인 관광객의 유치 촉진을 위하여 관광시설이 밀집된 지역에 대해 야간 영업시간 제한을 배제하는 등 관광 활동을 촉진하고자 1993년에 도입된 제도이다.

「관광진흥법」 제2조에서는 '외국인 관광객의 유치 촉진 등을 위하여 관광활동 과 관련된 관계 법령의 적용이 배제되거나 완화되고, 관광활동과 관련된 서비스·안내체계 및 홍보 등 관광여건을 집중적으로 조성할 필요가 있는 지역으로서 관광진흥법에 의하여 지정된 곳'이라고 정의하고 있다.

충청북도 주요 관광단지 현황

시,도	특구명	지정지역	면적(㎢)	지정시기
충북(3)	수안보온천	충주시 수안보면 온천리·안보리 일원	9.22	1997.1.18.
	속리산	보은군 내속리면 사내리·상판리·중판리·갈목리 일원	43.75	1997.1.18.
	단양	단양군 단양읍·매포읍 일원 (2개읍 5개리)	4.45	2005.12.30

참고자료 : 문화체육관광부, 관광동향에 관한 연차보고서, 2021년 12월 31일

(6) 충청유교문화권 광역관광개발 사업

충청유교문화권 광역관광개발사업은 충청권의 유교문화자원을 중심으로 한 관광자원 개발 사업이다.

충청권에는 백제문화와 관련된 역사문화자원이나 중원문화, 내포문화 등 지리적 조건에 기반을 둔 문화자원에 관심이 집중되어 유교문화는 중점적 개발대상이 되지 못하고 상대적 활용 정도가 낮은 상황이었다.

충청권을 중심으로 한 기호유학은 유학이 근간이었던 조선왕조의 주 집권층으로 오랜 기간 기능하였으며, 이로 인해 양적· 질적으로 차별화되는 유교문화자원을 보유하고 있다. 특히 서원, 향교, 고택, 누정 등 다양한 유교문화자원들이 분포하고 있다.

이를 통해 율곡 이이, 사계 김장생, 우암 송시열 등 저명한 유학자를 중심으로 한 당대 기호학의 주요 흐름을 엿볼 수 있다.

충청유교문화권 사업은 충청권의 유교문화자원을 소재로 관광을 활성화하여 국가 관광산업 발전 및 지역균형발전 측면에서 충청유교문화권의 관광경쟁력 강화를 도모하고, 관광자원 연계와 관광기반 여건을 조성하기 위한 광역관광개발사업이다.

사업목적은 충청권의 유교문화자원을 소재로 관광을 활성화하여 국가 관광 산업 발전 및 지역균형 발전 측면에서 충청유교문화권의 관광경쟁력 강화를 도모하고, 관광자원 연계와 관광기반 여건을 조성하고자 계획된 사업이다.

사업개요로 사업기간은 2019년부터 2028년까지 10년간 지속성을 가지고 개발되는 사업으로 사업지역은 충청권 지역으로 4개 시·도 30개 시·군 사업이다.

충청북도는 11개 시,군으로 청주, 충주, 제천, 보은, 옥천, 영동, 증평, 진천, 괴산, 음성, 단양으로 구성되어 있다.

충청유교문화권 광역관광개발사업은 7,947억 원(국비 3,547, 지방비 4,400)이 투입되는 상업으로 사업 내용은 47개 사업(관광자원개발 34개, 광역연계사업 13개)으로 진행되는 대형 관광지 개발사업이다

2021년 충북 충청유교문화권 광역관광개발 사업 현황은 다음과 같다.

2021년 충청유교문화권 충북 관광개발 사업 현황

(단위 : 백만 원)

구 분	사업명	시·군	국고지원액
충북 (9개소)	사주당태교랜드	청주시	3,800
	문화산수구곡관광길	청주시	100
	입신양명과거길	제천시	940
	문화산수구곡길	보은군	760
	송강문화장초마을	진천군	1,000
	초평 책마을	진천군	700
	옥야동천 유토피아	옥천군	350
	화양동 선비문화체험단지	괴산군	500
	자린고비 청빈마을	음성군	253

참고자료 : 문화체육관광부, 관광동향에 관한 연차보고서, 2021년 12월 31일

2) 문화자원(文化資源)현황

(1) 문화재(文化財) 현황

문화자원(文化資源)이란 특정 지역에서 발견되는 문화적 가치를 지닌 유 · 무형적인 자원. 유형과 무형의 문화재뿐만 아니라 민간 신앙, 공동 행사 따위를 포괄하는 개념이다.

「문화재보호법」에 의해 지정되어 보호 및 관리되고 있는 충북의 문화재는 2018년 기준 국가 지정문화재 183개, 시도 지정문화재 591개, 등록문화재 29개로 총 803개이다. 충북도는 시도 지정문화재 중 유형문화재가 316개(63.2%)로 가장 많은 비중을 차지하고 있다.

2019년 기준 청주시가 문화재 179개(국가지정문화재 39개, 시도지정 문화재 114개, 문화재자료 14개, 등록문화재 12개)로 가장 많았으며, 충주시 104개, 보은군 92개, 단양군 91개, 괴산군 75개, 제천시 74개 순으로 조사되었다.

충청북도 문화재 현황

(단위 : 개)

시군	국가지정문화재						도지정문화재				문화재 자료	등록 문화재
	국보	보물	사적 및 명승	천연 기념물	국가 민속 문화재	국가 무형 문화재	유형 문화재	시도 기념물	시도 민속 문화재	무형 문화재		
충청북도	12	94	29	23	21	4	316	136	20	28	91	29
청주시	3	24	4	2	6	-	74	27	3	10	14	12
충주시	3	11	7		2	1	40	20	-	3	16	1
제천시	-	6	2	1	2	-	41	12	2	1	2	5
보은군	3	13	3	4	2	1	34	9	4	4	15	-
옥천군	-	1	-	1	-	-	13	12	1	-	10	2
영동군	-	6	-	2	4	-	16	13	2	3	8	3
증평군	-	-	1	-	-	-	5	6	-	1	1	-
진천군	-	2	2	1	-	1	13	15	2	1	5	2
괴산군	-	6	3	7	2	1	24	11	4	1	14	2
음성군	-	6	-	-	2	-	13	5	1	-	3	2
단양군	3	19	7	5	1	-	43	6	1	3	3	-
충북전역	-	-	-	-	-	-	-	-	-	1	-	-

참고자료 : 충청북도, 문화재 현황

(2) 문화공간

충청북도 내 공공공연장은 21개, 민간공연장은 6개, 영화관 21개가 있으며 미술관은 11개소가 분포하고 있는 것으로 분석되었다.

도내 전체 시·군 지역 중 영화관이 없는 지역은 보은군, 증평군, 단양군으로 나타난다.

충청북도 문화공간 현황

(단위 : 개소)

구분	공연시설			전시설		지역문화복지시설			기타시설		
	공공 공연장	민간 공연장	영화관	미술관	화랑	시군 구민 회관	종합 복지 회관	청소년 회관	문화원	국악원	전수 회관
충북	21	6	21	11	1	5	47	32	11	1	6
청주	4	6	11	9	-	-	16	3	1	-	3
충주	4	-	4	1	1	1	16	2	1	1	2
제천	2	-	1	-	-	1	3	8	1	-	-
보은	1	-	-	-	-	-	2	5	1	-	-
옥천	1	-	1	-	-	1	1	2	1	-	-
영동	4	-	1	-	-	-	2	3	1	-	1
증평	1	-	-	-	-	-	2	2	1	-	-
진천	1	-	1	1	-	1	3	3	1	-	-
괴산	-	-	1	-	-	-	-	-	1	-	-
음성	1	-	1	-	-	-	-	-	1	-	-
단양	2	-	-	-	-	1	2	4	1	-	-

참고자료 : 충청북도, 충청통계연보, 2020

(3) 문화기반시설

문화기반시설은 「도서관법」상 도서관, 「박물관 및 미술관 진흥법」상 박물관·미술관, 문예회관(종전 「문화예술진흥법」상 문화예술회관) 및 「지방문화원진흥법」상 지방문화원, 문화의 집 등이다.

2019년 기준 전국 문화기반시설은 총 2,825개로 2018년 2,749개보다 2.8% 증가하였으며, 매년 꾸준하게 증가하고 있다.

충청북도는 2019년 국공립 및 사립 박물관 2개가 개관하여 132개의 문화기반시설이 운영되고 있으며, 전년대비 3.1% 증가함(2018년 문화기반시설 128개)

충청북도는 공공도서관 47개, 박물관 44개, 문예회관 12개, 미술관 11개, 지방문화원 11개, 문화의집 7개 순으로 운영되고 있으며, 공공도서관과 박물관이 주요 문화기반 시설을 차지한다.

◎ 충청북도 주요 문화기반 시설 현황

(단위 : 개소)

시군	합계	공공도서관			박물관				미술관			문예회관	지방문화관	문화의집
		계	지자체	교육청	계	국공립	사립	대학	계	국공립	사립			
계	132	47	30	15	44	26	13	5	11	5	6	12	11	7
청주시	40	15	12	3	12	6	3	3	8	3	5	2	1	2
충주시	17	7	3	2	6	4	1	1	2	1	1	1	1	-
제천시	14	6	5	1	5	3	2	-	-	-	-	1	1	1
보은군	5	1	-	1	2	2	-	-	-	-	-	1	1	-
옥천군	6	2	1	1	2	1	1	-	-	-	-	1	1	-
영동군	9	2	1	1	4	2	2	-	-	-	-	1	1	1
증평군	6	2	1	1	1	1	-	-	-	-	-	1	1	1
진천군	9	4	3	1	1	1	-	-	1	1	-	1	1	1
괴산군	6	1	-	1	3	2	-	1	-	-	-	1	1	-
음성군	12	4	2	2	6	3	3	-	-	-	-	1	1	-
단양군	8	3	2	1	2	1	1	-	-	-	-	1	1	1

참고자료 : 충청북도, 충청통계연보, 2020

3) 산업적 관광자원 현황

(1) 산업적 관광자원

농업 · 임업 · 수산업 · 공업 · 상업 등 일국의 각종 산업시설을 말하며, 이를 대상으로 하는 관광을 산업적 관광이라고 한다.

충청북도는 다양한 산업적 관광 자원을 보유하고 있다. 이 중에서 대표적인 몇 가지 자원은 다음과 같다.

가. 영동 철길역사관

영동 철길역사관은 영동선 역사를 보존하고 전시하는 곳으로, 한국의 철도 발전을 이끈 역사적인 장소이다. 이곳에서에서는 열차 모형 전시, 철도 역사에 관한 전시물 등을 관람할 수 있다.

나. 청주 세계자동차박물관

청주 세계자동차박물관은 자동차 산업의 역사와 발전을 소개하는 박물관으로, 다양한 자동차 모형과 관련 정보를 전시하고 있다.

특히, 한국의 자동차 산업 발전 과정을 살펴볼 수 있는 장소로 유명하다.

다. 음성 목재문화체험관

음성 목재문화체험관은 음성 지역의 목재 산업과 관련된 전시 및 체험을 제공하는 시설이다. 목재 공예품 제작 체험, 목재 관련 전시물 관람 등이 가능하며, 지역의 목재 산업 발전 과정을 살펴볼 수 있다

라. 충북 기업문화박물관

충북 기업문화박물관은 충청북도 지역 기업의 역사와 기술력을 소개하는 박물관이다. 지역 기업의 제품과 기술 발전 과정을 전시하고 있어 산업 관광객들에게 흥미로운 장소이다.

마. 충주다목적댐 물 문화관

충주댐은 국내 최대의 콘크리트 다목적댐이다. 이름처럼 수자원 확보, 홍수피해방지, 전력생산 등 여러 기능을 가지고 있고 규모가 큰 만큼 경관도 장대하다. 댐이 역할과 원리에 대해 충주댐 물 문화관에서 살펴볼 수 있다.

또한 물에 관한 자료들과 주변의 동식물에 대한 전시 관람도 가능하다.

바. 오송 의료관광단지

충북 청주시 오송읍에 위치한 의료관광단지로서, 첨단 의료 시설과 관련된 다양한 시설과 서비스가 집중되어 있는 지역이다.

이 단지는 의료 관광을 유치하고 의료산업을 발전시키는 데 큰 역할을 하고 있다. 의료기기 및 의료 기술에 관련된 기업들이 연구개발과 전시를 위한 시설을 갖추고 있다. 이곳에서는 첨단 의료기기 및 기술을 전시하고, 관련된 연구 및 개발 활동도 진행되어 한국의 료관광 산업시찰관광지로 각광을 받고 있다

(2) 산업적 관광자원 활성화 방안

충청북도는 자연경관과 다양한 산업자원을 보유하고 있어 산업적 관광 분야에서 많은 가능성을 가지고 있다. 여러 산업적 관광 자원과 그에 따른 활성화 방안은 다음과 같다.

가. 지역 자원 활용 강화

충청북도는 자연경관, 역사문화유적지, 전통문화 등 다양한 관광 자원을 보유하고 있다. 이러한 자원을 활용하여 관광상품과 프로그램을 다양화하고 개발함으로써 지역 관광을 활성화할 수 있다.

최근 충북의 11개 시·군중에서 MZ세대의 성지로 떠오르는 단양관광은 24년 관광객 유치목표 1,000만 명을 목표로 하고 있다.

나. 문화·예술 이벤트 개최

지역의 전통문화와 예술을 적극적으로 홍보하고 보급하기 위해 다양한 문화·예술 이벤트를 개최한다. 전통 춤추기 체험, 전통 공예품 만들기, 지역 음식 체험 등의 이벤트를 통해 관광객들에게 지역 문화를 체험할 수 있는 기회를 제공한다. 대표적인 사례로 제천 청풍명월 예술제(Jecheon Cheongpung Myeongwol Arts Festival)로 제천 청풍호의 아름다운 풍경을 배경으로 열리는 이 축제는 가을철 달빛 아래에서 다양한 문화 예술 공연과 전시가 이뤄지는 축제이다.

충청북도 11개 시·군 지역에서 개최되는 축제 및 이벤트 개최를 통해 지역 특산물을 활용한 축제 및 이벤트를 개최하여 지역 경제 활성화와 함께 문화적 교류를 촉진할 수 있다.

다. 체험형 관광 프로그램 확대

관광객들이 지역의 산업, 문화, 자연 등을 직접 체험하고 경험할 수 있는 프로그램을 확대이다. 농업체험농장, 목재체험시설, 전통주 양조 체험 등 다양한 체험 프로그램을 제공하여 관광객들의 만족도를 높일 수 있다.

충북지역은 전통적인 양조 기술을 전수하고 있는 지역들이 많아 전통주 양조 체험 프로그램이 운영된다. 관광객들은 전통적인 방식으로 소주, 막걸리, 청주 등을 직접 양조해보며 전통주 문화를 체험할 수 있다.

라. 디지털 마케팅 및 온라인 홍보

최근 MZ세대 유입을 위해 인터넷과 소셜미디어를 적극적으로 활용하여 충청북도의 관광지와 이벤트를 홍보하고 있다.

온라인을 통해 다양한 정보를 제공하고 예약 시스템을 강화하여 관광객들의 편의를 높이며, 디지털 마케팅을 통해 관광수요를 확보하고 있다.

마. 지속적인 지역 협력 네트워크 구축

지역 관광산업의 발전을 위해 충북 11개 지자체, 관광기업, 지역 상공회의소 등이 협력하여 지역의 관광자원을 공동으로 홍보하고 개발하는 네트워크를 구축해야 한다.

지역 간 협력을 강화하여 관광자원을 효과적으로 활용하고 관광객 유치에 힘을 모아서 지방소멸과 지역경제 활성화 방안을 추구해야 한다.

(3) 충청북도 지역별 대표 특산물

충청북도는 각 지역의 특색을 반영한 다양한 특산물을 보유하고 있다. 다음은 충청북도의 11개 시군에서 나온 대표적인 특산물이다.

충청북도는 한반도, 특히 남한에서 유일하게 바다와 인접하지 않는 도이기 때문에 수산물 생산은 민물고기 위주로 적고 농산물 생산이 활발한 편이다.

주요 생산물은 쌀, 대추, 고추, 배추, 옥수수, 포도, 사과 등이다.

청주시의 지역 특산물로는 청원생명 애호박으로 매달 5월이면 농수산물시장의 시장 점유 물량이 30%를 차지하고 있다.

청원생명브랜드 마크가 찍인 인큐베이터를 씌어 판매 품질 좋은 애호박으로 널리 인정받고 있다.

충주시는 청주에 이은 충청북도 제2의 도시다. 충청도의 "충"이 바로 충주시에서 이름을 따왔다. 충주시의 대표 지역 특산물은 방울토마토, 복숭아, 사과, 쌈채이다.

충주 방울토마토는 남한강 맑은 물과 기름진 토양, 청정지역에서 재배하여 선명한 빛깔, 단단한 육질, 풍부한 맛과 향 등 삼박자를 자랑하는 국내 최고 수준의 품질을 자랑한다.

제천은 충청북도 제3의 도시로, '호서'의 어원이라는 이야기가 있는 '의림지'가 위치해 있다. 인접지역인 단양군, 강원특별자치도 영월군과 더불어 전국 시멘트 생산량의 절반을 상회하는 명실상부 시멘트 공업도시로 성장했다.

현재는 광공업이 쇠퇴하면서 산업구조가 서비스업 및 관광업 위주로 개편되고 있다.

전국 3대 약령시 및 황기 생산 거점 도시 등을 근거로 '자연치유도시' 및 '한방도시'로 홍보하고 있다. 2022년 11월 기준 인구는 131,216명, 면적은 882.47㎢ 이며, 하위 행정구역은 1읍 7면 9행정동(28법정동)으로 나뉜다.

제천시의 대표 지역 특산물은 양채, 오미자, 사과, 잡곡이다.

보은군 지역 특산물로는 한우, 밤고구마, 대추이다.

보은군 한우는 브랜드 전용사료를 개발 급여하고 HACCP와 무항생제 인증을 통한 친환경 사육, 프로그램에 의해 집약관리를 실시, 육질이 고르고 우수하다.

(4) 이벤트 축제 자원 현황

문화체육관광부가 추진하는 문화관광축제 육성 지원은 외국인 관광객 유치 확대를 통한 세계적인 축제 육성 및 지역 관광 활성화를 기본방향으로 두고, 전국의 전통문화와 독특한 주제를 배경으로 한 지역축제 중 관광상품성이 큰 축제를 대상으로 1995년부터 해마다 지속적으로 지원 · 육성하고 있는 사업이다.

문화 · 축제 현황

구분	축제명
청주시(9)	세종대왕과 초정약수축제, 청원생명축제, 젓가락 페스티벌, 청남대 재즈토닉 페스피벌, 청주읍성큰잔치, 청주문화재야행, 청주공예비엔날레, 가드닝 페스티벌, 한마음축제
충주시(4)	충주세계무술축제, 수안보온천재, 충주호벚꽃축제, 양성온천축제
제천시(5)	제천겨울벚꽃축제, 제천얼음축제, 청풍호 벚꽃축제, 제천국제음악영화제, 창의124주년 제천의병제
보은군(4)	보은대추축제, 속리산 신(神)축제, 오장환문학제, 보은동학제
옥천군(5)	옥천묘목축제, 옥천참옻축제, 지용제, 향수옥천 포도복숭아축제, 중봉충렬제
영동군(4)	영동난계국악축제, 대한민국와인축제, 영동포도축제, 영동곶감축제
증평군(2)	증평들판노래축제, 증평인삼골축제
진천군(3)	생거진천 농다리축제, 생거진천 문화축제
괴산군(6)	괴산고추축제, 괴산 사리면 백마권역겨울놀이축제, 감물감자축제, 칠성둔율올갱이축제, 청천환경문화축제, 연풍조령제 및 이화령산악자전거대회
음성군(4)	음성품바축제, 설성문화제, 음성청결고추축제, 음성인삼축제
단양군(5)	쌍둥이 힐링 페스티벌, 단양 소백산 철쭉제, 단양 온달문화축제, 단양마늘축제, 단양아로니아축제

참고자료 : 문화체육관광부 홈페이지

충청북도는 음성품바축제와 괴산고추축제가 유망축제로 지정되었으며, 2018년 관광객 수는 각각 23만 명과 17만 명으로, 2019년 기준, 충청북도 지역축제는 49건이 계획되어 전국 884건의 5.5%에 해당하며, 소권역별로 보면, 북부권이 14건, 남부권 13건, 중부권과 청주권이 11건으로 동일하게 개최되었다

한편 2020년~2021년 코로나19 상황에 따른 대면 활동의 제약과 일상생활의 변화는 축제

의 정체성과 지속성을 위기상황으로 내몰았다.

문화관광축제를 비롯한 많은 지역축제들이 돌파구를 마련하고자 온라인, 온·오프 혼합형 방식을 고안하는 등 환경변화에 대응하기 위한 새로운 시도를 선보였다. 환경의 변화는 축제에 디지털역량 강화의 필요성, ICT 기술 등 다양한 장르와 융합한 축제로의 성장 모색 등 많은 과제를 남겼다.

축제는 지역의 정체성을 발현한 문화예술콘텐츠이자, 지역 활성화를 이끄는 경쟁력 있는 관광자원이다.

04. 충청북도 여행사 및 관련 기관상품

1) 충청북도 관광사업체 현황

(1) 여행업

2017년 기준, 충청북도의 여행업체는 총 663개로, 청주권에 전체의 74.1%인 491개가 등록되어 있으며, 이어 북부권에 119개, 남부권에 32개, 중부권에 21개 업체가 운영되고 있다.

세부업종별로는 국내여행업체가 214개로 가장 많으며, 국외여행업과 국내외여행업 각 207개, 195개, 일반여행업 47개 순이다.

(2) 관광숙박업

2017년 기준, 충청북도의 관광숙박업체는 33개, 북부권에 22개(66.7%) 업체가 집중되어 있으며, 청주권 7개, 중부권과 남부권에 각 2개 업체가 운영 중임. 관광호텔업이 21개로 가장 많으며, 휴양콘도미니엄업 8개, 가족호텔업 2개, 기타호텔업은 2개 업체가 운영 중이다.

시군별로 보면, 충주시에 14개소로 가장 많은 관광숙박업체가 운영 중이며, 영동 · 증평 · 진천 · 괴산 등 4개 군에는 등록된 관광숙박업체가 없는 것으로 나타나고 있다.

(3) 관광객이용시설업

2017년 기준, 충청북도의 관광객 이용시설업체는 31개로 북부권에 20개(64.5%), 중부권 7개, 청주권 4개가 있으며, 남부권에는 관련 업체가 전무함. 세부업종별로는 자동차야영장업 25개소로 가장 많으며, 전문휴양업 5개, 종합휴양업 1개로 나타나고 있다.

시군별로는, 충주시가 8개소로 가장 많으며, 단양군 7개, 제천시 5개, 음성군 4개, 청주시 3개, 진천군 2개, 증평군과 괴산군 각 1개 순으로 나타나고 있다.

(4) 국제회의업

국제회의시설업과 국제회의기획업으로 분류되며 충청북도에는 국제회의기업체만 청주시에 3개소, 진천군에 1개소가 등록되어 있다.

(5) 유원시설업

2017년 기준, 충청북도의 유원시설업체는 80개 업체가 등록되어 있으며, 작년과 비교하면 약 1.7배 증가하였으며, 청주권에 47개(58.8%), 북부권 17개, 중부권 7개, 남부권 9개 업체가 등록된 것 으로 나타난다.

세부업종별로는 기타유원시설업이 65개, 일반유원시설업이 15개이며, 종합유원시설업은 없는 것으로 나타나며, 시군별로는 청주시가 47개소로 유원시설업체가 가장 많으며, 이어 제천시 8개소, 충주시와 영동군 각 7개소, 음성군 4개소, 진천군 3개소, 단양군 2개소, 보은 · 옥천 · 증평군이 각 1개소 순으로 나타난다.

(6) 관광편의시설업

2017년 기준, 충청북도의 관광편의시설업체는 52개로, 북부권에 전체의 48.1%인 25개 업체가 등 기록되어 있으며, 청주권에 15개, 남부권 11개, 중부권 1개 업체가 등록된 것으로 나타난다.

세부업종별로는, 한옥체험업이 28개로 가장 많으며, 관광펜션업 10개, 외국인관광도시민박업 7개, 관광극장유흥업 5개, 관광식당업 2개로 나타난다.

한옥체험업 28개소 중 11개소가 남부권에 집중되어 있으며, 관광식당업과 관광펜션업은 북부권에, 관광극장유흥업은 청주권에 있는 것으로 분석된다.

충청북도 관광사업 현황

(단위 : 개소)

구분	합계	북부권				중부권				청주권			남부권			
		계	충주	제천	단양	계	진천	괴산	음성	계	청주	증평	계	보은	옥천	영동
여행업																
일반여행업	47	9	4	5	-	3	1	1	1	34	33	1	1	-	-	1
국외여행업	207	34	25	2	7	3	-	-	3	161	161	-	9	7	2	-
국내여행업	214	38	26	3	9	4	-	-	4	163	161	2	9	4	3	2
국내외여행업	195	38	22	16	-	11	4	-	7	133	131	2	13	4	4	5
합계	663	119	77	26	16	21	5	1	15	491	486	5	32	15	9	8
관광숙박업																
호텔업 가족호텔업	2	2	1	1	-	-	-	-	-	-	-	-	-	-	-	-
호텔업 관광호텔업	21	10	6	4	1	2	-	-	2	7	7	-	2	1	1	-
호텔업 기타호텔업	2	2	2	-	-	-	-	-	-	-	-	-	-	-	-	-
휴양콘도미니엄업	8	8	5	2	1	-	-	-	-	-	-	-	-	-	-	-
합계	33	22	14	6	2	2	0	0	2	7	7	0	2	1	1	0
관광이용시설업																
전문휴양업	5	3	3	-	-	2	1	-	1	-	-	-	-	-	-	-
종합휴양업	1	-	-	-	-	-	-	-	-	1	1	-	-	-	-	-
자동차야영장업	25	17	5	5	7	5	1	1	3	3	2	1	-	-	-	-
합계	31	20	8	5	7	7	2	1	4	4	3	1	0	0	0	0
유원시설업																
종합유원시설업	-	-	-	-	-	-	-	-	-	-	-	-	-	-	-	-
일반유원시설업	15	9	4	3	2	-	-	-	-	4	4	-	2	1	-	1
기타유원시설업	65	8	3	5	-	7	3	-	4	43	42	1	7	-	1	6
합계	80	17	7	8	2	7	3	0	4	47	46	1	9	1	1	7
관광편의시설업																
관광유흥음식점업	-	-	-	-	-	-	-	-	-	-	-	-	-	-	-	-
관광극장유흥업	5	-	-	-	-	-	-	-	-	5	5	-	-	-	-	-
외국인전용 유흥음식점업	-	-	-	-	-	-	-	-	-	-	-	-	-	-	-	-
관광식당업	2	2	1	1	-	-	-	-	-	-	-	-	-	-	-	-
시내순환관광업	-	-	-	-	-	-	-	-	-	-	-	-	-	-	-	-
관광사진업	-	-	-	-	-	-	-	-	-	-	-	-	-	-	-	-
관광팬션업	10	10	-	7	3	-	-	-	-	-	-	-	-	-	-	-
관광궤도업	-	-	-	-	-	-	-	-	-	-	-	-	-	-	-	-
한옥체험업	23	10	7	1	2	-	-	-	-	7	5	2	11	7	4	-
외국인관광 도시민박업	7	3	3	-	-	1	1	-	-	3	3	-	-	-	-	-
합계	52	25	11	9	5	1	1	0	0	15	13	2	11	7	4	0

참고자료 : 충청북도, 충북통계연보, 2017 자료 참조

충청북도 대표 관광상품 현황

번호	여행사	상품명	주요여행지
1	㈜여행스케치	영동 힐링! / 반양사+월류봉+와인터널	영동
2	㈜여행스케치	단양 힐링! / 스카이워크+잔도길+전통시장 맛집 여행	단양
3	㈜여행스케치	제천 힐링! / 의림지+한방 체험+전통시장 맛집 여행	제천
4	㈜여행스케치	충주 힐링! / 월악산+온천 족욕+전통시장 맛집 여행	충주
5	㈜테마캠프여행사	자연치유 도시 제천! 웰니스 체험 여행	제천
6	㈜해밀여행사	여행을 잇다! KTX-이음 충북 힐링 기차여행(제천, 단양)	제천/단양
7	㈜해밀여행사	건강을 잇다! KTX-이음 제천 숲테라피 체험 기차여행	제천
8	㈜해밀여행사	영동 국악&와이너리 체험 기차여행	영동
9	㈜잼토리	복사꽃 길 따라 / 1년에 단 2, 햇사래의 고장 복사꽃 투어(음성)	음성군 감곡면
10	㈜아름여행사	(내륙의 바다) 제천 청풍호에 반하던 날	제천
11	㈜아름여행사	예(쁜풍경도 보고)+쓰(레기도 줍고) 충북 나드리	괴산
12	㈜동백여행사	진천농다리+아름다운 꽃절 보탑사+전통시장 맛집 투어	진천
13	㈜동백여행사	단양 마늘약초 한정식 맛기행&구경전통시장 투어	단양
14	㈜동백여행사	청풍호 케이블카&옥순봉 출렁다리, 약초시장 투어	제천
15	㈜로망스투어	굽이굽이 걷기 좋은 길(속리산 세조길, 말티재, 산막이옛길)	괴산/보은
16	㈜여행관광	컬러풀 충북, 그린 와이너리(옥천+영동)	옥천/영동
17	㈜여행관광	어린이, 어른이 충북 히든 명소 탐방(증평, 음성, 진천)	증평/음성
18	㈜여행관광	액티비티 충북 여름나기 여행(제천+단양)	제천/단양
19	홍익여행㈜	(전지적 여행시점)행복 충만 충북행(제천, 충주, 단양)	제천/단양
20	㈜코레일관광개발	세종대왕의 정신이 깃든 청주 체험 여행	청주

참고자료 : 충북나드리 홈페이지 자료 참조 https://tour.chungbuk.go.kr/www/contents.do?key=57

2023년 충청북도 대표 관광상품의 예시는 다음과 같다.

㈜여행스케치가 운영하는 상품으로 상품명은 영동 힐링! 이라는 상품명으로 운영되며 기본코스로는 당일 행사로 반야사, 월류봉, 노근리 평화공원, 와인터널 관광으로 당일치기 행사로 진행된다.

반야사

월류봉

노근리 평화공원

와인터널

▌영동 힐링! 상품㈜ 여행스케치 운영▐

참고자료 : 충북나드리 홈페이지 자료 참조 https://tour.chungbuk.go.kr/www/contents.do?key=57

㈜테마캠프여행사가 운영하는 상품으로 상품명은 자연치유 도시 제천! 이라는 상품명으로 운영되며 기본코스로는 당일 행사로 옥순봉 출렁다리, 능강솟대문화공간, 의림지, 제천 한방엑스포공원 관광으로 당일치기 행사로 진행된다.

옥순봉출렁다리

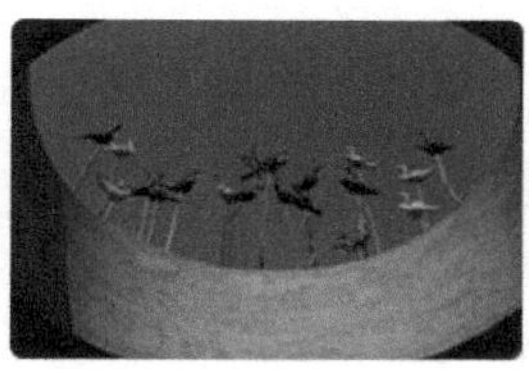

능강솟대문화공간

의림지

제천한방엑스포공원

▌자연치유 도시 제천! 상품 ㈜테마캠프여행사 운영▐

참고자료 : 충북나드리 홈페이지 자료 참조 https://tour.chungbuk.go.kr/www/contents.do?key=57

05. 충청북도 미래 관광상품 변화 및 개발

1) 충청북도 미래 관광상품개발

(1) 충청북도 관광상품개발

천혜의 자연환경에 첨단기술을 연계한 중부권 힐링관광의 중심지이다. 또한 수도권과 영남, 관동과 호남을 잇는 국토 X축의 결절지로 매우 중요한 지리적 위치를 보유하고 있다.

"이동은 짧게, 감동과 여운은 길게"를 주제로 하는 국민여가활동의 최적지로 융복합관광 육성 및 관광산업 생태계 혁신, 도시관광 매력 확충 및 디지털 관광콘텐츠 개발, 백두대간·호수 등 자연자원 기반 청정관광의 국제수준 육성, 충북 관광 브랜딩 및 스마트 관광수용태세 확충이다.

가. 선제적 외래관광객 유치 - 국토 중심 힐링·슬로우 관광 거점화

'내륙의 섬, 충청북도'를 국토 중심의 힐링 · 슬로우 관광의 중부권 거점지로 육성함으로써 선제적 외래관광객 유치를 도모한다.

힐링 및 슬로우 개념은 새로운 능동적 여가문화 소비계층으로 등장한 '뉴 시니어(New Senior)'층의 '젊음, 향수, 자아'를 키워드로 하는 적극적인 관광 소비 행태와도 밀접한 관련이 있다.

key point 뉴 시니어(New Senior)

- 기존 고령 세대와 달리 여유 있는 경제력을 바탕으로 은퇴 이후에도 잠재 소비성향이 강함
- 사회 및 여가·문화 활동 등에 적극적으로 참여
- 우리나라에서는 베이비붐 세대(1955~1963년 출생) 주목

선제적 외래관광객 유치를 위해 2D3P 기반의 다양한 힐링 관광지 개발, 지정 관광지 및 관광특구의 활성화, 경쟁력 있는 테마 명품길 조성 등의 전략을 추진하고 있다.

한편 백두대간 고갯길 및 충주호, 대청호가 연계된 천혜의 자연환경은 최근 점차 확산되어 가는 자전거, 등산 등 건강이 접목된 친환경 레포츠로서의 OR(Outdoor Recreation)

최적지로 부각 되고 있다.

나. 충북 도내관광의 외연 확장 - 지역별 테마관광 활성화 및 외연 확장

정주권 중심의 생활 관광, 근거리 관광을 활성화함으로써 도민들의 도내 관광의 외연 확장을 추진하며, 이는 외래관광객 도내 유치와 같은 경제적 효과를 기대한다.

근자열 원자래(近者悅 遠者來), '가까이 있는 사람을 기쁘게 하면 멀리 있는 사람이 찾아온다.'라는 공자의 말은 최근 여가·관광 활동의 일상화 및 다양화, 일상 공간의 관광화 추세가 확산하는 경향을 그대로 반영하고 있다.

최근의 관광 추세인 킨포크(Kinfolk) 라이프를 기반으로 한 단거리 여행 증가와 휴일을 활용한 근교 여행 선호, 경제 추세를 반영한 칩시크(Cheap-Chic) 추구 성향의 실속형 관광 소비의 확산 등을 고려하여 근거리 관광기반의 '지역별 테마 관광 활성화 및 외연 확장'으로 설정한다.

key point **킨포크 라이프(Kinfolk Life)**

'친척'이라는 의미로, 가족, 친구들과 함께 어울리며 자연 친화적으로 여유롭고 소박하게 사는 삶의 방식

key point **칩시크(Cheap-Chic)**

'저렴하면서 멋진'이란 의미로, 상품 브랜드보다 가격 대비 가치가 높은 상품을 중시하는 소비문화 영향

충북 도내관광의 외연 확장을 위해 시군별 특화자원 인프라 구축, 도시관광의 활성화, 다양한 테마별 관광코스 개발 등의 전략을 추진한다.

다. 관광향유를 통한 도민행복 증진 - 창조적인 관광진흥사업 육성

창조적·차별적인 융복합 관광상품 개발과 다양한 홍보 및 마케팅 방식 도입 등을 통해 충북 도민의 관광에 대한 접근성을 향상함으로써 관광향유를 통한 도민 행복 증진에 기여한다.

'창조적인 관광진흥사업 육성'을 통해, 중부권의 대표적 여가 휴양지로서의 충청북도 관광 활성화를 소프트웨어 측면에서 가속할 수 있는 다양한 관광상품 및 콘텐츠 개발과 관광 동향에 따른 현실적인 홍보·마케팅 전략 등으로 마케팅을 활성화한다.

궁극적으로 관광향유의 폭을 넓힘으로써 도민 모두의 행복을 증진하기 위해 체계적인

홍보 및 마케팅 도입, 차별적 축제상품 개발 및 육성, 융·복합 관광상품 콘텐츠 발굴 등의 전략을 추진한다.

충청북도도 미래 관광상품 변화 및 개발은 다양한 요인에 의해 영향을 받을 수 있다. 충청북도의 미래 관광상품 변화 및 개발에 대한 일반적인 고려 사항은 다음과 같을 수 있다.

가. 지역 특성 및 문화자원 활용 방안

충북 지역의 고유한 역사, 문화, 자연환경 등을 활용하여 독특하고 매력적인 관광상품을 개발해야 한다. 11개 시·군 지역특산물, 전통행사, 역사적 명소 등을 적절히 활용해야 한다.

나. 지속 가능한 관광이다

지속 가능한 발전을 고려하여 환경친화적이고 지역사회에 긍정적인 영향을 미칠 수 있는 관광상품을 개발해야 한다. 생태관광, 농촌 체험, 지속 가능한 여행 코스 등이 포함될 수 있다.

다. 최신 디지털 기술 도입을 통한 경쟁력 향상이다.

최신 디지털 기술을 활용하여 관광상품을 제공하고 홍보하는 방법을 모색해야 한다. 가상현실(VR), 증강현실(AR) 등을 활용한 체험 프로그램이나 스마트폰 애플리케이션을 개발하여 관광객과의 상호작용을 촉진할 수 있다.

360도 영상과 드론을 활용하여 관광명소나 자연경관을 고품질로 촬영하여 온라인으로 제공한다. 이를 통해 온라인으로도 실제로 충북에 방문한 듯한 느낌을 제공할 수 있다.

라. 지역콘텐츠를 활용한 다양한 체험 관광 활성화이다.

관광객이 충북 지역에서 다양한 체험을 할 수 있도록 하는 상품을 개발해야 한다. 예를 들면 요리 체험, 공예 체험, 전통 의상 체험 등을 통해 관광객이 충북 지역의 매력을 직접 체험할 수 있도록 하는 것이 중요하다.

마. 지역 문화예술 프로그램 경쟁력 강화 방안이다.

충북 지역 예술가들과 협업하여 문화예술 프로그램을 개최하거나 예술 작품 전시를 통해 예술과 관광콘텐츠, 축제 등을 결합해 소비자들이 찾아갈 수 있는 문화관광 장원을 발굴해야 한다.

바. 충북 지역 11개 시, 군 협력 및 지속적인 네트워킹이다.

충북 지역 내의 기업, 단체, 지자체와의 협력을 강화하고 지역 간의 네트워킹을 활성화하여 지역 전반에 걸친 통합된 관광상품을 개발해야 한다.

사. 체험형 관광 프로그램 개발이다.

체험 중심의 관광 프로그램을 강화하여 관광객이 지역의 자연, 문화, 역사를 직접 체험하도록 하는 것이 중요하다.

아. 마케팅과 홍보강화 방안이다.

효과적인 마케팅과 홍보 전략을 통해 관광상품을 홍보하고 시장에 알리는 것이 중요하다.

이러한 고려 사항들은 지역 특성과 관광수요에 따라 조절되어야 하며, 현지 주민과 이해관계자들과의 적극적인 소통과 협력이 관광상품 개발의 성공에 기여할 것이다.

06. 충청북도 문화관광해설사 지역 콘텐츠 및 해설사항

1) 충청북도 문화관광 해설사 지역 콘텐츠

(1) 문화관광해설사 정의

문화관광해설사란 '해당 지역을 방문한 관광객들의 이해와 감상, 체험기회를 제고하기 위하여 역사, 문화, 예술, 자연 등 관광자원 전반에 대한 전문적인 해설을 제공하는 자원봉사자로 정의한다.

가. 문화관광해설사 역할

역사, 문화, 예술, 자연 등 해당 활동지역의 문화관광자원에 대한 전문적인 지식을 관광객의 눈높이에 맞춰서 전달 방문목적, 관심 분야, 연령 등 다양한 관광객의 관광 욕구를 만족시키기 위함이다.

가벼운 이야기 위주의 여흥적 해설로부터 해당 활동지역의 역사, 문화, 자연자원에 대한 전문적 해설 제공하여 관광 정보를 생산 및 확산시킨다.

해당 지역을 방문한 관광객들의 재방문을 유도하며, 새로운 관광수요를 창출하는 역할 담당 관광객들의 바람직한 관람 및 탐방 예절과 건전한 관광문화 활동을 유도한다.

지역 문화재를 비롯해 주변 환경을 보호 및 해당 활동지역의 문화관광 홍보대사와 유사한 역할을 수행한다.

나. 문화관광해설사 이용

전국 문화관광 해설서비스는 문화관광해설사 통합예약 사이트를 통해 무료로 예약할 수 있다.

(2) 충청북도 문화관광해설사 지역 콘텐츠

11개 시, 군 대표콘텐츠를 기반으로 2개씩만 선정하였다.

가. 단양군 : 온달관광지

온달관광지는 소백산 국립공원 및 구인사 서쪽에 위치하며, 단양 시내에서 영춘, 영월 방면으로 연결된 595호 지방도를 30분 정도 달리면 고구려의 명장 온달장군과 평강공주의 전설이 담겨져 있는 온달관광지가 보인다.

97,011㎡(29,345평)의 부지에 조성 중인 온달 관광지는 민속놀이장, 스포츠 타운, 여관, 향토음식점, 토산품판매점, 피크닉장, 온달촌, 온달관, 전설의 집, 전통 혼례장 등 관광 편의 및 볼거리들이 있다.

관광지 내에는 4억5천만 년의 신비스러움을 간직한 온달동굴(760m)과 온달장군과 평강공주의 사랑 이야기가 연연히 전해오는 온달산성이 있다. 매년 10월이면 단풍과 국향처럼 고운 온달문화축제가 풍성하게 열린다.

인접한 관광지로는 단양 제2 팔경의 북벽과 천태종 총본산인 구인사 그리고 소백산 깊은 계곡에서 흘러나오는 청정 계곡인 남천계곡이 위치하고 있다.

나. 단양군 : 도담삼봉

영랑호는 둘레 7.8km 면적 1.21㎢, 수심 8.5m 자연호수이다.

신라의 화랑 '영랑'이 벗들과 금강산으로 수행을 다녀오다가 호수의 아름다움에 반해 오래 머물며 풍류를 즐겼다 해서 붙여진 이름이다.

화랑이 자신의 본분을 잊고 오래 머무른 만큼이나 호수의 경관이 뛰어난 곳으로 예전부터 사람들의 발길이 이어지고 있다.

영랑호수윗길은 영랑호 물 위를 걸으며 호수 위의 경관과 울산바위의 뛰어난 정경을 감상할 수 있다.

호수 위를 걸으며 속초의 자연을 듬뿍 느낄 수 있다.

다. 단양군 : 고수동굴

짧은 시간이나마 태고의 신비를 느낄 수 있는 길이 1,700m의 자연동굴이다.

대부분이 석회석 지질로 이루어진 단양의 지하 깊숙한 곳에는 인간의 손이 미쳐 닿지 않은 미지의 석회동굴들이 수십 개씩 자리하고 있다.

특히 천연기념물 제256호로 지정된 고수동굴은 길이 1,700m에 이르는 자연동굴로 동양에서도 가장 아름다운 동굴로 손꼽힌다.

둥그렇게 입을 벌리고 있는 동굴의 깊은 속내를 들여다보니 산속에서부터 잔잔히 스며

드는 빗물과 공기가 맞닿아 이루어진 예사롭지 않은 모양의 종유석과 석순들이 눈길을 사로잡는다.

마음에 잔잔한 파동을 남기는 마리아상, 힘찬 날갯짓이 돋보이는 독수리 바위, 실제 도담삼봉을 쏙 빼닮은 도담삼봉 바위, 1년에 겨우 0.1mm씩 자란다.

수십만 년 후나 만나게 될 종유석과 석순의 안타까운 사랑이 서린 사랑 바위, 하늘의 세상을 옮겨온 듯 경이로운 천당성벽 등 동굴 안 세상은 그렇게 인간의 상상력을 뛰어넘는 화려함과 웅장함으로 신비로운 세계를 빚어가고 있다.

라. 제천시 : 박달재

「울고 넘는 박달재」라는 대중가요로 전국에 널리 알려진 고갯길로 박달 도령과 금봉 낭자의 애달픈 사랑으로 인해 박달재로 불리게 되었다고 하며, 사랑의 테마 관광지로 새롭게 탈바꿈하고 있으며, 최근 성각 스님이 공력을 들여 조각한 목굴암과 오백나한상의 전시관이 생겨 불자뿐만 아니라 일반인의 발걸음을 붙잡고 있다.

박달재는 천등산뿐만 아니라 인근에 인등산과 지등산도 함께 있어 天, 地, 人이 모두 갖추어진 유일한 곳이다, 아득한 옛날 우리 민족의 시원과 함께 하늘에 천제(天祭)를 올리던 성스러운 곳이다.

박달은 순수한 우리말로 한자 자체가 가진 의미는 없다. 박은 밝다, 크다, 하얗다, 높다, 성스럽다 등의 여러 가지 의미가 있다.

충주 다릿재 터널을 지나 제천시로 들어서면 낙향한 서울사람들이 많이 모여 산다는 제천시 백운면이 보인다.

풋풋한 농촌의 인심이 물씬 느껴지는 평동리 마을을 뒤로하고 아흔아홉 굽이굽이 고갯길을 넘어가며 펼쳐지는 박달재는 드높은 산세와 파란 하늘이 맞닿아 그려낸 한 폭의 그림과도 같다.

마. 제천시 : 의림지

충청도를 호수의 서쪽이라 하여 호서지방이라고도 부르는데, 여기서 말하는 호수가 바로 의림지를 가리킨다. 그만큼 의림지는 오래되고 유명한 저수지이다.

충청북도 기념물 제11호인 의림지는 삼한 시대에 축조된 저수지로, 본래 임지라고 했다. 호반 둘레 1.8km, 만수 면적 151,470㎡, 저수량 6,611,891㎡, 수심 8~13m의 대수원지로 289.4 정보의 농지를 관개한다. 김제의 벽골제, 밀양의 수산제와 함께 삼한 시대 수리

시설 가운데 하나로, 수구를 옹기로 축조하여 당시의 농업기술을 연구하는데 귀중한 자료가 되고 있다.

현재는 제천 지방의 경승지로, 호수 주변에는 순조 7년(1807년)에 세워진 영호정과 1948년에 건립된 경호루, 그리고 수백 년을 자란 소나무와 수양버들, 30m의 자연폭포 등이 어우러져 풍치를 더하고 있다.

특히 특산물로서, 산란하는 해빙기에만 볼 수 있는 공어(일명 빙어)가 있는데, 회어로서 진미를 맛볼 수 있어 관광객들에게 주목을 받고 있다. 주위에 솔밭공원, 국궁장, 파크랜드 등이 조성되어 있어 시민들과 관광객들에게 좋은 휴식처가 되고 있다.

바. 충주시 : 세계무술박물관

충주 탄금공원(구. 세계무술공원)에는 아름다운 풍경을 자랑하는 남한강변의 제방을 따라 산책로와 자전거도로가 개설되어 있다.

공원의 정문 옆에는 푸른 인조잔디가 깔린 축구장이 있어 운동과 여가생활을 하기에 좋은 곳이다.

공원 안에는 세계무술박물관, 어린이 놀이시설 라바랜드, 야외공연장, 수석공원, 돌 미로원 등의 시설을 갖추고 있다.

인접한 능암늪지 역시 학습과 체험, 관광과 휴식을 동시에 즐길 수 있는 생태관람공원으로 조성되어 시민들이 사랑하는 휴식처로 자리 잡았다.

사. 충주시 : 탄금대

탄금대는 본래 대문산이라 부르던 야산인데, 기암절벽을 휘감아 돌며 유유히 흐르는 남한강과 울창한 송림으로 경치가 매우 좋은 곳이다.

탄금대란 신라 진흥왕 때 우리나라 3대 악성(樂聖) 중 하나인 우륵(于勒)이 가야금을 연주하던 곳이라 하여 붙여진 이름이다.

1,400년 전인 신라 진흥왕 때 가야국의 우륵이라는 악사는 조국의 멸망 후에 이곳에 강제로 이주당한 수많은 가야인들 중 한 사람이었다.

당시 우륵은 탄금대 절벽바위를 주거지로 삼고 풍광을 감상하면서 가야금을 타는 것으로 소일했다. 그 오묘한 음률에 젖어 들어 사람들이 하나둘 모여 부락을 이루고 그곳을 탄금대라 명명했다.

탄금공원 한켠에는 충혼탑이 하나 서 있다. 한국전쟁 당시 나라를 위해 순국한 충주 출신 전몰장병과 경찰관, 군속, 노무자 2838인의 넋을 추모하고자 1956년에 세운 것이다.

이 곳은 매년 6월 6일 현충일을 맞아 향사를 지낸다. 탄금정과 충혼탑 중간에는 항일시인 권태응 선생의 감자꽃 노래비가 있어 발길을 또 한 번 붙잡는다.

공원 군데군데에는 조각작품이 들어서 있고, 소나무 군락이 시원한 그늘을 만들어 단란한 가족 나들이를 즐길 수도 있다.

아. 음성군 : 반기문 평화기념관

반기문 유엔사무총장의 생가 마을에 세워진 기념관이다. 반기문 유엔사무총장과 유엔을 상징하는 조형물로 꾸며놓은 테마공원인 반기문 평화랜드에 자리하고 있다.

이곳에서는 반기문 유엔사무총장의 어린 시절과 학창시절, 그리고 37년 외교관 인생 등 유엔의 수장이 되기까지의 과정에 대해 상세히 알 수 있다. 외교관의 길을 걷던 반기문 사무총장이 유엔의 수장이 되기까지의 과정을 알 수 있다.

또한, 유엔사무총장이 된 후 기후변화문제와 빈곤퇴치, 질병 예방 등에 힘을 쏟는 인류평화를 위한 다양한 활동도 만나볼 수 있는 곳이다.

자. 괴산군 : 화양구곡(우암 송시열유적지)

만동묘는 우암(尤庵) 송시열(宋時烈)의 유교(遺敎)에 따라 수암(遂菴) 권상하(權尙夏)가 숙종 30년(1704)에 건립하였다.

임진왜란 때 조선에 원군을 파견한 명나라의 신종(神宗)과 명나라의 마지막 황제인 의종(毅宗)의 위패를 모시고 제사하던 곳이다.

경술국치 이후 1917년 일제가 만동묘의 제사를 금지하고 이를 반대하는 유림을 구속하였다.

유림에서는 춘추계를 조직하여 몰래 제사를 지냈는데 일제는 1937년에 이들을 체포하고 위패와 제구를 불사르고 묘정비를 징으로 쪼아 훼손하더니 1942년 건물을 불사르고 묘정비를 땅에 묻어버렸다.

1999년 우암 송시열 관련 유적이 국가지정문화재(사적 417호)로 지정된 후 2002~2005년 만동묘 · 성공문 · 묘정비각 · 외삼문 · 중반청 · 존사청을 복원하였다.

차. 증평군 : 보강천 미루나무숲

보강천은 증평군 도안면과 증평읍의 들판을 적시며 흐르는 증평의 젖줄이다. 보강천 생태공원이 조성된 곳은 보강천과 좌구산에서 발원한 삼기천이 합류한다.

증평읍의 남쪽을 병풍처럼 두르고 있는 두타산에서 발원한 지천들 또한 보강천과 합류하는 지점에 조성되어 있다.

두 개의 큰 물줄기와 소소한 지천들이 모여 풍부한 수량을 자랑하는 이곳은 어족자원과 수변·식물, 조류, 곤충 등 다양한 생명체가 살아 숨 쉬는 아름다운 습지를 이루고 있다.

보강천 체육공원에서 출발하여 습지를 걷고 징검다리를 건너 다양한 수변 식물의 생태를 관찰하면서 다시 원점으로 돌아오는 총 거리 2.7km. 보강천 생태공원을 한 바퀴 돌아보고 나면 다양한 수변 식물과 곤충들과 만나게 된다.

카. 진천군 : 농다리

문백면 구곡리 굴티마을 앞을 흐르는 세금천에 놓인 다리로 '농다리'라고 불리고 있는 아름다운 모양의 돌다리(石橋)이다.

"상산지(常山誌)"(1932)에는 '고려 초기에 임장군'이 축조하였다고 전해진다.'라고 기록되어 있다. 본래는 28수(宿)를 응용하여 28칸으로 만들어졌다. 사력 암질의 붉은색 돌을 물고기 비늘처럼 쌓아 올려 교각을 만든 후, 상판석을 얹어 놓고 있다.

이 다리의 특징은 교각의 모양과 축조방법에 있는데, 돌의 뿌리가 서로 물려지도록 쌓았으며 속을 채우는 석회물의 보충 없이 돌만으로 건쌓기 방식으로 쌓았다.

교각의 폭은 대체로 4m에서 6m 범위로 일정한 모양을 갖추고 있고, 폭과 두께가 상단으로 올수록 좁아지고 있어 물의 영향을 덜 받게 하기 위한 배려가 살펴진다.

비슷한 예가 없는 특수한 구조물로 장마에도 유실되지 않고 견고하게 유지되고 있으며, 상판석의 돌은 특별히 선별하여 아름다운 무늬를 잘 보여주고 있다.

타. 보은군 : 속리산 둘레길

속리산은 처음에는 천왕봉, 비로봉, 길상봉, 관음봉, 수정봉, 보현봉, 문수봉, 묘봉 등 9개의 연속된 봉우리가 활처럼 휘어져 보여 구봉산으로 불렸다고 한다.

우리나라 팔경 중 하나로 그 절경이 금강산과 맞먹을 만큼 뛰어나 소금강산 또는 제2금강이라고도 했다.

이 외에도 광명산, 미지산, 형제산, 지명산, 자하산 등 다양한 이름으로 불리다가 신라시대부터 속리산이라 불렸다고 한다.

괴산군 청천면에서부터 경북 문경시 마성면 사이, 소백산맥 줄기 가운데에 위치하고 있다. 괴산군에는 총 6개 구간(3구간~8구간)의 둘레길이 지나간다.

파. 옥천군 : 수생식물학습원

대청호가 품은 천상의 정원이라는 타이틀에 걸맞게 아름다운 대청호의 비경을 가장 잘 관망할 수 있는 옥천의 인생 사진 명소이다.

유럽의 고성을 연상시키는 절벽 위 아름다운 저택과 잘 가꿔진 정원이 호수와 어우러져 이국적인 분위기를 자아내고 있어 드라마 촬영지로 주목을 받고 있다.

또한, 사진 명소로 입소문을 타면서 관광객들의 끊임없는 발길이 이어지고 있어 옥천의 랜드마크로 자리매김하였다.

하. 청주시 : 단재 신채호 사당 및 묘소

일제 강점기 시대 독립운동가이자 역사가, 언론인이었던 단재 신채호 선생의 사당 및 묘소이다.

신채호 선생의 고향인 청주시 낭성면의 고드미 마을에 자리하고 있다. 신채호 선생은 20세에 성균관 박사가 되었다.

황성신문의 기자로 논설을 쓰며 불법적인 을사늑약 체결을 단호히 배척했다. 대한매일신보에 초빙되어 주필로서 국권 회복, 민족의식 고취에 공헌하였다. 28세 무렵에 이동녕 · 안창호 선생 등과 함께 항일비밀결사인 신민회를 조직하였다.

1910년 해외에 망명한 후 본격적으로 국사 연구에 힘써 「조선상고사」, 「조선사연구초」 등의 저서들을 집필하였다. 1919년 상해 임시정부수립 후에는 의정원 전원위원장으로 독립운동에 힘을 기울였고, 1929년 일본 경찰에 체포되어 여순감옥에서 복역하던 중 순국하였다.

1978년부터 묘역을 정화하고 이곳에 사당을 세웠다. 사당은 앞면 3칸 · 옆면 1칸으로 지붕 옆면이 사람 인(人)자 모양의 간결한 맞배지붕집이다. 정면에 '단재영각(丹齋影閣)'이라는 현판이 걸려있다.

사당 앞에 '정기문(正氣門)'이라 이름 붙인 대문을 세우고 둘레에는 담장을 둘렀다. 묘소는 선생이 어린 시설에 살던 옛 집터에 안장한 것으로, 묘역에는 한용운 등이 세운 묘표석과 1972년 세운 사적비가 있다.

거. 보은군 : 동학농민혁명 기념공원

통곡의 계단과 하늘 계단을 오르내리며 사진과 글을 접하다 보면 동학운동의 이념과 역사적 가치에 대해 한층 다가선 나를 발견할 수 있다.

아울러 동학농민혁명군 위령탑에 조성·전시되어 있는 기록들은 동학농민혁명과 보은, 그 역사적 사실을 조명하고 있다.

보은군은 동학의 2대 교주 최시형이 조선 정부의 탄압을 피해 몸을 숨긴 채 동학을 전파했던 중요한 근거지이자 교세를 떨쳤던 약속의 땅이었다. 교조 최재우를 처형한 이후에도 동학을 사교로 규정하고 탄압을 하는 조정에 대항하여 동학교단 처음으로 동학교도 총본부인 동학대도소를 두게 된다.

보은 장내리가 그곳. 1800년대 중반부터 장내리를 주 무대로 삼아 활동하면서 격동의 교단 역사를 써 내려간 최시형이 고종에게 올릴 복합상소를 위한 대도소를 1893년 1월 설치한 것이다.

참고 문헌

- 공주시, https://www.gongju.go.kr
- 국가관광자원개발 통합정보시스템(www.tdss.kr) 참조
- 논산시청, https://www.nonsan.go.kr
- 대전오월드 https://www.oworld.kr
- 대전컨벤션센터 https://www.dcckorea.or.kr
- 대한민국 구석구석, https://korean.visitkorea.or.kr
- 문화관광해설사 통합예약사이트 참조. https://www.kctg.or.kr/reservation/apply01.do
- 문화재청, www.cha.go.kr
- 문화체육관광부, 관광 동향에 관한 연차보고서, 2021년 12월 31일
- 문화체육관광부, 관광지, 관광단지 지정 현황(2022년 6월 기준)
- 문화체육관광부 홈페이지 https://www.mcst.go.kr/kor/main.jsp
- 부여군, https://www.buyeo.go.kr
- 서산버드랜드, https://birdland.seosan.go.kr/
- 세종자치시 공원관리사무소 http://www.sejong.go.kr/park.do
- 우리나라 생태관광 이야기 http://ecotour.go.kr
- 익산시, https://www.iksan.go.kr
- 지역별 대표 농특산물 모음
  https://terms.naver.com/entry.naver?docId=3406729&cid=58387&categoryId=58387 참조
- 제4차 충청북도 종합계획 2021-2040 자료 참조
- 충북나드리 홈페이지 자료 참조 https://tour.chungbuk.go.kr/www/contents.do?key=57
- 충북도청, 충북나드리 사이트 참조 https://tour.chungbuk.go.kr/www/contents.do?key=232
- 충청관광, https://tour.chungnam.go.kr/
- 충청남도, http://www.chungnam.go.kr/
- 충청북도, 문화재 현황
- 충청북도자치도 홈페이지 참조 https://www.chungbuk.go.kr/www/contents.do?key=443
- 충청북도, 충북통계연보, 2017 자료
- 충청북도, 충청통계연보, 2020
- 충청북도 홈페이지 참조 https://blog.naver.com/knwebmaster/222608350716
- 팜카밀레 홈페이지 : www.kamille.co.kr
- 한국향토문화전자대전, http://www.aks.ac.kr, 한국학중앙연구소

Chapter 06

경상권의 관광자원

01. 경상남도의 관광자원

1) 경상남도 관광 행정조직도

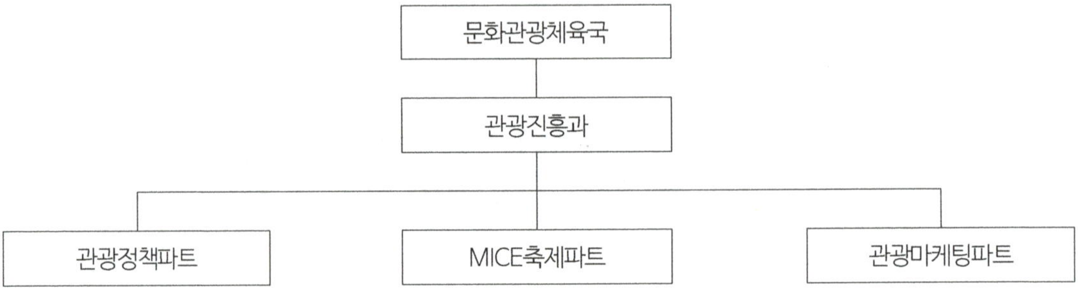

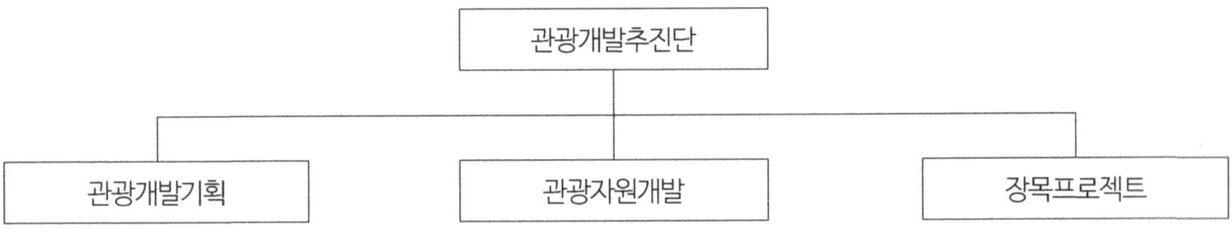

경상남도는 문화관광체육국 산하에 관광진흥과에서 관광정책, MICE축제, 관광마케팅 등을 담당하며 관광개발추진단에서 관광개발기획, 관광자원개발, 장목프로젝트 등을 운영 중이다.

2) 경상남도 관광부문 예산현황

(단위 : 백만 원)

구분	2021년	2022년	2023년
계	59,137	71,043	69,203
관광진흥과	59,137	60,180	68,108
관광개발 추진단		10,863	1,095

경상남도의 관광예산은 연간 약 700억 원 규모이며, 관광진흥의 예산 비중이 높다.

3) 경상남도의 주요 관광자원

(1) 경상남도의 방문객 추이

(단위 : 천 회, 천 명, %)

구 분		2021년	2022년	증감률
국민 국내관광 횟수	관광여행	19,902	23,488	18.0
	기타여행	3,606	3,317	-8.0
	총계	23,508	26,805	14.0
외래관광객 수		78	109	39.4

자료 : 문화체육관광부 (2023.). 「2022 국민여행조사」; 「2022 외래관광객조사」.

주1) 국민여행조사는 2018년을 기점으로 조사방식이 변경되어 국민 국내 관광객 수 추정치를 제공하지 않음에 따라 2018년 이후 '여행지별 여행 횟수'를 통해 방문객 추이 제공

주2) 외래관광객 수의 경우 외래관광객 실태조사의 권역별 방문비율을 고려하여 추계한 수치임

주3) 외래관광객 수의 경우 2018년부터 모집단에서 크루즈 여행객이 제외됨에 따라 결과 비교 시 주의가 필요함

주4) 증감률은 단위 미만 반올림 값을 토대로 계산한 수치임

경상남도는 연간 약 3천 회 이상의 국내 여행 수요가 존재하며, 외래관광객은 연간 약 10만여 명이 방문한다. 코로나 시기인 2021년에 연간 3만여 명의 외래관광객 수요가 감소하였으나, 2022년을 기점으로 반등 중이다.

(2) 경상남도의 내국인 인기 방문지 순위 (내비게이션 검색량 기준)

2023년 10월			2022년 10월		
순위	관광지명	지역	순위	관광지명	지역
1	통도사	양산	1	통도사	양산
2	진주남강유등축제	진주	2	신소양체육공원핑크뮬리	합천
3	신소양체육공원핑크뮬리	합천	3	황산공원	양산
4	독일마을	남해	4	독일마을	남해
5	고성공룡세계엑스포	고성	5	거창별바람언덕	거창
6	삼성궁	하동	6	바람의언덕	거제
7	바람의 언덕	거제	7	마산로봇랜드	창원
8	황산공원	양산	8	해인사	합천
9	마산로봇랜드	창원	9	매미성	거제
10	매미성	거제	10	보리암	남해

위의 표는 내국인의 경남 관광 트렌드를 파악하기 위해 내비게이션 데이터를 활용해 방문지의 순위를 분석한 것이다. 내비게이션 데이터 기반 목적지 유형별 검색량은 음식(810,011건), 문화관광(347,401건), 숙박(234,415건), 쇼핑(203,805건)으로 나타났다. 해당 기간 내비게이션 검색량은 통토사(18,527건), 진주남강유등축제(17,789건), 신소양체육공원핑크뮬리(16,843건), 독일마을(13,021건), 고성공룡세계엑스포(12,081건)으로 집계되었다.

(3) 경상남도의 외국인 인기 방문지

순위	영어권		일본어		중국어(간체자)		중국어(번체자)	
	관광지명	지역	관광지명	지역	관광지명	지역	관광지명	지역
1	독일마을	남해	진주성	진주	창원 컨벤션센터	창원	해인사	합천
2	해인사	합천	수로왕릉	김해	미륵산	통영	가야산 국립공원	합천
3	외도 보타니아	거제	독일마을	남해	세병관	통영	홍류동계곡	산청
4	디피랑	통영	거제 포로수용소 유적공원	거제	우포늪	창녕	진주성	산청
5	통영 케이블카	통영	장사도 해상공원	통영	칠선계곡 (지리산)	함양	통도사	통영
6	경화역 벚꽃길	창원	김해 문화의전당	김해	독일마을	남해	지리산 천왕봉	합천
7	통도사	양산	통도사	양산	거제 해금강	거제	수로왕릉	김해
8	지리산 국립공원	산청	국립 김해박물관	김해	에너지환경 과학공원	창원	바람의 언덕	거제
9	바람의 언덕	거제	창원 해양공원	창원	경화역 벚꽃길	창원	한려수도조망 케이블카	양산
10	진주성	진주	고성 공룡박물관	고성	통도사	양산	십리벚꽃길	진주

자료출처 : 한국관광공사 데이터랩

위의 표는 경상남도를 찾은 외국인들의 선호 관광지를 분석한 것이다. 외국인 중 중국어(간체자)를 쓰는 국가의 중국인들은 창원 컨벤션 센터를 가장 많이 방문한 것으로 나타났다. 이것은 해당 국가를 대상으로 전략적인 MICE 유치를 실시했다고 유추해볼 수 있으며, 향후에도 MICE 베뉴로써의 가능성을 볼 수 있는 결과이기도 하다. 이 밖에도 외국인이 선호하는 관광지의 특징 및 이유를 분석하고 그에 맞는 관광객 추진 전략을 펼칠 필요가 있다. 예를 들어, 자연 관광지에서조차 외국인들은 일치하지 않고 저마다 순위가 다른 것을 알 수 있는데, 이에 대한 현지 전문가 및 여행사의 의견을 참고해서 외국인 유치 전략에 포함할 필요가 있다.

(4) 경상남도의 관광지

구분	관광지
자연	창원 여좌천(벚꽃), 황매산 군립공원
문화	진주성,
사회	통영 디피랑
산업	거창 항노화힐링랜드
위락	김해 가야테마파크, 고성 당항포

위의 표는 한국관광 100선에 선정된 경상남도의 관광지를 정리한 것이다. 우선, 자연 관광지는 창원의 여좌천의 벚꽃길이 유명하고, 황매산 군립공원 또한 관광객의 선호도가 높은 지역이다.

역사 유적지는 문화 관광지로 분류했는데, 진주성은 임진왜란과 관련된 역사 유적지이다. 역사는 곧 문화로써, 내국인뿐만 아니라 우리나라를 찾는 외국인들의 선호도 또한 높다. 특히 최근에는 다양한 영화에서 임진왜란 등 우리나라 역사를 테마로 다루어 제작되는 경우가 빈번하여 외국인들에게서도 우리나라 역사에 관한 관심이 높아지고 있고, 자연스럽게 관련 역사 유적지에 방문하는 경우도 늘고 있다.

통영의 디피랑은 최근 유행하고 있는 미디어 파사드를 중심으로 조성된 관광지인데, 디지털 테마파크는 관광의 지속가능성과 관련 있기도 하다. 예를 들어, 과거의 관광지 조성은 대규모의 개발을 해야 했음에도 불구하고 일정 시간이 지나면 관광지 자체가 노후화되어 새로운 개발이 필요하거나, 대규모 자원이 투입되어도 관광객의 선택을 받지 못하면 폐허처럼 변해버리는 일이 많았다. 그러나, 미디어 파사드를 활용한 관광지는 창의적인 아이디어로 콘텐츠를 지속해서 교체할 수 있으며, 관광지의 개발은 최소화하면서도 지속 가능한 관광상품을 만들어 낼 수 있다는 장점이 있다.

거창의 항노화힐링랜드는 산업적 측면과 관련이 있다. 항노화 즉 안티에이징(Anti Aging Industry)는 전 세계적인 고령화 측면에 적합한 관광지로써, 과거 우리나라를 비롯한 많은 국가에서 뷰티 투어리즘을 추진했던 것의 연장 선상에서 이해할 수 있다. 그러나, 안티에이징을 기반으로한 메디컬 투어리즘은 단순한 뷰티 튜어리즘보다 더 진일보된 개념이 될 수 있다. 항노화는 미용적 기능을 넘어서서 건강과 밀접한 관련이 있기 때문이다.

마지막으로 김해의 가야테마파크는 위락의 기능에 넣었다. 테마파크는 이미 전 세계 곳곳에 개발되어 신규 테마파크는 사람들의 선택을 받기 힘든 구조로 되어있다. 그러나, 김해의 가야테마파크는 테마파크의 한계를 넘어서 지역색을 가미한 테마파크의 훌륭한 모델이 될 수 있으므로 본 교과서에서 다루기로 한다.

가. 창원 여좌천(벚꽃)

여좌천은 여좌동의 중앙으로 흐르는 하천이기에 여좌천이라 하였다. 여좌동은 1914년 행정구역 폐합에 따라 북가정(北街町)이라 부르던 곳으로, 1946년에 원래 지명인 여명곡(餘明谷)과 좌천리(左川里)의 머리글자를 따서 붙인 이름이다.

여좌천은 유로 연장 4.50㎞, 유역 면적 8.27㎢로 하천의 시점은 경상남도 창원시 진해구 여좌동이고, 종점은 충무동이다. 진해 파크랜드에서 진해 여자 고등학교까지 1.5㎞에 이르는 구간에는 여좌천 양옆 길가에 벚나무가 줄을 지어 서 있는데 벚꽃 피는 4월 초가 되면 눈이 내려 쌓인 듯 하얀 나무 터널이 생겨 관광명소로 떠오르고 있다.

여좌천 옆으로 펼쳐진 덱으로 산책하며 벚꽃 나들이를 즐기기에 좋아서 전국 각지에서 연인과 가족이 방문한다. 여좌천은 대규모 관광지가 아닌, 도시와 밀접한 부지에 형성된 자연스러운 생활 관광지도 전국적 규모, 혹은 외국인 방문객들에게도 충분히 매력적으로 어필할 수 있음을 증명한 사례이다. 즉 이러한 사례는 지속 가능한 관광 및 생태관광의 모범사례로도 꼽힐 수 있어서 선정하였다.

출처 : 한국학중앙연구원 - 향토문화전자대전

나. 통영 디피랑

통영 디피랑은 국내 최장·최대 규모를 자랑하는 야외 야간 디지털 테마파크이다. 2020년 10월 16일 문을 연 디피랑에는 1.5km 산책로에 15개 테마 공간이 있다. 통영 남망산 공원의 1.5㎞ 산책길이 야간이 되면 환상적인 디지털미디어 아트와 조명을 이용한 15개의 테마로 구성된 테마파크로 바뀐다.

'이상한 발자국'부터 '잊혀진 문'까지 이어지는 도입부를 지나면 '반짝이 숲' '오래된 동백나무’ ‘비밀공방’ 등을 거쳐 ‘디피랑’에 닿는다. 여기서 지워진 옛 벽화를 만나고 ‘숲속 출구’를 통해 아쉬운 작별을 한다. 단순한 야간 경관 관람이 아니라, 직접 이야기를 따라가는 여정이다.

출처 : 한국관광공사
https://korean.visitkorea.or.kr/detail/rem_detail.do?cotid=18d2ea77-e7ac-452a-92bd-a6a2d9e06f72

디피랑은 통영의 유명한 벽화마을인 동피랑과 서피랑을 모티브로 해서 그곳에서 사라진 벽화들이 다시 살아 움직인다는 스토리텔링을 기반으로 기획된 콘텐츠이다. 미디어아트를 시도하는 여러 지자체 중에서 지역의 특징을 우수하게 반영하여 콘텐츠를 제작했다는 평을 듣는다.

다. 김해 가야테마파크

김해 가야테마파크는 김해의 랜드마크이자, 경남의 대표적 관광지이다. 가야의 역사를 놀이, 체험, 전시를 통해 보고, 듣고, 만지며 배울 수 있는 오감 만족형 테마파크이다. 테마파크는 크게 공연 및 전시, 체험, 놀이 및 휴식, 편의시설, 캠핑장 등으로 구성되어 있다. 가야국의 역사를 한눈에 알고 싶다면 가야왕궁 태극전과 가락정전으로 가보자. 생생하게 재현된 가야왕궁의 기상과 수로왕과 허왕후의 이야기가 여러분을 기다리고 있다. 온 가족이 즐길 수 있는 국내 최대규모의 친환경 어드벤쳐 시설인 가야 무사 어드벤쳐에는 시원한 바닥 분수와 재미있는 놀이시설이 마련되어 있다. 또한, 환상적인 빛의 향연, 미디어 파사드 쇼와 짜릿한 익스트림 체험시설인 더블 익스트림도 준비되어 있다.

출처 : 김해 관광포털
https://www.gimhae.go.kr/00204/03060/03724.web?amode=view&idx=310&

라. 고성 당항포

고성 당항포는 임진왜란 당시 충무공 이순신 장군이 두 차례에 걸쳐 왜선 57척을 격파한 전승지로 당항포해전관을 비롯한 자연사박물관, 자연예술원, 가족 휴양시설 등을 골고루 갖춘 다목적 관광지다.

우리나라 남해안 일대에는 한반도에 공룡이 살았음을 알려주는 공룡 발자국 화석이 많다. 그중 경남 고성군은 미국 콜로라도, 아르헨티나 서부해안과 함께 세계 3대 공룡 발자국 화석 산지로 명성이 높다. 고성군은 14개 읍·면 가운데 10개 면에 공룡 발자국 화석이 있을 정도로 골고루 분포되었다. 상족암군립공원이 자리한 바닷가뿐만 아니라 계승사나 옥천사의 옥천사 계곡 등 산과 계곡에서도 공룡 발자국 화석이 발견됐고, 그 수가 무려 5000개가 넘는다. 이런 배경을 토대로 지난 2006년부터 당항포 관광지에서 경남고성공룡세계엑스포가 열렸다. 당항포 관광지는 엑스포를 통해 공룡의 성지가 되어, 지금도 가족 단위 여행객이 많이 찾는다.

출처 : 한국관광공사
https://korean.visitkorea.or.kr/detail/rem_detail.do?cotid=8b3b5fef-865c-41a2-a510-d9ccb2a9727d

마. 황매산 군립공원

합천군 가회면과 대병면에 걸쳐 있는 황매산은 합천의 진산이지만 산행 서적이나 관광지도에서도 찾기 힘들 정도로 무명의 산이었다. 덕분에 훼손되지 않은 아름다운 골짜기를 간직하고 있는 산이다. 1983년 군립공원으로 지정되면서 알려지기 시작했고, 이제는 가야산과 함께 합천을 대표하는 명산이 되었다. 태백산맥의 마지막 준봉인 황매산은 고려 시대 호국선사 무학대사가 수도를 행한 장소라고 전해진다. 해발 1,113m에 이르며 준령마다 굽이쳐 뻗어나 있는 빼어난 기암괴석과 그사이에 고고하게 휘어져 나온 소나무와 철쭉이 병풍처럼 수놓고 있어, 영남의 금강산이라고 불리는 아름다운 산이다. 황매산은 소백산과 바래봉과 함께 철쭉 3대 명산으로, 만물의 형태를 갖춘 모산재의 기암괴석과 북서쪽 능선의 정상을 휘돌아 산 아래 황매 평전 목장지대로 이어진 전국 최대규모의 철쭉군락지로 유명하다. 매년 철쭉 개화 시기가 되면 황매산 군립공원에서는 철쭉제를 개최하며, 많은 사람들이 방문한다.

출처 : 황매산 군립공원 http://www.hwangmaesan.kr/

바. 진주성 촉석루와 남강

진주성은 진주의 젖줄인 남강을 끼고 남강변 절벽 위에 위엄 있게 자리했다. 그 역사는 삼국시대로 거슬러 올라간다. 원래 토성이던 것을 1379년 고려 말 우왕 때 석성으로 개축했다. 진주성은 1592년 임진왜란 진주대첩 당시 진주목사였던 김시민 장군이 군사 3,800여 명을 이끌고 왜군 2만을 물리친 것으로 유명하다. 진주대첩의 공으로 김시민 장군은 충무공의 칭호를 받게 됐다. 충무공이란 이순신 장군만의 고유한 별칭이 아니라 나라를 위해 혁혁한 공을 세운 사람에게 부여되는 훈장 같은 것이다. 진주대첩을 통해 호남으로 가는 길목이었던 진주를 왜구로부터 지켜냄으로써 전세를 역전했다는 점에서 큰 의의를 지니고 있다.

출처 : 한국관광공사
https://korean.visitkorea.or.kr/detail/rem_detail.do?cotid=15aab52d-107e-4a7e-a38b-30fc4e5227a2

02. 경상남도 여행사 및 관련 기관상품

다음의 관광정책들은 경상남도에서 추진하는 것으로써, 지역의 여행사와 협업하여 운영하는 프로그램뿐만 아니라 도에서 자체적으로 관광산업을 육성하기 위해 추진하는 프로그램들이 포함되어 있다.

(1) 관광객 유치확대를 위한 특색 있는 경남 관광 홍보마케팅 추진

가. 체류형 관광 활성화를 위한 &경남에서 한 달 여행하기& 추진

▸ 1,218명 참가(2,560명 신청), 인스타그램 · 페이스북 등 참가자 SNS 포스팅 16,375건

나. 관광객 유치 인센티브(1,343명, 100백만 원) 및 전담여행사 운영

다. 국내외 현장마케팅 및 경남 관광 홍보관 운영

(2) 온·오프라인 미디어 매체를 활용한 국내외 홍보

가. 경남 관광 홍보 SNS 운영

나. 경남 관광 글로벌대학생 SNS 기자단 운영

다. TV, 유튜브, 다중이용시설 전광판, 신문 등 각종 매체 활용 홍보

(3) 민·관이 함께하는 관광 내수시장 활성화 추진

지역의 생활 양식과 스토리를 경험할 수 있는 생활 관광 활성화 사업추진

(4) 관광자원 조성 및 수용태세 기반확충

가. 야영장(2회) 및 유원시설(2회) 안전점검

나. 관광종사자 온라인 친절교육으로 친절문화 확산

다. 야영장 개보수(9개소)

라. 전통한옥체험 프로그램 운영(3개소)

마. 관광안내소 운영(7개소)

바. 문화관광해설사 양성 교육, 경진대회 및 심화 교육 추진

(5) 주민주도 관광사업 육성 및 지원

가. 주민사업체 육성 및 지원(30개소)

나. 지역관광추진조직 육성 및 지원(2개소)

(6) 특색 있는 관광기념품 발굴 및 판로 확대

공모전 수상작 전시

(7) 2022년 정부 및 도 지정 문화관광축제 선정·지원

가. 정부 지정 : 7개

나. 도 지정 : 7개

(8) 마이스산업 지원

가. 지원전시회 개최 지원 : 11건, 81,077명 참여
나. 컨벤션 등 유치·개최 지원 : 10건, 13,241명 참여
다. 창원컨벤션센터(CECO) 디지털 마이스 공간조성으로 경쟁력 강화

(9) 문체부 공모사업 선정으로 관광환경 조성

가. 통영시 등 4개 시·군 생활 관광 활성화 사업 지원
나. 야간관광 특화도시 조성사업(2022.~2025.) : 통영시

03. 경상남도 미래 관광상품 변화 및 개발

경상남도는 부·울·경 관광권(부산광역시, 울산광역시, 경상남도)으로 지정되어 개발 중이다. 부·울·경 관광권 개발계획은 다음과 같다.

1) 부·울·경 관광권 관광개발 계획 - 경상남도

구분	내용
비전 및 목표	세계로 열린 문화생태 관광거점
전략	• 관광거점 육성 및 5대 광역관광벨트 조성 • 지역의 자원과 산업기반을 활용한 미래형 고부가가치 산업 육성 • 도민의 삶과 문화를 연계한 경남형 생활밀착형 공간 창출
관광수요	관광 총량 35,300천 명 (국내 관광 총량 : 34,860천 명, 외래 관광 총량 : 440천 명

즉, 경상남도는 부산, 울산과 더불어 관광클러스터로써 개발하기 위해 여러 정책을 추진 중이며, 중장기, 단기 목표 등으로 구분하여 다양한 프로그램을 시행하고 있다. 다음은 2023년 현재 운영 중인 프로그램들이다.

(1) 도내 특색있는 관광자원을 연계한 경남 관광 홍보콘텐츠 및 상품개발

가. 경남특화 관광상품(5개사) 및 관광객 유치 인센티브제 운영

▸ 5개 테마 : 럭셔리, 익스트림, 치유 힐링, 지리산, 해양레저

나. 경남에서 한 달 여행하기(18개 시 · 군)

다. 신규 관광상품 발굴(이순신 승전지 투어 등)

(2) 국내외 관광객 유치확대를 위한 현장마케팅 추진

가. 박람회 경남홍보관 운영

나. 여행관계자 초청 팸투어 실시(3회)

다. 국내외 홍보설명회 참가, 관광객 유치를 위한 경남 관광 로드 캠페인 추진(4회)

(3) 온·오프라인 미디어를 활용한 국내외 맞춤형 홍보 추진

가. 국내 · 외 주요 SNS 채널을 활용한 관광마케팅 추진(4개 언어권/8개 채널)

나. TV, 다중이용시설 전광판, 언론 등 각종 매체 활용 홍보 추진

다. 경남 관광 글로벌대학생 SNS 기자단 운영

(4) MICE 산업 지원을 통한 관광객 유치 강화

가. 지역산업 및 중점육성 전시회 개최 지원(10건)

나. 국제회의 · 학술대회 등 국내 · 외 컨벤션 개최 지원(10건)

다. 경상남도 마이스산업 5개년 종합계획 수립을 통한 체계적인 마이스산업 육성

(5) 내수활성화를 위한 축제 붐업 지원

가. 지역 특색을 반영한 차별화된 축제 콘텐츠 발굴 및 육성

▸ 정부 지정 축제(7개), 도 지정 축제(7개) 지원

▸ 청년존 운영 축제 지원(밀양 얼음골 냉랭(冷冷)한 축제, 양산청년축제)

▸ 코로나19 극복과 관광 활성화를 위한 지역축제 지원(16개)

나. 지역 대표 관광 브랜드화를 위한 축제홍보

▸ 계절 · 지역 · 테마별 축제홍보

▸ 문화관광축제 안내 리플릿 제작 · 홍보

다. 경상남도 축제 정보 통합 시스템 구축 · 운영

▸ 테마별 · 월별 · 지역별 통합 검색 서비스 운영

▸ SNS를 통한 개인 맞춤형 축제 사전 알리미 서비스 운영

(6) 경남만의 이야기가 있는 새로운 관광자원 개발

가. 경남만의 특색있는 관광지 · 문화관광자원 개발

▸ 관광(단)지 조성 · 정비(4개소), 문화관광자원 개발(37개소)

나. 환경친화적 생태관광 개발 및 관광 안내체계 정비

▸ 생태 녹색 관광자원(9개소), 탐방로 안내체계 구축(5개소)

다. 지역주도 계획공모형 관광자원 발굴 및 지원

▸ 리멤버 합천영상테마파크(합천), 에어로스페이스 에듀케이션파크 조성(사천), 여권 없이 떠나는 독일여행(남해)

라. 건전한 국민 여가 향유를 위한 관광환경 개선 등

▸ 국민여가캠핑장 조성(4개소), 생태 녹색 관광 육성(3개소)

04. 경상남도 문화관광해설사 지역 콘텐츠 및 해설사항

다음의 표는 경상남도에서 운영 중인 문화관광해설사의 활동지역과 콘텐츠를 나타낸 것이다. 경상남도의 다양한 관광지를 전부 지원하고 있지는 않지만, 문화관광해설사의 배치 범위는 점차 증가하고 있는 추세이다.

경상남도 문화관광해설사는 2001년 10명을 시작으로 그 수가 꾸준히 증가하고 있다. 교육 프로그램은 기본소양, 경남지역의 역사·문화·관광·산업, 재미와 감동을 주는 해설 기법, 외국인 수용태세를 높이기 위한 외국어(영어·중국어·일어) 교육, 관광지 해설 현장에서 발생할 수 있는 응급상황에 도움을 주기 위한 안전관리와 응급처치 과정 등 관광객의 만족도를 높이기 위한 과정 위주로 편성·운영된다.

지역	콘텐츠
창원시	성산패총, 창원의 집, 3.15 국립묘지, 신항, 진해루, 진해생태공원, 환돌메공원, 해양드라마세트장, 여좌천로망스다리, 이순신 로드, 창원해양공원, 안골왜성, 진해생태공원 등
진주시	진주성, 청곡사, 진양호, 청동기박물관 등
통영시	충렬사, 통제영, 동피랑, 청마문학관, 박경리기념관
사천시	선진리성, 항공우주박물관,다솔사, 사천바다 케이블카 등
김해시	수로왕릉, 수로왕비릉, 대성동고분박물관, 김해봉황동유적(봉황대 공원), 봉하마을, 김해진영철도박물관, 김해가야테마파크 등
밀양시	영남루, 표충사, 표충비각, 위양지, 사명대사 유적지, 수산제역사공원 등
거제시	거제도포로수용소유적공원, 칠천량해전공원, 김영삼대통령생가, 저도 등
양산시	내원사, 통도사 등
의령군	충익사, 이병철생가, 일붕사 등
함안군	말이산 고분군 등
창녕군	우포늪, 영산 만년교, 교동과 송현동 고분군 등
고성군	고성박물관, 당항포관광지, 제정구커뮤니티센터, 생태학습관 등
남해군	남해금산, 가천다랭이마을, 이락사,국제탈공연예술촌 등
하동군	최참판댁, 삼성궁, 화개장터, 금오산 일대 등
산청군	동의보감촌, 구형왕릉, 남사예담촌, 목면시배유지, 성철대종사생가, 남명기념관, 덕천서원 등
함양군	상림.일두고택 등
거창군	수승대,박물관, 거창사건관리사업소, 정온종택 등
합천군	해인사, 대장경테마파크, 합천영상테마파크, 청와대세트장, 합천박물관 등

05. 경상북도의 관광자원

1) 경상북도 관광 행정조직도

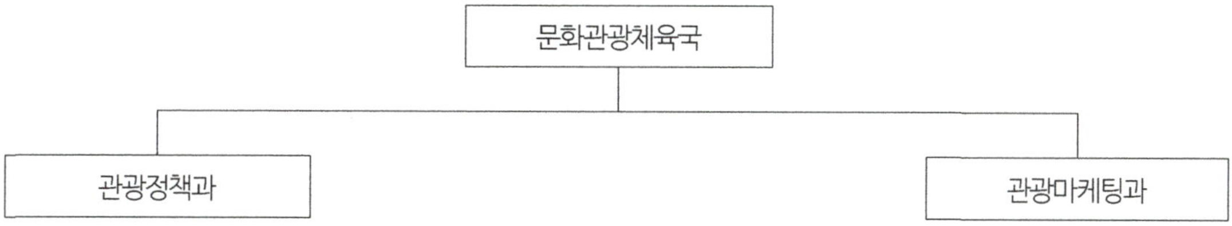

위의 표는 경상북도의 관광 행정 조직도를 나타낸 것이다. 경상북도는 다양한 관광자원을 보유하고 있고, 관광정책과 및 관광마케팅과의 두 개 행정조직에서 관광상품의 개발 및 관광업체의 지원 등을 수행하고 있다.

2) 경상북도 관광부문 예산 현황

(단위 : 백만 원)

구분	2021년	2022년	2023년
관광부문	125,523	107,940	95,308

주) 2021·2022년 결산기준, 2023년 예산서 기준

위의 표는 경상북도의 관광부문 예산 현황을 나타낸 것이다. 지난 2021년에는 코로나에도 불구하고 약 1,200억 원 가량을 관광부문에 지출할 만큼 대규모의 예산편성과 집행이 이루어졌다. 경상북도에서 관광산업으로 인해 발생하는 매출의 규모와 지역에서 관광산업이 가지는 중요도를 유추해볼 수 있는 자료이다. 경상북도는 우리나라 전체로 놓고 판단하더라도 관광산업을 위한 정책 및 지원에 전폭적인 지원을 하는 지역으로서, 향후에도 지역관광 거점으로서 기능할 것이다.

더욱이, 경상북도에는 새로 조성된 관광지뿐만 아니라 역사적 의의와 스토리가 있는 역사 유적지도 온전히 보전된 곳이 많고, 자연환경 또한 빼어나 관광목적지로서의 다양한 강점을

지닌 곳이기도 하다.

3) 경상북도의 주요 관광자원

(1) 경상북도의 방문객 추이

(단위 : 천 회, 천 명, %)

구 분		2021년	2022년	증감률
국민 국내관광 횟수	관광여행	19,393	22,503	16.0
	기타여행	3,241	2,745	-15.3
	총계	22,634	25,248	11.5
외래관광객 수		24	125	419.7

자료 : 문화체육관광부 (2023.). 「2022 국민여행조사」; 「2022 외래관광객조사」.

주1) 국민여행조사는 2018년을 기점으로 조사방식이 변경되어 국민 국내 관광객 수 추정치를 제공하지 않음에 따라 2018년 이후 '여행지별 여행 횟수'를 통해 방문객 추이 제공
주2) 외래관광객 수의 경우 외래관광객 실태조사의 권역별 방문비율을 고려하여 추계한 수치임
주3) 외래관광객 수의 경우 2018년부터 모집단에서 크루즈 여행객이 제외됨에 따라 결과 비교 시 주의가 필요함
주4) 증감률은 단위 미만 반올림 값을 토대로 계산한 수치임

경상북도는 본격적인 국제관광 재계에 따른 외국인 관광객 유치 선점과 침체된 관광산업 조기 회복을 통한 지역소멸 문제 해결을 위해 2023년을 관광 경북으로 가는 원년으로 삼아 '글로벌 관광도시 경북'으로 새로운 도약을 본격 추진한다고 밝힌 바 있다.

2022년 경북을 찾은 관광객은 4038만 명으로 2021년 3108만 명 대비 30% 증가했으며 2020년 2867만 명 대비 41% 증가해 코로나19 이전 수준으로 빠르게 회복했고, 한국관광데이터랩(KT특정기지국 기준) 방문자 수 최다지역에 비수도권지역으로는 1위, 전국에서는 3위에 올랐다.

경상북도는 수려한 자연경관, 335km에 달하는 긴 해안선과 청정 동해 등 다양한 잠재력과 개발수요를 간직하고 있고, 세계적인 철강 섬유산업의 중심지로서 우리나라 경제 성장의 견인차 역할을 해 왔으며, 수도권 다음으로 많은 대학(38개)이 소재하여 풍부한 연구인력과 기술력을 보유하고 있다. 경상북도는 이러한 경제적 특성을 바탕으로 '포항 스페이스 워크' 등 지역의 특색을 반영한 관광지를 개발하여 우리나라 관광산업의 혁신에 큰 기여를 했다.

이뿐만 아니라 풍부한 문화자원과 천혜의 관광자원, 지역의 높은 문화적 역량을 바탕으로 전통과 현대가 어우러지는 세계적인 문화 · 관광중심지로 변화시켜 나가고 있다.

(2) 경상북도의 관광지

구분	관광지
자연	청송 주왕산, 주산지
문화	대릉원, 동궁과 월지, 첨성대, 황리단길, 불국사, 석굴암, 영주 소수서원
사회위락	죽변 해안스카이레일, 문경 단산관광모노레일
산업위락	포항 스페이스워크

위의 표는 경상북도의 다양한 관광지 중 한국관광 100선에 선정된 곳만을 표시한 것이다. 한국관광 100선은 우리나라 전체를 기준으로 선정하는 것이니만큼, 경상북도의 다양한 관광지 중에서 주로 역사 유적지를 중심으로 선정되었다. 우선 자연환경은 청송의 주왕산과 주산지인데, 오래전부터 산세가 수려하여 많은 관광객들이 찾았던 곳이다.

다음으로 문화는 경상남도와 마찬가지로 역사 유적지가 대부분 선정되었다. 경상북도에서 보유한 다양한 역사 유적지는 그저 사실로서의 역사를 기록한 곳뿐만 아니라 불국사나 석굴암 등 조성과 관련한 스토리와 의미로 인해 관광객들이 오랜 시간 찾는 곳이기도 하다. 또한, 소수서원 등 역사적 가치뿐만 아니라 사회 · 문화적 가치를 지닌 유적지도 존재한다.

사회적 관광지에는 죽변의 해안스카이레일과 문경의 단산관광모노레일을 선정했다. 이 두 관광지는 위락적 기능도 겸하고 있는데, 성격상 사회적 관광지로 분류할 수도 있기 때문에 두 개의 테마를 하나로 묶었다. 그 이유는, 최근 주목받고 있는 '무장애 관광'과 관련이 있다. 우리나라는 국토의 70%가 산이라 장애가 있는 사람들은 쉽게 자연 관광지를 찾기가 어려운 부분이 있다. 특히, 산에 위치한 다양한 사찰들은 옛모습 그대로를 간직한 곳이 많아서 등산로 등을 통한 접근밖에는 방문할 수 없기도 하다. 그러나 이처럼 해안스카이레일이나 관광모노레일을 설치함으로써 보행이 자유롭지 않은 사람들도 편리하게 수려한 경관을 감상할 수 있다. 이는 향후 관광지의 개발 방향에 많은 시사점을 제시하는 것이다.

마지막으로 포항의 스페이스 워크는 포스코의 산업적 의미를 반영한 관광시설뿐만 아니라 그 자체로도 위락적 기능을 수행할 수 있어서 선정하였다. 이처럼 어떤 특정 지역에 자리 잡은 산업이 있다면 그 산업을 테마로한 테마파크나 관광시설 등도 지역을 특화시키는데 좋은 전략이 될 수 있다.

가. 청송 주왕산

청송의 주왕산과 주산지도 한국관광 100선에서 2회 선정된 바 있다. 주왕산은 1976년 우리나라에서 12번째로 지정된 국립공원으로 우리나라 중앙부에 해당하는 태백산맥의 지맥에 위치하고 있다.

이 산 일원의 지질은 풍화와 침식에 대한 저항력이 강한 백악기 경상 누층군 유천층군의 중성이나 산성 화산암류로 구성되어 있다.

주왕산은 태행산, 대둔산, 명동재 등의 산들이 말발굽형으로 이어져 성곽과 비슷한 산세를 이루고 있으며, 우리나라의 3대 암산 중 하나로 손꼽히는 곳이기도 하다.

출처 : 경상북도 교육청 블로그
https://blog.naver.com/2mcool/222962684760

나. 청송 주산지

주왕산과 함께 청송의 유명한 자연 관광지로 꼽히는 주산지는 조선 시대인 1720년에 쌓기 시작하여 경종 때인 1721년에 완공되었다. 주산지는 길이 100m, 너비 50m, 수심 7.8m로, 한 번도 바닥을 드러낸 적이 없다고 한다. 이러한 이유는 이 지역의 형성과정과 관계가 있다. 주산지는 화산재가 엉겨 붙어 만들어진 용결 응회암이라는 암석과 함께 그 위에는 비용결응회암과 퇴적암이 쌓여있다. 비가 오면 비응결응회암과 퇴적암층에서 물을 머금고 있다가 조금씩 물을 흘려보내기 때문에 물이 마르지 않는다.

또한, 주산지에는 물에 잠겨 자생하고 있는 왕버들이 유명하기도 하다. 암석, 물, 나무가 어우러져 사계절 모두 다른 풍경을 선보이는 곳으로 관광객들에게 인기가 높다.

출처 : 경상북도 교육청 블로그
https://blog.naver.com/2mcool/222962684760

다. 영주 소수서원

영주 소수서원은 한국관광 100선에서 2회 선정된 곳으로 소수서원은 옛날 조선에서 성리학을 공부하고 선현에게 제향을 올리는 곳이었으며, 더 나아가 지방 유림세력의 구심점이 되면서, 중앙 정치세력의 견제 기능을 수행했다. 소수서원의 본래 명칭은 백운동서원이었으나 1550년 퇴계 이황이 풍기군수로 재임 중 조정에 건의하여 명종이 친필로 사액을 내리면서 현재의 명칭이 되었다.

최근 문화관광 및 체험학습으로 주목받기 시작한 소수서원, 소수박물관, 선비촌, 한국선비문화수련원은 잊혀져 가는 우리의 전통문화를 전반적으로 이해하고 경험할 수 있는 곳이다. 우리나라 유교의 본향인 소수서원과 선인들의 삶을 체험할 수 있는 선비촌, 유교 전문박물관인 소수박물관, 청소년 수련시설인 한국선비문화수련원, 그리고 금성단 등 선비정신을 배울 수 있는 종합 학습관광지로, 어린이와 청소년은 물론 성인까지 전통을 느끼고 배울 수 있는 다양한 체험관광프로그램이 준비되어 있다.

출처 : 경상북도 교육청 블로그
https://blog.naver.com/2mcool/222962684760

라. 포항 스페이스 워크

포항 스페이스워크는 포스코에서 직접 기획 · 제작하여 포항에 기부한 조형물로 유명하다. 트랙 333m, 계단 개수 717개의 규모로 제작되었다. 포항 스페이스 워크는 2023- 2024 시즌에 한국관광 100선에 최초로 선정되었다.

포항 스페이스 워크는 철로 그려진 우아한 곡선과 밤하늘을 수놓은 조명은 철과 빛의 도시 포항을 상징하며 스페이스워크 위에서는 포항의 아름다운 풍경과 야경, 영일만의 일출 · 일몰을 함께 감상할 수 있다.

특히, 2023년 한국관광의 별에 포항 스페이스 워크는 대한민국 관광산업을 획기적으로 발전시킨 관광자원 8개 중에 선정되어 더욱 의미가 깊다. 포항 스페이스 워크는 롤러코스터를 닮은 체험형 철제 트랙으로 영일만 해안의 풍경부터 포항 제철소의 야경까지 360도 파노라마 절경을 감상할 수 있으며, 철강 도시 포항의 지역성을 살리고 철과 바다의 빛이 공존하는 매력을 선보여 '신규 관광지'로 선정되었다.

출처 : 경상북도 교육청 블로그
https://blog.naver.com/2mcool/222962684760

마. 문경 단산모노레일

문경의 단산모노레일은 백두대간을 둘러볼 수 있는 왕복 3.6km의 모노레일이다. 겨울에 눈이 올 때도 즐길 수 있는 만큼 사계절 내내 즐길 수 있으며, 모노레일 이외에도 주변에 별빛 전망대, 숲속썰매장, 숲속캠핑장, 산악바이크 로드 등 다양한 산악 관광을 즐길 수 있다.

문경은 특히 전국 최고의 레포츠체험 관광지로도 알려져 있다. 문경 단산은 문경의 중심에 위치한 해발 959m의 백두대간 자락 중의 한 곳으로 문경의 패러글라이딩 명소이기도 하다. 이러한 지리적 특징을 배경으로 설치된 단산 모노레일은 문경에서 바라보는 백두대간을 잘 살펴볼 수 있는 시설이다.

출처 : 경상북도 교육청 블로그
https://blog.naver.com/2mcool/222962684760

문경의 단산모노레일은 문경 단산의 정상까지 연결되어 국내 최장 산악 모노레일이다. 또한, 문경의 대표 관광지인 문경새재와 비교적 가까운 곳에 위치하고 있어서 기존의 관광상품과 연계도 용이하다.

바. 대릉원

경주 대릉원(大陵園)은 경상북도 경주시 노동동과 황남동에 있는 무덤이다. 2011년 7월 28일 대한민국의 사적 제512호로 통합 재지정되었다. 경주 대릉원은 한국관광 100선에 5회나 선정되었을 정도로 아름다운 경관을 보여준다. 대릉원은 고신라 시대 무덤들로 봉황대, 식리총, 금령총 등을 살펴볼 수 있다.

사적 제512호인 대릉원은 신라 시대 왕·왕비·귀족 등의 무덤 23기가 모여있는 곳이다. 최근 23년 5월부터 6월까지 32일간 천마총 발굴 50주년을 기념해 '대릉원 미디어 아트'를 선보였다. 특히, 대릉원이 '2023년 한국관광의 별'에 선정된 배경에는 방문객을 위한 실감 콘텐츠 기술 도입이 크게 고려된 것으로 알려졌다. 이를 기념하기 위해 실시된 대릉원 미디어아트 행사는 기존 관광지의 재해석을 시도한 것으로써, 향후 우리나라 곳곳에 있는 역사

출처 : 경상북도 교육청 블로그
https://blog.naver.com/2mcool/222962684760

유적지도 미디어아트를 통해 새로운 관광콘텐츠 적용이 가능한 것을 입증한 사례라 할 수 있을 것이다.

사. 동궁과 월지

출처 : 경상북도 교육청 블로그
https://blog.naver.com/2mcool/222962684760

동궁과 월지는 경주시 인왕동에 위치하며, 경주 월성과 반월성, 황룡사지 옆에 있다. 동궁과 월지는 통일신라 시대의 궁궐터로 태자가 거처하는 동궁으로 사용되면서 나라의 경사가 있을 때나 귀한 손님을 맞이할 때 연회를 베푸는 장소로 사용되었었다. 현재 못 주변에서 발견된 26개의 건물터 중에서 신라 시대의 것으로 추정되는 5개 중 임해전을 포함한 3개 건물과 인공연못 월지가 복원되어 있다. 통일신라 전성기에는 경주의 가구수가 18만여 호에 이를 정도로 번성했다고 하는데, 당시 당나라의 문물을 받아들이면서 바둑판처럼 계획도시를 만든 것으로 알려져 있다.

동궁과 월지는 남북국시대 통일신라의 별궁이 자리했던 궁궐터로 달이 비치는 연못이 인상적이라 경주의 야경명소로도 꼽히는 곳이다.

아. 첨성대

출처 : 경상북도 교육청 블로그
https://blog.naver.com/2mcool/222962684760

'동양 최고(最古)의 천문대' 첨성대. 신라 제27대 선덕여왕 때 건립된 것으로 추정되며 경주를 상징하는 랜드마크 중 하나이다. 옛 기록에 의하면, "사람이 가운데로 해서 올라가게 되어있다"라고 하였는데, 바깥쪽에 사다리를 놓고 창을 통해 안으로 들어간 후 사다리를 이용해 꼭대기까지 올라가 하늘을 관찰했던 것으로 보인다. 첨성대를 만든 365개 내외의 돌은 1년의 날수를 상징하고, 27단의 돌단은 첨성대를 지은 27대 선덕여왕을, 꼭대기 정자석까지 합치면 29단과 30단이 되는 것은 음력 한 달의 날수를 상징한다. 관측자가 드나들었을 것으로 추측되는 가운데 창문을 기준으로 위쪽 12단과 아래쪽 12단은 1년 12달, 24절기를 표시한다. 하늘의 움직임을 계산해 농사 시기를 정하고, 나라의 길흉을 점치는 용도로도 첨성대가 활용되었음을 짐작할 수 있다.

자. 불국사

출처 : 경상북도 교육청 블로그
https://blog.naver.com/2mcool/222962684760

'구름을 마시고 토한다'라는 토함산(745m)의 중턱에 자리하고 있는 불국사와 석굴암은 찬란한 신라 불교 문화의 핵심으로 신라 법흥왕 15년에 그 어머니 뜻에 따라 나라의 안정과 백성의 평안을 위하여 세워졌으며, 그 후 신라 경덕왕 10년(751) 때 재상 김대성이 다시 지어 절의 면모를 새롭게 하였다.

불국사와 석굴암은 6회 연속으로 한국 관광 100선에 선정되었다. 불국사는 대한불교조계종 11교구 본사의 하나로 1995년 세계문화유산목록에 등록된 곳으로, 불국사에서는 관음전, 극락전, 대웅전 등의 법당을 볼 수 있고, 다보탑, 석가탑, 사리탑 등 국보와 보물로 지정된 탑을 볼 수 있다.

차. 석굴암

출처 : 경상북도 교육청 블로그
https://blog.naver.com/2mcool/222962684760

석굴암은 국보 제24호이며, 유네스코 세계문화유산으로 지정되었다. 석굴암은 신라 경덕왕 10년(751) 당시 재상이었던 김대성이 창건을 시작하여 혜공왕 10년(774)에 완성하였으며, 건립 당시에는 석불사라고 불렸다.

토함산 중턱에 백색의 화강암을 이용하여 인위적으로 만든 석굴을 만들고 내부공간에 본존불인 석가여래불상을 중심으로 그 주위 벽면에 보살상 및 제자상과 역사상, 천왕상 등 총 40구의 불상을 조각했으며, 지금은 38구만이 남아있다.

카. 울릉도 & 독도

울릉도와 독도도 한국관광 100선에서 6회 연속으로 선정된 바 있다. 울릉도는 대한민국에서 9번째로 큰 섬으로 울릉도의 부속도에 독도가 함께 포함되어 있다. 울릉도는 화산활동에 의해 만들어진 대표적인 섬이기 때문에 나리분지를 볼 수 있으며, 코끼리바위, 버섯바위 등 이색 암석 형상들도 볼 수 있다. 또한, 울릉도에서는 자연에서부터 만들어진 경관도 유명하지만, 울릉도의 자연을 잘 볼 수 있도록 만들어진 관음도, 독도전망 케이블카, 천부해중전망대 등의 시설도 울릉도의 대표 관광지로 꼽힌다.

출처 : 경상북도 교육청 블로그 https://blog.naver.com/2mcool/222962684760

타. 죽변 해안스카이레일

울진 바다를 가까이서 볼 수 있는 죽변 스카이레일은 자동으로 움직이는 모노레일이다. 죽변 스카이레일 코스는 죽변항~봉수항으로 이어지는 2.8km A코스, 후정해변~봉수항으로 이어지는 2km의 B코스가 있으며, 죽변 스카이레일을 타면서 하트해변, 드라마 폭풍속으로 세트장, 죽변등대를 구경할 수 있다. 현재 죽변항~봉수항으로 이어지는 A코스만 운행하고 있다.

출처 : 경상북도 교육청 블로그
https://blog.naver.com/2mcool/222962684760

06. 경상북도 여행사 및 관련 기관상품

경상북도는 지난 2022년 경북의 우수한 역사문화관광자원과 강 · 산 · 해 생태자원을 바탕으로 총 1079억 원의 지역특화 관광개발사업을 추진했다. 또한, 경상북도는 코로나19 이후 안전, 힐링 관광지로 주목받으며 전국 지자체 최초로 웰니스 관광페스타를 개최해 1만여 명의 관광객들이 경북을 찾아와 국내 최고의 웰니스 관광지로 주목받았다. ICT 기술과 관광의 접목을 통해 누구나 편리하게 관광서비스를 이용할 수 있도록 해 지역관광 활성화를 위한 스마트 관광도시 조성사업, 지역 기반 관광기업 육성 및 일자리 창출을 위한 관광기업지원센터 구축사업 등 관광 핵심 공모사업 선정으로 새로운 관광산업 생태계 조성 기반을 마련했다.

이뿐만 아니라, 경상북도는 2022년부터 포항-울릉 대형 크루즈를 운행하고 있으며 2025년 울릉공항 개항과 2030년 통합 신공항 개항을 앞두고 있다. 지난해 안동 하회별신굿탈놀이가 유네스코 인류무형문화유산으로 등재됨에 따라 세계유산 그랜드슬램 달성이라는 독보적 사례를 남기며 전국에서 가장 많은 세계유산을 보유한 한국문화 대표도시가 되었다. 다음은 현재 경상북도가 추진하는 프로젝트로, 타 지자체에서도 벤치마킹할 수 있는 다양한 정책들이 존재한다.

범지역적 관광협력 네트워크 구축

관광 행정 협력체계 구축을 통한 시너지 효과 창출

가. 「동해안권 관광진흥협의회」 운영 및 유튜브 · TV 프로그램 활용 동해안권 홍보영상 제작

나. 「경북관광혁신위원회」 운영 : 릴레이간담회(3회), 정책연구 과제(4건)

관광진흥기금 지원사업 추진

지원대상 : 112건(보조사업 109건, 융자사업 3건)

관광서비스 시설환경개선사업 추진

지원대상 : 405개소(음식 296, 숙박 109)

관광 청년인턴제 지원사업 추진

추진실적 : 11개 업체, 66명(320백만 원)

매력 있는 관광 인프라 조성사업 추진

가. 문화 · 생태 · 녹색 등 지역의 우수한 관광자원 발굴 및 기존 관광지 생태 · 녹색 등 지역의 우수한 관광자원 발굴 및 기존 관광지 재정비로 경쟁력 있는 관광 인프라 구축

▸ 관광지 개발 5개소(9,625백만 원), 문화관광자원 개발 50개소, 생태 녹색 관광자원 개발 12개소, 탐방로 안내체계구축 3개소

나. 생태 녹색 관광자원화(2개소)사업 추진

스마트 관광 생태계 조성

스마트 관광도시 조성 : 경주시 황리단길 일원

체류형 관광 기반마련

지역특화형 숙박시설 조성 : 봉화군(소천초등학교 분천분교)

전통한옥 관광 자원화 - 한옥 집단마을 관광 자원화 사업 : 3개 시·군 3개소

전통한옥 체험 프로그램 운영(13개소)

3대 문화권 문화·생태 관광기반 조성사업

가. 23개 시 · 군, 43개 사업지구 선도 · 전략사업 추진

2022년 안동 세계유교문화공원, 한국문화테마파크 등 3개소

나. 3대 문화권 관광진흥사업 추진(5개 사업)

주요사업 : 3대 문화권 사업장 연계 특화 관광 프로그램 운영 및 밀키트 개발 등

다. 3대 문화권 활성화 지원사업 추진(5개 사업)

주요사업 : 3대 문화권 공동홍보, 테마 관광상품개발 운영, 체험 관광상품운영 지원, 스타 관광벤처 육성, 경북 투어패스 운영관리. 경북 관광통합플랫폼 구축

라. 경북 관광통합솔루션

주요사업 : 경북 투어패스 운영관리. 경북 관광통합플랫폼 구축

3대 문화권 후속 광역관광개발 추진

낙동 문화권 광역연계 협력사업 기본구상 및 타당성 조사 용역 완료

▸ (3개 시도, 22개 시 · 군 · 구) 유휴 문화관광자원 리뉴얼 및 DNA 기반 관광콘텐츠 개발 보급

친환경 캠핑 관광 활성화 추진

가. 대한민국 캠핑대전 : 4.29.~5.1. (3일간), 대구 엑스코, 106천명 참관

나. 친환경 캠핑프로그램 운영 : 5개 시 · 군, 2,400명 참가

다. 포항 캠핑페스타 지원 : 7.1.~7.3. (3일간), 550명 참가

경북 전통주 체험 관광 지원

5개 시 · 군 (도 75, 시 · 군 175), 1,200명 참가

「경북 술 문화축제」연계 백두대간 인문 캠프 운영

가. 기간/장소 : 2022.9.2.~9.3. (1박 2일)/경북 북부권 일원(안동, 영주, 의성)

나. 참여 인원 : 220명(일반 165, 자전거 25, 외국인 30)

다. 주요 내용 : 경북 술 문화축제 개막식 참석 및 주제 영상 관람, 전통주 체험 등

경북 관광 그랜드세일 추진

가. 기간 : 2022.8.~12.

나. 추진사업 : 9개 사업 숙박대전, 코레일 제휴 특별관광상품 운영, Ž경북관광 온라인 이벤트, 공유 차량 서비스 지원, 근로자휴가비 지원, 경북 체험 관광 활성화 지원, 자전거라이딩투어, 웰니스 관광상품할인 프로모션, 단체여행객 유치 여행사 인센티브 지원

다양한 매체 활용 등 관광객 유치를 위한 경북관광 홍보 추진

가. 국내외관광객유치홍보마케팅, 스포츠경기장 펜스마케팅, 광역교통수단이용마케팅, 예

능프로그램 스타마케팅, 국내외 파워인플루언서 마케팅

나. 경북 관광 마케팅영상물 및 경북 관광 스토리텔링 콘텐츠 제작

다. 여행주간프로그램 운영 : 6건 (로드마케팅, 홍보부스, 팸투어 등 추진)

라. 문경새재 테마 관광 활성화 지원 : 1개 시 · 군

마. 시 · 군 홍보마케팅 지원 : 10개 시 · 군

SNS 관광콘텐츠 확산을 위한 온라인 및 바이럴 마케팅 : 350백만 원

가. 관광 포털 경북나드리 홈페이지 운영 및 관광 정보 서비스 제공

나. 페이스북, 인스타그램, 유튜브 등 주요 SNS 채널을 활용한 홍보

다. 여행 리포터(30명) 운영

유네스코 세계유산 상품개발 및 지원 : 81백만 원(도비 24, 시·군비 57)

가. 3개 시 · 군(경주, 안동, 영주)

나. 체험 관광상품 운영, 홍보영상 제작 및 SNS 홍보, 내외국인 팸투어 등

시·군별 대표관광자원 발굴육성

가. 4개 시 · 군(구미, 문경, 고령, 성주)

나. 시 · 군별 대표 볼거리, 즐길거리 등 발굴 지원

야간관광상품 개발 운영

가. 4개 시 · 군(경주, 안동, 영주, 청도)

나. 사업 내용 : 야간 관광명소 투어, 개별 체험 프로그램, 야간 공연 등

분천역 산타 마을 개장 및 운영

분천역 산타 마을 운영 지원 및 홍보(한여름 · 한겨울 산타 마을 운영)

국내 관광 박람회 참가

내나라여행박람회 등 11회 참가, 36만 명 참관

○ 국내전담여행사 운영 및 인센티브 지원

국내전담여행사 선정(10개사) : 버스 · 철도상품, 지역축제 등 단체관광객 32,700명 유치

○ 경북 관광 근로자 휴가비 지원사업

가. 지원사항 : 경북 여행상품 구매 시 상품가의 50%, 최대 10만원 지원

나. 판매건수 : 4,258건(수혜 인원 : 12,700명)

○ 외국인 관광객 유치 마케팅 사업

가. 대상 국가 : 중국, 대만, 일본, 동남아, 구미주 등

나. 국제관광박람회(6회), 온 · 오프라인 홍보설명회(3회) 실시

다. 무빙레터, 중국 OTT 활용 온라인 홍보

라. 대만 종예완흔대 예능제작 지원 및 여행업계 대상 팸투어 실시

○ 국외전담여행사 운영

가. 국외전담여행사 선정(10개사)

나. 재한외국인 유치 지원(19건/280명), 신규관광상품 개발 팸투어 지원(5건), OTA 상품 등록 인센티브(6건) 등

○ 해외 현지홍보사무소 운영

가. 중국, 대만, 일본, 태국, 베트남 5개소 운영 및 SNS 홍보단 구성(126명)

나. 중국 현지여행업계대상 홍보설명회(정주시, 항주시, 합비시, 소주시)

다. 현지 매체(여행잡지) 활용 경북 관광 홍보 및 현지 트래블마트 등 맞춤형 마케팅

라. 현지 월별 주요동향 파악

○ 문화관광 축제 지원

가. 선정축제 : 포항국제불빛축제, 청송사과축제, 봉화은어축제

나. 개최현황 : 청송사과축제, 봉화은어축제 개최

※ 포항국제불빛축제 미개최

시·군 우수축제 지원

가. 축제선정 : 13개(최우수 2, 우수 5, 유망 4, 육성 2)

나. 개최현황

- 온라인 개최 : 영덕대게축제, 경주벚꽃축제
- 오프라인 개최 : 고령대가야체험축제, 영주한국선비문화축제, 영천보현산별빛축제, 영양산나물축제, 성주생명문화축제, 경산갓바위소원성취축제, 의성슈퍼푸드마늘축제, 청도반시축제, 울진죽변항수산물축제, 예천삼강나루터축제, 울릉오징어축제

축제 메타버스 지원

시·군 축제장 메타버스 구현(영천보현산별빛축제, 영덕대게축제, 성주생명문화축제)

경북 e누리 관광상품 판매

가. 22개 시·군(군위 제외) 유료관광지, 숙박 등 연계 관광상품 온라인 판매

나. 판매실적 : 37,820건

경북 관광품앗이 운영 :

가. 경북 도내 관광지(전통시장 포함) 방문 시 버스임차비 지원

나. 지원실적 : 44,941명, 버스 1,093대

웰니스 관광 클러스터 구축

가. 웰니스 관광 특화 콘텐츠 개발 5개소, 지역사회돌봄형 프로그램 운영 11회, 336명

나. 전문인력 양성 47명, 홍보영상 6편·브로슈어 5,000부 제작, BI 개발

다. 핵심성과지표 관리 647명

경북 웰니스 관광 페스타 개최

일시/장소 : 10.7. ~ 10.10. (4일간), 영주 선비세상

- 1만여 명 참여 : 웰니스 관광 클러스터 거점시설 특별프로그램, 체험 부스 운영, 할인 프로모션 등

07. 경상북도 미래 관광상품 변화 및 개발

경상북도는 2022년 개소한 경북 관광기업지원센터를 거점으로 지역 기반 관광기업 창업·육성, 전통기업 개선·육성, 일자리상담소 운영 등 20억 원을 투입해 고부가 관광산업 활성화에도 박차를 가할 예정이다.

경상북도는 다양한 역사 유적지를 보유한 지역인만큼, 역사를 테마로한 관광개발에 중점을 두고 있기도 하다. 유교, 가야, 신라 등 3대 문화권 사업은 기존 역사문화관광자원 권역을 관광객 이동 패턴 및 지자체 간 접근성 등을 중심으로 한 4대 권역(북부권, 남부권, 동부권, 서부권)으로 재설정해 권역 지자체 간 협력을 통한 다양한 정책과 사업추진으로 권역별 관광 활성화를 추진한다.

경상북도는 2023년 관광 분야 주요 공모사업에 전략적으로 대응해 K-관광 섬 육성사업 등 6개 사업에 잇달아 선정되며 사업비 134억 원을 확보했다. 이런 성과는 코로나 엔데믹, 4차 산업혁명 시대에 따른 관광의 비대면·힐링·안전 관광콘텐츠 발굴·육성, 지역주도 관광산업 활성화 등 정부 핵심 관광정책에 부합하는 사업계획 수립을 통해 경북도에서 선제적으로 대응한 결과다. 경상북도가 2023년 공모에 지원해서 선정된 주요사업으로는 △가고 싶은 K-관광 섬 육성사업 120억 원 △노후관광시설 재생사업 5억 원 △등록야영장 지원사업에 야영장 안전위생시설 개보수, 화재 안전성 확보 지원, 캠핑카 관련 인프라 구축, 활성화 프로그램 운영 등 4개 세부사업에 9억 원 등을 포함해 총 134억 원 규모다. 섬 관광 활성화를 통해 세계인이 찾는 K-컬처 관광명소로 육성하기 위한 'K-관광 섬 육성사업'은 2026년까지 4년간 총 120억 원의 사업비가 지원되는 사업이다. 휴양과 체험을 중시하는 여행 추세에 맞춰 저밀도·청정 관광지인 울릉도를 관광과 K-컬처가 융합된 매력적인 섬으로 특화될 수 있도록 육성해 나갈 계획이다. 전국 3번째 규모를 가진 도내 등록 야영장을 대상으로 경북만의 안전한 야영환경 조성과 특색 있는 야영프로그램 운영 등을 통해 최근 지속적으로 증가하고 있는 캠핑족들의 발길이 경북으로 이어지도록 한다는 복안이다. 이외에도 노후 관광시설 재생사업을 통해 포항의 '한반도 동끝마을, 호미곶으로의 초대', 문경 '꽃따라 단풍따라 떠나보는 문경 옛길 탐방'이 선정돼 문화콘텐츠를 접목한 노후관광시설의 새로운 탄생으로 관광객에게 볼거리, 즐길 거리를 제공할 예정이다.

범지역적 관광협력 네트워크 구축

관광행정협력체계 구축을 통한 시너지 효과 창출

가. 동해안권 관광진흥협의회 운영 : 4개 시·도 공동 관광상품 개발 홍보 협력

나. 도-시·군 협의체 협력사업 추진 : 권역별 공동홍보 마케팅 및 협력사업

다. 경북관광혁신위원회운영(48명) : 국책과제 발굴 릴레이 간담회, 정책과제 연구, 정책심포지엄, 경북 관광 중장기 정책개발·비전 제시, 정책자문 등

관광진흥기금 조성 및 지원

가. 사업기간 : 2019~2028년(10년)

나. 2023년 운용액 : 153억 원(융자사업 55, 보조사업 35, 예탁 50, 예치 13)

다. 지원조건

- (융자사업) 최대 5억 원까지 융자 : 0.8% 대출
- (보조사업) 최대 7천만 원까지 지원 : 자부담 총사업비의 20%

라. 사업내용 : 관광사업체 신축·개보수비 융자, 관광콘텐츠 개발 및 도 역점 추진사업

경북 관광기업지원센터 구축 및 운영(2,000백만 원)

가. 주관/참여/운영 : 경상북도/경주시/경북문화관광공사

나. 사업내용

- (관광 스타트업 발굴 및 육성) 성장단계별 입주기업 모집, 관광 스타트업 공모전, 관광업계 네트워크 구축 및 지원 등
- (전통적 관광기업 개선) 노무, 마케팅, 회계 등 종합컨설팅 제공, 온·오프라인 홍보 마케팅 지원
- (관광 인재양성) 관광기업↔청년인턴매칭, 관광아카데미/관광 일자리상담소 운영 등

관광서비스 시설환경개선사업 추진

가. 지원대상 : 관광지 인근 또는 관광객 대상 음식점 및 숙박업소

나. 지원금액 : 최고 2천만 원(자부담 : 30%)

다. 사업비 : 40억 원(도비 20, 시·군비 20)

◯ 관광 청년인턴제 지원 사업추진

가. 참여업체 : 도내 등록 관광사업체(관광진흥법 기준 등록업체)

나. 지원내역 : 인턴 채용 시 인건비 지원

- ▸최저임금 기준 월 1,914,440원의 70%

다. 사업비 : 2억 원(도비)

◯ 경북 관광두레 지역협력사업 사업 추진(700백만 원)

사업내용 : 관광두레PD 활용 관광사업체를 발굴하여 창업에서 경영까지 지원

- ▸예비 : 경북 관광두레 PD 선발, 신규 주민사업체 발굴, 협력주민사업체 사후관리

◯ 지역관광 거점도시 육성사업 추진

가. 사업기간 : 2020~2025년(6개년)

나. 사업비 : 975억 원(국비 488, 도비 146, 시비 341)

다. 사업위치 : 안동

라. 사업내용 : 거점도시 대표 콘텐츠 발굴 및 관광 브랜드 육성 등

- ▸2023년 사업비 : 13,952백만 원(국비 6,976, 도비 2,093, 시비 4,883)

◯ 계획공모형 지역관광개발사업 추진

가. 사업위치 : 포항

나. 사업기간 : 2020~2024년(5년)

다. 사업비 : 총 240억 원

- ▸포항 : 120억 원(국비 60, 도비 12, 시비 48)
- ▸영주 : 120억 원(국비 60, 도비 18, 시비 42)제9장

라. 사업내용 : 관광상품 및 지역특화 체험 프로그램 개발, 노후 관광시설 리모델링 등

- ▸2023년 포항 사업비 : 4,132백만 원(국비 2,066, 도비 413, 시비 1,653)
- ▸2023년 영주 사업비 : 2,076백만 원(국비 1,038, 도비 312, 시비 726)

◯ 가고 싶은 K관광 섬 육성사업

가. 사업기간 : 2023~2026년(4개년)

나. 사업비 : 120억 원(국비 60, 도비 12, 시비 48)

다. 사업위치 : 울릉

라. 사업내용 : 관광자원 및 콘텐츠 개발, 관광편의서비스 기반 강화 등

▸ 2023년 사업비 : 100백만 원(국비 50, 도비 15, 군비 35)

◯ 매력 있는 관광 인프라 조성사업 추진

문화 · 생태 · 녹색 등 지역의 우수한 관광자원 발굴 및 기존 관광지 재정비로 경쟁력 있는 관광 인프라 구축

가. 관광지 개발 : 경주 화백컨벤션센터 증축사업 등 2개소

나. 문화관광자원 개발 : 갯마을차차차 관광명소조성 등 41개소

다. 생태녹색관광자원 개발 : 동해안 해파랑길 정비사업 등 7개소

라. 관광안내체계구축사업 : 관광안내체계구축

마. 국민여가캠핑장조성 : 참살이 구미캠핑장 추가조성

바. 탐방로안내체계구축 : 청도 대비지 관광자원화사업

사. 생태녹색관광활성화사업 추진 : 2개소(포항, 문경)

◯ 관광 약자를 위한 무장애 관광환경 조성

가. 사업기간 : 2023년 1월~12월

나. 사업위치 : 구미시, 상주시, 청도군, 경주시

다. 사업내용 : 도내 주요 관광명소 장애물 없는 관광환경 인프라시설 조성

◯ 전통한옥 관광 자원화

한옥 집단마을 관광자원개발(3개소)

◯ 3대 문화권 인프라 활용 지역관광 활성화 사업추진

가. 3대 문화권 인프라 활성화 지원

▸ 10개 시 · 군, 10개소

나. 경북 관광통합솔루션 추진 · 경북 관광통합플랫폼운영

○ 3대 문화권 후속 광역관광개발 추진

가. 낙동 문화권 광역연계 협력사업 기본구상 용역 완료(2021. 7월)

나. 제20대 정부 지역 공약 반영 ☞ 다부처 국비 지원 건의

▸ (3개 시도, 22개 시 · 군구) 유휴 문화관광자원 업사이클링, 관광형 통합 교통 서비스(TMaaS), 낙동 문화권 에코뮤지엄 조성 등

○ 친환경 캠핑 관광 활성화 추진

가. 대한민국 캠핑대전 : 4.21.~4.23.(3일간), 대구 엑스코

나. 친환경 캠핑프로그램 운영 : 5개 시 · 군,

다. 포항 캠핑페스타 지원 : 7월 개최

○ 경북 전통주 체험 관광 지원

5개 시 · 군

○ 경상북도 숙박 할인 대전 : 5월~12월,

온라인을 통한 도내 숙박상품 예약 시 할인쿠폰 제공(대한민국 숙박 세일 페스타 지역편 참여)

○ 코레일 제휴 경북 관광 특별상품 운영 : 4월~12월,

철도 연계 경북 관광상품 이용 관광객 대상 여행지원금 지원

○ 관광객 유치를 위한 경북 관광 홍보 추진 제9장

가. 국내외관광객유치홍보마케팅, 스포츠경기장활용마케팅, 광역교통수단이용마케팅, TV프로그램활용마케팅, 국내외파워인플루언서마케팅

나. 경북관광마케팅영상물 제작 : 100백만 원 - 여행주간프로그램 운영(경북 관광 특화 프로그램, 이벤트, 홍보부스 등)

다. 시 · 군 홍보마케팅 지원 : 10개 시 · 군

◯ SNS 활용 온라인 마케팅 강화

가. 사업비/매체 : 경북나드리 블로그, 페이스북, 인스타그램, 유튜브 등

나. 사업내용 : 경북여행리포터단 운영(15명), 폭넓은 관광자원 취재 및 홍보,숨은 관광지 발굴 SNS채널 게시 및 유튜브 동영상 제작 홍보

◯ 테마형 템플스테이 및 소울스테이 육성 지원

가. 템플스테이 육성 지원

- 대상 : 14개 사찰(불국사, 골굴사, 봉정사, 직지사, 은해사, 축서사 등)
- 내용 : 참선, 사찰음식 체험, 다도체험 등 프로그램 운영지원, 마케팅 지원

나. 소울스테이 육성 지원

- 대상 : 11개 피정기관(성베네딕도회왜관수도원, 우곡성지, 농은수련원 등)
- 내용 : 천주교 피정활동과 힐링콘텐츠를 접목한 체험형 관광상품 운영

◯ 오감을 사로잡는 체험 관광 프로그램 운영

가. 시 · 군별 대표 및 야간관광 상품개발 및 운영

- 사업내용 : 시 · 군별 특색있는 관광자원과 연계한 대표 및 야간관광 상품개발 및 지원

나. 오감만족 경북하늘여행체험 지원사업 · 사업비

- 대상 시 · 군 : 김천, 영주, 상주, 봉화
- 사업내용 : 이색 열기구 체험 행사 및 액티비티 관광 할인 이벤트 등

다. 백두대간 인문캠프 운영

- 사업내용 : 「경북 전통주 대축전」 연계 전통주와 인문학을 연계한 관광 추진

◯ 외국인 관광객 유치 해외 마케팅사업 강화

가. 대상 : 중화권, 일본, 동남아, 구미대양주

나. 사업내용 : 해외 시장분석, 경북관광설명회 및 세일즈 콜, 관광상품 판촉, 팸투어

◯ 한류 열풍에 따른 한류 관광마케팅 확대

가. 사업내용

- K-culture를 테마로 한류 관광콘텐츠 개발

▸ K-pop, K-food, K-beauty 등 해외방송 · 드라마 촬영 지원 등

국외 전담여행사 운영

가. 대상 : 중화권, 동남아, 구미주 등

나. 사업내용 : 경북 특화 테마별 관광콘텐츠 상품개발 및 팸투어 운영 · 온라인 여행플랫폼 활용 상품 판촉 및 오프라인 홍보마케팅 활동 지원

문화체육관광부 및 도 지정 우수축제 지원

가. 사업방향 : 지역 특색과 전통을 살릴 수 있는 우수축제 발굴 · 육성 · 코로나 엔데믹 관광이슈 변화에 따른 선제적 축제 활성화

나. 문화관광축제(문화체육관광부 지정)

▸ 대상 : 3개 축제(포항국제불빛축제, 청송사과축제, 봉화은어축제)

다. 도 지정 우수축제 육성 · 지원 · 대상 : 영양산나물축제, 고령대가야체험축제 등 13개 축제

라. 사업내용 : 13개 축제 홍보 · 마케팅 · 관리 운영에 따른 경비 지원

경북 e누리 관광상품 판매

사업내용 : 지역축제, 주요관광지 및 숙박 연계한 관광상품 개발 및 온라인 판매

버스타고 경북 관광사업

사업내용 : 타 지역 단체관광객 대상 버스임차료 및 농산물 할인쿠폰 지원

2023년 웰니스·의료관광 융복합 클러스터(대구·경북)제9장

가. 사업방향 : 대구 의료관광, 경북 웰니스관광 융복합을 통한 지역특화형 관광자원 발굴 및 지속가능한 관광기반 마련

나. 사업기간 : 2023년 ~ 2025년(3년간)

다. 사업내용 : 웰니스 · 의료관광 융복합 상품구성(도심 · 산림 · 해양 · 한방 등)을 위한 협력네트워크 구축

▸ 워크숍 및 해외 홍보설명회 개최, 원스톱서비스 통합플랫폼 구축, 통합브랜드 개발

▸ 개별관광 활성화 및 체류형 관광 유도를 위한 MWTC(의료웰니스관광카드) 관광패스 시스템 개발 구축 등

◯ 경북 웰니스 관광페스타 개최

가. 대상 : 경산 삼성현역사문화공원 · 동의한방촌 연계

나. 사업내용

▸ 약식동원 요리경연대회, 치유힐링콘서트, 웰니스의료관광 발전포럼

▸ 웰니스의료관광 체험프로그램 운영, 외국인 유학생 참여프로그램 등

08. 경상북도 문화관광해설사 지역 콘텐츠 및 해설사항

경상북도는 문화관광해설사를 육성하기 위한 정책을 지속적으로 추진하고 있으며, 점차 그 숫자가 늘어나고 있다. 다음은 2023년 현재 경상북도에서 운용하고 있는 문화관광해설사 관련 지원정책과 예산 등이다.

1) 문화관광해설사 육성

(1) 문화관광해설사 보수교육사업 : 문화관광해설사의 전문성을 강화하고 해설서비스제공자로서 갖추어야 할 심화된 표현기술 및 해설기획력을 갖추기 위한 보수교육 추진

(2) 문화관광해설사 역량 강화(50백만 원) : 친절해설 실천 결의대회, 해설 기법 강화 교육, 도내 우수관광자원탐방 등 실시로 현장역량 강화

(3) 문화관광해설사 육성사업(6,101백만 원) : 활동비(식비, 교통비), 환경개선(근무복, 해설장비), 상해 보험료 등 지원

2) 경상북도의 문화관광해설 배치 지역 및 콘텐츠

지역	콘텐츠
포항	시외버스터미널 관광안내소, 포항역관광안내소, 포항여객선터미널, 포항공항관광안내소, 보경사, 오어사, 덕실마을(이명박 전 대통령 고향), 호미곶, 포항요금소
경주	안압지, 첨성대, 불국사, 석굴암, 괘릉, 포석정, 감은사지, 분황사, 양동마을, 오릉, 김유신장군 묘, 무열왕릉, 대릉원, 경주향교, 옥산서원, 동리목월문학관, 봉황대
김천	김산향교, 청암사, 직지사, 연화지, 부항댐, 김천시립박물관
안동	하회마을, 병산서원, 봉정사, 연미사, 태사묘, 콘텐츠박물관, 민속박물관, 도산서원
구미	금오산, 도리사
영주	부석사, 부석사 박물관, 부석사종합관광안내소, 소수서원, 소수박물관, 선비촌, 무섬마을, 장말손유물각
영천	보현산천문과학관(별빛마을), 임고서원, 최무선과학관, 별별미술마을
상주	경천대, 상주향청
문경	문경새재도립공원, 문경새재관광안내소, 옛길박물관, 석탄박물관, 도자기전시관, 관광안내소(진안)
경산	갓바위, 삼성현역사문화공원, 경산시립박물관
의성	사촌마을사료관, 금성산고분군, 고운사, 산운생태공원
청송	찬경루, 운봉관, 청송버스터미널안내소
영양	두들마을, 주실마을, 선바위관광지
영덕	삼사해상공원, 신돌석장군유적지, 신재생에너지전시관, 어촌민속박물관
청도	석빙고, 만화정, 운문사
고령	대가야박물관, 왕릉전시관, 어린이체험실, 우륵박물관, 대가야역사테마관광지, 개실마을
성주	한개민속마을, 세종대왕자태실, 회연서원
칠곡	다부동전적기념관
예천	회룡포(장안사), 삼강주막, 용문사, 금당실마을
봉화	청량산, 축서사, 만산고택, 계서당, 닭실마을(충재박물관)
울진	봉평신라비전시관, 백암온천일대
울릉	봉래폭포일원, 태하모노레일

참고 문헌

- 경북나드리 홈페이지
- 데일리대구뉴스
- 한국관광공사 데이터랩
- 2022년 기준 관광동향에 관한 연차보고서(2023.8). 문화체육관광부

Chapter 07

전라권의 관광자원

01. 전남 : 1951개의 아름다운 섬

1) 전라남도 관광자원의 특징

한국에서 섬이 가장 많은 나라는 전라남도이다. 대한민국 섬의 60%가 전라남도에 있다. 최근 전라남도에서는 위성항법시스템과 현지인 면담을 통해 실태조사를 한 결과 전라남도에는 모두 1951개의 섬이 있는 것으로 파악되었다. 그 중 유인도는 278개, 무인도는 1673개이다. 밀물과 썰물에 따라 보였다 안 보였다 하는 바위를 섬으로 해야 할지도 고민일 것이다. 이름이 붙여지지 않은 섬도 321개나 되는 것으로 파악된다.

전라남도 관광자원의 특징은 무엇보다도 천혜의 자연환경을 바탕으로 한 풍부하고 매력적인 자연 관광자원을 꼽을 수 있을 것이다.

전라남도 관광재단의 자료에 따르면 2021년 전라남도 관광객은 총 4239만 명으로 경기도에 이어 전국 2위를 차지했다. 청정지역 전라남도가 관광지로서 황홀하고 매력적이라는 증거가 될 수 있겠다. 한편 시도별 관광객 지출액에 있어서는 전남의 지출액은 1조 5천억으로 전국에서 11위권에 머물고 있다. 관광객 수와 관광지출액과의 격차는 전남에서 앞으로 해결되어야 할 과제이기도 하다. 예를 들어 숙박시설을 지속해서 확충하면 체류형 관광객 증가로 지출액도 증가할 것으로 예상한다. 관광명소 중심의 인근 지역 위주의 관광객에서 수도권이나 해외에서 관광객을 유치하려면 웰니스 관광 등 테마관광이나 문화중심의 관광콘텐츠를 개발해 나가는 동력도 절실한 상황이다.

최근 젊은 사람들에게서 뜨고 있는 신안 퍼플섬이 자연과 지역사회 네트워크를 적절히 연계해서 특색있게 구성한 관광콘텐츠의 전범이 될 수 있을 것으로 생각된다. 퍼플섬에서는 한 번에 섬 3곳을 걸어서 여행할 수 있는 이색명소로 마을 지붕부터 식당 그릇까지 온통 보랏빛 일색으로 꾸며서 2021년 세계관광기구가 선정한 세계 최우수 관광마을에 선정되었다. 흑산도나 홍도처럼 잘 알려진 곳도 아니지만 퍼플섬으로 단장한 뒤 세계적 관광명소가 된 것이다. 이는 신안군에서 마을 네트워크를 활용, 주도적으로 기획하고 지원한 성과로 평가된다.

섬과 바다 이외에도 전남의 관광자원은 풍성한 음식문화를 들 수 있다. 목포, 여수, 영암 등 다양한 지역에서 발달 되어온 남도 먹거리는 국내외 미식가들이 가장 선호하는 여행지로 전남을 꼽을 정도이다. 전남 관광자원의 또 다른 특징으로 가성비 좋은 미식 여행을 빼놓을 수 없다. 아울러 힐링과 걷기 여행의 최적지로서 휴양림도 빠질 수 없는 매력이다.

전남 편에서는 섬과 바다, 미식 여행 그리고 걷기와 힐링 이 세 가지 중심으로 관광자원을 소개하고자 한다. 신안 퍼플섬, 흑산도, 순천만 습지, 전남의 맛집 투어, 남도의 휴양림 등을 실제 여행하는 사람의 입장에서 기술하고자 한다.

2) 전라남도 가고 싶은 섬길

(1) 보랏빛 향기 신안 퍼플섬

유엔세계관광기구(UNWTO) 최우수 관광마을로 선정된 신안군 퍼플섬의 성공비결로 아름다운 자연, 신안군만의 고유한 스토리텔링 그리고 보라색이라는 매력적인 브랜딩 이 세 가지를 말할 수 있다. 무엇보다도 중요한 것은 섬이라는 한계와 특수성을 오히려 강점으로 활용한 기획자의 역발상이다. 어떤 사업도 지역사회의 든든한 응원과 지지 없이는 성공할 수 없다는 원칙을 중시했다고 할 수 있다. 신안군은 에너지 사업에 주민 지분을 의무화했고 에너지 사업에서 나오는 이익을 주민들에게 평생 연금처럼 지급할 수 있는 제도를 만들어 주민들의 동참을 유도했다. 애당초 섬 사이에 다리를 놓고 그 다리를 통해 섬 두 개를 도보로 산책할 수 있는 아이디어는 배를 타지 않고 섬을 돌아다녔으면 좋겠다는 한 할머니의 평생소원을 진심을 가지고 받아들이는 행정당국의 열린 수용성에서 퍼플섬이 출발한 것이라고 한다. 이는 참여와 소통이라는 관

전남 신안군 반월도에 있는 퍼플섬 상징 조형물

광지 개발의 기본원칙에 충실한 신안군청의 열정에 기인한 것이라고 판단된다.

퍼플섬 신안 반월・박지도는 보랏빛 꽃향기를 맡으며 아름다운 해안을 걸으며 힐링과 여유를 즐길 수 있는 관광지이다. 박지 둘레길은 퍼플교를 건너 해안가를 따라 바람의 언덕까지 갔다가 출발지로 돌아오는 둘레길 코스인데 도중에 식당을 겸하고 있는 동네 슈퍼에서 막걸리를 한잔하면서 시원한 바닷바람과 함께 지친 일상을 힐링하기에 좋은 코스이다.

퍼플섬 입장료는 5천 원인데 재미있는 것은 주민등록상 이름이 보라이거나 의상, 우산, 반려동물의 옷, 머리색상이 보라색이면 입장료가 면제된다. 2019년부터는 압해도와 암태도를 잇는 천사대교가 개통되어서 자동차로도 접근이 가능해졌다.

전라남도에서 발표한 '전라남도 걷고 싶은 섬길 24'를 보면 대부분의 섬 지역에는 숙박과 식당 등 관광 지원시설이 열악한 상황인데 주로 마을 민박에서 식사를 해결하거나 숙소를 이용하는 형태이다. 이는 전남권 관광 활성화에 있어서 제기되는 공통적인 문제인데 쾌적한 호텔이나 리조트 등 관광 인프라의 부족은 수도권이나 해외에서 전남권으로 여행을 오는데 장애물로 작용하고 있는 것으로 파악된다. 지역사회 개발에 있어서 개발업체와 지역사회 간 이익을 공유하여 협력할 수 있는 지역관광 인프라 확대를 위한 상생 시스템이 필요한 이유이다.

key point 신안군 햇빛 연금

'햇빛 연금'은 태양광시설로부터 나온 이익을 주민들에게 현금으로 나눠주는 배당금으로 전국 지자체 중에서 유일하게 신안군에서 진행되고 있는 제도임. 일조량이 풍부한 신안군에서 태양광 발전시설을 집적화 단지 형태로 유지하면서 개발수익을 연금형태로 개발업자와 주민이 나누는 형태인데 2018년에 처음 제도 도입 이후 2021년 4월에 최초로 지급을 시작하여 연간 가구당 240만 원에서 40만 원까지 지급했고 앞으로 제도가 발전될수록 조금 더 많은 배당이 가능할 것으로 예상됨. 이는 지역주민의 소득 증대를 통해 인구증가 및 지역사회 발전에 기여할 것으로 보여지는데 관광 분야에서는 지역주민의 관광사업 참여 등 퍼플섬의 활성화에도 일조한 것으로 분석되고 있음

(2) 모세의 기적, 진도 신비의 바닷길

진도여행에 있어서는 세계적으로 널리 알려진 신비의 바닷길을 이야기하지 않을 수 없다. 한국판 모세의 기적으로 불리는 이곳은 주한 프랑스 대사 삐에를 랑디가 진돗개 연구를 위해 진도를 왔다가 발견했으며 매년 4-5월이면 신비의 바닷길을 보기 위해서 각지에서 관광객들이 몰려든다.

이외에도 조선 말기 화가 소치 허련이 말년을 보냈다는 운림산방, 일몰이 아름답기로 유

명한 세방낙조 전망대, 진도대교 망금산 정상에 위치한 진도타워, 진돗개 테마파크 등을 구경할 수 있는데 놓치지 않아야 할 곳은 바로 팽목항이다. 바로 2014년 4월 16일 수학여행을 떠나는 고등학생들을 태우고 인천에서 제주로 향하던 세월호가 진도 인근 해상에서 침몰하면서 승객 304명이 사망한 사건에 대한 기억의 장소이다. 허둥대기만 해양당국, 초동대처 실패, 뒤늦은 구조작업 등 세월호 참사는 우리에게 수많은 상처와 후회를 남긴 사건이다. 현재 인양된 세월호 본체는 목포신항 보세구역 선착장에 보관 중이다. 우리가 관광을 기획하고 운용할 때는 그 지역의 역사적 사건과 사회문화적 파급효과도 한꺼번에 고려하는 종합적인 시각과 혜안이 필요할 것이다. 진도 팽목항은 세월호 사건을 기억하고 두 번 다시 그런 참사가 일어나서는 안된다는 의미에서 반드시 방문해야 할 곳으로 정해 본다.

미국에서는 현대사의 비극으로 기록된 9.11 테러가 일어났던 세계무역센터 빌딩 자리를 '그라운드 제로'로 지정하고 9.11 테러 메모리얼&박물관을 만들어 그날의 희생자를 추모하고 과거를 기억하는 관광지로 운영하고 있다. 상처받은 과거를 기억하지 못하는 민족에게 발전은 없다. 사회문화적 관광지로서 팽목항을 개발하는데 조금 더 많은 노력이 필요할 것이다.

진도 쏠비치는 전남지역에서 몇 안 되는 현대식 복합문화리조트로 평가되고 있다. 전남지역관광에서 단점으로 지적된 숙박시설 등 부족한 관광인프라에 있어서 선도적 역할을 하고 있는 것으로 평가된다. 전단에서 기술한 바와 같이 지역사회와 개발업체가 개발이익을 공유하는 방향에서 상생의 힘으로 관광인프라를 확대해 나가는 지역사회 중심 관광인프라 네트워크의 확대를 기대해 본다.

▌전남 진도에 있는 진도 쏠비치의 야경▐

특히 진도의 해안 길은 아름답기로 유명하다. 여귀산에서부터 셋방낙조까지 서해랑길 9코스와 10코스는 생동감 있는 바다의 숨결을 느끼며 해안 오솔길을 걷다가 조그마한 항구를 품고 있는 마을을 만나면서 힐링할 수 있는 곳이다. 서해랑길의 또 다른 추천 코스는 진도 쌍계사로부터 목포 근대 역사관까지 72.4 KM 구간이다.

걷기는 인간의 감정과 정신건강에 많은 영향을 미치는 유익한 행위이다. 진도에서는 걷기를 통해 몸과 정신을 맑게 할 수도 있고 해안길 곳곳에 자리 잡은 역사의 현장을 탐방할 수 있는 기회도 제공한다. 고려 시대 삼별초의 거점이었던 용장산성에서 사용되었던 기와가 오키나와의 류쿠왕국에서 발견된 기와와 거의 일치한다는 점에서 삼별초의 잔여 인력이 오키나와로 건너가 류쿠왕국에 영향을 주었다는 주장도 제기되기도 한다. 해안선을 따라 걸으면서 그 옛날 삼별초의 역사와 고난을 헤아려 보는 역사 탐방도 가능하다는 점에서 진도 해안 두레길은 일반인에게 권장할 만하다.

(3) 여수 금오도 비렁길

금오도 비렁길은 금오도의 서쪽에 조성되어 있는 둘레길로 다도해 해상국립공원에 속해 있는 지역인데 2010년부터 조성되기 시작했다. 비렁은 여수 사투리로 벼랑이라는 뜻인데 해안절벽 위를 연결한 길로써 이 지역주민들이 땔감을 구하고 낚시를 위해 다니던 해안길이었다고 한다. 비렁길은 모두 5개 코스 총 18.6KM 구간으로 함구미마을에서 시작한다. 함구미에서 두포에 이르는 1코스, 두포에서 직포로 넘어가는 2코스가 백미로 꼽히는데 자연 친화적 출렁다리를 설치해 비렁길 해안 절경을 체험할 수 있는 코스이다.

비렁길은 전라남도가 역사문화자원과 자연생태가 우수한 섬 지역 우수 관광자원을 활용해서 특색있는 체류형 관광지를 조성하는 "섬지역 관광자원개발사업"의 일환으로 이루어진 지역관광개발의 성공사례로서 의미가 있다. 문화부가 주관하는 지역관광개발 사업은 지자체가 지역의 노후, 유휴 문화관광자원을 재활성화하고 잠재력 있는 관광자원을 발굴할 수 있도록 지원하는 사업으로 지역관광 개선 및 활성화를 위해 필수적인 사업으로 인정되고 있다.

전라남도는 천혜의 자연환경과 역사와 전통을 자랑하는 지역 고유의 문화적 콘텐츠가 다양한 만큼 이러한 점에 착안해서 지역특화 콘텐츠와 지역관광 기반시설, 관광서비스를 유기적으로 연결하려는 노력을 지속적으로 실시하면 지역사회의 발전과 향상을 도모하기에 충분한 잠재력을 지니고 있는 것으로 판단된다. 무엇보다도 지역사회 내 협력과 소통을 통한 추진동력을 확보하는 것이 관건일 것이다. 인구소멸이 심해져 가는 상황에서 각 지방자치단체는 위기를 인식하고 지역관광 활성화를 통해 지역경제도 살리고 사회문화적 발전을 도모하는 노력을 기울여야 할 것이다.

비렁길 1코스 해안절경

(4) 너울성 파도를 넘어야 하는 흑산도

섬의 95%가 상록수라 멀리서 보면 검게 보인다는 흑산도 전경

흑산도는 홍어, 전복, 우럭, 성게, 돌김 등이 특산품이다. 1965년 가수 이미자가 부른 흑산도 아가씨의 배경이 된 섬이며 인근의 홍도와 함께 패키지 여행상품이 된다. 흑산이라는 이름은 바닷물이 푸르다 못해 검푸른 빛이 돌아 멀리서 보면 산과 바다가 모두 검게 보인다는 데서 유래되었다고 한다. 흑산도로 유배를 갔던 정약전을 소재로 소설가 김훈이 '흑산'이라는 소설을 냈는데 가파르고 구불구불한 흑산도 일주도로를 돌다 보면 바다가 보이는 화장실도 이용할 수 있고 촛대바위, 코끼리 바위 등 기암괴석을 만나고 자산어보의 정약전이 살았던 유적지도 보인다.

무엇보다도 흑산에 가면 청정해역에서 나오는 맛있는 해산물을 먹을 수 있는 특혜를 본다. 이곳에서는 나주나 영산포와는 달리 홍어를 회로 먹는데 조금 기름지기는 하지만 홍어애 맛도 기가 막힌다. 보아야 한다. 우럭이나 갈치로 조림이나 찌개를 먹고 나면 흑산 미식 여행의 정수를 느끼게 된다. 목포 여객선터미널에서 쾌속선을 타고 너울성 파도를 넘어가며 달리면 2시간 후에 도착한다.

흑산도 예리항은 한때는 파시로 홍청대던 시절이 있었다고 한다. 예전에 고래잡이들이 많아서 고래공원이 있다. 흑산도에서 어청도로 이어지는 뱃길은 고래가 오가는 길이었고 새우, 청어 등 고래가 즐기는 어류가 풍부해 대형고래의 주된 서식지였다고 한다.

3) 남도 미식 여행

(1) 벌교 꼬막 정식

소설 태백산맥에서 외서댁과 동침장면을 서술하는 문구는 언젠가 한 번은 벌교에 가서 꼬막을 먹어 보고 싶다는 생각을 절로 들게 했다. 꼬막은 찬바람이 부는 11월부터 살이 차오르기 시작하지만 12월 이후에 제대로 맛이 난다고 한다. 겨울 바다의 향기를 담고 있는 쫄깃쫄깃한 특유의 풍미는 중독성이 매우 강한 음식 중의 하나이다. 꼬막에는 단백질과 비타민, 아미노산 등이 풍부해서 동맥경화와 간 기능 개선에도 효과가 좋다고 한다.

대한다원 보성 녹차밭

벌교에 가면 꼬막만 먹을 게 아니라 벌교 보성여관, 태백산맥 문학관, 보성 녹차밭까지 들러서 힐링의 정수를 느끼고 오는 것이 좋다. 보성군은 한국에서 가장 많은 차를 재배하는 지역으로 굽이굽이 펼쳐진 녹차밭을 거닐다 떡갈비도 먹고 시원하고 감미로운 녹차 맛도 즐기면 좋을 것이다. 보성 대한다원에는 녹차밭 이외에도 늘씬하게 하늘로 치솟은 삼나무숲도 장관이어서 영화나 드라마 촬영지로 인기가 높다고 한다.

(2) 광주 무등산 증심사 사찰음식 수자타

증심사 사찰음식 전문점 수자타

전남 광주에는 일곱 가지 대표 음식을 광주 7미라 부르며 홍보하고 있다. 7미는 송정리 떡갈비, 무등산 보리밥, 광주오리탕, 한정식, 상추튀김, 육전, 주먹밥이다. 광주 전남지역은 어느 식당에 들어가더라도 식단에 나오는 반찬 가지 수와 수준은 타지역의 추격을 불허할 정도로 훌륭하다. 여기 무등산 등산 후에 등산객들이 많이 찾는 맛집인 수자타를 소개한다. 증심사에서 운영하는데 요금은 선불이며 1인당 7천원으로 저렴하지만 식사시간이 오전 11시 반에서 2시 반까지 제한적이다. 육류와 해산물 없이 채식 위주의 반찬 70가지가 뷔페식으로 셋팅되어 있어서 보리밥 한 그릇만 먹어도 건강한 느낌이 절로 드는 지역 맛집이다.

(3) 광주 5미 vs 목포

광주 5미, 7미, 8미 다양한 설이 있지만 광주 5미로는 무등산 보리밥, 광주오리탕, 송정리 떡갈비, 한정식, 김치를 선정한 적도 있다. 무등산 보리밥은 동구 지산유원지 근처에 많다. 현대 백화점 일대 거리는 오리탕 맛집이 몰려있고 광주송정역 앞에는 떡갈비 거리가 조성되어 있다. 육전은 광주 상무지구에 있는 대광식당이 유명하지만 충장로나 금남로 일대에는 전통 음식의 강자들이 몰려있어서 육회비빔밥 한 그릇만으로도 여행자의 허기와 미식을 충분히 만족시킬 수 있는 식당이 즐비하다.

그렇다면 미식의 도시 광주를 대표하는 최고의 맛은 무엇일까? 그 무엇보다도 생고기를 맛보지 않고 광주 여행을 끝냈다면 평생 후회할 것이라는 생각을 해본다. 광주에는 가성비 좋은 소고기 맛집이 많다. 진한 육즙의 생고기 한 점에 소주를 한 잔씩 걸치고 나면 소고기가 사랑스러워 견딜 수 없다는 마음이 들 정도이다. 마무리는 애호박찌개나 육회비빔밥으로 하면 괜찮다.

| 광주 쌍촌동 생고기 |

의외일 수도 있겠지만 광주는 소비지출지수가 높아 해마다 전국 2위, 3위에 랭크된다. 전남지역에서 모든 소비가 광주광역시에서 이루어진다는 게 정설이다. 하지만 아무리 맛집이 광주에 많다고 하더라도 목포를 이길 수는 없다는 게 현지인의 다수 의견이다. 목포는 해산물이며 고기까지 맛의 황제라고 해도 과언이 아닐 것이다.

목포에는 홍어삼합으로 유명한 인동주마을식당(인동초는 김대중 대통령을 상징한다), 덕자회로 유명한 홍길동선어회 식당, 낙지비빔밥의 대가인 독천식당, 준치나 병어를 찜이나 비빔밥으로 먹는 선경준치횟집, 해장의 달인 조선쫄복탕 등 헤아릴 수 없는 지역 맛집이 즐비하다. 목포 북항쪽에 가면 바다노을을 감상하면서 식사도 하고 소주도 한 잔할 수 있는 가성비 좋은 포차들도 많다.

| 목포시장 홍길동 식당 덕자회 |

(4) 진도 백반집의 마력

식객 허영만의 백반기행에는 진도에서 꽃게무침 백반을 맛있게 먹는 장면이 나오는데 진도는 근해에서 멸치, 조기, 도미, 갈치 등이 잡혀서 싱싱한 해산물을 맛볼 수 있는 곳이다. 게장, 낙지탕탕, 연포탕 등이 맛있는데 특히 아무 백반집에 가도 나오는 게장은 간이 딱 맞고 살이 통통해서 밥 두 공기는 순식간에 비울 수 있는 별미이다.

진도 중앙시장 내 만원짜리 백반의 포스

낮에는 진도 둘레길을 걷고 저녁 무렵 셋방낙조 전망대에서 일몰을 즐기고 진도 백반집에서 식사하면 하루가 간다. 진도군에서는 해마다 남도 숙박할인 빅 이벤트를 한다. 광주 전남 외 주소지를 둔 관광객을 대상으로 진도권 숙박업소를 이용 시 10만 원 이상은 4만 원, 7만 원 이상은 3만 원, 7만 원 미만은 2만 원을 각각 할인해준다. 부족하고 열악한 숙박시설 인프라 문제는 남도 관광 활성화에 있어서 마지막 남겨진 숙제이기도 하다.

4) 걷기와 힐링 여행

(1) 조금 새끼의 추억이 서린 곳! 목포 유달산 둘레길

다도해의 아름다운 경관이 펼쳐지는 길로 6km 약 2시간 30분 정도 소요되는 둘레길이다. 고하도 목포대교를 시뻘겋게 물들이는 해넘이 노을과 그사이를 오고 가는 배들의 힘찬 고동소리를 들으며 힐링을 할 수 있는 곳이다. 목포 근대 문화역사 공간은 대한제국 시절부터 목포해관이 설치되어서 해방 이후까지 이어져 온 대한민국 근대사의 실체를 보여주는 사적으로써 유용한 정보를 제공한다.

유달산 주변의 골목길에는 조금 새끼의 슬픈 기억들이 번뜩이는 골목길이 거미줄처럼 산허리를 가득 채우고 있다. 목포시 온금동 시화 골목이다. 조금은 조수 간만의 차가 없는 바닷물이 가장 낮을 때를 말하는데 조금때는 고기가 잡히지 않아 바다에 나간 어부들이 집에 돌아와 사랑을 나누고 그 사랑의 씨앗으로 태어난 아이들을 조금 새끼라고 부른다고 한다.

이때 한꺼번에 태어난 아이들도 훗날 아버지의 업을 이어 풍랑과 싸우다 다시 한꺼번에 바다에 묻힌다는 슬픈 추억이 서린 곳이 바로 이곳이다.

key point 조금새끼 - 김선태

가난한 선원들이 모여 사는 목포 온금동에는 조금새끼라는 말이 있지요. 조금 물때에 밴 새끼라는 뜻이지요. 그런데 이 말이 어떻게 생겨났냐고요. 아시다시피 조금은 바닷물이 조금밖에 나지 않아 선원들이 출어를 포기하고 쉬는 때랍니다. 모처럼 집에 와서 쉬면서 할 일이 무엇이겠는지요? 그래서 조금 물때는 집집마다 애를 갖는 물때이기도 하지요. 그렇게 해서 뱃속에 들어선 녀석들이 열 달 후 밖으로 나오니 다들 조금새끼가 아니고 무엇입니까? 이 한꺼번에 태어난 녀석들은 훗날 아비의 업을 이어 풍랑과 싸우다……

영화 1987 촬영지였던 연희네 슈퍼
(시화골목을 돌다 내려오면 보인다)

(2) 천사의 섬 소록도, 거금도 둘레길

소설가 이청준의 '당신들의 천국'에서 소록도 병원의 한센인들의 고난과 좌절의 시간들이 세세하게 그려지고 있다. 또한, 소록도에서 자원봉사자로 40여년 간 오직 한센병 환자들을 위해 사랑으로 보살펴 온 마리안느와 마가렛은 다큐멘터리 영화로 상영되기도 했다. 당시 이 작품은 소록도의 아름다운 영상미가 더해져 더욱 주목을 받았다는 평가도 있다. 소록도에는 아직 과거 한센인들의 아픔과 학대를 증명하는 여러 가지 유적들이 많다. 감염되지 않은 가족과 병사지대에 있는 환자가 일렬로 서서 1달에 한 번씩 만났다는 수탄장(근심과 탄식의 장소), 한센인들의 피와 땀으로 조성된 일본식 정원인 중앙공원, 한센병이 유전된다는 잘못된 생각으로 부부 동거의 조건으로 단종수술을 시행했던 진료실 자리 등 슬픈 사슴 섬의 과거를 기억하고 있는 유적들도 둘러볼 필요가 있다.

해안 경관이 아름다워 작은 제주도라 불리는 고흥군 거금도에 최근 다도해 비경을 감상하며 걸을 수 있는 길이 42.2km의 거금도 둘레길이 생겼다. 소록대교를 지나서 거금대교를 통해 거금도로 갈 수 있으며 거금 휴게소에서 우두마을까지 1코스 붉은 노을길은 총 7.7km로 4시간 30분 정도면 구경할 수 있는 거리이다. 바닷바람을 맞으며 걷다 보면 복잡하고 답답한 마음속에 활기찬 상상력도 돋아나고 무거운 일상생활의 스트레스를 한꺼번에 해소할 수 있어 좋다. 해안가 비경이 조금 단조롭다고 느낄 때면 만나게 되는 한가한 어촌의 풍경들은 살아가는 날들에 대한 가벼운 성찰의 기회를 제공하기도 한다.

해 질 무렵 녹동항 전경

key point 거금대교

우리나라 최초로 복층으로 설계된 이 대교는 차도와 보행자길이 따로 되어있어 자전거를 이용하거나 트레킹으로 바다를 건널 수 있다. 거금휴게소에서는 자전거와 헬맷을 무료로 대여해준다. 걷기와 자전거도 싫다면 드라이빙 코스도 괜찮다. 신평선착장은 2013년 거금대교가 개통되기 전에는 녹동으로 가는 배가 30분 간격으로 운항 되어서 거금도의 관문이었지만 지금은 그저 한적한 어항으로 남아있다.

(3) 담양 메타쉐콰이어 길

전남의 여행지 중에서 순천만 국가정원, 여수 밤바다 항구 등 유명한 곳은 제외하고 조금 덜 알려진 여행자원을 소개하고자 했는데 그래도 담양을 빼놓을 수 없는 이유는 담양은 수도권을 포함해서 전국적으로 전남에서 가장 인기가 많은 여행지이기 때문이다.

메타쉐콰이어 가로수길은 사진의 명소이기도 하고 겨울에도 신록의 기운을 간직하고 있는 죽녹원, 소쇄원, 담양 관방제림은 전남의 자연이 만들어 놓은 신의 정원이라고 칭해도 부족하지 않을 만큼 훌륭하다. 비가 와도 좋고 눈이 내려도 좋은 곳이 바로 담양 메타쉐콰이어 가로수 길이다. 이외에도 광주·전남지역에는 영광 백수 해안도로, 철쭉꽃이 어우러진 섬진강 둘레길, 편백나무숲에 둘러싸인 축령산 숲길 등 무궁무진하다.

담양 메타쉐콰이어 가로수길

(4) 전라남도의 사찰

가. 해남의 사찰

땅끝마을 해남에는 유독 유명사찰이 많다. 임진왜란 때 휴정이 거느린 승군의 총본영이 있던 곳인 해남 대흥사, 우리나라에서 가장 남쪽에 위치한 사찰이며 달마산의 기암괴석들이 병풍처럼 둘러싸인 미황사 등 천년 고찰이 이 지역에 몰려있다. 미황사에서는 맑은 날에는 멀리 제주까지 보인다고 한다.

미황사에서 바라본 바다 전경

나. 지리산의 사찰

지리산은 대표적인 것이 구례 화엄사, 지리산 천은사, 쌍계사 등이 있다. 절벽 위에 있는 사찰 구례 사성암은 구례 여행 중에 한 번 정도 들러볼 만한 곳이다. 그곳 소원 바위에 손을 얹고 무병장수를 빌어보는 기회도 가질 수 있다.

구례 사성암 전경

다. 여수 향일암

여수 돌산 향일암은 전국 4대 관음 기도 도량이며 신라 원효대사가 창건하여 원통암이라 불리었다. 남해 수평선의 일출 광경이 장관이며 7개의 바위 동굴 또는 바위틈이 있는데 그곳을 모두 통과하면 소원 한 가지는 반드시 이뤄진다는 전설이 있다. 관광객이 많아 교통혼잡이 심하며 마을에서 올라가는 길이 가파르다. 그래서인지 올라가며 내려가며 여수 돌산 갓김치에 막걸리 한잔하고 올라가는 사람들이 많다.

여수 향일암에서 바라본 남해 바다

향일암에서 가파른 절벽에 자리잡고 있어 아래로 펼쳐진 바다 풍경이 뛰어나며 일출을 보기 위해 새해가 되면 일출을 보며 소원을 빌고자 많은 인파가 몰린다고 한다.

02. 광주 : 따뜻한 오월의 도시

1) 광주광역시 관광자원의 특징

광주광역시는 2023년에 '1천만 관광 시대' 진입을 목표로 전방위적 관광마케팅에 사활을 걸고 뛰고 있다고 한다. 사실 1천만 관광 시대는 광주를 '축제의 도시'로 재정립하고자 노력하는 지방자치단체의 목표치라고 할 수 있다. 4월 광주비엔날레를 시작으로 디자인 비엔날레(9월), 충장축제&버스킹 월드컵(10월), 광주 세계 김치축제(10월) 등이 잇달아 열렸다. 광주광역시에서는 이런 축제들을 지역관광상품과 연계해서 관광 활성화를 도모한다는 의도이다.

다양한 축제와 행사를 연계해서 관광객을 유치하고 광주 특유의 관광콘텐츠를 개발해 광주를 축제의 도시로 브랜딩하려는 의도이다. 하지만 관광은 광주시청의 적극적인 의지 하나만으로 성공하기는 어렵다. 관광 분야의 활성화는 교통, 숙박 등 인프라와 함께 지역관광콘텐츠의 개발도 중요하지만, 지역사회의 적극적 참여 의지가 절대 중요하다. 1회성 축제와 컨벤션의 유치 몇 번으로 관광객이 증가한 사례는 본 적이 없다.

광주는 천혜의 자연환경을 지닌 전남도와 전북도에 비해서도 관광자원이 열악한 것으로 파악된다. 관광객들은 여수, 순천, 목포로 달려가지만, 도중에 광주에 내려서 구경할 생각은 전혀 하지 않는다. 도시 규모 면에서 광주의 절반밖에 안 되는 전주에는 '한옥마을'이라는 관광콘텐츠가 있어서 관광객이 몰린다고 생각하면 광주 역시 광주만의 독특한 관광콘텐츠를 개발해 나가는 노력이 필요하다고 할 것이다.

광주가 호남권의 중심도시이면서도 관광 분야에서 위상을 확보하지 못하는 이유는 첫 번째 특급호텔 부재 등 인프라의 취약성을 들을 수 있다. 광주에 복합쇼핑몰을 유치하려는 시도는 소상공인과 그 가족의 생계를 위협한다는 이유의 반대로 인해 무산된 적이 있다. 다른 도시에는 있고 광주에는 없는 것이 많다. 특급호텔, 코스트코, 케이블카, 광역철도, 현대 아울렛 등 사회간접자본에 대한 인프라가 다른 대도시에 비해 열악한 것은 사실이다.

두 번째로 광주 특유 관광콘텐츠의 부재이다. 광주 하면 떠오르는 이미지는 '무등산', '5.18 민주화 운동' 정도이다. 영산강, 황룡강 수변공원, 양동시장 주변 마을 등 광주만의 스토리 생성이 가능한 콘텐츠는 그 개발 노력의 여부에 따라 수 없는 잠재적 가능성을 내포하고 있다 할 것이다. 광주만의 독특하고 특별한 볼거리와 놀거리 개발이 절실한 상황이다.

어등산 관광단지 조성사업은 사실 2005년에 계획되었다. 군 사격장으로 황폐화된 어등산 일대를 골프장, 유원지 등 관광단지로 개발하려는 것이었다. 쇼핑몰 유치를 위한 논란은 최근에는 정치적 이슈로까지 확대된 적이 있다. 광주에는 복합쇼핑몰 하나 없는 게 말이 되냐라는 의견과 소상공인, 자영업자의 피눈물을 흘리게 하는 복합쇼핑몰 유치가 광주발전을 위한 것인가라는 의견이 맞서고 있다. 최근에는 현대에서 문화복합 쇼핑단지를 유치한다고 발표한 적이 있다. 일단 복합쇼핑몰 유치는 관광 인프라가 부족한 광주 관광 활성화에 도움이 될 것으로 보인다. 하지만 지역 상권 등 지역사회와의 소통과 협력을 통해 관광이익을 극대화하는 방향에서 결정되고 추진하는 게 마땅하다.

2) 광주의 영혼이 깃든 산! 무등산

무등산 등산코스는 원효사에서 시작해서 서석대 입석대를 거쳐 중심가 쪽으로 내려오는 총 3시간 40분 10km의 코스가 일반적이다. 광주전남 사람들에게는 너무나 친근하고 포근한 느낌을 주는 어머니와 같은 산이다. 광주광역시는 무등산의 해발고도를 알리기 위해 원효사를 왕래하는 시내버스 번호를 1187번으로 지정, 운영하고 있다. 가볍게 트래킹을 원한다면 무등산 옛길 코스를 추천한다. 산수동, 원효사, 서석대, 담양 구간이다.

무등산은 광주사람들의 영혼이 깃든 산이다. 무등이라는 말은 평등이 크게 이루어져 평등이라는 말조차 사라진 상태를 말한다고 한다. 광주 시내 어느 곳에서도 우뚝 선 봉오리를 자랑하는 산이다. 광주사람들에게는 심심하면 올라가는 동네 뒷산처럼 친근한 산이기도 하다. 야구선수 선동열을 무등산 폭격기라 부르고 축구선수 이선빈을 무등산 메시라고 부를 정도로 일상생활의 상징이 되는 산이며 대권 주자들이 호남의 정신을 끌어안겠다는 상징적 의미로 자주 등반하는 광주의 상징이다.

무등산 입구 문빈정사 앞에 가면 무등산 노무현길이라는 2m 높이의 표지석이 있다. 노무현 전 대통령이 2002년 광주 유세에서 당선되면 무등산에 오르겠다고 약속했고 당선되자 현직 대통령으로는 처음으로 무등산에 올랐다. 지난 대선 이후에는 국민의 힘 이준석 대표가 잠행 중에 무등산을 방문 사진을 SNS에 올리며 광주정신을 잊지 않겠다고 다짐한 적이 있다.

무등산 정상은 천왕봉, 지왕봉, 인왕봉인데 가을에 가면 서석대, 입석대 인근의 억새밭 경관이 아름답다. 서남쪽으로는 나주평야를 거쳐 월출산 봉우리가 보이고 굽이굽이 돌아가는 영산장 줄기가 보인다. 무등산 수박은 비싸기는 하지만 맑고 청량한 맛으로 유명하다. 무등산 등반 후에 산 밑 보리밥집이 즐비한데 이곳에서 산행 후의 뒷풀이도 괜찮다.

▌무등산 정상 인근 서석대의 위용▐

3) 5·18 민주화운동 투어

광주민주화운동은 1980년 5월 18일부터 5월 27일까지 광주시 일원에서 일어난 민주화 운동에 대해 군부 등에 의한 헌정질서 파괴와 부당한 공권력 행사로 다수의 희생자와 피해자가 발생한 사건이다. 한 마디로 고립된 도시에서 무자비하게 행해진 인간사냥이라고 표현할 수 있을 정도로 끔찍한 사건이며 최근 영화 '택시운전사'에서 그 전말이 다뤄진 적이 있었다.

▌광주 상무지구 5.18 기념공원내 추모관▐

그날의 흔적을 현장에서 살피기 위해서는 광주 충장로 시내부터 출발해야 한다. 잔혹한 참상이 벌어졌던 역사적 장소나 재난현장을 돌아보는 여행을 '다크투어리즘'이라고 하는데 대표적인 다크투어리즘으로는 2차 세계대전 당시에 약 400만 명이 학살당했던 폴란드 아우슈비츠 수용소를 들 수 있다.

5.18 민주화운동 투어의 시작은 5.18 민주화운동 기록관에서 시작한다. 입장료는 무료이고 오전에 두 번(10시, 11시), 오후에 3번(14시, 15시, 16시반) 40분가량 해설사가 함께하는

투어를 제공한다. 총탄의 흔적이 광주은행 유리창부터 시위대에게 전달하려 주먹밥을 담은 양은 함지박, 미처 주인을 만나지 못한 운동화까지 그날의 참혹했던 기록들이 전시되어 있다. 이후 헬기 총격을 받은 총알 자국을 그대로 간직해서 건축한 전일빌딩 245에 올라가 금남로 일대, 도청 앞 분수광장 등을 둘러보는 코스이다.

전남대학교 5.18 연구소를 온라인으로 접하면 세대 및 지역 간에 단절된 5.18을 서로 연대할 수 있는 기억과 학습의 공간으로 활용할 수 있다. 광주는 곳곳에 5.18을 기념하는 공원과 체육관을 만들었는데 계엄군 부대가 주둔했던 상무지구에 있는 5.18 기념공원은 인근 시민들의 산책과 운동 장소로도 활용되고 있다.

5.18 기념공원 안에 위치한 무각사는 도심 사찰로는 드물게 일주문, 사천왕문, 대웅전, 종각 등 전통사찰의 형태를 갖추고 있으며 로터스 아트 스페이스 안에는 대나무 숲을 바라보며 차 한잔하면서 힐링을 할 수 있는 공간이 있어 도심 속의 문화명소로 자리 잡고 있다.

‖ 5.18 기념공원 내 무각사 ‖

‖ 광주 서구 서창 들녘 자전거길 ‖

03. 전북 : 찬란한 미륵의 나라

1) 전라북도 관광자원의 특징

서울시가 매력있는 관광도시와 활력 넘치는 스포츠 도시를 비전으로 내걸고 관광 스포츠 도시를 표방하는 관광정책을 추진하고 있다면 전라북도는 관광과 전통문화 예술의 융합을 통한 관광콘텐츠 개발에 주력하고 있다고 보여진다.

전라북도는 지역연계 관광콘텐츠 육성사업으로 전라북도 한 달 살기, 문화유산 답사 프로그램, 전북 관광 유튜브 크리에이터 등을 운영하고 있으며 전북형 ESG 관광체계 구축을 통해 산업기반과 연계하고 마이스 박람회 개최 등을 통해 해외관광객 유치를 위해 노력하고 있으나 아직 투자 수준과 역량에 있어서는 미흡한 것으로 보여진다.

전라남도와 마찬가지로 전라북도 전통산업에서 벗어나 새로운 신산업을 유치해서 인구감소와 청년 인구 유출이라는 고질적 문제를 해결하기 위한 신성장동력이 필요한 지역이다. 새로운 성장동력의 확보를 위해서는 적극적 투자유치와 더불어 지역 문화 관광콘텐츠와 연계해서 관광산업의 발전을 도모하는 것이 적절해 보인다.

(1) 지역연계 관광콘텐츠 개발과 육성

가. 전라북도 한 달 여행하기

전라북도 장기체류 여행 프로젝트를 통해 경유형에서 체류형 관광으로 유도하고 다양한 테마를 제공하여 해외관광객 유치까지 도모하는 사업으로 장기체류 관광 활성화를 통한 지역경제 살리기를 도모하는 프로젝트이다.

나. 문화관광해설사 전문성 강화

도내 14개 시 군의 문화관광해설사의 정보 공유 및 전문성 강화를 위해 워크숍 개최, 포상 실시 등 역량 강화와 협업 네트워크 활성화 도모

다. 전북 관광 유튜브 크리에이터 운영

전라북도 관광자원 영상 콘텐츠 개발 및 온라인 기반 홍보를 통한 지역관광 활성화와 소비자 중심형 관광상품 개발 도모

(2) 전북형 ESG 관광체계 구축

가. 전북관광기업지원센터 구축 및 운영

가) 지역 관광산업의 거점 구축을 통해 관광기업 발굴, 육성과 일자리 창출 등 지역관광체계 구축 사업으로 지역사회 자생구좌 산업간 융복합을 통해 관광 인프라 마련이 목표

나) 전북 관광 스타트업, 관광 인재 육성 아카데미 등을 운영 중이나 규모와 성과면에서 아직 많이 미흡한 상황으로 보여짐

나. 전라북도 관광벤처기업 육성사업

가) 지역 기반 예비관광벤처기업의 발굴, 육성으로 선순환 관광생태계를 조성하기 위한 사업

나) 도내 관광기업 연계 및 네트워킹 강화를 위한 전북 관광 이음데이 추진 중

다. 탄소중립 ESG 친환경 전북여행

정부의 탄소 중립 정책 이행 및 공공부문이 선도하는 친환경, 저탄소 관광생태계 구축을 통한 지속 가능 관광 활성화를 위한 사업

라. 전라북도 관광기념품 100선

문화, 예술 등 전북만의 비교우위 관광자산을 활용하여 관광기념품을 발굴하고 산업화를 유도하기 위한 프로젝트

(3) 해외·마이스 사업 활성화 기반 구축

가. 미디어를 활용한 전라북도 해외 온라인 마케팅

최신 트랜드에 맞는 콘텐츠를 활용한 미디어 및 온라인 마케팅으로 전북 관광브랜드를 제고하기 위한 사업

나. 해외관광객 유치 마케팅

시도, 유관기관, 학계, 민간기업 등과 공동협력 마케팅을 통해 해외관광객 대상의 홍보

마케팅 실시(전북 팸투어, 트래블마트 개최 등)

다. 지역특화 마이스 발굴 및 육성

세계청년의 날 기념식, 신재생에너지 박람회, 국제종자박람회 등 개최

라. 해외 마이스 박람회 참가 및 팸투어 개최 등

(4) 제7차 전북권 관광개발 기본계획

2022-2026 제7차 전북권 관광개발 기본계획에 따르면 아래와 같이 내외부 환경과 인프라에 대한 분석을 통해 향후 추진 방향이 제시되어 있다.

가. 강화전략

가) 대표 관광지 및 생태 관광지를 활용하여 글로벌 관광거점 구축

나) 위드코로나 시대, 안전·안심 전북 관광브랜드 강화 및 상품개발

다) 관광객 니즈에 부합한 스마트 관광체계 확립

라) 전주 거점 관광도시와 시군 연계 강화

나. 보완전략

가) 체류 관광객 유치를 위한 관광편익시설 및 서비스 질 개선

나) 맛, 멋, 전북 관광 실현을 위한 관광객 맞춤 상품개발

다) 지역관광 인적역량 강화 및 민관 거버넌스 강화

라) ICT 스마트 관광 활용 홍보 및 관광 안내정보체계 개선

다. 극복전략

가) 위드코로나 시대, 관광객 만족도 제고를 위한 상품개발

나) 시군별 특화자원 활용 타 지자체와의 차별화 시도

다) 생태, 역사, 수변 등 융복합 관광콘텐츠 개발

라) 관광시설 확충을 위한 민간투자 적극 유치

라. 방어전략

가) 선택과 집중을 통한 시군별 관광개발전략 마련

나) 관광객 맞춤형 관광수용태세 개선
다) 행정 및 민간조직과의 유기적 협력체계 강화
라) 관광산업 탄소 중립 및 ESG 도입 확산

제7차 전북권 관광개발 기본계획에는 마한사 발굴 정비 및 활용, 전북 웰니스 관광 휴양 벨트 조성, 지리산 토탈 관광패키지 구축, 한국의 갯벌 세계자연유산센터 건립 등 총 4개의 중점 추진과제가 제시되어 있다.

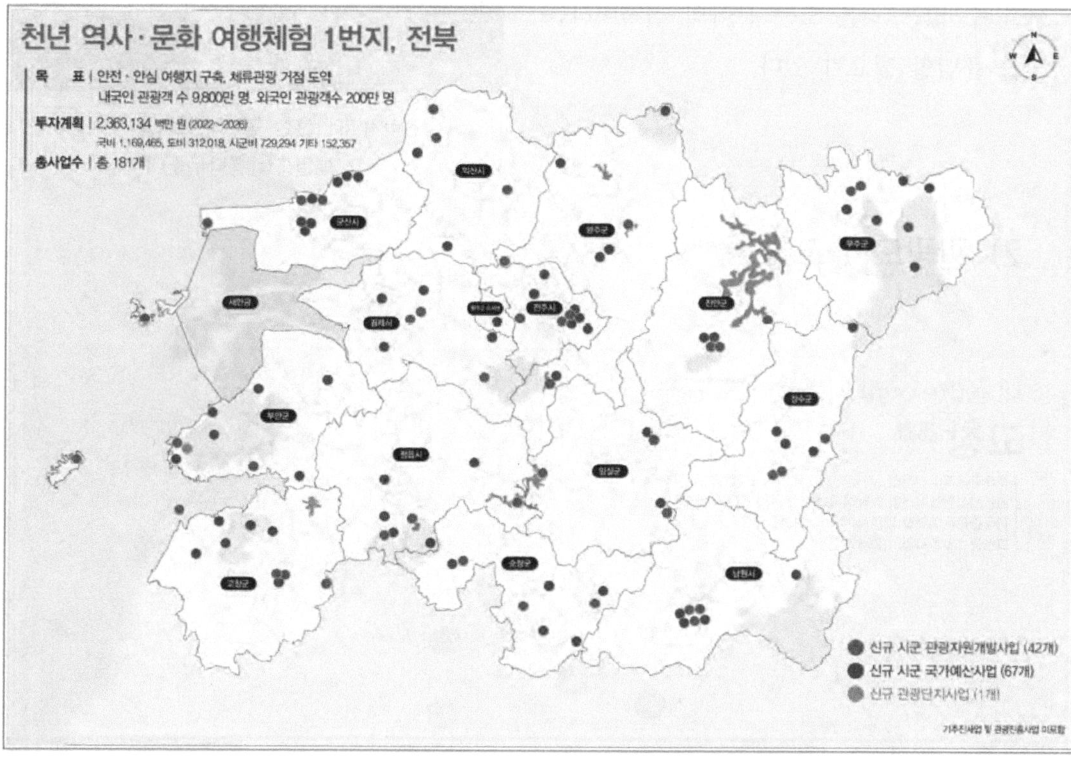

관광개발 기본계획에는 시군별로 조성된 관광단지에 대한 평가결과와 더불어 시군별 상황에 맞는 관광발전 전략도 제시되어 있는데 이는 다른 지자체와는 차별적인 시도로 보여진다.

지역관광 활성화를 위해서는 각 지역 상황을 분석하고 지역의 특성과 인프라에 맞게 지역사회와 연계하는 맞춤형 전략이 필요하므로 전북의 이러한 시도는 바람직한 것으로 보여진다. 지역 고유의 강점을 살리고 약점을 보완하는 SWAT 분석은 필요하다면 시군별로 독자적 판단하에 진행되는 것도 바람직할 것이다.

관광은 서비스 산업의 활성화를 통해 침체된 지역경제와 인구 위기를 극복할 수 있는 최적의 대안으로 떠오르고 있다. 이때 기존 전통을 버릴 것이 아니라 오히려 제대로 활용해서 스마트한 관광상품을 개발하려는 지역사회의 총체적 노력과 협력이 바탕이 되어야 한다. 그 어떤 새로운 시도라도 지역사회의 공감과 소통 없이는 발전을 담보할 수 없는 것은 모든 분야의 철칙이라는 것을 유념할 필요가 있다.

❙ 전라지역에 흔한 봄부터 초가을까지 핀다는 백일홍(배롱나무꽃) ❙

2) 관광도시 고창

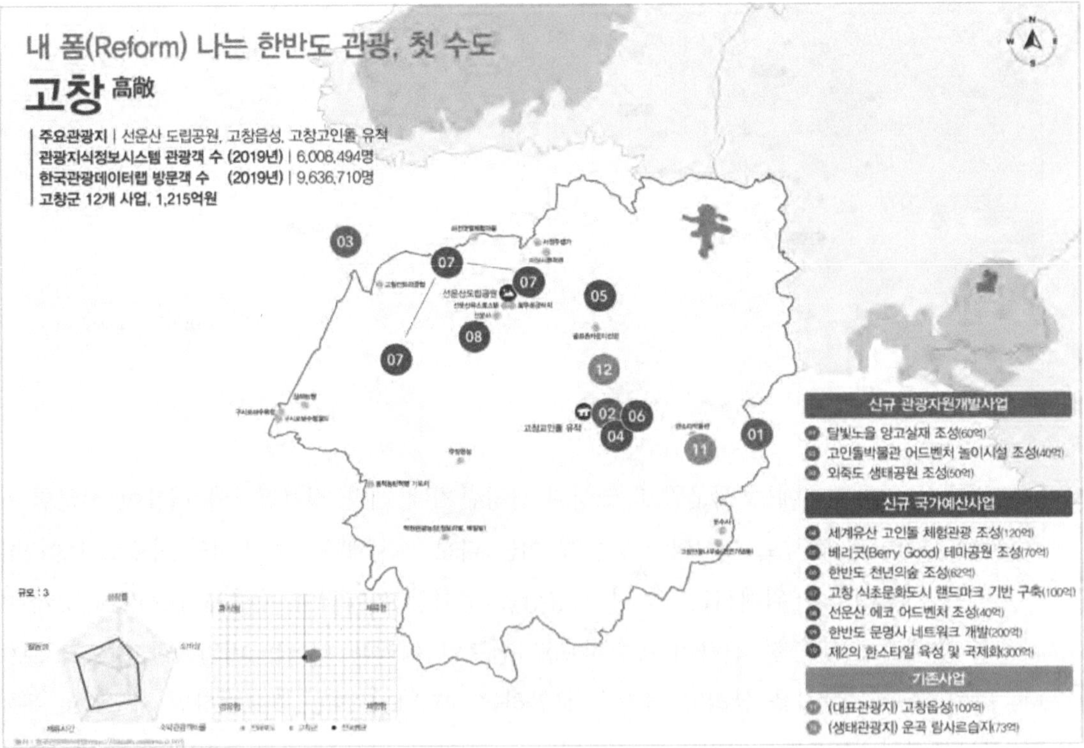

농어업이 주산업인 고창은 2023년을 "고창 방문의 해"로 선포하고 글로벌 관광도시에로의 도약을 시작했다. 고창군은 유네스코 세계유산 시티투어를 운영하며 지역 대표 축제들과 연계한 "고창 여행주간" 등 고창형 투어를 선보였다. 지역 특성을 반영하여 고창농악 야간 상설공연 무대, 구시포 해수욕장 야간 버스킹, 전통 야시장, 고인돌 미디어 아트 등 다양한 관광상품을 개발하여 보여줬다. 올해로 50주년을 맞은 "고창 모양성제"는 10월 한 달간 전국에서 21만 명이 다녀갈 정도로 관광객들의 반응이 좋았다. 3월에는 벚꽃 축제, 4월에는 청보리 축제, 5월에는 바지락 페스티벌, 6월 복분자 축제, 8월에는 해풍 고추축제 등 축제의 종류도 다양하고 풍성하다. 고창군 1개 군이 올 한해 관광객 목표를 천만 명으로 설정할 정도이다. 이는 고창군민들 스스로 참여하는 소통의 네트워크가 잘 설정된 덕분이기도 하고 무엇보다도 지역 특유의 관광콘텐츠를 개발해서 홍보한 것에 기인한다고 보여진다.

고창군은 실제 많은 변화를 통해 주력산업인 농어업은 물론 산업단지 유치, 글로벌 관광도시를 위한 토대를 쌓아나가고 있다. 하지만 아직도 전라지역의 근본적인 문제이기도 한 체류형 관광을 위한 인프라가 부족한 것은 한계로 지적되고 있다. 이를 극복하기 위해서는 스토리를 간직한 관광콘텐츠의 개발을 지속해서 추진해 나가는 한편 대형 복합몰, 리조트, 테마파크 등 숙박 인프라를 확대해 나가는 공격적인 시도가 필요할 것이다.

▌전북 고창읍성 인근에 있는 장어대파탕 맛집▐

▌고창읍성 내 울창한 대나무 숲▐

3) 고군산군도 : 어부들의 슬픈 노래

고군산군도 여행은 군산 시내 투어와 함께 일정을 짜면 좋다. 오래된 역사의 도시인 군산은 시간여행을 떠나게 만드는 근대 문화거리와 군산만의 맛집 짬뽕, 이성당 빵집, 오래전 추억들이 모여있는 철길 거리 등이 가볼 만한 곳이다.

고군산군도는 16개의 유인도를 포함해서 총 63개의 군도로 이루어진 섬이며 풍족한 어족자원에다가 뛰어난 바다 절경으로 예로부터 유명하다. 최근 선유도, 무녀도, 신시도와 야미도 등 6개의 섬이 다리로 이어져서 자동차 드라이브와 도보로 여행이 가능하다. 특히 구불구불 해안 길을 걷다가 우연히 노을을 만나다면 여행자에게는 대단한 행운이다.

오늘날의 고군산군도가 있기까지에는 새만금 간척이라는 아픈 역사의 현장이 있었다는 사실도 돌아볼 필요가 있다. 간척은 서해안 갯벌 등 생태계 파괴 및 인근 어민들의 생계를 빼앗는다는 이유로 반대가 극심했던 정책이었다.

관광객에게는 청정바다를 품은 지상낙원이지만 그곳에 사는 현지인들에게는 생활의 터전이요 뜨거운 삶의 현장이다. 아름다운 노을의 바다 역시 어민들에게는 세 끼 식사를 해결하기 위한 투쟁의 장소인 것이다.

▌안개 속에서 출항을 기다리는 어선(신시도)▐

섬마을에는 인심 좋기로 소문 난 밥주는 민박집이 꽤 있다. 자연산 회 백반에다가 사계절 싱싱한 계절 반찬으로 이루어진 어촌 밥상을 맛볼 수 있다. 민박집 사장님이 선장님이라면 낚싯배를 타고 바다에 나가 관광할 수 있는 해상투어도 즐길 수 있다.

4) 익산 : 만경평야의 기상

익산은 호남에서 가장 북쪽에 위치한 지역으로 호남의 관문이자 전라도와 충청도의 문화가 어우러진 도시이다. 인구 27만 명으로 전북에서 두 번째로 인구가 많은 도시이다. 익산시의 시가지 일대에는 예전에는 이리라고 불리던 곳이었다.

익산의 관광 포인트는 미륵사지와 왕궁리 유적 등 백제문화유산이며 최근에 익산시는 위대하고 경이로운 도시 - 어메이징 익산이라는 슬로건을 내걸고 가로수길 카트레이싱 체험공원, 익산 치유의 숲 조성 추진 등을 통해 관광객 유치에 노력하고 있다.

익산 아카페 정원 메타쉐콰이어 나무숲

5) 동학농민의 함성 소리 : 정읍

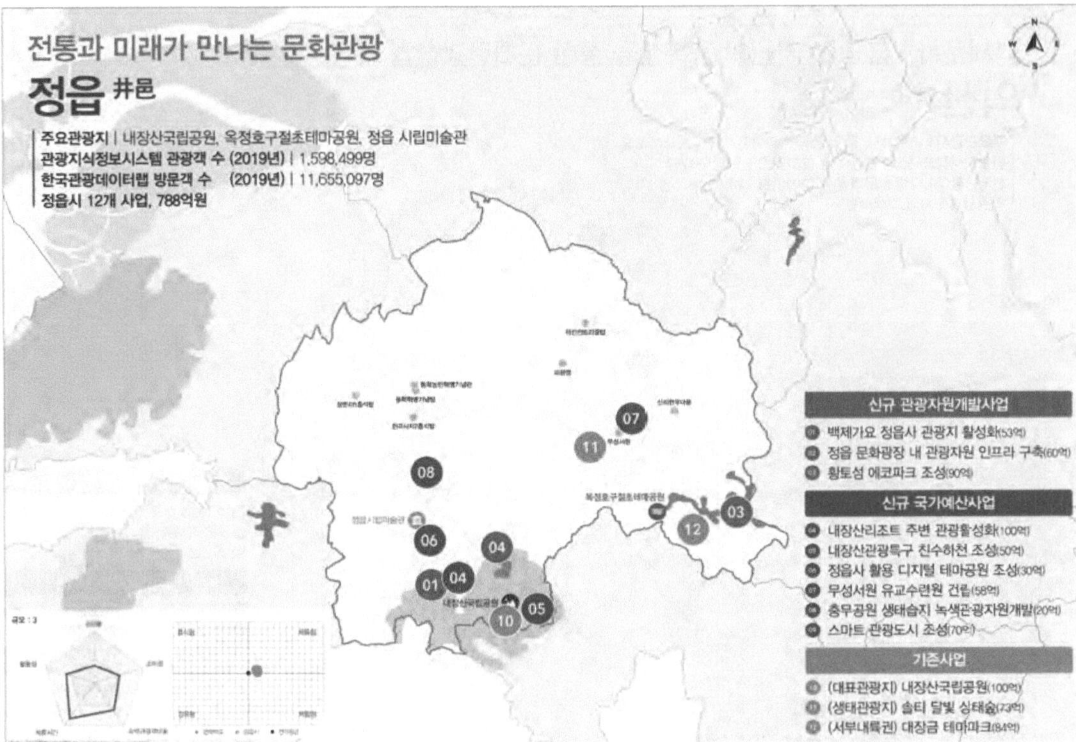

정읍은 1960년대에 인구 27만 명으로 정점을 찍은 이후 현재 인구가 10만 명 대로 점차 인구가 소멸되고 있는 도시이지만 전북과 전남 사이 교통의 요충지였다. 유명한 관광지로는 국립공원인 내장산이 있으며 옥정호, 라벤더 농원 등이 있다.

정읍 라벤더 축제(허브원)

동학혁명의 발상지이기도 하며 고분면과 덕천면 등지에 관련 유적지가 상당수 있다. 동학농민혁명 기록물은 지난 5월에 4.19혁명 기록물과 함께 유네스코 세계기록유산 등재가 결정되었다. 정읍시에서는 내장산 국립공원의 활성화를 추진하고는 있지만 가야 할 길이 멀다.

6) 춘향의 도시 : 남원

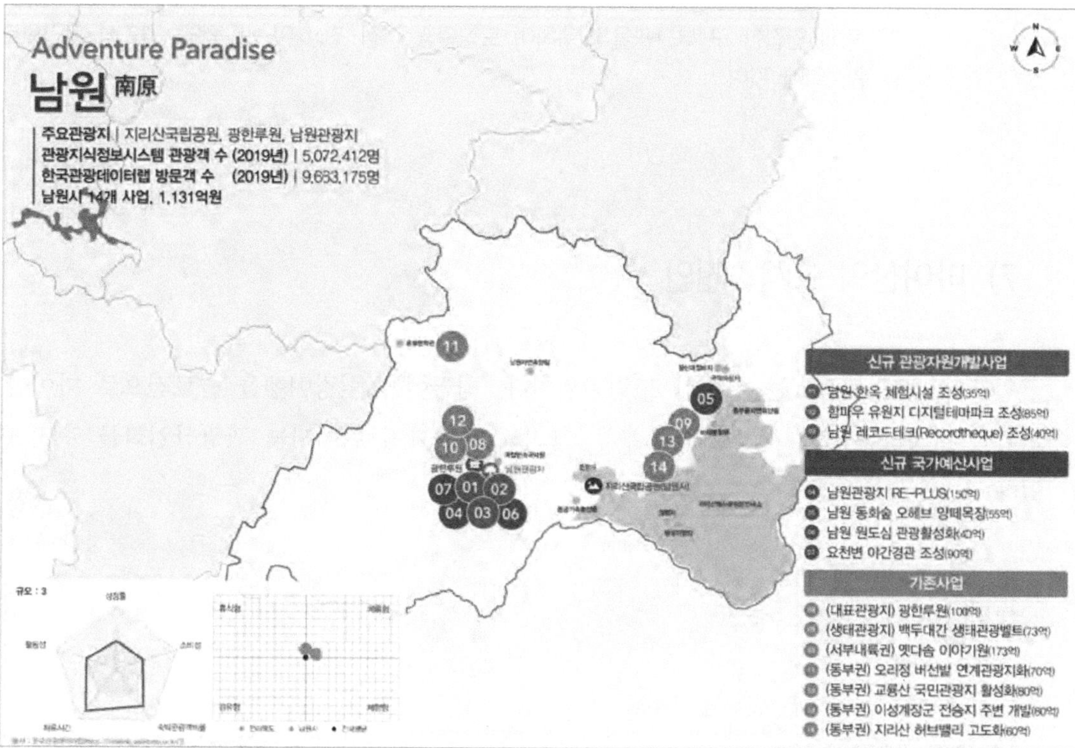

남원시 향교동에 만인의총이 있다. 정유재란 당시 남원성 전투에서 순절한 1만 명의 의사들을 합동으로 제향하는 곳이며 이외에도 광한루가 있는 곳을 춘향테마파크로 조성하여 관광객을 맞이하고 있다. 최근에는 켄싱턴 리조트와 협약하여 남원예촌 by 켄싱턴을 조성하여 숙박 인프라를 확대하고 전통한옥 체험시설 조성도 추진하고 있다.

한옥양식을 갖춘 숙박시설은 관광진흥법 시행령에 "한국전통호텔업" 또는 "한옥체험업"이라는 규정에 근거하여 전통미를 보존하면서 편의시설을 도입해 불편함을 최소화한 시설이다.

전북지역에는 숙박시설 인프라가 부족하여 체류형 관광상품 개발과 제공에 한계를 겪고 있는데 역사적 관광지와 지역 특유의 문화를 연계하여 고급리조트에서 머물면서 현지인과 더불어 여행을 체험할 수 있는 관광상품을 개발해 나가려는 중장기적 투자와 노력이 필요할 것이다.

key point 남원 원도심 관광활성화

- 구 미도탕을 활용 문화·관광·예술·상업·체험 등 복합 공간조성을 위한 도시재생 인정 사업이 2020년 공모에 선정
- 미도탕과 인접한 구 부산관을 개축하여 도심관광 거점 조성 및 관광객을 원도심 유입으로 관광 활성화에 기여

7) 마이산의 도시 : 진안

진안의 대표 관광지는 마이산 도립공원이다. 최근에는 힐링여행을 슬로건으로 마이산 프리미엄 스파타운 조성 등 진안과 무주 그리고 장수까지 이어지는 관광산업화를 추진 중에 있다.

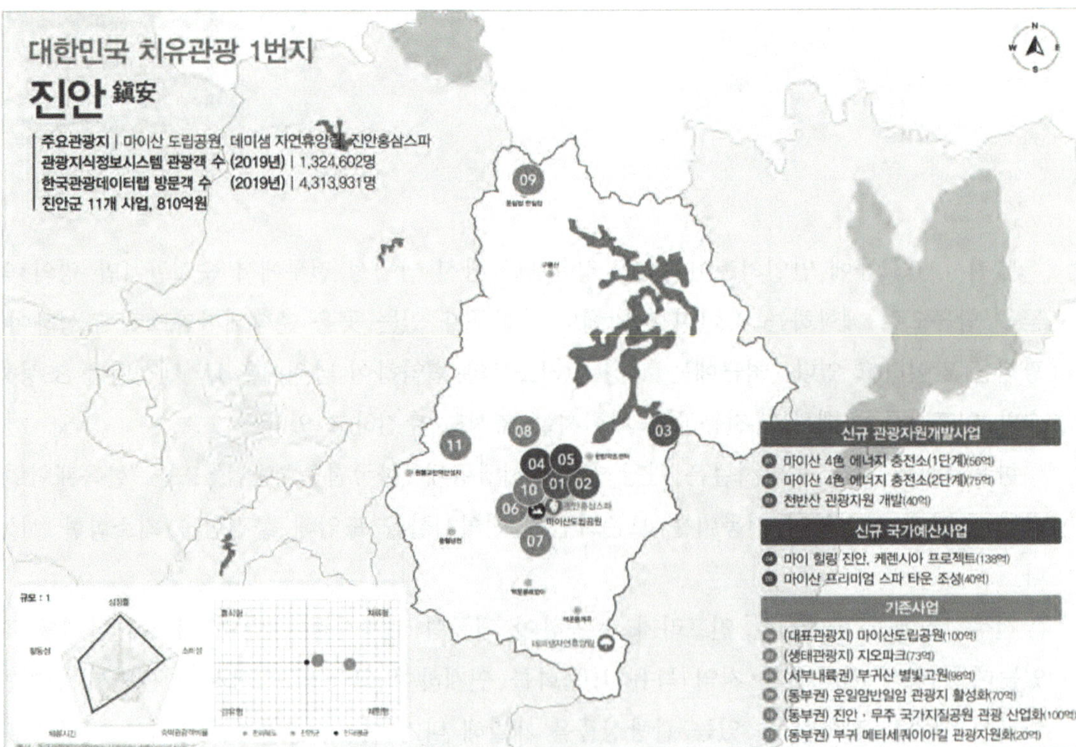

무주군에서는 무주 태권브이랜드 연계관광 활성화, 무주구천동 관광힐링공원 조성 등을 추진하면서 무주 반디불이 축제 등 기존 생태관광의 이미지를 부각시키고 장수군에서는 방화동 가족휴양촌, 와룡자연휴양림 등 사람과 자연이 함께 숨 쉬는 행복관광도시를 표명하고 있다.

‖ 마이산 도립공원 내 마이봉 전경 ‖

8) 가장 한국적인 도시 : 전주

전주한옥마을은 외국인들이 꼭 가봐야 할 관광지로 꼽는 핫플레이스이다. 조선왕조를 건국한 태조의 어진을 모신 곳인 경기전, 고즈넉한 돌담과 기와를 배경으로 사진을 찍는 포토

존 명소이다. 대한민국 3대 성당인 전동성당과 수령 400살을 넘긴 거대한 보호수가 지키고 있는 전주향교 등이 둘러볼 만하다.

사계절 내내 아름다운 자태를 뽐어내는 향교는 특히 가을에 노랗게 물드는 단풍의 명소로 유명하다. K 드라마의 촬영지로도 알려져 많은 관광객들이 찾고 있다.

이왕에 한옥마을에 갔다면 "혼불"의 작가 최명희의 생가를 둘러보는 것을 권해본다. 최명희는 1980년 중앙일보 신춘문예에 '쓰러지는 빛'으로 등단하였고 1981년 혼불 1부를 동아일보 장편 소설 공모에 당선되어 이후 5부까지 신동아에 연재하여 베스트셀러 작가의 반열에 올랐다.

key point

다만 저는 제 고향 땅의 모국어에 의지하여 문장 하나를 세우고 그 문장 하나에 의지하여 한 세계를 세워보려고 합니다. 한없이 고단한 길이겠지만 이길의 끝에 이르면 저는 저의 삶과 저 자신이 서로 깊은 이해를 이루기를 바랍니다.(최명희)

Chapter 08

제주권의 관광자원

01. 제주 관광자원 현황

1) 제주도 관광자원의 특징

코로나19 이후 관광객 수는 회복 추세에 있으나 관광수요가 제주 등 특정 인기 관광지에 집중되는 추세를 보여주고 있으며 제주는 내국인들은 물론 중국인들이 가장 선호하는 관광지로 유명하다. 중국인 수요를 감안해서 제주는 전국에서 최초로 무비자입국 제도를 도입하였으며 크루즈선 활성화 등을 통해 해외관광객 유치에 적극적인 노력을 기울이고 있다.

최근에는 체류형 여행모델이 확산됨에 따라 워케이션, 제주 1년 살기 등 지역관광의 수요가 확대되고 있으며 특정 테마나 스토리를 기반으로 관광콘텐츠를 개발하는 경향이 강하다. 예를 들어 제주도를 배경으로 나온 드라마 '우리들의 블루스'는 제주 관광객들이 드라마 촬영지를 방문하고 그 인근에서 소비하는 트랜드를 보여주기도 한다.

제주 특별자치법에 따라 제주도는 관광진흥을 위해 규제개선과 세제 지원을 지속적으로 추진해오고 있다. 천혜의 자연자원을 바탕으로 일찌감치 올레길 코스, 오름 탐방 등 걷기여행 활성화로 지역관광 선도를 견인해 오고 있는 지역이다. 또한, 힐링, 웰빙관광에 있어서도 제주도는 많은 노력을 기울이고 있다. 제주 신화월드, 제주 헬스케어타운 등 제주 관광발전 프로젝트를 다양하게 추진해 왔으며 최근 이러한 노력들의 성과가 조금씩 나타나기 시작하는 것으로 보인다.

하지만 관광지의 고물가와 숙박업소의 바가지, 렌트카의 횡포, 지역주민들의 환영 수용성(Hospitality)의 부족 등은 여전히 제주도가 해결해야 할 숙제로 남아있다. 최근에는 제주도에 갈 돈이 있으면 가까운 일본으로 가겠다는 관광객도 많이 나타난다. 가성비를 따질 때 제주도의 경쟁력은 이제 조금씩 밀리고 있다는 평가도 있다. 소위 놀거리, 볼거리, 먹을거리, 사 갈 거리로 제주를 따라갈 지역이 없었는데 아마 조만간 이런 명성을 잃어버릴 수도 있을 것이다. 세상은 끊임없이 변하고 있으며 변화되는 물결 속에서 안주하는 것만큼 불행한 일은 없을 것이다.

이번 제주 관광자원 소개에 있어서는 제주 관광자원의 분야별 일반현황을 살펴보고 지역별 또는 테마별로 향후 발전 가능성을 염두에 두고 기술해 보고자 한다.

2) 제주도 문화관광자원

(1) 문화·종교시설 현황

가. 문화시설 현황

(단위 : 개소)

합 계	공공도서관	박물관	미술관	공연시설	문화의집	문화원	작은도서관	문학관
308	22	57	21	33	21	3	150	1

나. 종교시설 현황

(단위 : 개소)

합 계	불 교	천주교	기독교	원불교	유교	수운교	기타
841	295	31	467	18	5	15	10

(2) 공공 공연장 : 9개소

공연장명	개관일자	소재지	구분	공연장면적(㎡)	무대면적(㎡)	객석수
제주도 문예회관	'88.08.25	제주시 동광로 69	대극장	2,992	842	828
			소극장	498	65	170
BeIN;(비인)	'02.07.10	제주시 신산로 82		2,240	575	277
제주아트센터	'10.05.18	제주시 오남로 231		9,482	1,158	1,184
설문대여성문화센터	'10.01.13	제주시 선덕로8길 12		2,501	222	405
서귀포 예술의전당	'14.06.19	서귀포시 태평로 270	대극장	5,434	675	802
			소극장	5,434	123	190
제주해변공연장	'95.03.28	제주시 중앙로 2	야외	1,995	185	1,154
김정문화회관	'04.02.28	서귀포시 김정문화로 36		1,636	216	383
오백장군갤러리	'15.10.22	제주시 남조로 2023		360	90	160
제주대학교 아라뮤즈홀	'07.11.06	제주시 제주대학로 102		2,067	287	448

(3) 국립 박물관 : 1개소

박물관명	주 소	시설규모(㎡)		소장 자료(점)	개 관 일
		부지	연면적		
국립 제주박물관	제주시 일주동로 17	55,579	13,862	50,090	'01.06.15

(4) 대학·공립 박물관 : 12개소

박물관명	설립자(대표자)	소 재 지	규모(㎡)	소장자료	등록일
제주대학교 박물관	제주대학교 총장	제주시 제주대학로 102	부지 3,853 연면적 4,796	민속자료 14,446점	'01.07.28
제주특별자치도 민속자연사박물관	제주특별자치도지사 (민속자연사박물관)	제주시 삼성로 40	부지 31,515 연면적 7,210	제주고유민속, 자연사자료 38,395점	'84.12.13
제주교육박물관	제주특별자치도 교육감	제주시 오복4길 25	부지 5,373 연면적 4,013	교육자료 37,796점	'95.09.13
감귤박물관	서귀포시장 (관광지관리소)	서귀포시 효돈순환로 441	부지 30,371 연면적 7,306	감귤관련 민속자료 등 2,489점	'05.02.25
제주돌문화공원	제주특별자치도지사 (돌문화공원관리소)	제주시 조천읍 남조로 2023	부지 3,269,731 연면적 13,901	화산암 등 36,091점	'06.05.09
해녀박물관	제주특별자치도지사 (해녀문화유산과)	제주시 구좌읍 해녀박물관길 26	부지 62,908 연면적 4,959	해녀 관련 4,122점	'08.02.29
제주4.3평화기념관	제주특별자치도지사 (4.3지원과)	제주시 명림로 430	연면적 12,704 전시실 3,386	문서, 유품 등 5,785점	'10.11.18
설문대여성문화센터 여성역사문화전시관	제주특별자치도지사 (설문대여성문화센터)	제주시 선덕로8길 12	부지 7,319 연면적 2,501 전시실 766	민속자료 등 2,383점	'11.05.03 (2종)
김만덕기념관	제주특별자치도지사 (성평등여성정책관)	제주시 산지로 7 (건입동)	부지 1,982 연면적 2,902 전시실 936	고서·민구류, 근현대사진 등 312점	'16.03.28
제주세계자연 유산센터 세계유산전시관	제주특별자치도지사 (세계유산본부)	제주시 조천읍 선교로 569-36	부지 39,789 연면적 7,335 전시실 1,768 수장고 246	화석 등 515점	'17.06.05 (2종)
한라산국립공원 산악박물관	제주특별자치도지사 (세계유산본부)	제주시 산록북로 588	부지 50,248 전시실 583	산악인 유품등 929점	'19.05.10
항일기념관	제주특별자치도지사 (보훈청)	제주시 조천읍 신북로 303	부지 58,582 연면적 1,952 전시실 449 수장고 43	항일운동자료등 1,492점	'20.07.24 (2종)

(5) 공립 미술관 : 7개소(제주시 3개소, 서귀포시 4개소)

미술관명	설립자(대표자)	소 재 지	규모(㎡)	소장자료	등록일
서귀포시기당 미술관	서귀포시장 (공립미술관)	서귀포시 남성중로 153번길 15	부지 11,279 연면적 1,230	미술품 701점	'97.06.04
이중섭미술관	서귀포시장 (공립미술관)	서귀포시 이중섭로 27-3	부지 9,100 연면적 589	미술품 334점	'04.09.15
제주현대미술관	제주특별자치도지사 (도립미술관)	제주시 한경면 저지14길 35	부지 7,963 연면적 2,107	미술품 602점	'07.07.23
소암기념관	서귀포시장 (공립미술관)	서귀포시 소암로 15	부지 1,903 연면적 1,523 전시실 352	미술품 724점	'08.12.09
제주도립미술관	제주특별자치도지사 (도립미술관)	제주시 1100로 2894-78	부지 39,759 연면적 7,087 전시실 2,300	미술품 962점	'10.09.27
제주추사관	제주특별자치도지사 (세계유산본부)	서귀포시 대정읍 추사로 44	부지 1,618 전시실 496.4	추사 관련 서화 등 201점	'10.12.27
제주도립 김창열미술관	제주특별자치도지사 (도립미술관)	제주시 한림읍 용금로 883-5	부지 4,990 연면적 1,587 전시실 435	미술품 235점	'16.09.09

3) 제주도 자연관광자원

구분	관리부서	관광지	주소	비고
도 (28)	평화국제교류과	국제평화센터	중문관광로 227-24(중문동)	
	4.3지원과	제주4.3평화공원	명림로 430(봉개동)	
	성평등여성정책관	김만덕기념관	제주시 산지로 7	
	도립미술관(3)	제주도립미술관	1100로 2894-78(연동)	
		현대미술관	한경면 저지14길 35	
		김창열미술관	한림읍 용금로 883-5	
	문화정책과	김만덕객주터	제주시 임항로 68	
	민속자연사박물관	민속자연사박물관	삼성로 40(일도이동)	
	한라산국립공원관리소	한라산국립공원	상효동 산220-1	
	한라산연구부	한라수목원	수목원길 72(연동)	

	세계유산문화재부(13)	만장굴	구좌읍 만장굴길 182	
		비자림	구좌읍 비자숲길 55	
		성산일출봉	성산읍 성산리 1	
		갓전시관	조천읍 남조로 1904	
		수월봉	한경면 고산리 일원	
		제주세계자연유산센터	조천읍 선교로 569-36	
		제주목관아	관덕로 25(삼도이동)	
		삼양동선사유적	선사로2길 13(삼양일동)	
		항몽유적지	애월읍 항파두리로 50	
		제주추사관	대정읍 추사로 44	
		성읍민속마을	표선면 성읍리 3294	
		혼인지	성산읍 혼인지로 39-22	
		제주한란전시관	돈내코로67번길 19(상효동)	
	돌문화공원관리소(2)	제주돌문화공원	조천읍 남조로 2023	
		교래자연휴양림	조천읍 남조로 2023	
	해녀문화유산과	제주해녀박물관	구좌읍 해녀박물관길 26	
	보훈청	항일기념관	조천읍 신북로 303	
	산림녹지과	한라생태숲	516로 2596(용강동)	
제주시(8)	관광진흥과(3)	제주별빛누리공원	선돌목동길 60(오등동)	
		용연, 용두암	서해안로 687-1 일원(용담이동)	
		신비의도로	1100로 2894-63(노형동)	
	절물생태관리사무소(2)	노루생태관찰원	명림로 520(봉개동)	
		절물자연휴양림	명림로 584(봉개동)	
	환경관리과(2)	우도해양도립공원	-	
		추자해양도립공원	-	
	공원녹지과	사려니숲길	조천읍 교래리 산137-1	
서귀포시(24)	산림휴양관리소(3)	서귀포자연휴양림	대포동 산1-1번지 일원	
		붉은오름자연휴양림	서귀포시 표선면 남조로 1487-73	
		치유의 숲	서귀포시 산록남로 2271	
	문화예술과(4)	이중섭미술관	이중섭로 27-3(서귀동)	
		기당미술관	남성중로153번길 15(서홍동)	
		소암현중화기념관	소암로 15(서귀동)	
		서복전시관	칠십리로 156-8(서귀동)	
	공원녹지과(1)	외돌개	서홍동 791	
	성산읍(1)	섭지코지	성산읍 고성리	

	남원읍(1)	큰엉(남원관광지구)	남원읍 남원리 일대	
	기후환경과(4)	마라해양도립공원	상모리, 하모리, 가파리, 마라리, 사계리, 화순리, 대평리, 형제섬과 송악산 일대	
		서귀포해양도립공원	문섬, 섶섬, 범섬 및 보목~강정동 일대	
		성산일출해양도립공원	성산리, 고성리, 오조리, 신양리해상 일대	
		송악산	대정읍 송악관광로 421-1	
	영천동	돈내코	상효동 1503	
	안덕면	안덕계곡	안덕면 감산리 1946	
	관광지관리사무소(6)	천제연폭포	천제연로 132	
		천지연폭포	천지동 667-7	
		정방폭포	서귀동, 동홍동 일원	
		주상절리대	중문관광로 224 일원	
		산방산(용머리,하멜상선)	안덕면 사계리 일원	
		서귀포감귤박물관	효돈순화로 441(신효동)	
	경제일자리과	서귀포천문과학문화관	1100로 506-1(하원동)	
	예래동	예래생태체험관	서귀포시 예래로 213	

4) 제주도 관광업계 현황

구 분			2010년	2022년			2023. 9. 30. 기준		
				계	제주시	서귀포시	계	제주시	서귀포시
합 계			996	2,107	1,564	543	2,138	1,569	569
여행업	계		718	1,077	1,015	62	1,079	1,009	70
	종합여행업		88	353	333	20	372	345	27
	국내외여행업		95	149	137	12	166	152	14
	국내여행업		535	575	545	30	541	512	29
관광숙박업	계		109	420	202	218	419	200	219
	호텔업	소 계	67	356	172	184	354	170	184
		관광호텔업	50	119	78	41	118	77	41
		한국전통호텔업	1	1	-	1	1	-	1
		가족호텔업	15	62	32	30	62	32	30
		호스텔업	1	168	61	107	168	61	107
		소형호텔업	-	6	1	5	5	-	5

	휴양 콘도미니엄업	42	64	30	34	65	30	35
관광객 이 용 시설업	계	33	100	53	47	107	58	49
	전문휴양업	25	44	18	26	44	18	26
	종합휴양업	-	3	2	1	3	2	1
	자동차야영장업	-	19	11	8	19	12	7
	일반야영장업	-	26	19	7	33	23	10
	관광유람선업	6	7	2	5	7	2	5
	관광공연장업	2	-	-	-	-	-	-
	한옥체험업	-	1	1	-	1	1	-
국 제 회의업	계	16	44	42	2	47	44	3
	국제회의시설업	1	1	-	1	1	-	1
	국제회의기획업	15	43	42	1	46	44	2
카지노업		8	8	6	2	8	5	3
유 원 시설업	계	12	78	41	37	81	41	40
	종합유원시설업	-	4	1	3	4	1	3
	일반유원시설업	11	22	7	15	23	8	15
	기타유원시설업	1	52	33	19	54	32	22
관 광 편 의 시설업	계	100	380	205	175	397	212	185
	관광유흥음식점업	3	1	1	-	1	1	-
	관광극장유흥업	3	3	1	2	1	1	-
	외국인전용유흥음식점업	5	4	3	1	4	3	1
	관광식당업	40	192	118	74	199	119	80
	관광순환버스업	-	2	2	-	2	2	-
	관광사진업	1	2	2	-	2	2	-
	휴양펜션업	48	112	36	76	116	37	79
	관광면세업	-	7	6	1	7	6	1
	기타관광편의시설업	-	18	6	12	19	6	13
	관광지원서비스업	-	39	30	9	46	35	11

5) 제주도 테마관광 전문여행사 현황

연번	테마구분	업체명	상품명	부 문
1	지역관광	㈜나비트래블	엄마! 어디가?	내국인 부문
2		(유)범광투어	삼촌네 가문잔치 이야기	내국인 부문
3		㈜제주미니	섬 속의 섬 : 가파도 투어	내국인 부문
4		마이스톡	제주 메밀 힐링 연수투어	내국인 부문
5		니하오여행사	신들의 고향, 제주도	외국인 부문
6	웰니스	㈜하나투어제주	제주 웰리스 착한 여행	내국인 부문
7	미식테마	㈜제주도여행	Jeju Food Telling Tour	외국인 부문
8	한류테마	㈜리앤최투어	제주와 함께하는 K-POP Dance Program	외국인 부문
9	레저스포츠	㈜제주토박이	제주도 외승 & Wellness	모객우수(2022년 모객실적 : 461명)
10	레저스포츠	올레캠프 본점 알파캠프	제주 올레길, 한라산 둘레길 완주 프로그램	모객우수(2022년 모객실적 : 1,356명)
11	무장애여행	㈜두리함께	다시 봄 제주 BF Tour	모객우수(2022년 모객실적 : 1,065명)

제주 관광사업에 활력을 불어넣을 수 있는 새로운 관광상품 개발의 시급성에 따라 테마관광상품(웰니스, 레포츠 등) 육성을 지원하여 도내 여행업체 경쟁력 강화를 도모하고 있다. 제주도청에서 민간 위탁방식으로 제주특별자치도관광협회에 연간 1.6억을 보조하여 테마 전문여행사 상품 선정, 홍보마케팅비, 인센티브 지원 등 테마관광 활성화에 노력 중에 있다.

- ▸(선정업체 수) 총 11개 상품(내국인 부문 5개, 외국인 부문 3개, 모객우수 3개)
- ▸(홍보마케팅비) 온・오프라인 광고(홍보)비, 현지판촉 세일즈, 팸투어 등 지원

6) 제주도 문화관광해설사 운영현황

(1) 추진배경

2001년 "한국방문의 해"를 계기로 제주도 문화유산을 내외국인 관광객에게 올바르게 안내하는 서비스를 제공하기 위해 자원봉사자 형태로 도입하여 운영 중이다.

key point 문화관광해설사의 정의

관광객의 이해와 감상, 체험기회를 제고하기 위하여 역사·문화·예술·자연 등 관광 자원 전반에 대한 전문적인 해설을 제공하는 자(관광진흥법 제2조)

(2) 해설사 양성 및 배치현황

가. 연도별 양성 현황

구 분	총계	2001	2002	2004	2006	2009	2015	2017	2023
인 원	352	40	33	46	68	43	41	41	40

나. 정기 보수교육과정 운영

연도별	2009	2010	2011	2012	2013	2014	2015	2016	2017	2018	2019	2020	2021	2022
인 원	112	149	110	128	125	131	122	123	154	193	194	195	198	191

(3) 2023 문화관광해설사 운영개요

가. 사업기간 : 2001년 이후 계속사업

나. 운영지역 : 제주특별자치도 공영관광지 39개소

다. 배치대상 : 2023년 해설사 활동 191명

라. 배치기관 : 총 39개 관광지(도 26, 제주시 2, 서귀포시 11)

▸ 입장료를 징수하는 유료 관광지(개인 · 법인)는 배치 제외

(4) 문화관광해설사(자원봉사자/지위) 활동 및 근무수칙

가. 활동비 : 60,000원/1일(7시간 기준) ▸ 교통비(별도) 지급기준 : 1일 정액 2,400원

나. 활동시간 : 10 : 00~17 : 00(7시간)

다. 활동비 지급기준 : 월 15일 이내

라. 문화관광해설사 배치 목적 외 활동 금지

▸ 종합관광안내소에 안내원으로 배치하여 활용하는 경우

▸ 관광버스에 동승하여 관광안내원 역할을 하는 것 등 문화관광해설사의 목적과 배치되는 활동을 금함

▸ 해설사는 근로자가 아닌 자원봉사자임에 유의하여, 해설 활동 외의 업무 부여 금지

02. 제주의 특급 관광지

1) 설국 제주

(1) 한라산 1100고지

한라산 중산간 해발 1100m에 있는 도로이다. 제주에서 자동차로 갈 수 있는 가장 높은 도로에서 겨울이 되면 하얗게 핀 상고대를 보기 위해 관광객들이 몰린다. 도로 중간에 있는 휴게소와 1100고지 습지도 함께 볼 수 있다. 이곳은 제주도에서 가장 아름다운 드라이브 코스라는 명예를 간직하고 있다.

한라산은 남한에서 가장 높은 산이며 그 이름은 은하수를 붙잡을 정도로 높은 산이라는 뜻이다. 제주 사람에게는 한라산이 곧 제주도이며 제주도가 곧 한라산이라는 인식이 존재한다. 탐방로는 어리목, 영실, 성판악, 관음사, 돈내코, 어승생악, 석굴암 총 7개 코스가 있다. 당일 등반코스가 원칙이며 봄, 여름, 가을, 겨울 사계절 모두 아름다운 산이다. 정상에는 백록담이라는 화산호가 있는데 흰사슴이 물을 먹는 곳이라는 뜻에서 유래되었다고 한다. 금강산, 지리산과 함께 한국의 삼신산이라 불리운다.

동백꽃의 나라 휴애리에서 바라본 한라산의 모습

(2) 어승생악 오름

제주에는 눈썰매장이 따로 존재하지는 않고 눈이 많이 내린 날에 비탈이 있는 곳에는 삼삼오오 사람들이 모여 눈썰매를 탄다. 어승생악은 가장 대표적인 자연 눈썰매장이라 할 수 있다. 정상에 오르면 제주 시내가 한눈에 보이는 절경이 기가 막히다. 어승생악은 가벼운 등산을 원하는 관광객들이 찾을 수 있는 곳으로 비교적 자연생태가 잘 보존되어 있으며 날

씨가 쾌청한 날에는 멀리 추자도, 비양도, 성산까지 내려다보이며 정상에는 일제 강점기 군사시설이 아직도 남아있다.

제주에는 전체 368개의 오름이 있다. 오름 탐방은 신께서 제주도에 선물해준 최고의 선물을 만끽하는 일이다. 화산섬 제주 오름은 저마다의 독특한 매력으로 관광객을 반기는데 어느 한 곳도 허투루 넘길 수 없을 정도로 수려하다. 거문오름은 세계자연유산에 등재되어 있으며 제주 오름의 상징적인 존재라고 할 수 있다. 이외에도 제주 유일의 숫오름인 굴메오름, 분화구로 내려가 관찰이 가능한 남송이 오름, 한라산 자락 북쪽 아래에 위치한 노로오름, 오름의 여왕이라 불리는 다랑쉬 오름 등이 있다.

(3) 사려니 숲길

비자림로에서 시작해서 물찻오름과 사려니 오름까지 이어진 거대한 천연림이다. 전통적인 삼나무 숲의 장관을 볼 수 있는 길이며 때죽나무, 산딸나무, 편백나무 등 다양한 수종의 군락이 형성되어 힐링 걷기에 적합하다. '사려니'라는 말은 신성한 숲이라는 뜻인데 무더운 여름날에도 시원한 공기를 맡아가며 걸을 수 있다. 걷다 보면 빽빽한 숲 사이로 껑충껑충 뛰어다니는 노루나 사슴도 볼 수 있다. 제주시에서 서귀포시까지 풀코스로 걷는다면 총 11km 3-4시간이 소요된다.

(4) 절물자연휴양림

제주의 대표적인 자연 휴양림으로 많은 탐방객들이 찾는 명소이다. 눈꽃이 내려앉은 삼남무 숲길은 청정 그 자체의 아름다움으로 빛난다. 절물자연휴양림에는 유아나 노약자와 함께 산책할 수 있도록 데크로 조성한 무장애길 코스가 있다.

2) 섬 속의 섬

(1) 비양도, 마라도

섬에서 다시 섬으로 가는 여행은 색다르고 기분이 좋아진다. 비양도는 한림항에서 배로 15분 거리에 있으며 협재해수욕장의 배경이 되는 작은 섬이다. 한 바퀴 자전거를 타고 돌아보던지 배로 2시간 정도 해안을 유람할 수도 있다.

마라도는 우리나라 최첨단에 있는 섬으로 서귀포 운진항(모슬포항)에서 30분 정도 소요된다. 빼어난 풍광과 함께 해양자원이 풍부해서 섬 전체가 천연기념물로 지정되었으며 사계절 모두 아름답다. 해산물이 들어간 짬뽕과 짜장면집이 마라도 초입에 모여있어 여행자의 허기를 달래준다. 마라도에는 '애기업개'라는 슬픈 전설이 있어 지금도 애기업개의 넋을 달래기 위해 할망당이라는 성황당이 있다.

▎마라도에 있는 할망당(애기업개당) ▎

key point 애기업개의 슬픈 전설

먼 옛날 서귀포 모슬포항에 살고 있던 이씨 부인은 어느 날 밤 물을 길러 가다가 아이의 울음소리를 들었고 그 울음소리를 따라가 보니 갓난아이가 울고 있었다. 아이 부모를 찾을 수 없어 어쩔 수 없이 그 여자아이를 수양딸로 삼았는데 세월이 흘러 이씨 부인도 첫 아이를 낳았고 여자아이는 자연스럽게 아이를 돌보는 애기업개가 되었다. 그러다가 어느 해 봄 마라도에 배를 띄우고 물질을 했고 소라나 전복이니 해산물을 많이 잡았다. 그리고 며칠 후 섬을 떠날 채비를 하자 갑자기 바람이 불고 바다가 거칠어지기 시작했다. 바다가 참 이상했다. 떠날 것을 포기하고 배를 묶어 놓으면 잔잔해지고 배를 띄우면 거칠어졌다. 그러던 어느 날 나이 많은 잠수부가 어젯밤 꿈 이야기를 하는데 애기업개를 두고 가야지 데리고 가면 모두 물에 빠져 죽는다고 했다. 자기도 같은 꿈을 꾼 이씨 부인은 애기업개가 기저귀를 가지러 간 사이 서둘러 배를 출발시켰고 뒤늦게 이를 안 애기업개는 목이 터져라 울부짖었다. "나도 데려가 줍써! 제발 데려가 줍써!"

(2) 차귀도, 우도

제주 최대의 무인도이자 천연기념물인 차귀도는 해안절벽과 기암괴석이 절경을 이루는 고운 섬이다. 일몰은 자구내 포구에서 바라보는 것이 좋은데 반건조 오징어 껍데기를 벗겨 즉석에서 구워주는데 한라산 소주와 함께 반드시 같이 맛보아야 한다. 오징어 다리를 씹어가며 매운 소주를 마시다 보면 시뻘건 자태로 떨어지는 낙조의 우울한 풍경마저 아름답게 여겨진다. 자구내 포구는 동굴과 바다 사진 등 한경면에서 가장 멋진 사진 명소로 알려져 있다.

우도는 땅콩으로 유명한 섬인데 성산포항 여객터미널에서 배로 2-30분 움직이면 도착한다. 우도는 완만한 경사와 풍부한 어장 등 천혜의 자연 풍광을 갖추고 있어 한해 약 200만 명의 관광객이 찾는 제주도의 대표적인 부속섬이라 할 수 있다. 우도봉, 검멀레 해변 등 관광명소를 둘러보는 반나절 코스로 잡으면 괜찮다. 풍광 좋은 카페에 들러서 땅콩 아이스크림 혹은 땅콩 라떼라도 마시고 가면 힐링이 된다. 우도 드라이브 코스에는 주로 전기자전거, 스쿠터, 삼륜 전기차 등을 이용하는데 섬 도로 자체가 좁고 협소해서 각종 사고가 많이 발생하는 편이다. 가장 좋은 방법은 성수기를 피해 한적한 시즌에 가는 것이다.

자구내 포구에서 구워주는 오징어와 같이 음미할 필수품(한라산)

3) 노을 속의 제주

이름에서도 알 수 있듯이 제주의 대표적인 해돋이 명소이다. 새해가 되면 해돋이를 보러 수없이 많은 사람들이 몰린다. 아침에 한 30분 정도 올라가면 정상에 다다르고 성산 앞바다를 온통 붉게 물들이는 해돋이를 구경할 수 있다.

제주에서는 동쪽에서는 해돋이를 서쪽에서는 해넘이를 자유롭게 볼 수 있는 장점이 있다. 해돋이 명소에는 성산일출봉 이외에도 작은 섬 2개가 형과 아우처럼 마주 보고 있는 서귀포 형제섬, 해가 떠오르면 황금빛으로 빛나는 들녘과 무수히 펼쳐진 오름 군락들을 감상할 수 있는 용눈이 오름 등이 있다.

노을 명소로는 해안절벽과 기암괴석이 절경을 이루는 차귀도, 제주공항에서 가까운 이호테우 해수욕장, 서귀포항과 새섬을 잇는 새연교, 기타 신창풍차해안도로, 닭머르 해안길, 도두봉 등을 들 수 있다.

4) 겨울꽃 동백 제주

동백꽃이 필 무렵이면 제주에도 겨울이 찾아온 것을 알 수 있다. 동백은 12월부터 서서히

봉우리를 키워내서 2월에 만개하는 겨울꽃으로 낙화한 뒤에도 시뻘건 정열을 간직한 채 제주 곳곳을 붉게 물들인다. 휴애리 자연생활공원에는 눈에 덮인 한라산을 배경으로 울창한 동백숲이 화려하게 이름을 빛내고 있다. 동백은 주로 서귀포 안덕, 남원 일대에서 유명한데 위미리 동백수목원은 애기동백나무의 반짝이는 손짓들이 슬프고 정겹다.

제주에는 동백 이외에도 유채꽃과 벚꽃이 유명하다. 유채꽃은 제주의 대표적인 봄꽃이다. 서귀포 지역에서는 늦겨울부터 개화해서 봄철 내내 샛노란 자태를 뽐낸다. 시간을 더하는 마을이라는 이름의 가시리는 제주에서도 유채꽃이 가장 많이 피는 지역이다. 오름의 여왕이라 불리는 따라비오름, 큰사슴이오름 등 드넓게 펼쳐진 유채꽃밭은 멀리 보이는 수평선과 어우러진 모습이 신의 나라에 온 듯한 느낌을 주기도 한다.

봄이 그렇게 빛난다면 가을에 빛나는 것은 억새꽃이다. 산굼부리, 새별 오름 등에 펼쳐진 가을의 노래는 사계절 풍성한 제주의 자연을 실감하게 만든다. 핑크뮬리는 새별 오름 인근과 마노르블랑, 제주허브동산에서도 즐길 수 있다.

5) 서귀포의 예술

▌서귀포 항구에 있는 이중섭 조형물▐

서귀포에는 이중섭의 가족이 살던 생가를 개조해서 만든 이중섭 박물관이 있다. 이중섭은 박수근과 함께 근대 서양화가의 양대 거목으로 시대의 아픔과 굴곡 많은 생애의 울분을 야성적인 그림 특히 소를 통해서 분출했었다. 이중섭이 그린 은지화의 대부분은 제주 시대가 없었으면 불가능했을 것이다. 이중섭은 제주도에 보낸 시절을 되새겨 많은 그림을 그렸다. "가족과 비둘기", "물고기와 노는 아이들" 등은 제주에서 가족과 보내던 시절을 화폭에 담은 것으로 알려져 있다.

'순이삼촌'은 현기영이 1978년에 제주 4.3 사건을 주제로 쓴 단편소설이다. 삼촌은 자기보다 나이가 많은 사람을 칭하는 제주도 사투리이다. 주인공은 제주 태생으로 서울에 살고 있는데 고향을 외면하다가 순이 삼촌의 죽음을 통해 4.3 사건의 의미를 깨닫고 역사적 비극에 대한 진상규명의 필요성을 느낀다.

이외에도 제주 4.3을 기억하려는 노력은 많았다. 김석범 작가의 "까마귀의 죽음"과 "화산도", 이산하 시인의 장편서사시 "한라산", 조성봉 감독의 영화 "레드헌트", 김동만 감독의 "다랑쉬굴의 슬픈 노래", 가수 안치환의 "잠들지 않는 남도" 등이 있다. 제주 4.3 평화공원은 4.3 사건으로 인한 민간인 학살과 제주도민의 처절한 삶을 기억하고 추념하며 화해와 상생의 의미를 열어가기 위한 평화공원이다.

6) KBS 제주 방송국

❙ KBS 제주 방송국 전경 ❙

제주 4.3 사건 70주년에는 제주 KBS 공개홀에서 설민석 강사의 특별강연이 있었다. 제주 4.3 사건은 경찰의 발포사건으로 인해 1948년 4월 3일부터 1954년 9월 21일까지 제주도에서 발생한 무력 충돌과 진압 과정에서 민간인들이 많이 희생당한 사건이다. 제주도는 1946년부터 방송국 개국을 추진했지만 미뤄지다가 6.25 전쟁이 한창이었던 1950년 9월 10일에 개국했다. 전쟁 당시 정부는 전국방송이 모두 적의 수중에 들어갈 것에 대비하여 제주에 최후의 방송보루를 설치할 계획을 세웠고 8월 14일 대구의 방송요원들을 제주에 내려보내면서 개국하게 된 것이다.

제주 KBS는 4.3 사건의 슬픈 역사와도 관계가 있다. 1952년 9월 15일 좌익 무장대원 40여 명이 제주방송국을 습격해서 방송과장, 직원들이 피살되는 사건이 있었다. 사건 발생 이틀 전에 제주방송국에서 특집좌담으로 한라산 무장대의 잔혹성을 폭로하는 프로그램을 진행했는데 이에 불만을 갖고 습격한 것으로 알려져 있다. 순직 방송인 추모비는 신제주에 있는 구청사 안에 세워져 있다.

03. 제주의 맛집 투어

1) 새콤달콤 제주 감귤

제일 맛있는 감귤은 어떤 것을 골라야 하는가? 제주는 감귤의 나라이다. 제주도 한의원에서는 감귤을 소재로 한약재를 만들고 이를 통해 건강기능식품을 제조하는 것도 대유행이다. 노지귤, 한라봉, 카라향, 레드향, 황금향 까지 종류도 다양하고 맛도 풍미가 가득하다.

카라향은 겉모양이 울퉁불퉁하고 크기가 작은 편이지만 당도가 가장 높은 편이며 풍부한 과즙이 특색이 있다. 한라봉은 꼭지 부분이 한라산과 닮았다고 해서 그렇게 이름을 지었는데 새콤달콤한 맛으로 인기가 좋다. 한라봉과 당도가 비슷하지만, 하늘에서 내리는 향기라는 뜻을 지닌 천혜향도 맛있다. 그 외에도 껍질이 얇아서 벗기기가 힘든 황금향, 한라봉과 교배한 새로운 품종인 레드향 등이 있다.

감귤 체험농장이 많은데 보통 1만 원에서 1만5천 원이면 감귤 따기 체험과 함께 사진도 찍으면서 감귤을 맘껏 음미할 수 있다. 감귤가게, 감귤나무숲, 감따남, 자파리 감귤체험장 등 인터넷이나 사전 예약을 통해서 체험이 가능하다.

2) 생선회의 천국

모슬포항은 겨울철이면 방어가 제철이다. 두툼하게 썰린 방어는 한입만 먹어도 입안에 고소함이 가득하다. 허름한 횟집이라도 선장이 직접 잡아서 상에 올린 싱싱한 회는 가성비가 좋다. 요즘 상업화, 대형화로 인해 그런 맛집을 찾기는 어렵지만, 현지인들이 자주 찾는 식당을 수소문해서 가는 것도 방법이다. 바다를 바라보며 소주 한잔하려면 생선회가 늘 옳다.

ㅣ서귀포시 쌍둥이 횟집 본점 스끼다시ㅣ

진정한 회 맛을 보기보다는 '쓰기다시' 가 풍성한 곳이 좋다고 하는 사람이 갈만한 곳이 있다. 일반적으로 맛집 별점이 높은 곳을 찾아가면 된다. 서귀포에 있는 쌍둥이 횟집은 그런 면에서 적합한 식당이다. 전복, 조개, 굴 등 쓰기다시가 나오고 튀김과 떡, 메추리알 등이 곁들여지고 나서도 제철 음식이 계속 나오다가 막상 회가 나오면 배가 불러서 못 먹는 곳이다.

3) 흑돼지, 해장국 맛집 등

회로 삼시 세끼를 먹을 수 없으니 흑돼지도 먹어보는 게 좋다. 도축장에서 직송받는 제주 흑돼지 특수부위 전문점에서는 천겹살, 비단살, 눈썹살, 돈새살 등 처음 들어보는 생소한 부위를 싱싱한 상태에서 맛볼 수 있는 곳이 서귀포에는 '뿔살집', 제주시에서는 노형동의 '숙성도'이다.

해장국 맛집으로는 소고기, 내장, 선지 등으로 얼큰하면서 담백한 맛이 일품인 '미풍해장국'을 꼽을 수 있다. 같은 소고기 해장국집인 '은희네 해장국'과 '모이세'까지 제주 3대 해장국이라 불리운다. 이외에도 고사리 해장국집인 우진해장국, 돼지뼈와 돼지고기만으로 사용하는 제주 전통음식인 고기국수가 유명하다.

갈치국은 익숙지 않은 사람이 먹기에는 부담스러운 음식이다. 국물에 둥둥 떠다니는 은빛 껍질, 토막 낸 갈치가 통째로 들어있고 배추와 호박이 들어가 희멀건 국물은 비주얼이 그리 좋지는 않다. 맑은 장국인 갈치국은 기본적으로 담백하고 깔끔하다. 청양고추라도 썰어 넣어서 칼칼한 맛을 더하면 더욱 좋다. 서귀포에서는 갈치국의 원조가 네거리 식당이다. 이외에도 제주 갈치구이와 조림도 제주여행에서의 단골 메뉴이다.

▌제주 미영이네 식당 고등어 회 (서귀포시 모슬포항 소재)▐

제주 서귀포 인근에 미영이네 식당은 고등어 회로 유명하다. 고등어회가 일반적으로 비려서 먹기 힘든데 싱싱한 고등어는 다르다. 비린 맛이 전혀 안 나고 고소한 맛에 입안에서 살살 녹을 정도의 풍미를 자랑한다.

제주도 맛집 리스트(개인적 취향 고려)

위치	상호명	전화번호	도로명주소	주요메뉴
서귀포시	뽈살집	064-763-6860	제주 서귀포시 중정로91번길 37 1층	돼지고기구이
	맛나식당	064-782-4771	제주 서귀포시 성산읍 동류암로 41	갈치조림
	장수애섬식당	064-763-2999	제주 서귀포시 솔동산로 30	갈치조림
	미영이네식당	064-792-0077	제주 서귀포시 대정읍 하모항구로 42	고등어회
	자리돔횟집	064-733-1239	제주 서귀포시 동홍동로 7	자리회/고등어회
	경미네집	064-782-2671	제주 서귀포시 성산읍 일출로 259	해물라면/성게밥
	불특정식당	010-4269-0886	제주 서귀포시 성산읍 삼달로 239	양식
	남양수산	064-782-6618	제주 서귀포시 성산읍 고성동서로56번길 1	고등어회/참돔회
	상원가든	064-794-1960	제주 서귀포시 대정읍 송악관광로 132	돼지고기구이
	중문수두리 보말칼국수	064-739-1070	제주 서귀포시 천제연로 192	보말칼국수
	선영횟집	064-762-4666	제주 서귀포시 칠십리로 61-1	생선회
	청솔골	064-763-9145	제주 서귀포시 동홍로 114 청송골	백숙
	마농치킨(체인)	064-738-3521	제주 서귀포시 중앙로62번길 13 싱싱회센타	치킨
	공천포식당	064-767-2425	제주 서귀포시 남원읍 공천포로 89 공천포식당	물회
	몰질식육식당	064-739-1542	제주 서귀포시 이어도로 598	복지리/매운탕
	제주약수터(체인)	064-805-6572	제주 서귀포시 중앙로 35 1층	맥주
	호림식당	064-732-7184	제주 서귀포시 부두로 45	아구요리/ 해물뚝배기
	춘심이네	064-764-4010	제주 서귀포시 안덕면 창천중앙로24번길 16	갈치구이
	돗통	064-792-0055	제주 서귀포시 안덕면 사계북로41번길 189	돼지고기구이
	고향생각	064-739-8009	제주 서귀포시 동문동로 15	멸치국수
	섭지코지로	010-9898-2491	제주 서귀포시 성산읍 시흥하동로57번길 35	딱새우/고등어회
	청호식당	064-782-7829	제주 서귀포시 성산읍 온평관전로 94	문어요리
	연돈	064-738-7060	제주 서귀포시 일주서로 968-10	돈카츠
	쌍둥이횟집	064-762-0478	제주 서귀포시 중정로62번길 14	생선회
	하찌	064-738-8788	제주 서귀포시 호근남로 180	오마카세
제주시	숙성도	064-711-5212	제주 제주시 원노형로 41 1층	돼지고기구이
	향토음식유리네	064-748-0890	제주 제주시 연북로 146	갈치조림
	앞돈지	064-723-0988	제주 제주시 중앙로1길 28	갈치조림/ 우럭조림
	소금바치순이네	064-784-1230	제주 제주시 구좌읍 해맞이해안로 2196	돌문어요리/ 해물탕
	상춘재	064-725-1557	제주 제주시 조천읍 선진길 26	해물비빔밥
	우진해장국	064-757-3393	제주 제주시 서사로 11	고사리육개장
	그옛맛	064-758-5532	제주 제주시 서사로24길 12 1층 그옛맛	전복돌솥밥

4) 멍 때리다.... 바닷가 카페

제주는 유독 바닷가 근처 카페가 많다. 주로 한적하고 조용한 바다 바로 앞에 위치한 카페에서는 제주만 독특하고 개성 넘치는 디저트 메뉴와 커피 등을 즐길 수 있다. 한라산 모양의 약과와 주상절리를 표현한 양갱 등을 즐기며 무상무념의 시간을 보낼 수 있다.

제주의 거친 샛바람을 맞으며 드넓은 바다를 향해 한 번 외쳐 본다.

"버리면 버릴수록 더 채워질 것이다."

제주는 제주만의 고유한 것으로 바닷가 카페의 지존이 되었다는 점을 새삼 상기해 본다. 천혜의 청정자연과 섬이라는 고립성 그리고 바다의 광활성을 활용한 관광상품 개발은 아직도 가야 할 길은 멀다. 하지만 지역관광 활성화의 시작은 결국 관광자원을 이용하는 소비자 즉 고객의 마인드를 헤아리는 데서 출발해야 할 것이다.

제주의 해변카페

04. 제주의 의료관광 자원 및 성공 가능성

1) 제주 헬스케어타운

(1) 제주 헬스케어타운 진행 현황

가. 제주 헬스케어타운은 1,539,339㎡(약 47만 평) 규모로 2006년 부지조성공사를 마치고 2012년 투자유치를 통해 녹지그룹에서 시설용지의 755,277㎡(약 23만 평) 중 약 50%를 개발 중이며, 나머지 50%는 JDC가 직접투자와 투자유치를 추진하고 있다.

나. 2021년에는 JDC가 직접 투자한 의료서비스센터가 준공되었고 여기에는 우리나라의 최대규모의 건강검진기관 중 하나인 KMI 한국의학연구소가 들어섰다.

다. KMI 한국의학연구소는 국내 2위의 검진율을 자랑하고 있으며, 2019년에는 100만 명 이상의 수검실적을 기록하였으며 서울을 포함하여 수원, 대구, 부산, 광주 등 전국 7개 지역에 지점을 두고 전국에 150여 명의 의료진 및 첨단 장비를 갖추고 있는 기관이다.

라. 제주도에서는 KMI 건강 검진센터 유치를 통해 지역 의료접근성 제고 및 건강검진 수검률 향상을 포함한 지역 내 의료서비스 격차 해소에도 크게 기여할 것으로 기대하고 있다.

(2) 의료관광 활성화를 위한 제주 헬스케어타운의 가치

가. 제주 헬스케어타운은 코로나 시대에 글로벌 복합의료관광 단지로서 무한한 잠재력을 가지고 있는 것으로 평가되고 있다. 궁극적으로는 의료관광뿐만 아니라 바이오 헬스 등 의료산업을 융합하는 의료바이오 클러스터 조성을 목표로 추진 중인 사업이다.

나. 글로벌 헬스케어산업은 2020년 기준 약 1조 9,526억 달러에서 2조 12억 달러까지 전망되고, 국내·외 주요 기업들은 미래 동력 중 하나로 바이오를 택하며, 헬스케어산업 투자를 가속화 하는 상황이며 국내 웰니스 관광 시장 또한 급성장할 것으로 예상한다.

다. 제주는 청정자연과 같은 힐링 자원 및 관광산업과 의료 융합 시너지를 발휘하여 의료바이오 인프라의 발전을 기대할 수 있으며 이 가운데 헬스케어타운이 의료바이오의 집적화된 단지로서의 경쟁력을 갖추고 있다고 보여진다.

라. K-바이오 시대를 맞이하여 바이오헬스 기업 및 연구소 등을 유치하는 한편 산·학·연·병 네트워크를 구축하여 제주 경제 신산업 성장기반을 구축에 기여할 것으로 예상된다.

(3) 제주 헬스케어타운 시설부지 현황

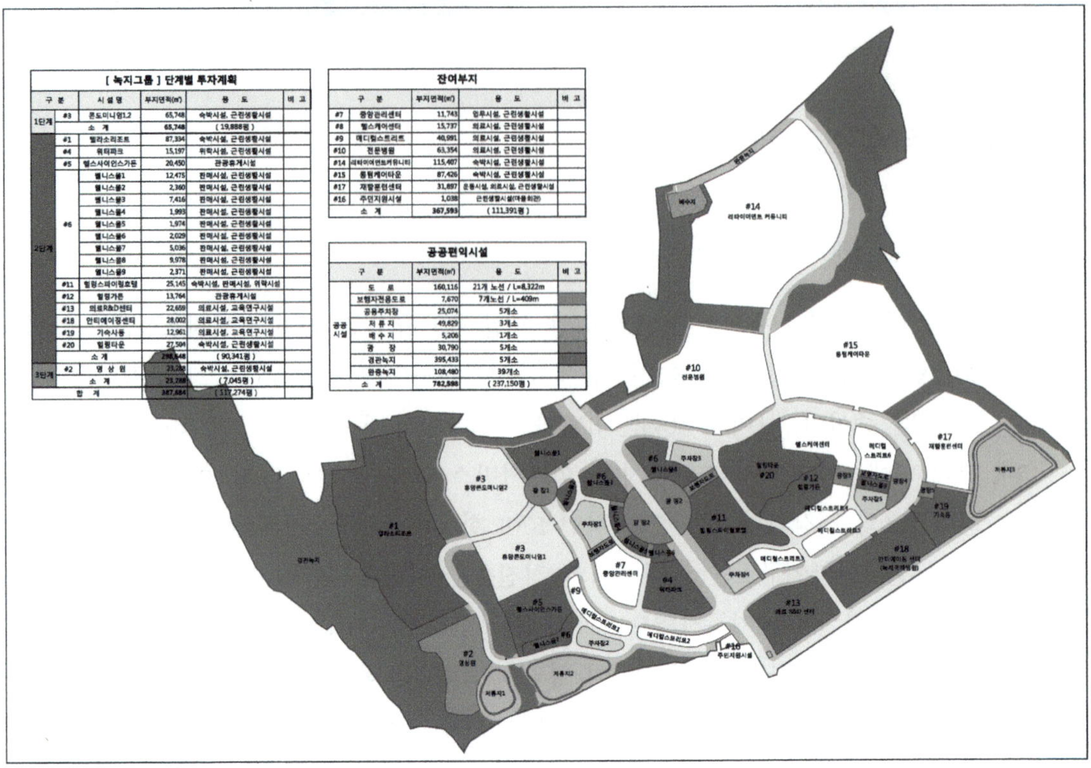

[녹지그룹] 단계별 투자계획					
구 분		시설명	부지면적(㎡)	용 도	비 고
1단계	#3	콘도미니엄1,2	65,748	숙박시설, 근린생활시설	
	소 계		65,748	(19,888평)	
2단계	#1	빌라소리조트	87,334	숙박시설, 근린생활시설	
	#4	워터파크	15,197	위락시설, 근린생활시설	
	#5	헬스사이언스가든	20,450	관광휴게시설	
	#6	웰니스몰1	12,475	판매시설, 근린생활시설	
		웰니스몰2	2,360	판매시설, 근린생활시설	
		웰니스몰3	7,416	판매시설, 근린생활시설	
		웰니스몰4	1,993	판매시설, 근린생활시설	
		웰니스몰5	1,974	판매시설, 근린생활시설	
		웰니스몰6	2,029	판매시설, 근린생활시설	
		웰니스몰7	5,036	판매시설, 근린생활시설	
		웰니스몰8	9,978	판매시설, 근린생활시설	
		웰니스몰9	2,371	판매시설, 근린생활시설	
	#11	힐링스파이럴호텔	25,145	숙박시설, 판매시설, 위락시설	
	#12	힐링가든	13,764	관광휴게시설	
	#13	의료R&D센터	22,659	의료시설, 교육연구시설	
	#18	안티에이징센터	28,002	의료시설, 교육연구시설	
	#19	기숙사동	12,961	의료시설, 교육연구시설	
	#20	힐링타운	27,504	숙박시설, 근린생활시설	
	소 계		298,648	(90,341평)	
3단계	#2	명 상 원	23,288	숙박시설, 근린생활시설	
	소 계		23,288	(7,045평)	
합 계			387,684	(117,274평)	

잔여부지				
구 분		부지면적(㎡)	용 도	비 고
#7	중앙관리센터	11,743	업무시설, 근린생활시설	
#8	헬스케어센터	15,737	의료시설, 근린생활시설	
#9	메디컬스트리트	40,991	의료시설, 근린생활시설	
#10	전문병원	63,354	의료시설, 근린생활시설	
#14	리타이어먼트커뮤니티	115,407	숙박시설, 근린생활시설	
#15	롱텀케어타운	87,426	숙박시설, 근린생활시설	
#17	재활훈련센터	31,897	운동시설, 의료시설, 근린생활시설	
#16	주민지원시설	1,038	근린생활시설(마을회관)	
소 계		367,593	(111,391평)	

공공편익시설				
구 분		부지면적(㎡)	용 도	비 고
공공시설	도 로	160,116	21개 노선 / L=8,322m	
	보행자전용도로	7,670	7개노선 / L=409m	
	공용주차장	25,074	5개소	
	저 류 지	49,829	3개소	
	배 수 지	5,206	1개소	
	광 장	30,790	5개소	
	경관녹지	395,433	5개소	
	완충녹지	108,480	39개소	
소 계		782,598	(237,150평)	

(4) 제주 의료서비스 센터 개요

가. 목적

지역 의료서비스 수요 충족 및 단지 관리

나. 위치

헬스케어타운 조성사업 중앙관리센터 부지

다. 규모

토지면적 11,743㎡, 건축 연면적 약 9,000㎡, 지상 3층

라. 총사업비

296억 원(JDC 직접투자)

마. 주요시설

의료시설, 진료공간, 교육공간, 연구공간, 행정공간, 편의시설 등

바. 추진경과

▸'17.11. : 타당성 검토 및 이사회 의결

▸'18.05. : 건축설계 및 건설사업관리(CM) 용역 착수 및 진행

▸'19.04. : 경관심의 원안 의결

▸'20.01. : 건축허가 완료

▸'20.02. : 건축설계 완료

▸'20.05. : 건축공사 착공

▸'21.12. : 건축공사 준공

▸'22.01.20. : 의료서비스센터 준공식

사. 층별 세부용도

▸지상 1층 : 건강검진센터, 관리실, 기계실 등

▸지상 2층 : 건강검진센터, 의료기관, 홍보관 등

▸지상 3층 : 의료기관, 연구실, 컨벤션 등

아. 조감도 및 전경

2) 제주 의료관광의 성공 가능성

(1) 의료관광의 일반 개요

단순하게 정의한다면 의료관광은 의료서비스를 받기 위해 떠나는 여행이라고 정의 할 수 있다. 의료관광은 인간의 기본적인 욕구 즉 불로불사의 생존 욕구에 의존하여 발전된다고 할 수 있다. 오래도록 영원히 살고 싶은 인간은 치료만 된다면 세계 그 어느 곳에도 달려갈 것이고 이러한 인간의 죽음에 대한 불안과 삶에 대한 욕망이 결합된 관광상품이 의료관광이라고 할 수 있다. 일반적으로 의료관광은 비용 절감이나 지인의 추천, 선호 휴가지와의 결합, 대상 국가의 문화, 거주 국가에서는 치료가 불가능한 시술 등 다양한 이유로 의료관광 대상국을 결정한다.

예를 들어 미국인들은 치과 진료나 미용, 성형수술을 위해 가까운 브라질이나 코스타리카 같은 중남미 국가를 선호한다. 영국인들은 수술 대기시간이 긴 자국의 특성으로 인해 인근 프랑스, 스페인을 의료관광 목적으로 자주 방문한다. 한편 태국, 인도, 싱가포르 같은 아시아 국가는 북미, 유럽, 인근 아시아 국가로부터 여전히 많은 의료관광객을 유치하고 있어 의료관광의 강국으로 자리 잡고 있다.

우리나라의 외국인 환자 유치 역시 2009년 이후 매년 30% 이상 성장하며 (코로나-19 이후 제외) 증가추세에 있지만, 아직도 세계 의료관광시장의 1% 수준에 머물고 있으며 중국, 러시아, 미국 환자들이 절반을 차지하고 있다. 한국관광공사의 2012년도 조사에 따르면 의료관광객이 우리나라를 찾는 이유로 우수한 의료기술 수준(47.1%), 의료기관의 인지도(37.8%), 첨단의료장비 및 시설(21.5%)을 꼽았다고 한다. 사실 간이식 성공률 96% 세계 1위, 5년간 암 환자 생존율 67% 등 한국의 의료기술은 이미 세계적 수준이다.

해외사례를 살펴보면 스위스는 전체 의료관광의 70%가 스파 치료 및 성형에 집중되고 있으며 헝가리는 치과 진료를 경쟁력으로 내세우는 등 각 국가에서는 저마다의 강점을 활용하여 선택과 집중을 하고 있다. 한편 우리나라 의료관광의 활성화에 있어서 이식수술, 암 치료 등 세계적 의료수준이라는 강점 이외에도 k-pop과 한국 드라마 등으로 인한 한류 효과 역시 간과할 수 없을 것이다.

(2) 제주도 의료관광의 방향성

일전에 휴가철을 맞아 제주보다는 해외로 눈을 돌린 관광객이 많아져 제주 관광업계가 고민에 빠졌다는 기사를 본 적이 있다. 코로나-19로 누렸던 특수가 빠지고 고물가, 과잉 관광 등으로 사람들이 제주보다 같은 비용으로 차라리 동남아를 선호한다는 것이다. 이제 제주도는 이전까지의 관광상품이며 행태와 헤어질 결심을 할 때가 된 듯하다. 변화의 물결 속에서 안주하는 것만큼 위험한 일은 없다. 여태껏 관성에서 벗어나 혹독한 탈바꿈을 시도해야 하는 것이다. 상어는 같은 바다를 두 번 헤엄치지 않는데 관성에 빠지지 않고 항상 새로운 것을 추구하기 때문이라고 한다. 제주도 역시 상어처럼 기존의 관성에서 벗어나야 한다.

최근 코로나-19 이후 힐링과 치유가 여행의 중요 요소가 되면서 웰니스 여행(Wellbeing+Happiness)이 뜨고 있다. 자연환경 속에서 숲 치유, 한방 체험, 미용, 스파 등 다양한 프로그램을 체험하면서 몸과 마음에 '휴'를 부여한다는 점에서 인기를 끌고 있다.

천혜의 자연환경을 가진 제주도는 웰니스 여행에 적합하다. 특히 한라산을 품에 안은 서귀포는 헬스케어타운 조성 등 다양한 입지와 안정된 인프라를 갖추고 있어 똘똘한 의료관광 모형을 만들어 연계한다면 앞으로 세계 의료관광의 중심지로 도약할 가능성이 충분하다. 중국, 중동, 러시아 등을 타깃으로 고품격 의료관광상품을 차분히 개발해 나가야 한다.

관광산업은 다양한 산업이 어우러진 융복합산업이라고 정의한다면 의료관광의 발전 여부 역시 제주 관광산업의 인프라와 제도에 달려있다고 할 수 있다. 일반적으로 관광객이 제주를 여행지로 선택한 이유는 청정한 자연환경과 해외여행 대체지로서의 강점이 있기 때문으로 알려져 있다. 하지만 제주 관광의 실제 현실은 '제주다움'의 정의 부재, 제주를 대표하는 연상과 스토리 부재, 제주에 특성화된 관광가이드 부족, 이해당사자 간의 갈등으로 인한 서비스 경쟁력 저하 등의 문제를 내재하고 있다. 제주는 천혜의 청정 관광자원만 믿고 새로운 시도를 전혀 기울이지 않는 게으른 관광도시라고 할 수 있다. 한 마디로 '제주는 현재 배가 부르다.'라고 말할 수밖에 없는 것이다.

제주도가 진정 국제관광 도시로 성장하기 위해서는 우선, 도민과 잠재적 도민의 니즈에 맞추어 쾌적한 삶과 경제 성장으로 인한 일자리 창출을 도모해야 한다. 이후 해외관광객에게는 볼거리와 즐길 거리를 상시 제공하며 투자를 원하는 기업에게 세제와 인력 등 투자 환경을 지속적으로 제공할 수 있는 제도와 환경 구축에 노력해야 한다. 또한, 대형 이벤트 업체 등에 편리한 컨벤션 시설과 효과적 이벤트가 진행되는 도시라는 이미지를 끊임없이 생성하여 홍보하는 노력이 필요할 것이다.

▌제주도의 상징인 한라산의 봄▐

05. 제주 관광발전을 위한 제언 : 제주의 미래

1) 제주 관광의 현실적 이슈

(1) 지속가능성

환경과 개발 이슈 간 공감대와 이해 당사자 간의 갈등 확산, 생태관광 중심의 개념의 혼란과 청정이미지의 훼손에 따른 규제와 실행, 오버 투어리즘의 기준과 예측의 불확실성, 팬더믹 위험 상존에 따른 대응 방향 등

(2) 제주 관광의 브랜딩화

제주다움의 불명확성, 제주를 대표하는 스토리의 부재, 지역특화 스토리 개발 및 전달체계 부족 등

(3) 관광 관리 유지체계

민관 주체의 혼란성 가중, 다양한 이해관계자 참여기 전 부재, 이해당사자 간의 집단이익 갈등으로 인한 서비스 질 저하 등

(4) 디지털 관광

제주만의 특수성을 강조한 혁신기술 전무, 스마트 관광의 노후화, 빅데이터나 통계기 전을 통한 정책 수립기 전 부재 등

(5) 글로벌 관광

언어와 소통의 장애, 대중 맞춤 위주의 가격 경쟁 서비스, 제주의 고유성과 국제 브랜드와의 매칭 미흡 등

2) 제주 관광의 미래전략

(1) 브랜드 코어

제주다움의 브랜드 코어를 만들고 시그니처 상품을 개발, 홍보

(2) 고객 참여

도민 참여를 전제로 수익 창출 모델 마련을 통해 지속가능성 확보

(3) 고객 마인드

관광객의 눈높이에 맞춤형으로 대응, 글로벌 최고 수준 지향

(4) 파트너십

기업/브랜드와 함께 글로벌 네트워크를 로컬 관광의 가치로 전환

위의 내용은 제주 관광공사에서 마련한 제주 관광 미래전략 4대 키워드에서 발췌한 내용으로 이번 장에서는 제주도의 고유특성과 당면 여건 등을 고려하여 지역관광 발전 분야에 한정해서 제언코자 한다.

3) 제주 지역관광모델

(1) 많이 머무는 체류형 관광모델의 확산

가. 워케이션

지역관광 수요 증대, 체류 증대, 시기 분산(휴가철→비성수기, 주말→평일)을 가속화 하는 '여행 친화형 근무제(워케이션)' 확산

▸ 일+휴가(work+vacation)의 합성어로, 원격근무와 여행이 결합된 새로운 형태

▸ '워케이션 비자'(디지털 노마드 비자) 신설을 통해 외국인 관광객 확대 추진

나. 야간관광

콘텐츠 · 경관 명소 · 관광여건을 갖춘 '야간관광 거점지역'을 조성해 지역에 하루 더 숙박 · 체류하도록 유도

▸ 야간관광에 맞는 공연 · 프로그램 등 콘텐츠 육성, 미디어아트 · 조명 등 경관 조성 등 지원

(2) 지역관광 활성화를 통한 지방인구 감소 대응

가. 관광협의체 구성

제주도, 제주 관광공사, 제주연구원 등이 참여한 '지역관광 거버넌스' 구축

나. 인구감소지역 맞춤형 콘텐츠 지원

전통문화, 명사 등 지역의 고유한 스토리를 활용한 지역 관광상품 개발

▸ 지역 유휴시설을 활용하여 이색 숙소 조성 지원 및 지역 숙박 여건 개선

▸ 관광지 등의 할인 혜택을 제공하여 재방문을 유도하는 명예도민증 발급

다. 지역에서 체류하며 현지인처럼 살아보는 살아보기형 '생활관광' 추진

▸ 제주에서 한 달 살기

▸ 서핑타며 한 달 살기

▸ 감귤따며 한 달 살기 등

라. 지역 상생형 관광개발 모델 창출)

민간 관광콘텐츠 정책연계 확대, 지역 RTO 관리체계 구축, 저이용공간 재생 등 지속가능 관광생태계 구축

▸ 관광벤처 기업, 지역 크리에이터 제안, 지역과 매칭하는 비즈니스모델 도입

Chapter 09

북한권의 관광자원

01. 북한 개요

북한의 정식 명칭은 조선민주주의인민공화국(Democratic People's Republic of Korea : DPRK)이며, 국제사회에서는 보통 '북조선(North Korea)'으로 표기하기도 한다. 한반도 전체 면적 22만 3,646㎢의 약 55%인 12만 3,214㎢를 차지한다. 동쪽으로는 동해를 사이에 두고 일본 열도와, 서쪽으로는 황해를 사이에 두고 중국 대륙과 마주하고 있으며, 북쪽으로는 압록강과 두만강을 경계로 만주와 러시아의 시베리아 지방과 접하고 있어서 예로부터 대륙과 해양을 잇는 교량적 기능을 수행함으로써 전략적 요충지 역할을 해왔다.

북한은 연 평균 기온 8.5℃, 연교차 30.3℃로서 냉대기후대에 속한다. 서부 지역의 고도가 낮은 곳은 비교적 온화한 편이나, 고도가 높은 동북부 지역은 춥고 건조하다. 계절에 따라 기후조건이 크게 변화하여 겨울에는 북풍 또는 북서풍이 불며 건조하고 차가우나 여름에는 주로 바다로부터 온기가 올라와 따뜻하고 남풍 또는 남동 계절풍의 영향으로 비가 많다.

북한의 행정구역은 1직할시, 3특별시, 9도로 구성되어 있다. 직할시는 평양직할시, 특별시는 나선특별시, 개성특별시, 남포특별시 이다. 9도는 평안남도, 평안북도, 황해남도, 황해북도, 함경남도, 함경북도, 자강도, 강원도, 양강도이다.

북한은 특색 있는 관광자원을 많이 보유하고 있으며 비교적 잘 보호 관리하고 있다. 관광자원은 크게 자연자원, 자연경승지(명승지), 문화유적지, 온천휴양지로 구분할 수 있다. 이러한 관광자원은 평양, 백두산, 개성, 묘향산, 신의주, 남포, 구월산, 원산-금강산, 청진-칠보산, 나진-선봉지역에 분포되어 있다. 북한의 대표적 위락시설은 강원도 원산시 송도원, 평양 골프장, 백두산 스키장 등이 있다.

관광 인프라에서 교통조건은 매우 열악한 편이다. 철도의 경우 주로 화물 운송을 담당하고 있기 때문에 여행이나 관광을 위한 인력수송 수단으로 거의 활용하지 못하고 있다.

북한의 도로는 대략 90%가 비포장도로로 되어있고 내륙을 횡단, 종단하는 도로가 적어 자동차를 이용한 화물 및 여객 수송에 큰 지장을 주고 있다. 고속도로로는 평양-개성, 평양-원산, 평양-남포(신, 구), 평양-순안, 평양-향산, 원산-금강산, 사리원-신천이 있다. 백두산관광 및 답사를 위해 혜산-보천-삼지연-대홍단 구간의 도로를 정비하고 포장을 하는 등 김일성 우상화 전적지·사적지에 대한 도로 정비에는 많은 주의를 기울이고 있다.

북한의 항공수송체계는 심히 낙후되었다. 국제공항은 평양국제공항과 원산갈마공항 뿐이고 국내선 공항에는 선덕, 순천, 원산, 청진, 삼지연, 혜산, 어랑, 과일, 개천, 황주 등 56개 공항이 있는데 대부분 군용공항을 겸하고 있다.

▌북한의 주요관광지▐

출처 : 북한정보포털

02. 관광자원현황

북한은 국토면적에 비해 다양하고 특색있는 관광자원들을 많이 보유하고 있을 뿐만 아니라, 사적, 유적, 문화재, 자연경승, 향토특산물 등의 관광자원도 비교적 잘 보호 관리되고 있다. 북한의 관광자원은 크게 자연자원, 문화유적지, 온천휴양지, 전시·관람시설로 구분할 수 있다.

1) 자연자원

북한의 주요 자연자원

구 분	내 용
북한은 동서 2면이 바다를 끼고 있는 지형	• 동해는 한반도 삼면의 바다 중 가장 넓고 깊은 곳이며, 만, 반도, 섬이 적고 해안선이 곧은 곳이 특징임. 동해의 섬은 모두 267개이며 188개가 북측지역에 있음 • 서해는 북한과 중국 사이에 깊이 들어간 만과 같이 생긴 바다이며, 한반도의 바다들 중 얕은 바다임
자연호수가 100여 개, 인공호수는 1,700개 이상	• 대표적 자연호수로 백두산 천지, 삼지연, 서번포, 광포, 장연호, 시중호, 삼일포 등이 꼽힘(모든 호수들의 총넓이를 합치면 국토 넓이의 약 5%를 차지함) • 저수지로 수풍호, 부전호, 장진호, 만풍호, 연풍호, 태성호, 서흥호 등을 들 수 있음
92개의 약수지대와 52개의 온천지대	• 온천은 주로 해안지대에 약수는 내륙지대에 있음. 온천으로는 북한 8승의 하나인 경성온천, 석탕온천, 웅진온천, 외금강온천 등을 들 수 있으며, 물 온도는 평균 35~78°C임 • 약수로는 강서약수, 옥호동약수, 광명약수, 삼방약수 등이 있음 • 북한에는 감토도 유명하며 시중호감탕을 비롯해 40여개 소에 치료용 감탕도 개발 이용되고 있으며, 온천과 약수터에는 요양소가 있음 • 국토면적에 비해 온천과 약수의 수가 많은 편임
자연과 자연자원보존, 고학연구와 교육의 목적으로 자연보호구를 설정	• 보호구의 보호 관리 규정에는 자연보호구 안에서 동식물 또는 광물암석 표본을 채집하려 할 때 해당 관리기관의 승인을 받아야 한다. 동식물 보호구를 탐사, 실습, 견학할 때는 지정된 길로만 다녀야 하는 것으로 명시돼 있음 • 보호구는 자연보호구, 식물보호구, 동물보호구, 바다새 번식보호구, 수산자원보호구 등이 있음
척추동물 1,367종, 어류 850종, 양서류 14종, 파충류 24종, 조류 382종, 날짐승류 97종	• 조선범, 복작노류, 클락새, 장어, 금강모치, 성계류 등 특산종이 100여 종에 이름 • 북한에서 4월부터 8월까지는 '이로운 산짐승 보호 기간', 4월 첫 주는 '이로운 새 보호 주간'으로 설정하고 있음

알려진 식물종은 6,720종이며, 그 중 고등식물은 4,000여 종	• 경제식물자원 구성을 보면 용재식물 100여 종, 약용식물 900여 종, 산나물식물 300여 종, 산열매식물 30여 종, 집짐승먹이식물 160여 종, 향료식물 60여 종, 섬유식물 10여 종, 밀원식물 170여 종, 원림식물 300여 종 등이 있음 • 특산종은 100여 속에 300여 종이며, 변종까지 포함하면 약 800여 종이 됨. 주요 특산종은 미선나무, 금강국수나무, 금강초롱, 장수만리화, 산개나리 꽃나무, 장군풀, 산취나무 등임 • 목란을 비롯해 세계적으로 이름난 고려인삼, 수삼나무, 은행나무 등이 있음

출처 : 김철원(2007), 북한의 관광자원 실태와 전망

2) 자연경승지

북한의 자연경승지는 내륙산간지대와 해안지대에 고르게 분포되어 있는데, 최근 들어 산간지대의 개발과 도로확장 등을 통해 빼어난 명소들이 점차 알려지고 있다.

북한의 대표적인 자연 관광자원으로는 금강산을 비롯하여 평안북도의 묘향산, 백두산에서 동쪽 무산군에 이르는 백무공원, 함경남도의 부전공원, 함경북도의 칠보산, 황해도의 구월산 장수산수양산, 자강도와 양가도의 경계에 위치한 오가산장자산, 의주금아이라고 불리는 평안북도의주군의 석숭산, 함경남도 내륙의 백운산 등이 있으며, 동서해안지역에도 수많은 자연명소가 산재해 있는데, 이 중 일부는 휴양지나 관광지, 해수욕장 등으로 개발되어 있다.

(1) 백두산

백두산은 북한에 속해 있기 때문에 북한에서 측량한 것을 기준으로 하며 중국에서는 2,749m로 인정한다. 백색의 부석(浮石)이 얹혀 있으므로 마치 흰 머리와 같다 하여 백두산이라 부르게 되었으며 중국에서는 백두산을 장백산(창바이산)이라고 부른다.

백두산에서부터 지리산에 이르는 백두대간은 한국의 기본 산줄기로서 모든 산들이 여기서 뻗어 내렸다 하여 예로부터 성산으로 숭배하였다. 또 단군이 탄강(誕降)한 성지로 신성시해 왔다. 중국 금대인 1172년에는 영응산(靈應山)이라 하여 제사를 지냈으며, 청대에는 이곳을 왕조인 애신각라(愛新覺羅)의 발상지라 하여 숭배하였다.

북동에서 서남서 방향으로 뻗은 백두산맥의 주봉으로 최고봉은 장군봉(2,750m)이다. 장군봉은 일제 강점기에는 병사봉이라 불리며 해발 2,744m로 측량되었으나, 북한에 의하여 2,750m로 다시 측량되었다. 2,500m 이상 봉우리는 16개로 향도봉(2,712m), 쌍무지개봉

(2,626m), 청석봉(2,662m), 백운봉(2,691m), 차일봉(2,596m) 등이 있다. 남동쪽으로 마천령산맥이 뻗어 있다. 산 정상에는 칼데라호인 천지가 있는데 면적 9.165㎢, 평균수심 213m, 최대수심 384m이다. 천지의 물은 높이 67m의 장백폭포(비룡폭포)가 되어 얼다오바이강[二道白河]으로 떨어져 쑹화강[松花江]으로 흐른다. 천지에 시원을 둔 폭포는 백두폭포·사기문폭포·형제폭포·백두밀영폭포 등이며 압록강 상류, 두만강 상류, 산다오바이강[三道白河]으로 흘러 들어간다. 천지에는 백암온천과 새로 개발된 백두온천이 있으며, 주변에 장백온천과 제운온천이 있다.

허항령에서 북쪽으로 2km 떨어진 지점에 있는 삼지연은 대소 4개의 얕은 호수로 이루어져 있는데, 주위 길이가 4.5km, 수심 3m인 천연호수로서 주변 경관이 뛰어난 휴양지이다. 문화재로는 1712년(숙종 38)에 조선과 청나라 사이에 세운 백두산정계비가 있다.

출처 : 한국민족문화대백과사전

(2) 칠보산

함경북도 명천군 상고면에 있는 높이 906m산이다. 백두화산대가 마천령산맥과 함께 달리면서 백두산을 비롯한 간백산·북포태산 등 여러 화산을 일으키며 길주·명천지구대를 건너 동쪽에 칠보산지를 만들고 멀리 울릉도에 이르러 성인봉을 분출시키고 있다. 칠보산지는 여러 산이 모여있는데 그 중의 주산이 칠보산이다.

원래 일곱 개의 산이 하늘을 찌를 듯이 가지런히 솟아 있다 하여 칠보산이라 하였는데 여섯 개의 산은 바다에 가라앉고 이 산만이 남았다는 전설이 있다. 이곳은 함북팔경의 하나인데, 특히 알칼리조면의 기암괴석으로 산세가 수려하다. 내칠보 동쪽에 있는 외칠보에는 여러 가지 이름의 봉우리와 기암 및 굴들이 많다.

또한, 이곳은 풍금바위·기차바위·떡바위·치마바위·형제바위 등의 기암괴석과 용신굴·지옥굴·사자굴·금강굴 등의 동굴, 그리고 폭포와 소(沼)가 연속되는 계곡 등이 아름답다. 특히, 개심사가 있는 개심동은 주위의 산봉과 계곡이 어울려 절경을 이룬다.

고려 시대에 창건된 개심사의 현판은 한학자 한기익의 아홉살 난 손자가 쓴 것으로 유명하다. 이곳에는 고려 시대의 활자가 남아있는 아름다운 탑과 가람이 여기저기에 서 있다.

개심사 동쪽에 있는 '第一江山(제일강산)'이라는 글자가 새겨진 바위에서는 온 산을 한눈에 굽어볼 수 있다. 또한, 금강암·삼부도·일문암 등의 명승도 있다. 동해에 면한 이 산지의 동쪽은 해칠보 이다. 북쪽 어랑단에서 무수단 사이의 해안은 일직선 상으로 수백m 높이의 절벽을 이루고 동해의 거센 물결에 침식되어 웅대한 해칠보의 장관을 이룬다. 또한, 암석해안에 해식을 받아 이루어진 아치(arch)인 무지개바위·달문, 그리고 시스택(sea stach)인 촛대바위·촉석암·솔섬 등이 아름다운 해상공원을 이룬다. 해칠보의 해안은 유명한 어장이며 칠보각으로 이름난 미역의 산지이다. 또, 해안은 물개의 서식지로도 유명하다.

출처 : 조선향토대백과

(3) 묘향산

평안북도 영변군·희천군과 평안남도 덕천군에 걸쳐 있는 높이 1,909m 산이다. 묘향산맥의 중부에 있는 산으로 11세기 초부터 산세가 기묘하고 향기를 풍기는 산이라 하여 묘향산이라 불렀다. 예로부터 한국 5대 명산의 하나이자 조선 8경의 하나로 알려져 왔다. 연주고을에 속한 산이라 하여 연주산이라고도 하였으며, 고려 중엽 이후에는 묘향산의 바위들이 희고 정갈하다는 뜻에서 태백산이라고도 하였다. 비로봉 북쪽인 희천시 부흥리·유중리(류중리)·향천리 지역에 속하는 반야골·원명골·향천골 일대를 구향산이라 하며, 보현사가 있는 묘향천 골짜기 일대를 신향산이라고 한다. 지역적 개념에서는 신향산을 내향산으로, 구장군과 영원군 일대를 외향산이라 부른다. 묘향산이라 하면 흔히 풍치가 가장 뛰어난 신향산 일대를 말한다.

최고봉인 비로봉을 중심으로 서쪽으로는 청천강 기슭까지, 동쪽으로는 대동강 기슭까지 뻗은 산들과 그 사이로 흐르는 묘향천·백령천·내창강·원명천 골짜기를 비롯한 수많은 골짜기들로 이루어져 있다. 주요 봉우리는 진귀봉(1,832m)·원만봉(1,795m)·향로봉(1,599m)·오선봉(1,365m) · 법왕봉(1,388m) · 문필봉(1,531m) · 백산(1,599m) · 칼봉(1,530m) · 형제봉(1,229m) 등이다.

묘향산에서도 가장 경치가 좋은 곳으로는 상원동 · 만폭동 · 천태동 · 칠성동 · 비로봉 등이 꼽힌다. 법왕봉과 오선봉 남쪽 사면에 있는 상원동에는 금강폭포 · 대하폭포 · 용연폭포(룡연폭포) · 산주폭포 · 천신폭포 등과 인호대 · 용각석 등의 기암이 있다. 향로봉 남쪽 사면에 있는 만폭동에는 서곡폭포 · 무릉폭포 · 은선폭포 · 유선폭포 · 은정폭포 · 비선폭포 · 9층폭포 · 은하폭포 등과 만폭대 · 장수바위 · 비선대 · 단군대 등의 기암이 있다. 비로봉 일대에는 천태동과 칠성동 계곡을 비롯하여 삼경터 · 하비로암 · 금강암 · 보련대 · 강선대 · 천태폭포 · 이선남폭포 · 백운대 · 원만봉 · 진귀봉 · 만경폭포 · 수정소 · 사자폭포 · 비단폭포 · 은실폭포 · 칠성소 · 칠강협곡 의 명소가 있다. 외향산에는 석회암동굴인 용문대굴(룡문대굴)과 백령대굴이 있다.

출처 : 한국민족문화대백과사전

묘향산에는 많은 사찰(360여 암자)이 있었으며, 1592년(선조 25)에 왜적이 침입하자 승려 휴정이 묘향산을 중심으로 승병을 모아 의병 활동을 하기도 하였다. 유적으로는 1028년 세워진 안심사와 1042년 세워진 보현사가 있다. 한국 5대 사찰의 하나로 꼽히는 보현사에는 대웅전 · 조계문 · 해탈문 · 천왕문 · 만세루 · 관음전과 보현사 9층 탑, 보현사 8각 13층 석탑, 묘향산 보현사비 등이 있으며 상원암과 능인암 등의 부속암자가 있다. 그밖에 1947년 5월 건립된 묘향산 역사박물관, 향산호텔 등이 있다. 묘향산 일대의 북한 천연기념물로는 묘향산 산뽕나무(1988), 묘향산 들메나무(1987), 상원암 은행나무(1992), 묘향산 소나무(1989) 등이 있다.

3) 문화유적지

북한의 문화유적지는 주로 평양 일원이나 함홍, 개성 등에 편중되어 있다. 주로 선사 유적, 고분, 왕릉, 사찰, 성곽 등이다. 특히 선사 유적은 압록강, 두만강, 대동강 유역에서 많이 발견되며 고구려 · 고려 · 조선의 유적은 평양, 함흥, 개성에 주로 남아있다.

현재 북한이 관광자원화 하고 있는 곳은 평양과 그 주위의 성곽, 사찰, 동명왕릉, 단군릉 등으로 그 대상이 한정되어 있다. 외국인들에게 개방된 대표적 사찰은 묘향산의 보현사와 개성의 관음사 정도이다. 사적지의 경우에도 평양과 그 주변에 있는 유적과 개성의 왕릉, 성곽, 성균관, 고려 왕궁터 정도이다.

북한의 주요 문화유적지

구분	왕조	도읍	성지	문화사적
평양권(평양, 평성, 나마포, 순천, 대동, 상원)	고조선 고구려 고려 조선	왕금성 평양성 서경 평양감영	평양성 대모산성 자모산성 낙랑토성	안학궁지, 영명사지, 법운암, 용화사, 동명왕릉
함흥권(함흥, 함주, 정평, 영광, 안변, 금야, 원산, 문천)	조선	함경감영	고구려성 학상성지 철관성지	용흥사, 선화당, 개심사, 명숙사, 영흥향교, 제월루, 사릉, 석왕사, 보현사
개성권(개성, 개풍, 판문)	고려	개성부	대흥산성	만월대지, 양서원, 남대문, 선죽교, 공민왕릉, 관음사, 안화사, 성균관

출처 : 김철원(2007), 북한의 관광자원 실태와 전망

(1) 단군릉

고조선을 세운 시조인 단군의 왕릉으로, 평양시 강동군 문흥리 대박산에 위치해 있다. 1993년 12월 궐기모임을 갖고 착공하여, 1994년 10월에 완공되었다. 북한은 1993년 10월 사회과학원의 '단군릉 발굴보고'를 발표하고, 단군과 그 부인의 것으로 추정되는 유골을 발굴했으며 이에 기초해 단군릉을 건설하였다.

단군릉은 돌로 쌓은 석실봉토 무덤으로 되어있다. 정사각형 계단식으로 건설되었으며, 한 변의 길이는 50m, 높이는 22m이다. 능 안에는 단군 부부가 모셔진 나무관으로 덧씌운 유리관이 안치되어 있다. 능 주변에는 돌로 만든 향로, 능의 네 모서리에 위치한 호랑이 석상,

돌등, 고조선 시대에 사용하던 비파형 단검 모양의 검탑 등이 있다. 또 능의 아랫부분에는 마주 선 상태의 네 아들 석상과 두 줄로 늘어선 신하상이 있고, 입구에는 양옆으로 선돌 모양의 돌기둥 5개가 세워져 있다. 돌기둥의 높이는 10~1.5m이며, 안쪽에서 바깥쪽으로 나가면서 작아진다. 단군릉개건기념비구역과 석인상구역, 그리고 중심구역으로 나뉜다. 단군릉개건기념비구역에는 단군릉개건기념비, 단군릉수축비가 있으며 석인상구역에는 단군의 아들과 신하들이 조각되어 있다. 또한, 중심구역에는 길이 84m, 너비 80m의 기단과 돌상, 돌향로 등이 위치해 있다.

출처 : 문화원형백과

(2) 동명왕릉

평양직할시 역포구역 용산리에 있는 고구려 시조 동명왕의 무덤이다. 북한의 국보 문화유물 제36호이다. 427년 고구려가 평양으로 천도하면서 함께 옮겨왔다고 전해진다. 평양의 동남쪽 22㎞ 지점의 제령산 서쪽 끝, 구릉 위에 있으며, 중화진파리 십호분에 해당한다. 분구(墳丘)에 2단 이상의 돌기단이 둘러 있고 묘역 시설도 갖추어져 있으며, 고구려 무덤 중 규모가 가장 크다. 왕릉은 1.5m 높이의 계단식으로 된 돌기단 위에 흙으로 봉분을 쌓은 돌칸흙무덤이며, 널길과 널방으로 이루어진다. 널길은 바깥길(묘도)과 안길(연도)로 구분되고 바깥길에서 안길로 들어가는 곳, 그리고 안길에서 널방으로 들어가는 곳에 문을 달고 잠금장치를 하였다.

안길은 안으로 들어가면서 좁아진다. 널방은 사각 평면에 석회암과 화강암을 다듬어 쌓았고, 천장은 꺾음천장[折天障]으로 짰다. 벽화는 널방의 벽과 천장에 바탕색을 칠하고 지름 12㎝의 연꽃을 가로·세로 일정한 간격으로 줄을 맞추어 그렸다. 그러나 지금은 대부분 떨어져 나가 그 흔적만 겨우 남아있다. 봉분 주위에는 기단에서 사방 5m 정도로 강자갈을 깐 묘역이 있다. 왕릉 뒤쪽으로 10여 기의 고구려 무덤이 있고, 앞쪽 120m 정도 떨어진 지점에 정릉사지가 있다. 정릉사는 일찍이 동명왕릉의 능사로 알려져 왔는데 동명왕릉 바로 앞에 있는 데다가 그 넓이가 3만㎡ 정도 되고, 발굴 당시 '능사'라는 글자를 새긴 그릇과 기와들이 출토되었기 때문이다. 이밖에도 금동수식, 금관못, 은관못, 금장식품 등이 발견되었다.

출처 : 나무위키

현전하는 고구려 왕릉 가운데 가장 큰 규모의 능사를 거느린 능이다. 봉분의 돌기단, 꺾음천장, 연꽃무늬 벽화 등으로 미루어 4세기 말~5세기 초의 것으로 추정된다. 북한이 1993년 이 능에 대해서 대대적인 개건을 했다고 전해진다.

(3) 보현사(普賢寺)

평안북도 향산군 묘향산에 있는 유서 깊은 사찰로 한국 5대 사찰 중의 하나로 꼽힌다. 968년(고려 광종 19년)에 창건되었고, 1042년에 중건한 후 여러 차례의 화재로 보수, 중건되었다. 원래 대웅전을 중심으로 왼쪽에 수월당, 명부전, 응향각이 있었고 오른쪽에 요사채인 심검당, 관음전(북한 국보문화유물 제57호), 만수각 외에 대장전과 영산전이 자리잡고 있었다. 또한, 대장전과 영산전 앞쪽에는 극락전이 있었고 그 서쪽에 서산, 뇌묵, 사명대사의 영정을 모신 조사전이 있었다. 현재는 남북중심축을 따라 조계문, 해탈문, 천왕문, 9층 탑, 만세루, 13층 탑, 대웅전이 자리 잡고 있다. 대웅전 동쪽으로 관음전과 영산전이 나란히 서 있고, 그 오른쪽으로 서산대사의 사당인 수충사도 있다. 대웅전과 만세루는 6·25전쟁 시기에 파괴된 것을 다시 복구한 것이다.

출처 : 남북문화교류협회

(4) 관음사(觀音寺)

개성특급시 박연리 천마산 기슭에 위치해 있다. 970년 고려 태조 왕건으로부터 '별대덕(別大德)', '별화상(別和尙)'으로 칭송받던 법인국사(法印國師) 탄문(坦文)이 굴 안에 관음보살상한 쌍을 놓고 '관음굴'이라고 불렀고, 그 후에 관음사가 지어졌다. 1393년에 크게 확장하였으나 임진왜란 때 전소된 후 1646년에 다시 지었다. 1797년 고쳐 지을 때 5채의 당우가 있었던 것으로 전하지만 지금은 대웅전과 승방만 남아있다. 대웅전 앞에는 고려 시기 석조물인 7층 석탑이 있고, 옆에는 관음사가 창건되기 전부터 있었다는 관음굴이 있다.

출처 : 북한의 전통사찰

(5) 개성 성균관

황해북도 개성시 방직동에 있는 고려 시대의 교육기관이다. 북한의 국보 문화유물 제127호로 지정되어 있다. 992년(고려 성종 11년)에 세운 국가 최고 교육기관으로, 현재의 건물은 1602~1610년에 다시 지은 것이다. 원래는 고려의 별궁인 대명궁이 있던 곳이었는데 유교 경전에 관한 사무를 보는 숭문전으로도 사용되었다가, 1089년에 국자감을 이곳으로 옮기면서 교육기관으로서 역할을 수행하게 되었다.

고려는 992년에는 성균관의 전신인 국자감을 설립하고 국가 관리 양성 및 유교 교육을 담당하였다. 1304년(충렬왕 30)에 국자감의 이름을 국학으로 바꾸면서 대성전을 짓고, 1310년(충선왕 2)에 성균관으로 바꾸었다. 1592년 임진왜란 때 불에 타버렸던 것을 1602년(선조 35)에 복원하였다.

약 1만㎡의 부지에 18동의 건물이 남북 대칭으로 배치되어 있다. 크게는 명륜당을 중심으로 하는 강학구역이 앞쪽에 있고, 대성전을 중심으로 하는 배향구역을 뒤쪽에 두는 전학후묘(前學後廟)의 배치이다. 외삼문으로 들어서면 정면에 명륜당이 있다. 이를 중심으로 좌우에 향실과 존경각이 있고, 그 앞쪽 좌우에 동재와 서재가 있다. 명륜당 뒤편 내삼문을 들어서면 정면에 대성전이 있고, 그 앞뜰 좌우에 동무와 서무가 있다. 학생들의 숙소인 동재와 서재는 각각 정면 9칸, 측면 3칸의 5량가 민도리계 맞배집이다. 유학자들을 제사 지내던 동무와 서무는 각각 정면 14칸, 측면 1칸의 규모로, 3량가의 민도리계 맞배지붕집이다. 향실과 존경각은 각각 정면 2칸, 측면 1칸 규모인데 향실은 민도리계 맞배집이고 존경각은 팔작집이다. 외삼문과 내삼문은 각각 정면 3칸, 측면 2칸의 민도리계 맞배집이며 외삼문은 홍살문

형태이다. 이외에도 10여 채의 부속건물들이 더 있다. 유교의 교리에 따라 대부분의 건물들이 소박하게 지어졌다. 고려 말기에 목은 이색이 성균관의 책임자인 대사성을 맡았고, 정몽주가 교육을 담당하기도 했다. 특히 고려 말 개혁에 앞장섰던 신진사대부들이 이곳에서 공부하였던 역사적인 곳이다. 조선 초에 한양에 성균관을 지으면서 개성 성균관은 향교가 되었으나 그 이름은 그대로 남았다. 현재는 고려박물관으로 사용하고 있다.

출처 : 조선향토백과

(6) 선죽교(善竹橋)

황해북도 개성시에 있는 고려 시대 돌로 가설한 석교이다. 원래 이름은 선지교(善地橋)라 하였으며, 다리의 동쪽에 한석봉 글씨의 비가 있다.

돌기둥과 노면이 맞닿는 부분에는 시렁돌을 철도의 침목처럼 올렸으며, 이 돌은 좌우로 거의 튀어나오지 않았다. 돌기둥 위에 마련된 노면에는 양쪽 가에 기다란 난간돌을 놓았고, 그 사이를 여러 줄의 판석으로 깔았다. 노면 위에는 교량의 난간주 구실을 하는 돌기둥들을 3단으로 쌓았는데, 맨 아랫돌은 구형 단면의 돌로서, 일정한 치수의 돌을 사용하지는 않았다. 중간 돌 사이에는 각 돌기둥을 이어주는 8각의 돌을 꽂았고 맨 윗돌은 비석의 끝처럼 완만한 화강석을 사용하였다.

선죽교는 고려 말 정몽주가 이성계를 문병하고 오다가 이성계의 다섯째 아들인 이방원이 보낸 조영규 등 4, 5인의 철퇴에 맞아 피살된 곳으로 유명하다. 돌다리에 정몽주 혈흔이 지워지지 않았다는 전설이 있다. 주위에 두른 석란은 1780년(정조 4)에 가설하였고 옆에 비각이 있는데 정몽주의 사적을 새긴 비석 2개가 들어있다.

출처 : 게티이미지

(7) 만월대(滿月臺)

919년부터 1361년까지 고려의 왕들이 정무를 보며 주된 거처로 삼았던 유적지로 개성 송악산 남쪽 기슭에 위치하고 있다. 919년(태조 2년) 태조 왕건이 개성에 도읍을 정하고 궁궐을 창건한 때부터 1361년(공민왕 10년) 홍건적의 침입으로 소실될 때까지 고려왕이 정무를 보며 주된 거처로 삼았던 곳이다. 현재 북한 국보 제122호로 지정돼 있으며, 2013년 '개성역사유적지구'에 포함돼 유네스코 문화유산에 등재되기도 했다. 자연 지형을 살린 계단식 건물 배치가 특징이며 고려 궁궐의 웅장함을 확인할 수 있는 유적으로 평가받는다.

한편, 남북은 2007년부터 만월대 남북 공동발굴조사를 진행해 왔다. 당시 조사는 2007년부터 2015년까지 7회에 걸쳐 이뤄졌고, 조사 결과 건물터 40여 동과 함께 금속활자, 도자기 등 1만 6,500여 점의 유물이 발견된 바 있다. 그러나 2016년 남북관계 경색으로 공동조사가 중단됐다가, 2018년 남북 화해 무드가 조성되면서 재개가 결정됐다. 이에 따라 재개된 조사는 2018년 10월 22일 시작돼 12월 10일 종료됐다.

출처 : 신정일(2012), 신정일의 새로 쓰는 택리지 6

4) 온천휴양지

북한의 대표적인 관광자원 중 하나가 바로 온천휴양지인데, 수온이 50°C를 넘는 곳이 50개가 넘을 정도이다. 북한지역의 온천은 주로 함경북도 길주군, 경성군, 명천축 일대와 황해남도 지역에 다수 분포하고 있는데, 대체로 수온이 높고 수질도 양호한 것으로 알려지고 있다.

이외에도 북한에는 주로 하계 휴양지로 사용되는 각종 휴양소, 정양소 및 휴양지가 온천 지대나 해안 및 호수 등지에 조성되어 있고, 여기에는 숙박시설과 각종 편의시설 등이 있으나 외국인에게는 아직 개방되지 않고 있다.

(1) 양덕온천

평안남도 양덕군 양덕읍 용계리에 있는 온천이다. 일명 대탕지온천이라고도 한다. 양덕온천은 대탕지 · 소탕지 · 석탕지 온천 등 양덕군의 온천군을 총칭하기도 하나 보통 대탕지온천을 가리킨다. 온천은 읍에서 남대봉으로 오르는 계곡으로 3㎞가량의 거리에 있다. 2개의 온천으로 나누어져 있으며, 수온이 60℃나 된다. 용출량이 1일 1만석 가량이라고 할 정도로 풍부하고, 온천수의 수질은 알칼리성 칼슘 또는 알칼리성 단순천으로 분류되기도 한다.

『신증동국여지승람』에는 초천온천으로 기록되어 있으며, "현의 서쪽 70리이며, 2개 소로 되어있고 미온……."이라고 쓰여 있는데, 광복 전에 더 깊게 뚫어서 수온이 크게 높아졌다. 양덕온천이 있는 남대봉의 계곡은 깊고 노송이 무성한 산수가 아름다운 경승지이다. 평원선이 통하면서 석탕지온천과 함께 크게 개발됨에 따라 평양 · 원산 방면의 욕객이 많을 뿐 아니라 여름에도 계곡이 서늘해서 경인 지방에서도 많은 욕객이 모였다.

출처 : 뉴스핌

(2) 백두산온천

양강도 삼지연군에 있는 온천으로 백두산 천지의 동북쪽 기슭에 위치해 있다. 온천주변에는 백두산 장군봉(2,750m)을 비롯하여 백운봉(2,691m), 백암봉(2,680m), 청석봉(2,662m), 차일봉(2,596m) 등 높은 산봉우리들이 천지를 가운데 두고 그 둘레를 따라 하늘을 찌를듯이 높이 솟아 있다. 약수터 부근의 기후는 백두산 산정호수인 천지의 영향을 받는 고산 산악기후를 이루고 있다.

백두산온천은 봄과 가을, 겨울에는 천지물의 영향을 받지 않으므로 성분함량이 전반적으로 높다. 그러나 여름을 전후로 하는 시기에는 비에 의하여 천지물이 불어나 온천물에 스며들므로 온천의 기본 용출구 물을 정확히 받기 어려우며 그 성분함량이 적어지고 광물질 총량도 역시 1g/ l 아래로 적어질 때가 적지 않다. 현재 이곳은 혁명전적지 기본 답사 장소로 되어있으며 온천은 아직 널리 이용되지 못하고 있다.

출처 : 조선향토대백과

(3) 송화온천

황해도 송화군 연정면 온수리에 있는 온천이다. 수온이 60℃ 내외로 높으며, 무색무취한 유산염천으로 수량도 풍부하다. 탕원은 장연의 남대천 하상에 위치하므로 이 물을 도수하여 이용하며, 특히 위장병 · 신경통 · 치질 · 외상 · 부인병에 좋다.

일찍부터 개발된 온천으로 "동국여지승람"에도 기록되어 있고, 일제 강점기에는 장연선의 송화온천역이 있어 교통이 편리하였다. 황해도의 많은 온천 중에서 숙박시설이 가장 잘 갖추어져 평양 등지에서 피서 · 피한을 겸한 관광객이 많이 모이는 곳이었다. 인근 지역에는 구월산을 비롯하여 삼천온천 · 신천온천이 있고, 서쪽에 몽금포해수욕장, 북쪽에 안악고분, 남쪽에 수양산이 있어 관광권을 형성하고 있다.

5) 전시 관람시설

북한을 전시 · 관람시설을 타 시설에 비해 비교적 풍부하게 보유하고 있으며, 이 시설 역시 평양에 집중되어 있다. 평양에는 조선혁명박물관 · 역사박물관 등의 박물관, 평양학생궁전, 인민대학습당 등의 회관 및 궁전이 있으며, 지방에는 판문점의 평화박물과, 평안북도의 국제친선전람관, 양강도의 보천보혁박물관, 황해남도의 신천박물관, 함경북도의 황재산혁명박물관 등이 있다.

주요 전시·관람시설

지역	주요 시설
평양	• 박물관 : 조선혁명박물관, 역사박물관, 미술박물관, 민속박물관 • 기념관 : 조국해방전쟁 승리기념관 • 회관 및 궁전 : 평양학생소년궁전, 인민대학습당, 청년중앙회관 • 극장 : 만수대예술극장, 평양대극장, 동평양대극장, 인민군교예극장, 인민문화궁전, 모란봉극장, 평양교예극장 • 사적관 : 만경대혁명사적지, 당창건사적관, 칠골혁명사적지
개성	평화박물관, 고려박물관, 개성학생소년궁전
평안북도	국제친선전람관, 의주혁명사적관
양강도	보천보혁명박물관, 삼지연노천박물관, 삼지연혁명사적관
황해남도	신천박물관
함경북도	왕재산혁명박물관

자료 : 한국관광공사(2007), 북한관광종합계획 기본구상

(1) 조선혁명박물관

1948년 8월 1일 국립중앙해방투쟁박물관이라는 이름으로 평양시 중구역 대동문동에 건립되었다. 1960년 8월 김일성광장 동쪽에 신축되어 현재의 명칭으로 바뀌었으며, 1972년 4월 24일 김일성의 60회 생일을 맞아 현재의 위치인 만수대언덕 위로 이전하여 개관하였다.

김일성과 김정일의 사적을 전시하는 북한의 대표적 박물관이다. 김일성의 지도 사상과 북한 주민의 단결된 모습을 보여주는 자료를 전시한 총론실과 100여 개의 전시실 등으로 이루어져 있다. 박물관 앞에는 김일성의 황금 동상과 좌우 측의 대형 기념탑으로 구성된 만수대대기념비가 세워져 있고, 내부 홀에는 백두산 천지를 묘사한 가로 70m, 세로 12.95m의 대형 벽화가 있다. 이밖에 일제강점기의 보천보전투를 형상화한 대형 반경화와 6·25전쟁 때의 1212고지 전투를 묘사한 대형 반경화 등이 전시되어 있다.

출처 : 조선향토대백과

(2) 평양학생소년궁전

1963년 9월 30일 설립된 북한 학생들이 과외 교양의 중심적 역할을 수행하는 곳이다. 평양시 중구역 서문동에 위치하여 연건평 5만㎡에 높이 48m, 13층 건물이며, 500여 개의 부속실로 이루어져 있다. 5만여 권의 책을 수장한 도서관, 3,000여 점의 표본들이 진열되어 있는 동식물박물관이 특히 유명하며, 그밖에 수용인원 1,100석의 극장과 200석의 열람실이 있다. 제일 위층인 13층에는 천문대와 전망대가 있으며, 궁전 밖에는 체육경기장, 기상관측장, 자동차운전실습장, 등이 갖추어져 있다. 이곳은 1989년에 건립된 학생소년궁전과 더불어 북한 청소년문화의 중심지이다.

출처 : 통일뉴스

(3) 인민대학습당

1979년 12월 2일 착공하여 김일성의 70세 생일에 맞춰 1982년 4월 1일 개관하였다. 평양직할시 중구역의 남산재에 있는 북한 최대의 종합도서관으로 1982년 4월 1일 개관하였다. 연건축면적 10만㎡이며, 3000만 권의 서적을 소장할 수 있다. 강의실에서는 일반 시민들을 상대로 각종 과학기술 지식을 소개하는 강의를 수시로 여는 등 일종의 평생교육기관 역할을 한다. 또 각 분야별로 문답실이 있어 개인적으로 공부하다가 궁금한 사항이 있으면 해당 분야의 문답실로 가서 전문 학자와 상담을 할 수도 있다.

출처 : 나무위키

(4) 만경대

만경대는 평양의 서부, 평양의 중심지에서 12km 떨어진 '만경대 구역'에 위치한다. 예로부터 평양 팔경과 더불어 명승지로 알려져 있다.

김일성의 생가로 알려져 있는 이곳은 1947년부터 '만경대 혁명 사적지'로 성역화되었다. 김일성은 1912년 4월 15일 평안남도 대동군 고평면 남리(현재의 만경대)에서 태어났다. 1994년 김 주석이 사망한 뒤 매년 그의 생일(4월 15일)을 맞아 하루에 2만 명 정도의 주민들이 참관하는 것으로 알려졌으며, 북한을 방문하는 외국 인사들의 필수 관광코스이기도 하다.

출처 : 조선향토대백과

(5) 국제친선전람관

김일성 · 김정일 부자가 세계 각국으로부터 받은 선물을 전시하는 곳으로, 북한에서는 '영광의 선물관' 또는 '세계의 보물고'라고도 부른다. 1978년 8월 26일 평안북도 향산군 묘향산

계곡에서 개관했다. 전시실은 모두 100여 개로 이루어져 있으며, 169개 나라에서 김일성과 김정일에게 보내온 16만 5,500여 점의 선물이 대륙별·국가별로 전시되어 있다. 김정일이 받은 선물을 전시하는 곳은 2층 규모의 서양식 건물로 1989년 3월 31일 개관했다. 김일성과 김정일이 해외에서 선물로 받은 동물과 식물은 평양의 중앙동물원과 중앙식물원 안에 설치된 선물동물관과 국제친선식물관에 별도로 전시되어 있다.

출처 : 조선향토대백과

(6) 모란봉 극장

평양직할시 모란봉 둔덕에 있는 극장이다. 연건축면적 7,120여 m²이며, 관람홀의 객석은 700여 석이다. 1946년 봄 처음 건설하였으나 6·25전쟁 때 파괴되어 1954년 재건하였다. 예술공연뿐 아니라 국제회의나 국가회의도 개최되는 곳으로 1948년 4월 남북조선제정당사회단체대표자연석회의(남북협상)가 이곳에서 열렸다.

지하 1층, 지상 3층으로 된 건물로 앞부분 현관홀에는 계단을 시원하게 배치하였으며, 뒷부분에는 대부분 사무실·배우연습실·창작실 등을 배치하였다. 무대는 윗무대와 아랫무대로 구성되어 있다. 정면과 측면에 기둥을 세워 주랑을 만들고 정면에는 조각장식을 한 박공면을 내서 전반적으로 소박하고 간결하면서 아담한 모란봉의 자연 풍경과 잘 어울린다.

출처 : 조선향토대백과

참고 문헌

- 게티이미지코리아, mbdrive.gettyimageskorea.com
- 국립통일교육원, https://www.uniedu.go.kr
- 나무위키, https://namu.wiki/
- 뉴스핌(2019,12,9), 北 노동신문, 김정은 방문한 양덕온천 대대적 선전…"신비로운 별천지, https://www.newspim.com/news/view/20191209000225
- 남북문화교류협회, https://blog.naver.com/ahcoc2018/223227934033
- 대한불교조계종 민족공동체추진본부(2011), 북한의 전통사찰, 양사재
- 두피디아, http://www.doopedia.co.kr, 두산백과
- 문화원형백과, http://www.nl.go.kr, 국립중앙도서관
- 북한자료센터, https://unibook.unikorea.go.kr/, 통일부
- 북한정보포털, https://nkinfo.unikorea.go.kr, 통일부
- 시사상식사전, http://www.pmg.co.kr, pmg 지식엔진연구소
- 신정일(2012), 신정일의 새로 쓰는 택리지 6 : 북한, 다음생각
- 조선향토대백과, http://www.ipa.re.kr, (사)평화문제연구소
- 통일뉴스(2020.02.24.), 北, 아동궁전 건립 70년...평양학생소년궁전 등 210여개 세워져, https://www.tongilnews.com/news/articleView.html?idxno=131357
- 한국관광공사(2007), 북한관광종합계획 기본구상
- 한국민족문화대백과, http://encykorea.aks.ac.kr, 한국학중앙연구원

저자소개

고종원

경희대학교 국제경영전공(경영학박사)
서울대 보건대학원 식품외식경영자과정 이수
계명여행사, 천지항공여행사 부서장
유로코투어 소장, 오네트투어 대표
국제지역학회 사무국장 및 상임이사
한국여행발전연구회 회장
서울시 인바운드 활성화, 수용태세 시정 자문
현) 주제여행포럼 회장/ 공동위원장
한국능률협회 등록전문위원
한국서비스학회, 한국관광정보학회 부회장
국제관광무역학회 수석부회장
문화관광해설사 강사(경기도, 서울중구청)
트래블데일리 칼럼리스트
연성대학교 호텔관광과 교수

조문식

경기대학교 대학원 관광경영학(경영학박사)
대한관광경영학회 부회장
한국관광산업학회 부회장
한국관광경영학회 회장
세명대학교 호텔관광학부장
호텔지배인자격증시험 출제위원
현) 한국관광서비스학회 회장
세명대학교 항공서비스학과 교수

김경한

경희대학교 대학원 호텔경영학전공(관광학박사)
더 프라자호텔 연회팀장
(주)투어리즘코리아 대표이사
한국와인소믈리에학회 회장
호텔지배인자격증시험 출제위원
건양대학교 글로벌경영대학 학장
현) 한국호텔리조트학회 부회장
건양대학교 호텔관광학과 교수

서병로

건국대학교 문화콘텐츠 박사
코레일유통 경영자문이사.
(재)강원도 관광재단 비상임이사
(재)횡성문화관광재단 비상임이사
서울시, 경기도, 인천시, 경상남도, 강원도, 제주도
공공기관 및 민간위탁기관 종합평가위원
현) 건국대학교 글로벌MICE연계전공 교수
    (사)한국 지역문화콘텐츠 연구원 원장

서현웅

경희대학교 관광학 박사
현) 호텔앤레스토랑 매거진 대표이사
    에이치아카데미 대표이사
    호텔인네트워크 공동대표
    한국관광학회 선임이사
    한국호텔전문경영인협회 부회장
    한국티협회 상임이사
    대한민국식애인포럼 부회장 外

박종하

프랑스 그르노블2대학 석사(DESS, 보건경제학)
보건복지부 한의약산업과장,
보건복지부 사회보장조정과장
질병관리청 운영지원과장
질병관리청 호남권질병대응센터장
질병관리청 검역정책과장
현) 경북권 질병대응센터장

여정경

경희대학교 대학원 호텔경영(관광학박사)
경희대학교 대학원 호텔경영(호텔경영학석사)
연성대학교 호텔관광 겸임교수
(주)Accor그룹 호텔그랜드앰배서더 기획부
(주)호텔앤리조트 설봉
(주)사조리조트
현) 주제여행포럼 부회장
    페라즈주식회사 전무이사

관광자원 이해와 해설

인쇄 2024년 02월 29일
발행 2024년 03월 05일

공저자 고종원, 조문식, 김경한, 서병로, 서현웅, 박종하, 여정경
발행인 임영철
발행처 도서출판 신화전산기획

주소 / 서울특별시 중랑구 신내역로 111, B-226
전화 / (02) 833-5145~6
팩스 / (02) 848-2498

등록 / 301-2010-034
홈페이지 / www.shmnb.com

값 22,000원 ISBN 978-89-5534-278-9 93980